普通高等学校教材

高等院校数字化融媒体特色教材

法医学

Forensic Medicine

主　编◎马丽琴

副主编◎董红梅　　付丽红　　董国凯

ZHEJIANG UNIVERSITY PRESS
浙江大学出版社
·杭州·

图书在版编目（CIP）数据

法医学 / 马丽琴主编. -- 杭州：浙江大学出版社，
2025.4. -- ISBN 978-7-308-25438-0

Ⅰ. D919

中国国家版本馆 CIP 数据核字第 2024JG4902 号

法 医 学

FAYIXUE

主　编　马丽琴

策划编辑	阮海潮(1020497465@qq.com)
责任编辑	阮海潮
责任校对	王元新
封面设计	续设计
出版发行	浙江大学出版社
	（杭州市天目山路 148 号　邮政编码 310007）
	（网址：http://www.zjupress.com）
排　　版	杭州星云光电图文制作有限公司
印　　刷	杭州捷派印务有限公司
开　　本	787mm×1092mm　1/16
印　　张	17.25
字　　数	431 千
版 印 次	2025 年 4 月第 1 版　2025 年 4 月第 1 次印刷
书　　号	ISBN 978-7-308-25438-0
定　　价	60.00 元

《法医学》
编委会

序

    法医学是一门神秘而又充满挑战的学科,它涉及医学、法学、生物学等多个自然科学与人文科学领域,对于维护社会的公平正义和法律尊严具有重要意义。

    本教材旨在为读者提供全面而深入的法医学基础知识,包括法医学的多个方面,如死亡与死后变化、机械性损伤、机械性窒息、高低温及电流损伤、中毒及其检验、猝死、家庭暴力与性侵害、法医临床学及鉴定、法医精神病学、亲子鉴定、个人识别、医疗损害及其司法鉴定和法医学鉴定。本教材内容涵盖了对尸体、活体不同项目的法医学鉴定新技术、新方法。通过阅读本教材,读者能够了解法医学的基本原理和方法,掌握常见案件的鉴定要点,提高解决实际问题的能力。本教材不仅注重理论知识的传授,更强调鉴定案例的重要性,书中精选了大量真实案例,可以帮助读者更好地理解所学理论知识,并应用于实际工作中。

    法医学是一个不断发展的学科,新技术和新方法不断涌现。本教材反映了法医学的最新研究成果和发展趋势。希望读者在学习过程中保持对新知识的敏感性,不断探索和创新。

    最后,希望本教材能够成为读者学习法医学的良师益友,在法医学领域取得优异的成绩。同时,也希望读者能够牢记法医学的社会使命和责任担当,为维护社会的公平正义贡献自己的力量。

徐英含

于浙江大学紫金港校区

前言

随着现代科学技术的飞速发展,法医学也同步拓展了其应用领域的广度和深度。医学生、其他相关专业学生及临床医生在日常学习、工作中经常会面对容易引起各种医疗纠纷的诸多问题,而学习和掌握法医学相关知识是解决这些问题的关键途径之一。

本教材系数字化教材,以每章的理论知识内容为背景,加入案例及其思考题、课件等数字化资料,并插入大量图片,使其更丰满、更形象、更详尽。在编写本教材时,我们坚持将法医学基本理论、基本知识与鉴定实际案例相结合,以科学性、启发性、先进性、实用性为编写宗旨,突出基本概念、基本类型及典型案例的主线架构。与其他传统法医学教材相比,我们做了很多自主革新,如在第二章"死亡与死后变化"中引入"死亡原因与死亡机制";在第三章"机械性损伤"的道路交通损伤中区别不同类型的交通损伤,如车外行人损伤、车内人员损伤、摩托车交通损伤等;在第六章"中毒及其检验"的常见毒物中,增加了笑气中毒、苯丙胺类中毒、γ-羟基丁酸中毒,删除了传统的砷化物、氰化物、CO中毒等常见内容,更加适用于吸毒、中毒的法医学现象分析;由于亲子鉴定已经普遍应用于家庭、社会,我们把"亲子鉴定"单独列为一章,引入新的技术,如线粒体 DNA 母系遗传及多态性检测等;将传统的"物证检验"改为"个人识别",使内容更加具体化,更容易理解;在第十三章"医疗损害及其司法鉴定"中,强调了医疗损害的法律责任、医疗损害司法鉴定的委托、听取医患各方陈述意见的程序等内容;在第十四章"法医学鉴定"中,较详细地介绍了法医学司法鉴定的流程,以满足初学者及基层法医学工作者了解法医学鉴定的需求,同时也为普通民众提供了解决司法问题的基本路径。由于不同机构、不同鉴定人的解剖手法、解剖习惯有所不同,法医学尸体解剖的方法也不尽相同,在实际工作中应依照相关标准、行业规范灵活掌握,所以尸体解剖的内容不作为单独的章节进行阐述。

本教材的编写集中了各位编委和为我们提供图片的法医学同行们的辛劳和智慧,在这里表示诚挚的感谢!除了主编外,本教材的三位副主编也承担了不同章节的审阅把关

工作,并提出了许多宝贵的意见和建议,其中董红梅老师审阅了第一章到第四章,付丽红老师审阅了第八章、第十一章、第十三章、第十四章,董国凯老师审阅了第五章到第七章、第九章、第十章、第十二章;编委之间也进行了互审。董静尹老师和李耀老师兼作编写秘书,并承担了联络、整理、核对等大量工作,在此一并表示感谢!

另外,我们非常荣幸地邀请到全国著名法医学家、浙江省优秀教师、浙江省劳动模范徐英含教授为本教材题写了序,对徐教授的大力支持表示最诚挚的感谢!

本教材主要面向医学和其他专业的学生、司法鉴定相关人员、临床医生以及对法医学感兴趣的各行各业自学者。希望通过对法医学知识的学习,进一步提高他们的综合素养和社会适应能力,更好地为社会、为人民服务。

教材编写是一项十分严肃且繁杂辛苦的工作。本教材的17位编委竭尽全力,认真细致,互相配合,力求把编写工作做到最好,但限于时间及我们的水平和能力,本教材难免存在许多不足乃至错误之处,敬请广大读者及法医学同道提出宝贵的意见和建议。

马丽琴

于浙江大学紫金港校区

目录

Contents

第一章 绪 论

第一节 概 述

教学 PPT

一、概 念

法医学(forensic medicine, legal medicine)是应用医学、生物学和其他自然科学的理论与技术及相关法学理论,研究并解决与法律有关的死亡、人身损害、身份鉴识、精神疾病等问题的一门医学学科。法医学可以为刑事侦查提供线索,为民事赔偿提供依据,为审判提供科学证据。

法医学的产生基于法律需要,是一门为法律服务的医学学科。随着社会的不断发展,法律需求的不断增加,不仅在案件侦查方面,而且在法律制定、行政管理、各类民事纠纷的解决等诸多方面(如医疗损害鉴定、精神疾病患者犯罪问题、工伤事故处理、药品管理、医学伦理问题)的法律实践都离不开法医学的协助。法医学可以为案件的侦查与审判提供客观、科学、公正、准确的医学证据。

二、法医学与其他学科的关系

法医学属于应用医学范畴,主要以医学及其他自然科学为基础。与法医学关系密切的自然科学有生物学(包括人类学、遗传学、动物学、植物学、昆虫学等)、物理学和化学;与法医学关系密切的医学学科有解剖学、组织胚胎学、免疫学、生物化学、生理学、药理学、病理学、内科学、外科学、精神病学、妇产科学、儿科学、影像学及五官科学等。法医学以这些学科的理论与技术为基础,在实践中又反哺医学内容,两者相辅相成。作为一门医学学科,法医学不是简单的知识叠加,而是一个具有自身特点的理论体系。

三、法医学的主要分科

随着现代社会的不断发展,法律实践对法医学不断提出各种新问题,法医学工作不仅在广度上日益面临新的领域,在深度上也迫切需要更多专业知识,于是法医学形成了不同的分支学科。

(一)法医病理学

法医病理学(forensic pathology)是研究与法律有关的伤、残、病、死及死后变化的发生发展规律的一门学科,主要研究内容包括各种暴力性和部分非暴力性死亡的病理变化、死亡征象、死亡原因、死亡方式、死亡时间、死亡地点、个人识别以及致伤物的推断和确定等。法医病理学除了为案件的侦查与审判提供客观、科学、公正、准确的医学证据外,还可为社会保险、因公死亡认定等提供证据,为医事立法提供医理学依据。

法医病理学研究和检验的对象是尸体,主要应用人体解剖学、病理学、组织学及临床医学等学科的理论与技术研究并解决死亡的发生发展经过及其影响因素、死亡机制、各主要脏器的形态及功能变化特点、不同死因脏器的组织病理学变化特征、各种生物学活性物质的表达、尸体的物理性与化学性变化规律及其法医学意义、死亡与损伤、中毒和疾病的关系等。

法医病理学研究的内容及目的包括:①死因(cause of death)的确定。确定死因是法医病理学的首要任务。死因是指导致死亡的某种具体外部因素或自然性疾病。死因鉴定必须通过全面系统的尸体解剖并结合临床表现、毒化检验等才能得出明确结论。仅靠尸表或局部检查,难免会出现错误。②死亡方式(manner of death)的判断。死亡方式分为自杀、他杀、意外及安乐死。死亡方式的确定可为司法部门的侦查、案件审理提供重要依据。他杀一般属于刑事案件。③死亡时间(time of death)或损伤时间(time of injury)的推断。死亡时间也称死后经过时间(postmortem interval,PMI),是指人体死亡之后到尸体检验时所经过的时间。损伤时间是指从受伤到检查时的时间。死亡时间或损伤时间的推测,可以帮助刑侦人员分析案情及判断犯罪嫌疑人是否有作案时间,可使无辜者排除嫌疑,缩小侦查范围。推测死亡时间或损伤时间需根据形态学、物理学、化学、生物学及分子生物学等多种方法,并结合具体情况综合分析。④致伤物的推定。致伤物(vulnerant)是指造成人体损伤的物体。致伤物的使用可反映犯罪嫌疑人的某些特征;在多名犯罪嫌疑人施暴的情况下,不同部位的致伤情况确定可为损伤责任程度的认定与量刑提供依据。因此,推定致伤物对判断致死方式、揭露犯罪过程、认定犯罪嫌疑人具有非常重要的意义。⑤个人识别。确定个体的身份称为个人识别,包括尸体和活体身份。法医病理学的个人识别主要针对尸体,如来历不明、高度腐败的尸体或碎尸。⑥涉及医疗事故死亡的鉴定。医疗事故是指医疗机构及其医务人员在医疗活动中违反医疗卫生管理法律、行政法规、部门规章和诊疗护理规范、常规,由过失造成患者人身伤害的事故。是否由医疗不当引起患者死亡,必须经过尸体解剖才能确定。

(二)法医临床学

法医临床学(forensic clinical medicine)是应用临床医学和法医学的理论与技术,研究并解决与法律有关的人体生、病、伤、残及其他生理病理状态等问题的法医学分支学科。检查的对象为活体,主要涉及损伤程度、伤残程度、劳动能力、性功能、强奸、妊娠、分娩、堕胎、酗酒状态、虐待、诈病(伤)、造作病(伤)、活体个人识别等方面。通过对损伤机制、损伤的发生发展过程及各种临床辅助检查结果的研究分析,对损伤性质、损伤程度、伤残程度、性功能及其他病理状态与损伤的关系作出科学、客观的鉴定结论。损伤的鉴定应根据具体伤情具体分析。要以原发性损伤及其并发症或后遗症为依据,以损伤当时伤情为主,结合损伤的后果综合评定；要严格掌握鉴定的时机，根据不同情况判断是应在伤后立即进行还是在临床治疗终结后进行鉴定。

(三)法医物证学

法医物证学(science of medicolegal physical evidence)是运用医学、生物学和其他自然科学的理论与技术研究并解决涉及法律问题的生物学检材检验的一门法医学分支学科。法医物证学研究和检验的对象是源于人体的生物性检材，主要是各种人体成分及其分泌物与排泄物，其中最常见的是血液(血痕)，其次是精液(斑)、阴道液(斑)、唾液(斑)、毛发、牙齿、骨骼及人体组织等。其中，用血清学、免疫学以及化学的方法检测血液、体液与器官组织以解决法律问题的科学称为法医血清学；根据牙齿推定年龄、性别、职业，根据咬痕进行个人识别的科学称为法医牙科学；根据骨骼及其残片、毛发、皮肤、肤纹、人像等进行个人识别的科学称为法医人类学，确定其所属个体的种属、性别、年龄、身高及民族等。法医物证学主要解决个人识别与亲权鉴定等问题。在现场或受害人身上提取的生物学检材的检测结果与犯罪嫌疑人具有同一性时，可为案件的侦破、罪犯的确定提供有力证据。不具有同一性时可排除嫌疑人，保护其合法权益，避免冤假错案的发生。

(四)法医毒理学

法医毒理学又称法医中毒学(forensic toxicology)，是研究与法律有关的由毒物所致机体生理、病理损害的一门法医学分支学科。法医毒理学研究和检验的对象为人体，主要研究各种毒物对机体的损害作用及发生机制、中毒的原因与方式、毒物的性质、毒物进入体内的途径、临床表现与形态变化、致死量与鉴别方法等。其中，研究与法律相关的生物学检材和其他检材中毒物的分离与鉴定的学科称为法医毒物分析，为确定是否中毒死亡提供证据。机体中毒后的组织病理学改变往往缺乏特征性，不能单纯依据解剖的形态学改变及病理变化得出结论，需结合临床症状、案情调查信息进行推测，并了解毒物的可能来源和种类。中毒的最终确证主要依据法医毒理学检查结果或从中毒者体内分离出的毒物或其代谢产物及其含量综合判定。

(五)法医精神病学

法医精神病学又称司法精神病学(forensic psychiatry)，是研究与法律相关的人体精神疾病和精神状态问题的一门法医学分支学科，主要研究被鉴定人的责任能力、行为能力和精神状态，以解决与精神疾病有关的法律问题。法医精神病学的研究对象为活体。法医精神病学鉴定的意义在于：①怀疑被告有精神疾病时，需要鉴定被告作案时的精神状态，以确定其有无责任能力；②确定被告在犯罪后或在施行犯罪的过程中有无精神异常，以决定是否需要给予刑罚的减免或保外就医；③确定被害人和证人有无精神异常，以确定证词是否具有法律效力等。

另外，法医学的分科还有法医毒物分析、法医动/植物学、法医昆虫学、法医遗传学等。

四、法医学的工作内容

《中华人民共和国刑事诉讼法》(以下简称《刑事诉讼法》)第128条规定："侦查人员对于

与犯罪有关的场所、物品、人身、尸体应当进行勘验或者检查。在必要的时候,可以指派或者聘请具有专门知识的人,在侦查人员的主持下进行勘验、检查。"法医学工作者即为具有专门知识的人,其通过现场勘验、尸体解剖、活体检查、物证检验、书证审查等,为揭露案件事实真相提供科学依据。

(一)现场勘验

发生犯罪或事故、发现尸体或遗留犯罪痕迹的出事地点,称为现场(crime scene)。现场往往不止一个。例如,杀人后分尸案,犯罪分子杀人的现场称为第一现场,移置尸块的场所称为第二现场、第三现场等。确定第一现场,对于揭露犯罪手段、提供犯罪事实依据非常重要。

为了发现与案件相关的线索、查明案件的性质、证实并揭露犯罪行为而在现场实施的一系列侦查行为称为现场勘验(crime scene investigation)。现场勘验往往是由侦查员、痕迹员、法医、毒化人员共同进行的。这些人员的密切合作,细致勘验,是侦破案件的重要保证。

到达现场后,首先应了解案件的基本事实、现场的保护情况、到达现场的时间和气象条件,根据现场的实际情况制订一个切实可行的勘验计划。勘验一般分为两个阶段。第一阶段是"静"的勘验,此时应保持现场情况的完整性,只能观察、记录、绘图、拍照、录像。第二阶段是"动"的勘验,此时可以移动物体或尸体,采取物证。一面勘查,一面记录、绘图和拍照,必要时录像。勘查的顺序可按现场的范围、物品的位置及排列情况,或从周围向中央勘验,或从中央向周围勘验,或从一侧向另外一侧依序勘验。对现场的任何一个看起来似乎无关紧要的物体,都应仔细勘查,不可遗漏,这是勘验人员的重要守则。

在现场如果发现被害人,应首先检查其是否死亡,若未死亡,应立即送医院抢救,并了解其伤情,若已死亡,应及时确定其死后经过的时间,这对侦破案件十分重要。然后再进行尸体检查。

勘验时应注意:①在现场入口、通道、楼梯及垃圾箱中有无可疑痕迹(如血痕、指纹、足印等)及物品;②有无异常气味;③门窗是否关闭;④家具、什物有无被动过;⑤报纸与文件的日期以及是否被看过等;⑥尸体的位置、姿态、衣着,有无遗书,有无呕吐物、排泄物等。若现场在室外,应注意观察地形、树木、庄稼、野草或地面上的其他印痕。

重大案件的现场在案件结束之前均应受到保护。有时罪犯为了掩盖犯罪行为,扰乱侦查视线,故意变动现场或伪装现场,迷惑勘查人员,应高度警惕。

(二)尸体解剖

尸体解剖(autopsy)是法医鉴定工作中最多、最重要的项目之一。《刑事诉讼法》第131条规定:"对于死因不明的尸体,公安机关有权决定解剖,并通知死者家属到场。"

尸体解剖的目的包括确定死亡原因、判定致死方式、推断死亡时间、推定致伤物、个人识别、明确损伤和疾病的关系、为解决医疗纠纷提供证据等。

(三)活体检查

活体检查(biopsy)是法医临床学的主要工作内容,一般在司法鉴定机构的活体诊察室或指定的医疗机构进行。《刑事诉讼法》第132条规定:"为了确定被害人、犯罪嫌疑人的某些特征、伤害情况或者生理状态,可以对人身进行检查,可以提取指纹信息,采集血液、尿液等生物样本。犯罪嫌疑人如果拒绝检查,侦查人员认为必要的时候,可以强制检查。检查妇女的身体,应当由女性工作人员或者医师进行。"

法医临床学的工作内容包括损伤的鉴定、劳动能力的鉴定、疾病检验、性问题检验、伤残等级的鉴定、诈病检查、造作病(伤)检查、酗酒检查、医疗事故鉴定、虐待鉴定、注射针痕检查等。活体检查是依据法律规定在有关部门委托下进行的,应注重客观检查结果,对被检者的陈述和自觉症状要认真分析、综合判断。

(四)物证检验

物证(physical evidence)是指犯罪嫌疑人行动时遗留下的对案件真实情况具有证明作用的物品和痕迹,据此可推断犯罪人及所犯罪行。应用物理、化学、血清学、免疫学、分子生物学等方法对物证进行检查检验,并确定其性质、种属及个人特征等即为物证检验(examination of material evidence)。在案件的侦查、审理过程中,物证检验结果对认定罪犯或排除嫌疑人及推断犯罪行为有非常重要的意义。物证的种类很多,一般可分为:①法医物证学检验的物品,如血痕、精斑、毛发、骨骼、排泄物等;②毒物化验的物品,如各种食品、药品、呕吐物、内脏、体液等;③痕迹学检验的物品,如指纹、足印、纸张、枪支弹药痕迹等。

(五)书证审查

凡是对案件的真实情况具有证明作用的文字资料都称为书证。法医鉴定人通过对文字资料的内容进行全面、细致的审查、分析、研究和科学论证,答复委托机关所提出的各种问题,即为书证审查。与法医学有关的书证包括活体或尸体的检查记录、临床患者的病历、各种检验报告、法医学鉴定书等。

第二节 法医学的任务与学习目的

一、法医学的任务

法医学的基本任务是通过法医学检验、鉴定,揭露犯罪、证实无辜、澄清性质、调解纠纷。具体来讲就是为揭露犯罪事实真相提供科学依据,为正确处理民事纠纷提供科学依据,为卫生行政部门处理医疗纠纷提供证据,为处理重大事故提供证据,为防疫部门处理传染病、职业中毒提供证据,为立法提供建设性意见。我国实行的审判原则是"以事实为根据,以法律为准绳"。《刑事诉讼法》第55条规定:"对一切案件的判处都要重证据,重调查研究,不轻信口供。只有被告人供述,没有其他证据的,不能认定被告人有罪和处以刑罚;没有被告人供述,证据确实、充分的,可以认定被告人有罪和处以刑罚。"这充分反映了证据在案件审理过程中的重要性。被指定为证据的材料,如物证、书证、鉴定意见、勘验记录、检查记录、视听资料等,都涉及法医学的工作内容。这些材料作为证据的前提是必须经过科学的检验和质证。如怀疑为"重伤"损伤,必须对个体损伤进行检验后方可确认,且检验过程必须符合相应的法律程序,检验方法规范、科学,检验结论依据充足,才能作为证据使用。

二、医学生学习法医学的目的

法医学作为一门应用医学,其作用越来越受到社会的广泛认可与重视。大部分医学生毕业后会成为医生或从事与医学相关的工作,在工作中难免会遇到一些与法医学有关的问题。因此,系统地了解和掌握法医学知识和技能是十分必要的。

(一)担任鉴定人

《刑事诉讼法》第 146 条规定:"为了查明案情,需要解决案件中某些专门性问题的时候,应当指派、聘请有专门知识的人进行鉴定。"法医学工作者即为具有专门知识的人,鉴定人既包括专职法医师,也包括临床医师,这种鉴定人称为医生鉴定人。如聘请外科医生检查某种疾病的发生与损伤的关系、疾病的程度及其预后等。

(二)作为证人

《刑事诉讼法》第 192 条规定:"人民法院认为证人有必要出庭作证的,证人应当出庭作证。公诉人、当事人或者辩护人、诉讼代理人对鉴定意见有异议,人民法院认为鉴定人有必要出庭的,鉴定人应当出庭作证。经人民法院通知,鉴定人拒不出庭作证的,鉴定意见不得作为定案的根据。"

由于医生的工作性质,他们会第一时间接触到患者或犯罪嫌疑人,并掌握最原始的损伤情况。通过法医学知识的学习,让学生明白当某位患者有可能涉及刑事或民事案件时,医生在初诊、抢救及后续的治疗过程中形成的各种检查记录、检验单、手术记录及病历等都将成为重要的原始书证,以证明是否有损伤及其程度。如伤者已痊愈或死亡而未经解剖,这些原始记录有可能是鉴定损伤、损伤程度或死因等的唯一有价值的资料。因此,医生常会成为案件中重要的证人,医生所掌握的损伤的性质与程度即为重要证据。医生有义务作为证人提供这些证据。

(三)揭露犯罪,提供证据

在临床实践中医生会第一时间接触一些与刑事案件有关的患者,这些患者可能是被害人,也可能是加害者,或是为了达到某种目的而伪装的诈病、造作病者。如把这类患者误认为是一般患者去治疗,就会放过犯罪嫌疑人;反之,就能起到揭露犯罪的作用。此时,医生应该详细记录患者的体貌特征、神情特点,并详细描述损伤的性质、程度、特点等,为法庭提供有价值的证据。

(四)防止医疗事故的发生

近年来,公民法治意识不断提高,但对医学知识及医疗后果的理解往往存在偏差,进而引起医疗纠纷。医学生通过对医疗纠纷鉴定法医学知识的学习,了解医疗事故的发生原因、特点,常发生医疗纠纷的科室及其相关诊疗过程,有助于自身合法权益的保护,并可以增强其责任心,提高医疗质量,减少和避免医疗事故的发生。

(五)丰富医学知识,提高诊疗水平

法医学涵盖范围广,涉及的知识丰富。通过对法医学的系统学习,可以丰富医学生所学的基础医学和临床医学知识,尤其是法医学解剖及组织病理学观察可以为临床医生诊断及治疗提供帮助,使临床医生的诊疗水平不断提高。

(六)为民事纠纷、保险理赔提供依据

在劳动和社会保险领域,重大疾病保险、意外伤害保险和医疗保险等均与临床医疗工作有着十分密切的关系。临床诊断与治疗的证明材料往往是保险公司理赔的重要依据,如对带病投保、自伤诈保、损伤或疾病的程度、外伤治疗及用药的合理性、治疗时间的长短等,都需法医学鉴定意见作为理赔的依据。因此,科学、合理的治疗是临床医疗工作应掌握的重要原则,否则将影响赔偿的处理。

第三节　法医学鉴定

一、鉴定与鉴定人

委托人为了查明案情,解决案件中的某些专门性问题,委托鉴定机构依据专门的知识与技能作出科学、客观的证明、分析和判定,称为鉴定。由鉴定机构指派进行鉴定的专门人员或专家称为鉴定人。由法医学工作者做鉴定人时,称为法医鉴定人,其他如医师、会计师、工程师等亦可被委托为鉴定人。鉴定人对专门性问题进行鉴定后应出具鉴定意见书,鉴定结果由鉴定人负责。

委托人要求鉴定的问题,称为鉴定事项,如伤残等级、损伤程度、致伤物的推断、死因分析、三期期限、亲子关系等。鉴定事项应在委托鉴定时提出,鉴定人应根据鉴定事项,要求委托人提供充足的案件情况、有关资料和必要的检查对象。若提供的资料不足以完成鉴定工作,鉴定人应及时要求委托人补充。

鉴定人有数人时,可以互相研究讨论,并提出共同意见。若意见不同,可以分别进行鉴定,各自出具自己的鉴定报告。委托人接到鉴定意见书后,如果经研究分析,提出了新的问题或发现了与案件有关的新资料,或被告人不服,可要求原鉴定人复验、修正。

鉴定分为首次鉴定或初次鉴定、再鉴定或重新鉴定、补充鉴定、联合鉴定。《刑事诉讼法》第 148 条规定:"侦查机关应当将用作证据的鉴定意见告知犯罪嫌疑人、被害人。如果犯罪嫌疑人、被害人提出申请,可以补充鉴定或者重新鉴定。"

二、法医学鉴定意见书

《刑事诉讼法》第 147 条规定:"鉴定人进行鉴定后,应当写出鉴定结论,并且签名。鉴定人故意作虚假鉴定的,应当承担法律责任。""写出鉴定结论"的文件就是鉴定意见书。法医

学鉴定人根据相应的标准、规范,以及检验、鉴定的经过、分析结果所写成的书面报告,称为法医学鉴定意见书。鉴定意见书的内容大致包括基本情况、基本案情、资料摘要、鉴定过程、分析说明、鉴定意见、附件、签名。

(一)基本情况

基本情况包括委托人、委托事由或委托鉴定事项、委托日期或受理日期、鉴定所需材料、鉴定地点、在场人员及被鉴定人信息。委托人可以是机构委托,也可以是个人委托。委托事由依据不同的法医学分支学科而不同,如法医临床鉴定项目主要包括伤残等级、损伤程度、护理依赖程度、医疗费用合理性审核、三期期限等;法医病理鉴定项目主要包括死亡原因、死亡时间、死亡方式、病理学诊断等。鉴定所需材料包括必要的病历资料、影像学资料、事故认定书、法庭质证笔录等。在场人员包括被鉴定人的陪同人员及被告方相关人员。

(二)基本案情

基本案情包括受伤简要经过、案件处理简要过程及本次委托的简要介绍。有时可按照委托人的要求写出所需鉴定标准,如《人体损伤致残程度分级》《人体损伤程度鉴定标准》《人身保险伤残评定标准》《职工工伤与职业病致残程度鉴定标准》《军人残疾等级评定标准》《人身损害护理依赖程度评定》《人身损害误工期、护理期、营养期评定规范》等。

(三)资料摘要

资料摘要包括病历资料及首次鉴定意见书等。病历资料包括入院时情况、辅助检查、治疗过程(包括手术过程)、出院时情况及出院诊断等。

(四)鉴定过程

鉴定过程包括检验方法、使用工具、检验检查及辅助检查等。依据不同的分支学科选择不同的检验方法,如法医临床鉴定可以选择《法医临床检验规范》《法医临床影像学检验实施规范》等;法医病理鉴定可以选择《法医学病理检材的提取、固定、取材及保存规范》《法医学尸体解剖规范》《法医学虚拟解剖操作规程》等;法医物证鉴定可以选择《生物学全同胞关系鉴定实施规范》《法医物证鉴定 X-STR 检验规范》《法医物证鉴定 Y-STR 检验规范》等;法医精神病鉴定可以选择《精神障碍者司法鉴定精神检查规范》等;其他还有《个体识别技术规范》《声像资料鉴定通用规范》等。鉴定过程中使用的工具大多是常见医疗器械或设备,如人体关节测量器、钢尺、直尺、阅片灯或相关软件;组织脱水机、包埋机、旋转切片机、病理组织漂烘仪、生物显微镜及相关解剖器械等。

检验检查及相关辅助检查的记载事项如下。①尸体解剖:按外表、内部、各脏器检查的顺序记录。②尸体解剖的补充检查:组织学检查、细菌学检查、毒物检查及其他特殊检查。③物证检验:被检物证的名称、性状、所附斑迹的性质与散布情况,取材量、检验方法与结果。④活体检查:如为损伤,应记录损伤的部位、程度、大小、形状、质地、颜色等;治疗后检查时,应记录伤者的器官功能及恢复情况;瘢痕的位置、长度、形状,与周围组织的关系等。

(五)分析说明

根据检验的结果,结合案情,应用科学原理,详细分析说明,以解答所委托的鉴定事项,或鉴定人认为有必要说明的事项。分析说明应依据相关的法律法规或已经正式出版的文献资料,科学、客观地分析,得出正确的结论。

(六)鉴定意见

在分析说明的基础上,根据检查的结果说明理由,对于应当答复的问题,如鉴定事项等,简明扼要地作出科学结论。

(七)附件

附件是指对鉴定意见起决定性作用的证明材料,包括必要的图表或其他资料。

最后落款,包括出具鉴定意见书的时间,鉴定人的姓名、职称等。若需要,还可以做补充鉴定或再鉴定。鉴定意见书中如有涂改及订正时,应注明并盖印。鉴定人在鉴定意见书送达之前,不得泄露鉴定意见的内容。

第四节 法医学简史

一、中国法医学简史

(一)先秦时期

我国最早的法医学检验可以追溯到战国时代(公元前475—前221年)。《礼记》记载:"命理瞻伤,察创,视折,审断,决狱讼,必端平。"这里所称的"瞻""察""视""审"就是现在的检验方法。

1975年,在湖北云梦县秦墓(墓葬于秦始皇30年,公元前217年)中发现大批秦代竹简,称《云梦秦简》。其中记载有他杀、缢死、首级、外伤流产、麻风病等的法医检验案例,当时已有较详细的现场勘查记录:有关于手迹、足迹、膝迹、血迹、工具痕迹的记载;有损伤性状的描述与凶器的推定;有缢沟性状的描述并以"不周项"作为缢沟的特征,以"椒郁色"作为生前缢沟的特征等。这说明早在两千三四百年前我国法医学就已经取得了惊人的成就。

(二)汉唐时期

汉律文已失传。《唐律疏议》(公元653年)是我国现存最完整、最早的一部封建法典。唐律明确规定实行检验的对象有尸体、受伤者及诈病者,检验不实要受到刑事处分。唐律还规定了损伤的定义:"见血为伤",确定了损伤的基本分类,即"手足他物伤"与"刃伤",并提出确定致命伤及进行死因分析的必要性。

五代晋高祖时,和凝及其子和㠓合编了《疑狱集》4卷(刊于989—990年)。该书记载了

汉以来的疑难案件,加以分析、判断及验证。这是一部对法医学有重要影响的刑事侦查书,其中"张举烧猪"案就是利用动物猪的实验,结合他杀而后焚尸的案例,提出了烧死和焚尸的初步鉴别方法:被烧死者口内有灰,他杀而后被焚尸者口内无灰,以此鉴别生前烧死和死后焚尸,并推断是自杀还是他杀。同时期还提出了自缢的定义及溺死、冻死、饥饿死、中暑死和暴力死的发病机制和临床表现。这些都反映了我国古代法医学萌芽时期的成就。

(三)两宋时期

两宋时期颁布了一系列有关法医检验的法令,规定了施行检验的官吏职位、职责以及失职时应受到的法律制裁,对于初检、复检、免检等也都有明确的规定。还颁布了《验状》《验尸格目》与《检验正背人形图》。《验状》(954—959年)是记录检验结果与签署结论的文件。《验尸格目》(郑兴裔,1174年)是官吏报告验尸情况及执行检验法令的保证书。《检验正背人形图》(1211年)即后来的尸图,检验时将伤痕标注在图上。

古代法医学著作中最有名的是南宋法医学家宋慈(1186—1249年)所著的《洗冤集录》,出版于南宋理宗淳祐七年(1247年)。这是世界上最早的系统法医学著作,比欧洲最早的法医学著作,1598年意大利人 Fortunato Fedele 编著的《医师的报告》还要早350余年。《洗冤集录》是一部广泛总结尸体外表检验的书籍,对于尸体现象、窒息、损伤、中毒、堕胎、个人识别、现场检查、尸体检查等各方面都做了比较科学的记载。

在《洗冤集录》出现之前,有三部重要的刑侦书籍,即《疑狱集》《折狱龟鉴》和《棠阴比事》,以后还有《平冤录》《结案氏》《内怒录》《无冤录》《检验法》等,都对法医学的发展产生了一定的影响。《洗冤集录》先后被传至朝鲜、日本、荷兰、德国、法国、英国、美国等国家,至少有19种译本。

"作作"一词最早见于五代后汉乾祐年间(948—950年)。在宋代,"作作"的主要工作是处理尸体和在验尸官的指令下报告伤害情况,后开始主导检验全过程,现今成为中国古代法医的称谓。

(四)元明清时期

元明清时期的检验制度多沿袭唐宋的规定,但也有一些变化,如元代将宋代的要求检验官躬亲检验制度改为检验官躬亲监视制度,由件作验尸,并出具保证书。明代建立了从活体检查到尸体检查的程序,内容主要包括两种格式,即人命告辜式和人命告检式。前者是受伤后填写的告辜状,自诉损伤性质与程度,请求保辜;后者是保辜无效,受伤人死亡,请求检验官员依照告辜状所供伤痕,依法检验。清代与历代刑律的不同点是,清律明确规定了致命部位与致命伤,以致命部位有致命之伤为"要害致命",可据之得出检验结论。清代还颁布了与"检尸式"相当的检尸文件:"尸格"和"尸图",并创建了"验骨图格"。另外,历代法律都没有关于件作要求的规定,唯独"大清律例"明文规定了件作的定额、招募、学习、考试、待遇与奖惩,并对不遵守这些规定的州县检验官员给予处分。

(五)民国时期

民国元年(1912年)颁发的《刑事诉讼律》规定"遇有横死人或疑为横死之尸体应速行检验",并且进一步规定:"检验得发掘坟墓,解剖尸体,并实施其余必要处分。"1913年发布了我国第一个《解剖规则》，其中第二条规定："警官及检察官对于辨死体非解剖不能确知其致命之由者，指派医士执行解剖。"为查明死因准许解剖尸体，这是我国古代法医学与现代法医学的分水岭。至此，我国法医工作者可以通过尸体剖验研究人体内部结构、疾病及损伤情况，以此进行法医学鉴定。

为了培养法医学人才，1915 年首先在北京医学专门学校和浙江省立医药专门学校设立了裁判医学课。1931 年，林几教授在北平大学医学院首建法医学教室，并于 1932 年在上海建立了我国第一个法医学研究所。该所于 1933 年起招收法医研究员，于 1934 年创办我国第一部法医学杂志《法医月刊》，后改为《法医季刊》。

(六)中华人民共和国时期

新中国成立以后，随着社会主义法制的不断完善，大多数医学院校和司法机关设置了法医学教研室和法医研究所，培养了大批法医人员，建立了法医学鉴定系统，进行法医学鉴定和法医学科学研究工作，编著和翻译了多种法医学教科书和专著。1950 年，卫生部颁布了《解剖尸体暂行规则》，规定了法医学尸体解剖的对象、目的和原则。20 世纪 50 年代初，南京中央大学医学院和中国医科大学先后开办了法医学师资进修班，为各高等医学院校开设法医学必修课培养了师资人才。1979 年底，召开了首届全国法医学术交流会，先后出版了《实用法医学》《法医学颅脑损伤》《法医骨学》《中国医学百科全书·法医学分卷》《法医学》《中国古代法医学史》《实用法医病理学》《法医学彩色图谱》《法医病理学》《临床法医学》《法医物证学》等专著与教材。

1979 年，山西医学院首先设立了法医专业，并招收了首批 40 名法医学本科生。1983年，教育部联合公、检、法、司、卫等部门在太原晋祠召开了全国高等法医学专业教育座谈会，并印发《全国高等法医学专业教育座谈会纪要》，提出了发展我国法医学专业教育的方针。1984 年，教育部决定全国高等医学院校恢复法医学必修课；同年 7 月，教育部与卫生部确定在上海医科大学、中山医科大学、华西医科大学、中国医科大学、同济医科大学和西安医科大学等医科大学增设法医学专业，建立法医学系。1985 年 3 月，成立了全国法医学专业教育指导委员会；同年 6 月，司法部司法鉴定科学技术研究所出版了《法医学杂志》；10 月，中国法医学会成立。1986 年，中山医科大学法医学系和中国医科大学法医学系被批准为我国法医学专业首批博士学位授予单位；同年 9 月，《中国法医学杂志》创刊。1987 年 8 月，国家教育委员会按照学科体系并结合我国实际将普通高等学校医药本科专业划分为 9 大门类，47 种正式专业，法医学属于其中的第 6 门类。1989 年 7 月，最高人民法院、最高人民检察院、公安部、司法部、卫生部公布了《精神病司法鉴定暂行规定》。1990 年 3 月，《人体重伤鉴定标准》正式颁发。1994 年 1 月，《法律与医学杂志》创刊。此后，全国许多省、市都相继召开了法医学学术会议，制定了各种法医学相关条文。2015 年，国内两本面向国际的以法医学专业为主的法庭科学领域的英文季刊 *Journal of Forensic Science and Medicine*（中国政法大学证据科学研究院）、*Forensic Sciences Research*（司法部司法鉴定科学研究院）分别创刊。通过法医学界学者、专家们的不懈努力，法医学研究生教育自 2022 年起成为一级学科。随着医学科学的不断发展，法医学的教学及研究与其他学科的交叉越来越广泛而深入，各分支学科也得到日趋完善，如法医病理学运用生物学、组织学等学科的理论和技术对死亡时间的研究不断深入，已经取得一系列进展，为案件的侦破提供了科学依据。法医物证学的研究也在不

断丰富,又分出不同的分支学科,DNA检验技术已经广泛运用于若干分支学科,如亲子鉴定、个人识别、法医血清学、法医牙科学、法医人类学等。另外,法医学还运用了基因芯片技术、纳米医学技术、电镜技术等,以此来解决法医学中各种实际问题,为司法机关提供了科学、客观、准确的依据。

二、外国法医学简史

在公元前后的巴比伦、波斯、希腊、埃及和印度的一些法典及医学著作中,已有片段的法医学内容。如凯撒大帝(Caesar,公元前100—前44年)被杀,由罗马医生 Antistins 进行验尸,确定在其23处创伤中贯穿胸部第1～2肋间的刺创是致命伤。现代法医学体系的建立最早可溯源至16世纪,德王 Karl 五世颁布犯罪条令规定,关于堕胎、杀婴、伤害、中毒、医疗事故等问题必须由医生检验,准许法医解剖尸体。欧洲法医学奠基人法国外科学家巴雷(Ambroise Pare,1510—1592年)于1562年进行第一例法医尸体解剖,鉴定为升汞中毒死。1598年,意大利人 Fortunato Fedele(1551—1630年)著的《医师的报告》是欧洲第一部系统的法医学著作。《医师的报告》内容包括创伤、诈病、医疗过失、处女、阳痿、妊娠、胎儿生活能力等,并强调了完整解剖的重要性。1621—1635年,罗马御医 Paulo Zacchia(1584—1659年)的巨著《法医学问题》连续出版7部。1642年,德国莱比锡大学首次开设系统的法医学讲座。17世纪末,法国开始在巴黎等地设置了3个法医学教授职位。自19世纪以来,不少著名医学家出版了法医学专著,如法国著名学者 Orfila(1787—1853年)首先把精确的化学分析方法应用于毒物学,成为现代毒物学的奠基人。1985年,英国遗传学家 Jeffreys 首次成功应用DNA技术进行了亲子鉴定,给法医学的发展带来了一场划时代的革命。

三、法医学发展展望

自进入21世纪以来,医学和其他自然科学有了显著的发展,法医学也有巨大进步。DNA技术已广泛应用于法医学许多领域,为案件侦破、民事赔偿、家庭和谐都有着重要作用。因此,DNA的标准化、DNA数据库的建立、DNA芯片技术的发展与成熟及其他科学技术的发展是现代法医学的关键影响因素。

近年来,人工智能技术的迅猛发展、虚拟解剖的运用都给法医学带来革命性创新。运用虚拟解剖可以全方位、全视角地观察人体内部的各种变化,尤其是在心血管疾病或损伤方面有较大优势,解决了许多肉眼无法观察到的细微变化。另外,虚拟解剖对于刑事案件的侦破也有较大的帮助。

思考题

1.法医学的分科有哪些?

2.医学生学习法医学的目的和意义是什么?

3."张举烧猪"判案的机制是什么? 有何法医学意义?

第二章　死亡与死后变化

第一节　死　亡

教学PPT

随着人类认知水平的提高，人们对生命与死亡的认识也不断变化，不同的生死观反映了人们的不同观念。从生物学和法学的角度看，生与死是相对应的。研究死亡与研究生命或疾病一样，有利于疾病的防治、健康的维护、生命的延续以及社会的稳定，对死亡的研究是法医学不同于其他医学学科的重要特点之一。法医学关于死亡的研究主要包括死亡的概念、死亡过程、死亡种类、死亡原因、死亡机制、死亡方式、死亡管理及死后人为损伤等。无论是从法医学的理论发展、法医学鉴定、司法审判的实际需要出发，还是从医学本身的发展需要出发，从事法医专业的人员，以及警察、律师等，都有必要了解甚至掌握法医死亡学的基本知识。

死亡对于临床医学和法律都有十分重要的意义。患者被宣告临床死亡后，医务人员可以放弃抢救与治疗；死亡同时也涉及包括刑事与民事等诸多法律问题，死亡诊断或死亡证明也必须得到法律的认可。就法医学而言，死亡原因、方式以及死亡时间推断等工作内容对缩小侦查范围、确定罪与非罪等都有重要意义。

一、死亡的概念

死亡（death）是一个过程，是指人体生命活动永久性终止、人体细胞新陈代谢活动的永久性终止。生命作为个体的根本属性，其死亡的判断依据和概念，不同国家、地区、民族和宗教有所不同，但目前全球医学界已形成基本的共识。

对于死亡的判断标准，目前主要按照人体心跳、呼吸和脑功能停止的先后顺序分为心性死亡、呼吸性死亡和脑死亡。

（一）心性死亡

在死亡过程中，心跳先于呼吸停止所引起的死亡称为心性死亡（cardiac death），是指源于心脏疾病或损伤而致心脏功能严重障碍引起的死亡。心性死亡常见于心外膜、心肌、心内膜、心瓣膜、心冠状动脉系统和传导系统的各种病变、损伤等。

（二）呼吸性死亡

在死亡过程中,呼吸先于心跳停止所引起的死亡称为呼吸性死亡(respiratory death),是指源于呼吸系统,尤其是肺部疾病或损伤等因素导致肺功能严重障碍所引起的死亡。呼吸性死亡也称为肺性死亡(lung death),常见于各种肺炎、机械性窒息等。呼吸性死亡的特征性病理生理改变是低氧血症、高碳酸血症、酸碱平衡紊乱、组织缺氧和酸中毒。

（三）脑死亡

1.脑死亡的定义　脑死亡(brain death)是指包括大脑、小脑、脑干在内的全脑功能永久性不可逆转的丧失状态。脑死亡可以分为原发性脑死亡(primary brain death)与继发性脑死亡(secondary brain death)。

原发性脑死亡是由原发性脑组织病变或损伤引起的死亡。法医学鉴定常遇到的是脑组织的严重损伤、出血、炎症、肿瘤等所致的原发性脑死亡。继发性脑死亡是继发于心、肺等脑以外器官的原发性病变或损伤所导致的脑死亡。机体其他器官的疾病或损伤未能或无法进行有效治疗导致的脑水肿、脑压迫或脑疝形成,则为继发性脑死亡。

2.脑死亡的诊断标准　在不同的历史阶段和不同的国家、地区,死亡的概念和判定死亡的标准存在一定差别。在中国,普通人对死亡的概念是:一个人只要心跳完全停止,自主呼吸消失,就被认为死亡,即"心肺死亡"。这一概念长期影响着我国传统医疗和法律的实施。世界很多国家也一直把呼吸、心跳停止作为判断死亡的标准。然而随着医疗科学技术的不断发展,呼吸机可以人为地引起呼吸动作,胸外按压和药物也可以刺激心脏跳动,但是作为主宰人体器官功能的脑神经细胞死亡后恢复和再生的可能性极小。脑神经细胞是一类高度分化的终末细胞,当其死亡数量达到或超过一定极限时,人的感知、思维、意识、自主活动、基本生命中枢的功能将永久丧失。脑神经细胞的这种解剖学、生理学和病理学等特性,构成了将脑死亡作为人类死亡诊断依据的科学基础,1966 年国际医学界正式提出"脑死亡"的概念。

从 1970 年代起一直延续至今的脑死亡立法实践史来看,建立与脑死亡相关的法律体系是一个逐步完善的过程,这个过程同医学科学对死亡的认识变迁相互依存。1970 年,美国堪萨斯州率先制定了有关脑死亡的法规《死亡和死亡定义法》。1971 年,芬兰首先以国家法律形式规定脑死亡为人体死亡的标准。1981 年,美国通过《脑死亡法》,德国于 1982 年采纳了脑死亡标准,1988 年,日本也通过了脑死亡作为人体死亡标准的规定。目前,联合国的成员国中已有 80 多个国家承认脑死亡标准,全球发达国家无一例外地确认了将脑死亡或脑细胞完全死亡作为判断人体死亡的标准。

脑死亡法同人体器官捐献法、人体器官移植法、安乐死法、人体细胞克隆法等一样,属于科技含量高并涉及人权及伦理学问题等复杂的法律。人体死亡的多重属性和在判定上的复杂性,决定了脑死亡立法和实施的困难。但是,脑死亡作为判断死亡的标准对于现阶段我国合理配置医疗资源,降低医疗费用,减轻患者负担,以及器官移植技术和人工器官研究的开展都具有一定的积极意义。

目前,尽管全世界对于脑死亡已提出不少于 30 种诊断标准,但尚未形成统一的标准,其中最具代表性的有美国的哈佛标准(1968 年)。脑死亡的判断通常包括下列指标:①持续深度昏迷,对外界刺激无反应,即使最疼痛的压眶刺激也无反应;②无自主呼吸,依赖呼吸机维持,呼吸暂停试验阳性;③所有脑干反射消失,包括瞳孔对光反射、角膜反射、前庭反射、咽反射、吞咽反射及咳嗽反射等均消失;④经颅多普勒超声、脑血管造影和放射性核素检查,颅内血管的血流终止或有逆向血流;⑤脑电图检查呈一直线,即等电位脑电图,对任何刺激无反应。

3. 诊断脑死亡的方法

(1)阿托品试验:静脉注射阿托品 2mg(1~5mg),同时在心电图监测下观察 5~15 分钟,阳性者的心率较原来增加 20%~40%,证明延髓中枢功能尚存在;阴性者心率无改变,则判定患者为脑死亡。

(2)脑干听觉诱发电位:可直接反映脑干功能状态,是判断脑死亡的一项准确的客观指标。脑死亡患者的脑干听觉诱发电位特征为各波均消失或仅Ⅰ波残存,潜伏期延长。

(3)颅脑多普勒超声检查:是一种非损伤性检查,可直接测量颅内血管的血流方向、血流类型、血流速率。脑死亡患者该检查多为无信号。

(4)颈内动、静脉含氧量检查:脑死亡患者颈动、静脉血之间的氧含量几乎无差别。

(5)其他:脑超声检查、前庭变温试验、脑脊液乳酸测定、脑温测定、脑血管造影、放射性核素脑血流测定等对脑死亡诊断都有一定价值。

上述检查检验在 24 小时后需要重复一次,并且必须排除低体温(32℃以下)、急性药物中毒导致的深昏迷及自主呼吸丧失(中枢神经抑制剂如巴比妥酸盐中毒)、代谢性及内分泌性障碍引起的深昏迷及自主呼吸丧失(代谢性神经肌肉阻滞剂中毒、休克),以上结果才有意义。

4. 植物状态(persistent vegetative state)　植物状态与脑死亡并非同一概念。所谓植物状态,是指由于神经中枢的高级部位大脑皮质功能丧失,使患者处于意识障碍或昏迷状态,而皮质下中枢部位(皮质下核和脑干等)的功能仍然存在。处于植物状态的病人与脑死亡者的不同之处在于其有自主呼吸,对外部刺激有反应,有吞咽运动、眼球运动等生理运动。植物状态与脑死亡有明显不同,临床上容易鉴别。

二、死亡过程与假死

(一)死亡过程

一般情况下,从生到死是一个逐渐演变的过程,没有明显的分界线,不同个体的死亡过程长短不一,但大都经过濒死期、临床死亡期、生物学死亡期三个阶段,某些严重损伤、高毒性毒物中毒、严重致命性疾病可立即引起死亡,而不经过以上三个连续过程。在法医学实践中,如遇到死亡过程可疑,应当充分考虑各种可能性。

1. 濒死期(agonal stage)　濒死期又称临终期(terminal stage),是临床死亡前主要生命器官功能极度衰弱,逐渐趋向停止的时期。濒死期的临床表现主要包括意识障碍乃至意识丧失,各种反射减弱或迟钝,呼吸减弱、肺活量明显减少,心跳减弱、血压下降,缺氧、无氧代谢增强、酸性产物堆积而出现酸中毒、电解质代谢障碍等。此期根据身体健康状况及死因不同,可从几秒到几小时,一般慢性病死亡者濒死期较长,而严重颅脑损伤、心脏刺伤及氰化物中毒等死亡者,濒死期短暂或完全缺如,直接进入临床死亡期。假死为濒死期的特殊表现。

2.临床死亡期（clinical death）　临床死亡是临床上判断死亡的标准，是指人的个体死亡或躯体死亡（somatic death），是与细胞性死亡相对而言的。按照传统的死亡概念，是指呼吸、心跳停止。此期包括全脑功能的不可逆丧失，呼吸和心跳停止，但全身各器官组织的细胞并未全部死亡，某些器官组织还可存活一定时间。

3.生物学死亡期（biological death）　生物学死亡是整个死亡过程的最后阶段，也称细胞性死亡（cellular death）。该过程由临床死亡期发展而来，呼吸、循环，以及脑、心、肺、肝、肾等脏器功能永久性丧失，但有些对缺血缺氧耐受性强的组织器官，如皮肤、黏膜、结缔组织等还有生命功能，并能对刺激作出反应。在生物学死亡期的晚期，全身所有的组织细胞相继死亡，超生反应消失，并开始出现早期尸体现象。

超生反应（supravital reaction）是指生物个体死亡后，某些器官、组织和细胞在短时间内仍保持生命功能，对外界刺激（如机械刺激、电刺激或药物刺激等）作出一定反应的能力。人和动物死亡后都有一定的超生反应，但不同个体之间和各器官组织之间的超生反应持续时间和程度有所不同。常见的超生反应和表现如下。①瞳孔反应：人死后约 4 小时内，瞳孔对注入结膜囊的药物（如阿托品）有散瞳反应。②断头反应：头颅自颈部与躯干分离后十余分钟内，可以观察到眼球、口唇及下颌运动，躯干痉挛等。③骨骼肌超生反应：人死后 2 小时内刺激骨骼肌可使其收缩。④心肌收缩：人死后心肌的兴奋性可保持一定时间。⑤肠蠕动：人死后数小时有时可见到肠蠕动现象。⑥精细胞活动：人死后 30 小时内，精细胞仍有活动能力等。各器官组织的超生反应持续时间有一定差异性，据此可推测死后经过时间。超生反应发生于机体临床死亡后生物学死亡前，是局部器官、组织对某些外界刺激发生的反应或自发活动。

（二）假死

在法医学实践中还有一些与死亡判断相关的特殊假死现象。无论是在国内还是在国外，因生命活动极度微弱，在未做仔细检查就草率宣布死亡而被搬进太平间、冷藏箱、埋葬等情况均偶有发生。

假死（apparent death）是指人的循环、呼吸和脑功能活动处于高度抑制状态，生命功能极度微弱，用一般的临床检查方法无法检测出生命指征，从外表来看好像人已死亡，而实际上还活着的一种状态。此时及时给予积极救治，可能暂时或长期复苏。假死主要由脑缺血、缺氧、生命功能高度抑制引起，常见于各种机械性窒息、催眠药、麻醉药以及其他毒物中毒、电击伤、寒冷昏睡、日射病、热射病、深度昏迷、严重腹泻和脱水、产后大出血、营养障碍、尿毒症、糖尿病昏迷、强烈精神刺激等以功能性为主的伤病。新生儿，特别是未成熟儿大脑对缺氧的耐受性强，更容易出现假死状态。

死亡是一个渐进的过程，其时间具有不可逆性，假死者很难从外表上与真死者区别。假死者经及时抢救，复苏的可能性极大，若延误抢救时机，就易"弄假成真"，使假死者失去再生的可能。因此，及时确定假死状态十分重要。

假死的判断可以采取以下几种方式。

1.眼部检查　首先，观察眼底视网膜血管，如果血管内仍有血液流动，则说明血液循环尚未停止，患者没有真正死亡，这种方法简便易行。其次，用 1%荧光素钠滴眼，使角膜和结膜即刻黄染，若是假死，则在 2～5 分钟后即褪色；若是真正死亡，则经 24 小时亦不褪色。最后,可压迫眼球使瞳孔变形,若为假死,则解除压迫后瞳孔即恢复圆形;若是真正死亡,则解除压迫后瞳孔不能复原。

2.X线检查 较长时间用X线透视胸部,可以观察到心脏结构的形态和运动状况。如果心脏仍在搏动,则说明是假死,反之则为真死。

3.心电图检查 在人的心音、脉搏已经测不到的情况下,心电图检查仍能显示心脏功能,因而可以用这种方法来判定死亡的真假。

4.微弱呼吸检查 ①将冷却后的镜片放在被检查者鼻孔前,若镜片出现模糊不清的现象,则说明被检查者尚有微弱呼吸,是假死。②将纤细的羽毛放在被检查者的嘴唇、鼻孔前,观察其有无运动,若有运动,则说明被检查者仍能呼吸,是假死。③根据同样的道理,将肥皂泡抹在被检查者的嘴唇、鼻孔处,观察气泡的变化,判定是否假死。④将装水的玻璃杯放在被检查者的胸部,观察水杯和液面的变化,以确定呼吸是否存在。

5.手指末梢结扎 用细线结扎手指末梢数分钟,如果被结扎部位出现青紫色改变、肿胀,松开细线后可恢复原状,则说明血液循环存在,即为假死。

6.其他 假死者经抢救以后,随着身体功能的缓慢恢复和呼吸、心跳的逐渐加强,其生命功能也逐渐恢复。通常是先出现咽下运动,然后出现下颌活动,最后呼吸、心跳运动恢复正常。

假死现象的出现,使得法医学工作者在进行法医学检验时担负更重要的义务,应当通过相关的指标甄别假死现象。为此,有些国家规定在人死亡后尸体放置48小时待其出现尸斑、尸僵等明确的尸体现象后,才能对尸体进行解剖、施行防腐措施或者进行死后处理等。然而,在热带高温地区的法医学实践过程中,由于腐败发展迅速,影响鉴定结果。因此,在不同地区的法医学实践中,不能生搬硬套法医学的传统理论。

三、法医学的死亡分类

法医学上死因判断的主要目的是确定与死亡相关的法律责任大小、程度等问题。不同原因引起的个体死亡可分为自然死亡与非自然死亡两大类。

(一)非自然死亡

非自然死亡(unnatural death)又称暴力性死亡(violent death),是法医学实践中最多见的一类死亡,也称非正常死亡(abnormal death)。它是由某一种或几种作用因素导致的死亡。根据其死亡方式又可分为自杀、他杀、意外死。外因的种类繁多,根据其性质可分为三大类,即物理性、化学性和生物性,其中以理化因素引起的死亡为主,尤其是机械性损伤、机械性窒息及毒物中毒引起的死亡最多见。

在热带地区,室外活动者热射病时有发生,严重者可致人死亡。严寒地带的冻死也常见。此外,也可见毒蛇咬伤致死、利用热带地区常见的有毒动植物等进行犯罪活动导致他人暴力性死亡的案例。

(二)自然死亡

自然死亡(natural death)又称为非暴力性死亡(non-violent death),指符合生命和疾病

自然发展规律,没有暴力因素干预而发生的死亡,理论上又可以分为生理性死亡和病理性死亡。

1. 生理性死亡(physiological death)　也称衰老死,指由于机体自然衰老,体内各组织器官的生理功能逐渐减退直至衰竭,尤其是脑、心和肺功能的自然衰竭以至于不能维持生命基本活动而导致的死亡。实际上绝大多数人在未达到衰老死时就已经病死,因此生理性死亡十分少见,即使在长寿区域生活的"百岁"老人,也多是死于疾病。

2. 病理性死亡(pathological death)　指由于各种疾病的发展、恶化而引起的个体死亡。大多数病死者在死亡前接受过一定的临床检查、诊断、治疗和预后评估,死亡经医生证明、解释,一般不会引起纠纷和诉讼。但在法医学实践中,有些个体所患疾病生前症状不明显而发生突然死亡,这类死亡常引起怀疑,需进行法医学鉴定。另外,在特殊地区法医学实践中,因出现某些特有的尸体现象,如在路上发生心肌梗死而猝死者、炽热的路面导致死后烫伤等改变,常常引起死者家属疑义,故易产生纠纷。

四、死亡原因与死亡机制

(一)死亡原因

死亡原因简称死因(cause of death),是指导致死亡发生的因素(包括损伤、中毒、疾病或衰老等)。死因分析是法医病理学的核心内容,有助于判明案件性质,关系到当事人罪与非罪或应承担的责任大小。但影响死亡发生的因素多种多样,有时比较简单而明确,有时却很复杂。因此,全面、系统、综合的死因分析至关重要,包括了解个体死亡的情况(时间、地点、采用的方法),查明致死性损伤、病变以及死亡机制,分析各种致命因素的主次、先后及相互关系,明确死亡类型,分清何为根本死因、直接死因、辅助死因、死亡诱因、联合死因,判断死亡方式,并得出正确的死因结论。

1. 根本死因(underlying or primary cause of death)　或称原发性死,是指引起死亡发生的原发性自然性疾病或致死性暴力,是导致死亡的初始原因。在自然性疾病致死案件中,所患主要疾病即根本死因,如脑血管畸形破裂出血、心肌梗死致心脏破裂引起心脏压塞等。在暴力性致死案件中,如机械性损伤、电击、中毒等引起死亡的,其根本死因是指该项暴力,即使该暴力损伤未直接导致死亡,也可以通过损伤后继发性病症致死,比如扼颈可立即因窒息死亡,若当时未立即死亡,也可因继发的脑缺血缺氧导致脑水肿或肺炎而死亡,而扼颈仍为根本死因。

2. 直接死因(direct cause of death)　是指直接引起死亡的原因,包括感染、出血、栓塞、中毒及全身衰竭等。在许多法医学实践案例中,根本死因没有立即引起死亡,而由其所致的并发症或合并症导致死亡,如重度颅脑损伤继发肺部感染,肝、脾损伤引起失血性休克,小腿损伤导致的肺动脉栓塞等,这些并发症或合并症直接导致了死亡的发生,此时这些并发症或合并症为直接死因。如果原发性疾病或暴力性损伤不经过以上中间环节直接导致死亡,其既是根本死因又是直接死因。

3. 辅助死因(contributory cause of death)　是根本死因之外的自然性疾病或损伤,其本身不会直接致死,但在死亡过程中起到辅助作用。例如肝硬化患者因酒精中毒死亡,则酒精中毒为根本死因,而肝硬化为辅助死因。

4.死亡诱因(predisposing or inducing factor of death)　即诱发身体原有潜在疾病急性发作或迅速恶化而引起死亡的因素,包括各种精神情绪因素、过度劳累、轻微外伤、大量饮酒、性交、过度饱食、饥饿、医疗穿刺、器械使用等。如某脑动脉瘤患者被他人扇耳光后突然倒地死亡,其所患脑动脉瘤破裂导致脑出血为根本死因,被扇耳光损伤为死亡诱因。热带地区因高温导致的轻度脱水、中暑,寒冷地区因低温导致的轻度冻伤,这些因素对健康人一般不会致命,但对某些重要器官有潜在病变的个体,却能诱发其某些潜在疾病急性发作或快速恶化引起死亡,这些因素即为死亡诱因。

5.联合死因(combined cause of death)　又称合并死因,是指某些死亡鉴定案件中死因由两种或两种以上难以区分主次关系的疾病或损伤共同构成死亡原因,包括两种或两种以上疾病致死、疾病与暴力损伤联合致死、两处或两处以上暴力性损伤致死等。

(二)死亡方式

在确定为暴力死后,则需进一步判断其死亡方式(manner of death)。死亡方式是指导致死亡的暴力性方式。死亡方式的鉴定是法医病理学工作者的重要任务之一,是确定刑事侦查方向、司法审判定罪的重要依据,对民事调解、灾害赔偿等同样具有重要意义。死亡方式通常有以下几种。

1.自杀死(suicidal death)　是指自己用暴力手段故意将自己杀死,结束自己的生命。

2.他杀死(homicidal death)　是指用暴力手段剥夺他人生命的死亡案件。他杀死又可分为以下几种。

(1)非法他杀死(death from murder):即故意杀人,是法医学实践中最常见的类型。这种他杀违反了法律规定,属于非法剥夺他人生命,其行为人构成杀人罪。

(2)合法他杀死(death from justifable homicide):这是在法律规定允许范围内导致他人死亡的行为,如按照法律规定对死刑犯执行死刑;在危及自己生命时,为了保护自己而进行的正当防卫;在追捕持枪拒捕在逃罪犯的过程中,罪犯危及执法人员生命时将其当场击毙等。

(3)过失伤害死(manslaughter):指没有预谋杀人或故意伤害的意图和动机为前提,由于过失原因或处置不当,在客观上造成了他人死亡的行为。如家庭纠纷、打架斗殴、虐待老人或儿童以及监狱内对犯人的伤害等导致的死亡。

3.意外死(accidental death)　是指事先没有预料到的、非故意或过失行为导致的死亡。意外死包括:①灾害死(如地震、台风、火灾等);②意外事件死(如交通事故、生产事故、医疗事故等);③自伤、自残致死(如性窒息死亡等)。

4.安乐死(euthanasia)　既非暴力死亡,也非自然死亡的特殊死亡类型,指患不治之症的患者在生命垂危时,由于精神和躯体极端痛苦,在患者本人及其亲友的要求下,经医生认可,用人道方法使患者在无痛苦状态中结束生命的过程。安乐死不仅涉及人的生命权,还涉及伦理、道德、宗教乃至哲学观念。目前已有多国或地区将安乐死合法化,如荷兰、比利时等。

第二节　死后变化

一、死后变化概述

(一)概念

死后变化(postmortem changes)又称尸体现象(postmortem phenomena),是人体死亡后随着时间的延长而出现的死后改变。人死亡后,各器官、组织和细胞的功能逐渐消失,尸体受物理、化学及生物学等内外环境因素影响所发生的一系列变化,称为死后变化。由于这些变化使尸体表面和内部器官组织呈现出与活体不同的特有征象,故也称为尸体现象。

为了便于描述,传统法医病理学以死后 24 小时为界限把死后变化分为两个阶段,即早期死后变化和晚期死后变化。死后早期(24 小时内)的尸体变化称为早期死后变化,死后经过比较长时间(24 小时以后)的尸体变化称为晚期死后变化。死后变化受周围自然环境等因素影响较大,如在热带高温地区,不仅早期死后变化的持续时间缩短,晚期死后变化的出现也会提前。

(二)死后变化发生的影响因素

死后变化的发生和发展过程,是尸体内部因素与周围环境相互作用的过程,影响因素较多且复杂,尤其是周围环境的气温、湿度等。

死后变化的影响因素大体可分为环境因素和尸体因素。环境因素包括气温、湿度、空气流通情况等;尸体因素包括死者的穿着、体质、年龄、死因、死前状态及健康状况等。在法医学实践中,环境因素是影响死后变化的最主要因素。

二、早期死后变化

传统的早期死后变化(early postmortem changes)一般指死后 24 小时内尸体发生的变化。实际上,早期死后变化和晚期死后变化所认定的时间没有严格的界限,24 小时内外只是一种人为界定。一般来说,在尸体发生腐败之前出现的尸体变化均称为早期死后变化,这个时期由于受到各种因素的影响,所以出现和持续的时间在不同的条件下并不一致。如热带高温地区比其他地区尸体腐败进展要快,所以早期死后变化持续的时间也比较短,甚至有些冷冻尸体在解冻过程中直接进入腐败期。

早期死后变化主要包括肌肉松弛、皮革样化、角膜混浊、尸冷、尸斑、尸僵、尸体痉挛等。

(一)肌肉松弛

肌肉松弛(muscular flaccidity)是最早出现的尸体现象,几乎与死亡同时发生,甚至在濒死期就会出现,其发生是由于人体死后肌张力消失,因而尸体呈现弛缓状态,通常经过 1～2

小时后,待尸僵形成后自行消失。

1.尸体改变　表现为瞳孔散大、眼微睁、口微开,面部无表情,沟纹变浅;四肢肌肉松软,关节易弯曲。由于括约肌松弛,大小便、精液可能外溢。但不是所有死亡都会出现肌肉松弛,如未经过此阶段直接进入肌肉僵硬的尸体痉挛。尸体肌肉松弛的发生和持续时间会受到周围环境因素的影响。

2.法医学意义　发生肌肉松弛的体表受物体压迫时,可以与物体接触面充分接触印合,形成与接触物表面形态特征相似的压痕,并可在尸体上保留相当长的一段时间,这对判断尸体死后停放姿势、是否移尸等均有重要的法医学意义。

(二)皮革样化

皮革样化(parchment-like transformation)是指人死后由于体表皮肤、黏膜等薄弱部位水分蒸发及血液循环停止、水分补充欠缺等,局部出现干燥、变硬现象,呈现淡黄色或黄褐色的羊皮纸样外观,又称局部干燥(local desiccation)。热带高温地区皮革样化形成相对快而明显,低温寒冷地区或潮湿环境下皮革样化形成速度较慢而不明显。

1.尸体改变　多发生于表皮薄弱部位,如口唇、鼻尖部、阴囊、阴唇以及皮肤皱褶等处(特别是婴儿的颈项部)。其中,口唇的局部干燥有时会被误认为外伤或腐蚀性毒物所致,阴囊的干燥有时则被误认为损伤所致。生前皮肤损伤的部位,如颈部索沟、扼痕,被强奸尸体大腿内侧剥脱的表皮,腐败后或烫伤后形成的破裂水泡,死后灼伤的表皮剥脱部位均易形成皮革样化。生前及死后损伤的皮革样化区别点主要表现为前者呈暗褐色,后者为蜡黄色干燥且无生活反应。

2.法医学意义　尸体的局部干燥可使生前的创面、擦挫伤、索沟、表皮剥脱等损伤更清晰,因此对尸体损伤的检查有重要帮助。有时受压部位尤其是面部皮肤皮革样化易被误认为损伤(图 2-1),应予以鉴别。

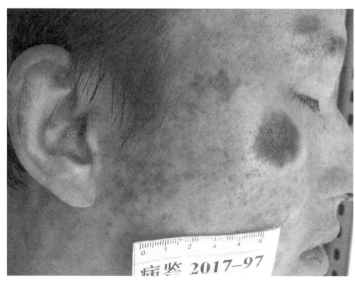
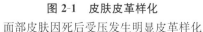

图 2-1　皮肤皮革样化

面部皮肤因死后受压发生明显皮革样化

2-1

(三)角膜混浊

死后人体角膜透明度逐渐降低,直至不能透视瞳孔,逐步变为灰白色,称为角膜混浊(postmortem turbidity of cornea)。角膜混浊的发生与角膜组织黏多糖和水的含量、角膜pH 值、离子含量、蛋白质变化等有关。

1.特征　在室温条件下,人体死后 5～6 小时角膜出现白色小点,逐渐扩大,至 10～12小时呈轻度混浊,仍可透视瞳孔;死后 15～24 小时角膜呈中度混浊,混浊加重呈云雾状,半透明,尚可透视瞳孔;死后 48 小时或更长时间角膜呈高度混浊,不能透视瞳孔。角膜混浊速度会受眼睑是否闭合及周围温度、湿度的影响。

2.法医学意义　角膜混浊程度是死后变化中用于推测死后经过时间的重要指标之一,通过以上特征,并结合其他特点,可大致推断死后经过时间。

(四)尸冷

人死后,由于血液循环及新陈代谢停止,体内不再产生热量,而尸体原有热量又不断散发,使尸温逐渐下降至环境温度,或低于环境温度的现象,称尸冷(algor mortis, cooling of the body)。尸冷的发生进程,是环境因素与尸体自身因素共同作用的结果。由于尸体内的热量通过辐射、对流和传导从体表开始逐渐散发,故尸温下降的速度受尸体内外环境因素的影响较大。

由于口腔或腋下等体表部位的温度受外界环境因素的影响较大,而直肠内温度(肛温)受外界环境因素的影响相对较小,故在法医学实践中,通常测定肛温作为尸体体内温度,并用于推测死亡时间。

1.影响尸冷的因素

(1)外部环境因素:尸体所处的环境,如衣着、气温、湿度、通风状况等对尸冷的发生发展影响较大。环境温度越高,尸温下降越慢。如在热带地区,人的衣着一般比较单薄,而周围环境温度又高,相较于寒冷、温带地区,热带环境温度与人体生前体温的差距较小,因此尸温更易于接近环境温度。对于海边死亡的尸体,由于海风湿润、盐分高、风速快,有时由于涨潮或下雨等因素导致其尸温下降加速,甚至会低于环境温度。而在寒冷、高海拔地区,也会因气温低,风速快,导致尸温下降加速。因此,环境温度高、尸体衣着多的尸温下降较慢,环境温度低、通风条件好则尸温下降较快。

研究显示,室温环境(16～18℃)时,一般经 3～4 小时,颜面、手掌等体表裸露部位的温度即可与环境温度一致;约经 5～6 小时,体表仅胸部有温感;到 24 小时,尸温与室温相等。一般情况下,中等身材的成人尸体,在室温死后 10 小时内,平均每小时尸温下降 1℃;此后下降速度减慢,平均每小时下降 0.5℃。在平均气温 20℃ 的地区,死后 5 小时内,平均每小时尸温下降 0.5℃;此后下降速度减慢,平均每小时下降 0.3℃。当气温超过 40℃ 时,尸冷可不发生,甚至还会出现特殊的"温暖尸体现象"。

(2)尸体本身的因素:与死者的年龄、体型、胖瘦、疾病以及死因等有关。其中,以胖瘦对尸冷的影响最大。肥胖尸体因皮下脂肪厚、尸体热量向体表扩散慢、尸温下降较慢。小儿尸体体表面积相比成人较大,故尸温下降较快;因消耗性疾病、大失血死亡的尸体,尸温下降较快。猝死、发热疾病、机械性窒息、颅脑损伤、热射病、破伤风及死前伴有剧烈痉挛的死者,尸温下降较慢。

2.**法医学意义** 尸冷的发生可确证死亡。因此,人体温度是否下降往往成为社会大众通过触觉感知死亡的最主要方式,也是古今中外对尸体描述的通用语言,如冰冷的尸体。同时,尸冷也是推断死后经过时间的重要依据之一。

(五)尸斑

1.**定义** 人死后由于心跳停止,全身血液循环也随之停止,尸体以某种姿势静置后,血液因重力作用而坠积于低下部位未受压迫的血管及组织间隙内,并在该处皮肤呈现出(暗)紫红色的斑痕称为尸斑(livor mortis,lividity)。尸斑是重要的早期死后变化之一,也是最易与生前皮下出血相混淆的死后变化,应注意鉴别。

2.**尸斑形成的机制** 人死后血液循环停止,血液因重力作用顺着血管流向尸体低下部位的血管网内,并使之扩张,红细胞沉积,并透过皮肤呈现出紫红色或暗红色的斑块。尸斑出现之初为云雾状、团块状,逐渐融合成片状。一般在死后2～4小时开始出现尸斑,但因环境温度和死因等因素的影响,也有早在死后半小时或迟至6～8小时才开始出现。老年人和大失血的尸体,尸斑出现晚而弱;死亡过程伴有心衰者,尸斑在濒死期就可出现。

3.**尸斑的分布** 尸斑呈现的部位与尸体死后的姿势有关,如果是仰卧位,尸斑见于枕、项、背、腰、臀及四肢低下部位背侧面未受压处,也可见于肩部和躯干的两侧面。俯卧位时,尸斑见于颜面、颈、胸、腹及四肢的低下部位未受压处。悬垂或直立位(如缢死尸体)时,尸斑见于腹、腰部裤带的上缘区、双上肢的腕关节以下部位、双下肢的足部。另外,水中尸体随水流翻动、体位不固定,故尸斑位置不明显,甚至不能形成尸斑。

4.**尸斑的发展** 根据尸斑发生发展过程和形态特征,分为沉降期尸斑、扩散期尸斑、浸润期尸斑三个阶段。但以上分期是一个逐渐发展的过程,并没有绝对的界限,它们之间可以重叠存在;有的学者也只分为早、晚两期,部分欧美法医学书籍甚至不对尸斑进行分期。

(1)沉降期尸斑:一般指开始出现至死后12小时以内的尸斑。尸斑开始呈散在的小块或条纹状,经3～6小时融合成片状,逐步扩大,颜色加深呈紫红色,周围边界模糊不清。此期尸斑因下坠的血液局限于血管内,用手指按压尸斑(以按压的手指指甲变色为度)可暂时褪色,移去手指又重新出现;切开尸斑处的皮肤,可见血液从血管断面流出,容易用纱布擦去,且边擦边流出。死亡6小时内如改变尸体体位,则原已形成的尸斑可逐渐消失,而在新的低下部位重新出现尸斑,这种现象称为尸斑的转移(shift of lividity);死亡6小时后再改变尸体体位,则原有尸斑不再完全消失,而在新的低下部位又可出现尸斑,称转移性尸斑。光镜下,真皮和皮下组织内的毛细血管和小静脉扩张,充满红细胞;大部分红细胞外形完整,并黏着成团,少数红细胞可破坏,其外形不完整。

(2)扩散期尸斑:一般指发生于死后12～24小时的尸斑。此期尸斑中血管周围的组织液渗透入血管内促进红细胞溶血,血浆被稀释,并被血红蛋白染色后又向血管外渗出,即为扩散期。此期尸斑的颜色进一步加深,范围扩大呈大片状。手指按压仅稍褪色;改变尸体体位后原有尸斑不会消失,新的低下部位也不易形成尸斑。在体位改变较长时间后,新的尸斑虽可出现,但颜色较淡。切开尸斑处皮肤,可见血管断面有血滴缓慢流出,组织间隙中有浅黄色或淡红色液体滴出。光镜下,有的管腔内可见完整的红细胞,而溶解的红细胞则呈均质

状,有的红细胞仅残存外围一圈脂膜(溶血);血管壁被染成橘红色;组织间隙可见粉红色或淡红色液体。

(3)浸润期尸斑:一般指死亡24小时以后的尸斑。在此阶段,被血红蛋白染色的液体不仅渗入组织间隙,而且浸染组织细胞,使之着色,称为浸润期。浸润期尸斑完全固定,无论手指直接按压或改变体位,原尸斑不再褪色或消失,也不能形成新的尸斑。切开尸斑处皮肤,切面呈暗紫色或紫红色,血管断面无血液流出。光镜下,血管内皮细胞肿胀,脱落,管腔内充满均质淡染的粉红色液体。有时可见残存的红细胞轮廓及蓝染的细菌菌落。此期持续时间较长,此后即转为腐败。

5.尸斑的颜色　尸斑的颜色主要取决于血红蛋白及其衍生物的颜色。正常人血中的氧合血红蛋白呈鲜红色。人死后血中氧合血红蛋白转变成还原血红蛋白而呈暗红色,透过皮肤呈暗紫红色。此外,尸斑的颜色还受种族、死因、死亡时间和环境温度等多种因素的影响。

在尸斑的发展过程中,死后时间愈长,坠积的血液愈多,其颜色愈深;氰化物中毒的尸体,由于血中氰化血红蛋白形成,尸斑可呈鲜红色。一氧化碳中毒的尸体,因血液中有碳氧血红蛋白,尸斑呈较特殊的樱红色。氯酸钾、亚硝酸盐等中毒死者,因形成正铁血红蛋白,所以尸斑呈灰褐色。硝基苯中毒尸体的尸斑为蓝绿色。冻死者因尸体组织内耗氧量减少,氧合血红蛋白不易解离,故尸斑为鲜红色。

6.影响尸斑的因素

(1)尸体内在因素:包括种族、死因、死亡时间和临死时的姿势等。其中,尸斑与死因关系较为密切。因急性大失血、贫血或恶病质等死者,尸斑出现晚、程度轻,多呈淡红色或浅淡红色;而猝死、急性中毒或机械性窒息等急性死亡的尸体,因血液不凝,易于流动、沉积,故尸斑出现早、程度重,一般为暗红色或暗紫红色。

(2)外界环境因素:主要是尸体所处的环境和温度。尸斑在低温情况下比高温时发展晚、慢而弱,低温环境下的尸斑呈淡红色;高体温或高温条件下的尸斑相对发展快而强,呈暗紫色,与皮下出血很相似,需注意区别。

7.尸斑与皮下出血的甄别　尸斑有时与皮下出血甄别困难,特别是高温尸体(如兴奋性毒品中毒、热射病等),从体表观察现象与皮下出血非常相似,应当注意鉴别,具体区别见表2-1。

表2-1　尸斑与皮下出血的区别

	尸　斑	皮下出血(挫伤)
部　位	尸体低下未受压部位	身体的任何部位
范　围	广泛,境界不清	局限,境界清楚
指压变化	沉降期内指压褪色,扩散期内指压稍褪色,浸润期内指压不褪色	指压不褪色
切开有无凝血	组织内无凝血,沉降期内用纱布可擦去,扩散期及浸润期内用纱布不能完全擦去	局部组织内有凝血,用纱布擦抹不能去除
镜下所见	早期尸斑内毛细血管和小静脉扩张,充满红细胞;晚期尸斑内血管内皮细胞肿胀、脱落,管腔内充满均质红染液体及溶血的红细胞	血管周围有大量红细胞,出血处有纤维蛋白网形成,或可见炎症细胞浸润。血管腔内红细胞较少

8.法医学意义 ①尸斑是最早出现的死亡征象之一;②根据尸斑的发展规律可用来推测死后经过时间;③尸斑的颜色可提示死因;④根据尸斑的分布情况可推断死亡时的体位及死后是否被移尸;⑤显示停尸环境对尸体的影响,如停尸物体接触面的表面形状等;⑥尸斑最易与生前皮下出血相混淆,故应注意鉴别。

(六)内脏器官血液坠积

1.定义 人死后内脏器官的血液因自身重力而坠积于这些器官的低下部位的血管及组织间隙内,称内脏器官血液坠积(visceral hypostasis)。血管内红细胞沉积的同时,会发生小血管的被动扩张,这与生前所患炎症时的充血明显不同。

死后血液坠积不仅发生于体表,形成尸斑,同时也发生于尸体的内部器官,使这些器官内的血量分布不均,上部少而下部多,需要特别注意防止与生前病变相混淆,特别是肺的血液坠积与肺出血的区别;尸检取材和阅读病理切片时必须考虑到血液坠积的影响。

在高温环境下,有时会出现内脏器官不均匀尸斑现象(uneven visceral hypostasis)。其发生的原因是高温环境下腐败现象发生早,且在内脏器官表面形成不均匀腐败现象,表现为器官低垂部位出现散在分布、片灶状的坠积性尸斑,这与不同部位的腐败菌发生发展程度不同有关,大体上呈现类似生前出血或者感染的征象,这种情况在肺部更易观察,因此在法医学检验中需仔细甄别。

2.内脏各器官的血液坠积

(1)颅脑:仰卧位的尸体枕部头皮下因血液坠积可致血液积聚,易被误认为钝器伤所致。开颅时可见上矢状窦和横窦的后方充满血液。另外,大脑枕叶、顶叶后部、小脑等脑实质血管内血液的含量多于其他部位的脑组织,这些部位的软脑膜血管内血液坠积较明显。

(2)肺:肺的血液坠积最为明显。仰卧位尸体,靠近胸前的肺组织因含血和水分少而呈浅灰色;靠近脊柱背侧的肺组织由于血液坠积则呈暗红色,与肺淤血的改变相似。

(3)心:心脏膈面和侧面的心外膜下静脉扩张充血,该处心外膜原有的出血点可因血液坠积而更加明显。

(4)胃:胃后壁和大弯处的黏膜下血管扩张,树枝状分支更明显,呈暗红色。

(5)肠:小肠的血液坠积多见于各肠曲的下垂部,呈节段性分布,有时易被误认为是小肠出血性坏死。

3.法医学意义 内部器官的血液坠积,有时容易与生前损伤出血或病变相混淆,特别是在合并腐败时更应注意鉴别。尸检取材和阅读病理切片时必须考虑到血液坠积的影响。

(七)尸僵

1.定义 一般情况下人在刚死后全身肌肉会呈现松弛状态,肌紧张完全消失,随后各肌群发生僵硬并将关节固定而使机体呈强直状态的现象称为尸僵(rigor mortis, cadaveric rigidity)。

尸僵形成的机制至今尚未完全明了,有学者认为尸僵的形成与肌肉中的乳酸和神经因素等有关,但更多学者认为尸僵的发生与尸体肌肉内三磷酸腺苷(ATP)的消耗有关。人体肌肉保持弹性和收缩性主要依靠足够量的ATP,从而满足柔软、伸屈自如的生理活动需要。活体因新陈代谢使ATP的产生和分解维持相对平衡,在ATP酶的作用下ATP分解成二磷

酸腺苷(ADP)和磷酸,产生的能量使肌原纤维内的细肌丝向粗肌丝之间滑行,肌节缩短,使肌肉保持正常的舒缩功能。人死后,新陈代谢停止,ATP不再产生且被持续分解,当其含量减少至正常的1/4时,肌动蛋白分解停止,使肌肉保持收缩凝固状态,从而形成尸僵。为了证实以上学说的科学性,有学者在动物实验中从家兔股动脉注入 ATP 溶液,发现在不同条件下,既可推迟尸僵的出现,也可使已出现的尸僵强度减弱。

2. 尸僵发生和缓解的时间　尸僵一般自死后 1~3 小时开始,先在一些小肌群出现;4~6 小时逐渐发展到全身,12~15 小时达到高峰,全身关节僵硬;到 24~48 小时开始缓解,3~7 日完全缓解。在尸僵的发展过程中,约在死后 4~6 小时内,如人为地将已形成的尸僵破坏,很快又可重新发生,这种现象称为再僵直(re-stiffness),但强度较原尸僵为弱。在死后 6~8 小时以后破坏尸僵,则不易形成新的尸僵。

3. 尸僵形成的顺序　尸僵形成的顺序与肌群的大小有关,小肌群出现早,大肌群出现较迟,一般分为上行型和下行型两型,以后者多见,原因和机制尚不清楚。①下行型尸僵:尸体存放场所温度在 20℃左右,尸僵一般在死后约 3 小时自下颌部开始至颈部、肩部、上肢、下肢、手指、足趾逐次发展,于死后约 20 小时达到高峰,并持续数小时。②上行型尸僵:该类型比较少见,尸僵从下肢开始,逐渐向上肢发展至颈部、下颌部。受肌肉的变性和腐败等因素影响,尸僵逐渐缓解,尸僵缓解和消失的顺序常与发生的顺序相同。

4. 特殊类型尸僵　心肌和平滑肌尸僵,尸僵不仅见于骨骼肌,也可发生于心肌和平滑肌。死后 1~2 小时,心尖部心肌开始出现尸僵,7~8 小时累及全心,12~24 小时缓解。发生尸僵的心脏变硬、体积缩小,心血被挤出,左心室腔空虚。左心室的尸僵较右心室显著。心脏如有病变,心脏可不发生或仅有微弱的尸僵,如患有心肌梗死、心肌炎等病变时心肌很少出现尸僵。平滑肌尸僵发生的时间,因不同部位而异,如胃、肠平滑肌尸僵一般在死后 1 小时开始,约 5 小时达到高峰,7 小时左右缓解。心肌和平滑肌的尸僵,由于发生于内部器官,处于相对封闭的环境中,受外部气温等自然因素的影响较少。

5. 影响尸僵的因素　影响尸僵的因素较多,个体因素、外界环境因素和死亡前的身体状态等,都会对尸僵的发生和进程产生影响。如高温地区在死后 30 分钟即可发生,并且尸僵可持续时间相对较短,大多在 36~48 小时内即可完全缓解。

(1)个体自身因素:包括年龄、体型和死亡原因。身体健康、肌肉发达的死者,因肌肉中的糖原、ATP 和磷酸肌酸贮量较多,尸僵出现迟、程度较强,缓解慢;而婴幼儿、老人、体弱者则相反,尸僵发生快、强度弱,持续时间短。婴儿有时在死后 10~30 分钟就已发生尸僵。窒息、失血和砷、汞等中毒而死者,因缺血缺氧、ATP 含量较少,尸僵发生也较迟缓;一氧化碳中毒致死者,尸僵出现晚而持久;破伤风、士的宁、有机磷农药中毒死者,因死前发生全身痉挛,尸僵发生迅速且程度强。

(2)外界因素:尸僵形成的关键因素——ATP 的降解与局部温度密切相关,在热带高温地区由于气温高,ATP 分解加速,尸僵发生早而强,缓解快。此外,在湿度大的环境中,尸僵发生缓慢。

(3)死亡时运动状态因素:死亡前若有剧烈运动或处于兴奋状态,尸僵发生早且强;相反,静止状态下死亡者,比如在睡眠中死亡者,尸僵发生一般慢而持续时间较长。

6. 尸僵的鉴别　尸体肌肉僵硬,也可见于其他情形,如烧死、冰冻等情况,不属于法医学意义的尸僵,其发生的机制也和尸僵不同。比如烧死者的肌肉僵硬是高温引起的蛋白质变性凝固,而极冷环境下的冻死尸体以及人工冷藏或冷冻条件下的尸体僵硬则主要是冻结所致,因此在法医学实践中需予以区分。在热带高温地区,由于尸体腐败早而且程度严重,会出现腐败气体聚集于皮下组织,导致身体膨胀及局部关节僵硬,其发生机制也不属于尸僵的范畴。

7.法医学意义 ①尸僵可确证死亡;②尸僵出现的时间、顺序、范围和强度有助于推断死亡原因和死后经过时间,但尸僵用于推测死后经过时间则要适当考虑各种因素的影响,尤应注意冷藏或冷冻条件对尸僵的影响;③根据尸僵固定的尸体姿势,有助于分析死亡时的状态和尸体是否被移动等,有助于判断死亡方式。

(八)尸体痉挛

1.定义 人死后肌肉未经松弛阶段而立即发生僵硬,使尸体保持死时的动作和姿态,称为尸体痉挛(cadaveric spasm, instantaneous rigor)。

2.形成机制 尸体痉挛是一种特殊的尸僵现象,相对少见,其形成机制目前尚不清楚。尸体痉挛不但发生速度快,而且持续时间长,可以保持到尸体腐败开始。从目前的法医学案例分析,死前有剧烈的肌肉运动,或精神处于高度兴奋或紧张状态,是发生尸体痉挛的重要条件,如破伤风或士的宁中毒死者,因死前有较强烈的痉挛性收缩,死后可立即发生僵硬而未经肌肉松弛阶段。

3.类型 尸体痉挛可分局部和全身性痉挛两种,一般多为局部性。溺水死亡者,常常检见死者手中紧抓水草或泥沙等水中异物,就属于典型的尸体痉挛现象,表现为手部肌肉的局部痉挛。

4.法医学意义 由于尸体痉挛可保持死者生前最后时刻全身或局部某些肌群的收缩状态,故对分析案情性质具有重要意义。如持枪自杀者死后仍然保持紧握手枪的姿势;意外溺水死亡者常检见手抓水草泥沙等,可作为生前溺水的指标之一,可与死后抛尸入水进行鉴别。

(九)自溶和自家消化

自溶(autolysis)和自家消化(autodigestion)是两种不同性质的死后变化,自溶是指人死后组织细胞受细胞自身固有酶的作用而发生结构破坏、溶解,使组织出现变软甚至液化的现象,全身器官都可以发生;而自家消化则是指人死后胃、肠壁因受消化液的作用而发生溶解的现象,一般仅见于胃、肠等消化道的黏膜上皮。但在某些器官组织中,自溶与自家消化难以区分,如人体死后胰腺组织可因细胞自身固有酶的破坏,也可因器官自身分泌胰酶的破坏,两种机制可以并存。

自溶和自家消化不一定在死后 24 小时才出现,有时在死亡早期就已经发生,有些甚至发生迅速而彻底,特别是热带高温地区,自溶发生发展较快。在实践中,自溶对法医病理组织学诊断的影响较大。因此,在不具备冷藏、冷冻条件时,要尽快进行解剖鉴定,即使具备上述条件也不能长时间放置,一般要求 1 周内进行解剖,以最大程度降低自溶和自家消化等对法医学鉴定工作的影响。

1.自溶的形态变化 肉眼可见器官变软、混浊,切面可见组织结构境界不清。镜下见自溶的细胞肿胀,胞浆呈嗜酸性,胞浆内固有的特征性结构(如心肌的横纹、神经细胞浆内尼氏小体等)消失;细胞核染色质凝聚或碎裂,核溶解表现为核着色不良或淡染仅见残影,终至完全溶解消失。器官组织的结构特点在自溶早期尚能保持轮廓,严重自溶时难以辨认。电镜下,细胞轻度自溶时,可见线粒体肿胀、嵴排列疏松、断裂,粗面内质网肿胀,膜结构分裂、破碎,溶酶体破裂等。

2. 器官自溶的发生顺序 器官的自溶由于其组织结构的特点,存在一定的先后顺序。如含消化酶类的器官较其他器官自溶快,与外界相通的器官组织较内部器官组织自溶早;同一器官实质细胞的自溶较间质细胞早而重。在相同条件下,肠黏膜、胰腺和胆囊黏膜细胞的自溶发生最早,胃黏膜、肾近曲小管上皮细胞、脾、肝和肾上腺等次之,皮肤和结缔组织自溶较慢。

3. 自溶的影响因素 环境温度高,自溶速度快;衣着较多的尸体,其自溶较裸露尸体快;冷藏尸体则自溶变慢或停止;猝死以及因机械性窒息、机械性损伤、中毒或电击等急速死亡的尸体,组织自溶均较快;慢性消耗性疾病死者自溶较慢。

4. 法医学意义 自溶是人体死后的自然变化,但也容易被误诊断为变性、坏死等生前病变,因此需予以鉴别。也要注意不可将胃肠的自家消化误认为溃疡、穿孔、中毒或其他病变。

(十)死后灼伤

死后灼伤(postmortem burns)是发生在热带高温地区的一种特殊尸体现象。由于热带地区阳光充足、热辐射强,人死后当身体暴露于阳光下或与环境中高温物体(如水泥地面、物体等)接触时,被阳光直射的皮肤裸露部位或者接触部位可发生表皮与真皮的分离现象,类似烫伤样改变,称为死后灼伤。

死后灼伤极易与生前烫伤相混淆,导致案件的侦破方向发生偏离,甚至导致错误鉴定的发生,因此,应当予以重视。

死后灼伤主要表现为局部皮肤表皮与真皮的分层,一般不形成间隙,偶可见间隙形成并有液体渗出;发生分层的表皮往往很快皱缩并变黑,其下暴露的真皮湿润易于发生皮革样化。死后灼伤好发于面部、肩背部、臀部及四肢,特别是在裸露状态下更易发生,且发生的面积较大,形状不规则(图 2-2)。死后灼伤的皮肤表现为烫伤样、不规则,表皮皱缩与分离。

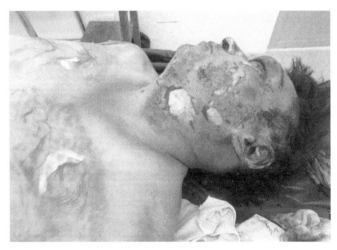

图 2-2 死后皮肤灼伤　　　　　2-2

死后灼伤局部如在分层间隙有液体时,容易与腐败水泡相混淆,但两者形成机制不同,死后灼伤是由于局部热的作用所致,而后者则是由于尸体腐败作用所致。另外,由于死后灼伤发生的部位大都是尸斑部位，如果尸斑未形成，死后灼伤中央呈白色、周边呈红色；如果尸斑已形成，则死后灼伤呈红色甚至红白相间，与生前烫伤有时很难鉴别，主要根据生活反应的有无进行区分，见表 2-2。

表 2-2　生前烫伤、腐败气（水）泡、死后灼伤的鉴别

项目	死后灼伤	腐败气（水）泡	生前烫伤
发生时间	死后早期即可发生	死后晚期发生	生前损伤
发生部位	面部、肩背部、臀部及四肢等与周围高温物体接触部位或皮肤裸露阳光直射部位	全身各处	与生前案件过程有关
形成机制	热作用	腐败菌引起	热作用
生活反应	无	无	有
形状、面积	面积较大，形状不规则	面积小而局限，通常呈现为水滴样、气泡样	与案情相关，如生前致伤灼热液体的流淌路线，火焰的方向与强度等
创基	中央部分为白色，周边呈红色，有时创面呈红色或红白相间，表面干燥	污秽色	创面呈红色或红白相间，表面湿润

三、晚期死后变化

晚期死后变化（late postmortem changes）一般以死亡 24 小时后为起始时间，是早期死后变化的延续。作为自然转归，尸体通过自身固有的各种酶化学作用、微生物作用以及物理性破坏而崩解，发生以尸体腐败为主要特征的变化。死后变化受外界环境的影响较大，不能简单以死后 24 小时为划分依据，应根据尸体现象发生发展的实际情况进行判断。常见的晚期尸体现象有腐败、霉尸、白骨化和一些特殊类型的晚期尸体现象。

（一）腐败

人死后，人体组织中的蛋白质、脂肪和碳水化合物因腐败菌的作用而发生分解逐步消失的过程称为腐败（decomposition，putrefaction）。

腐败现象的本质是在各种腐败菌共同作用下的酶化学变化过程，往往由来自人体自身的菌类（如大肠杆菌、肠球菌等各种肠内细菌）以及外部环境中的细菌（如枯草菌、马铃薯菌等）共同作用引起。这些腐败菌可以在器官组织局部作用形成局部腐败，也可以在血管内血液中繁殖并产生腐败气体，通过腐败气体产生的压力使血液沿血管系统向其他器官流动，形成所谓的死后循环（cadaveric circulation）。

1. 尸体改变　尸体腐败后，由于腐败菌的类型、发生部位、时间先后不同，表现为一系列特殊的因腐败而导致的尸体现象，如尸臭、尸绿、腐败气（水）泡、泡沫器官、腐败静脉网、巨人观、死后呕吐、死后分娩及子宫、肛门死后脱垂等。因腐败而发生的各种尸体现象在许多高温地区法医学实践中常见。

（1）尸臭（odour of putrefaction）：人死后肠道内细菌分解蛋白质产生以硫化氢和氨为

主的腐败气体,从口、鼻、肛门排出,具有尸体特有的腐败气味,称为尸臭。

(2)尸绿(greenish discoloration on cadaver):腐败产生的硫化氢气体在皮下与血红蛋白结合形成硫化血红蛋白,透过皮肤呈现绿色,称为尸绿。因回盲部细菌多,产生腐败气体多,故尸绿一般最先出现于右下腹部,逐渐扩展到全腹壁,最后波及全身。

(3)腐败气泡(subcutaneous gas bleb)和腐败水泡(putrefactive blister):腐败菌产生大量腐败气体窜入表皮与真皮之间,形成大小不等的气泡,称为腐败气泡。有的气泡内充满腐败液体,称为腐败水泡。腐败水泡需注意与烫伤水泡鉴别。

(4)泡沫器官(foaming organ):肝、肾等实质器官内因腐败作用产生的气体在组织内部形成大小不一、散在分布的海绵样空泡,称为泡沫器官。泡沫器官有时易被误认为病理改变,尤其是肾脏腐败后形成的空腔被误认为多囊肾、脑实质内腐败空腔被误认为脑梗死所致的坏死液化灶,故应注意鉴别。

(5)腐败静脉网(putrefactive networks):死后内部器官随着腐败进展产生的腐败气体形成压力,驱使内脏器官中血液沿血管流向体表,使体表皮下静脉扩张,可呈现暗红色或青绿色树枝状静脉血管网,称为腐败静脉网,是死后循环的表现形式之一。

(6)死后呕吐(postmortem vomiting):死后胃内容物因受腹部产生的腐败气体挤压,从食管经口、鼻排出,称为死后呕吐。死后呕吐是尸体发生严重腐败的尸体现象之一,但并非每例尸体都会发生。

(7)口鼻血性液体流出(bloody fluid outflow from the oral and nasal cavity):腹腔内的腐败气体还可使膈肌上升,肺部受压,可将积聚在支气管和气管中的腐败血性液体自口、鼻腔溢出。这种所谓"七窍流血"现象,容易被误认为是急性中毒、损伤或某些疾病所致。

(8)肛门、子宫、阴道脱垂和死后分娩(postmortem delivery):由于腐败进展,腹腔内产生大量腐败气体,可压迫骨盆底,使直肠中粪便排出,肛门脱垂。在妇女可见子宫、阴道脱垂。孕妇死亡后,胎儿受腹腔内腐败气体挤压而被排出尸体外,称为死后分娩。如死后分娩发生于已死亡并被放入棺材内的孕妇则称为棺内分娩。

(9)巨人观(bloated cadaver):尸体腐败扩展到全身时,腐败气体可充满全身器官组织,使整个尸体膨胀、体积增大、面目全非,称为巨人观。主要表现为颜面膨大,眼球突出,上下口唇外翻呈漏斗状,舌尖向外突出,颈部变粗,胸部显著膨胀,腹部高度隆起,阴茎、阴囊高度肿胀、充盈,四肢及全身皮下组织和肌肉呈气肿状,常使死者容貌难以辨认。巨人观往往同时伴有尸绿、明显尸臭、腐败静脉网形成、死后呕吐、口鼻血性液体流出等各种严重腐败的尸体现象(图2-3)。

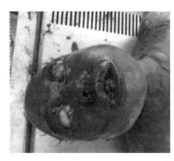

图2-3 高度腐败形成巨人观 2-3

2.组织器官腐败的顺序　各器官组织腐败的顺序大致为肠、胃、肺、脾、肝、脑、心肌、肾、胰腺及骨骼肌等。前列腺和子宫腐败发展较慢,血管、肌腱、韧带、软骨等对腐败的抵抗力较强,故常提取高度腐败尸体的肋软骨行 DNA 检测。毛发、牙齿及骨骼则可长期保存。

3.影响腐败发展的因素

(1)周围环境:腐败菌繁殖滋长的最适温度为 20~35℃,0℃ 以下腐败几乎停止,50~60℃ 可使尸体干燥。

(2)个体差异:一般肥胖尸体较瘦弱尸体腐败快。幼儿尸体较成年人腐败快,老年人腐败最慢。

(3)死因:机械性窒息、猝死等急性死亡的尸体,因血液流动性好,易于细菌繁殖和分布,故死后腐败发展较快。大失血或脱水尸体腐败较慢。产褥感染、败血症或脓毒血症的死者因生前体内已有大量细菌,腐败进展迅速。另外,兴奋性毒品中毒死亡者,其死后腐败的进程远快于其他原因死亡者。

4.腐败的法医学意义　尸体腐败的发生及进展程度常被用来推测死后经过时间,但由于腐败的影响因素众多且复杂,因此其应用会受到一定限制。同时需要通过对腐败过程中发生的某些特殊征象的正确认识,来鉴别区分死后变化抑或是生前损伤。另外,水中尸体因腐败而浮出水面,有利于发现和找到尸体。

(二)霉尸

在适宜真菌生长的湿度和温度条件下,尸体裸露部位或全裸尸体表面会滋生一层白色霉斑和霉丝,称为霉尸(molded cadaver)。热带地区由于湿度大、温度高,更易于观察到霉尸。

1.形成条件　霉尸多见于在沼泽、池塘、水溪中,水中的藻菌数日内便可长满尸体的裸露部位或裸尸的皮肤表面,其绿菌丝可呈绒毛状。此时如将尸体从水中捞出,因绿菌丝萎缩致使尸体表面好像覆盖一层湿润的棉絮状物。此外,棺材中土葬的尸体或在冰柜中长期冷藏的尸体也可以发霉形成霉尸。

2.法医学意义　霉尸的出现有时可帮助推测尸体所处的环境。

(三)白骨化

尸体软组织经腐败完全溶解消失,毛发和指甲脱落,最后仅剩骨骼,称白骨化(skeletonized remains, skeletonization of body)。白骨化是腐败过程的最终结局。

1.影响因素　白骨化最多见于土中掩埋的尸体,在土中历经若干年,器官软组织崩解成为灰污色,似泥浆状,脱落并白骨化,大约 10 年后尸骨才会完全干涸。经过 300 年后尸骨才会变得很轻、易碎。这些过程所需要的时间,取决于尸体所处的环境,包括温度、湿度以及土壤性质与埋葬深度等,暴露于地面的尸体白骨化较土葬快得多。另外,死后动物对尸体的破坏,将加速白骨化形成。由于热带地区气温高,腐败过程早而且过程迅速。

2.法医学意义

(1)发生白骨化的尸体,虽然体表软组织、内部器官等方面诸多法医学信息已无从获得,但仔细检查遗存的尸骨,依然具有重要的法医学意义,甚至可发现生前犯罪活动遗留的痕迹。如生前涉及骨损伤,损伤痕迹因在尸骨上长久保存得以被发现。

(2)骨质可以作为检材推测死者是否存在某些金属毒物中毒的可能。

(3)对个人识别具有重要意义,根据骨骼结构特征,可判断死者的年龄、性别、种族、身高等诸多信息,甚至可以根据留存的完整颅骨进行颅像重合,还原死者生前的相貌特征,从而揭示犯罪的事实真相。

(4)可帮助推断死亡时间。

(四)特殊尸体现象

人死后尸体出现一系列尸体现象最终白骨化,是绝大部分尸体演变的规律和结果,但在某些特殊条件下,受各种综合因素的共同作用,尸体的一部分甚至整体可以不发生腐败而得以保留,形成特殊类型的尸体现象,如干尸、尸蜡及泥炭鞣尸等。

1.干尸(mummy)　尸体因水分迅速蒸发而腐败停止,以干枯状态保存下来,称木乃伊或干尸。干尸现象在热带沙漠地区较常见。

(1)尸体改变:尸表软组织及内脏均干瘪质脆,体积缩小,重量减轻,体重可比生前减轻70%。皮肤呈灰色、淡褐色,遇空气后变深褐色,半透明皮革样改变。组织干燥失去弹性和韧性,易折损或被昆虫咬食。内脏器官呈暗褐色或黑色,器官组织结构有时尚可辨别。

(2)影响干尸形成的条件:干尸的发生,是在环境条件和尸体条件同时具备的情况下才发生的特殊现象。

环境条件:干燥、通风和高温环境均可使尸体内的水分迅速蒸发消失,这是形成干尸的首要条件。含有大量硝酸盐或其他盐类的土中埋葬尸体,易形成干尸。

尸体条件:生前体质消瘦或脱水的尸体易形成干尸;新生儿、幼儿、老人的尸体较易形成干尸;砷化物中毒尸体由于生前大量水分从肠道丧失以及砷化物的防腐作用也易形成干尸。

(3)法医学意义:对干尸进行法医学检验,具有重要的法医学价值,比如干尸可保留生前某些病变,如动脉粥样硬化、结核结节以及肠中的寄生虫卵等;也可保留生前个人某些特征和损伤形态,如生前创伤、索沟、伤痕等,对死者身份识别和揭露犯罪有一定意义。

2.尸蜡(adipocere)　尸体长时间浸在低温水中或埋在空气不足的湿土中,因低温和空气不足,腐败菌繁殖缓慢,尸体脂肪组织因皂化或氢化作用,在尸体局部或全身形成黄白色或灰白色蜡样物质,称为尸蜡。

(1)尸蜡形态及形成机制:尸蜡一般为白色、灰色或黄色坚实的蜡样物,触之有油腻感,可以压陷,质脆而易碎。尸蜡可大致保持尸体的原形。全身形成尸蜡者较少见,局部尸蜡常见于面部、臀部及女性乳房等部位。大多数研究人员认为,尸蜡是由于尸体皮下脂肪先水解为甘油与脂肪酸,脂肪酸同蛋白质分解所产生的氨结合,形成脂肪酸铵,再与水中的钙、镁等离子结合形成不溶于水的脂蜡样物质。肥胖的尸体或足月新生儿易形成尸蜡。一般认为,成人形成局部尸蜡至少需3~4个月,整个尸体形成尸蜡则至少需6~7个月。

(2)法医学意义:尸蜡形成后,阻止了形成部位进一步腐败的过程,因而局部的生前损伤痕迹得以保留,如颈项部的索沟、扼痕等,有助于揭露犯罪事实及个人识别。

3.泥炭鞣尸(tanned cadaver in peat bog)　当尸体浸于富含多种腐殖酸和鞣酸的酸性泥炭沼泽时,因尸体周围环境中酸性物质的持续作用,腐败停止发展,皮肤鞣化,肌肉与其他组织逐渐溶解,尸体缩小,重量减轻,骨骼和牙齿脱钙而变软易曲,故称泥炭鞣尸,也被称为软尸。由于能较好地保存皮肤及其下部分软组织,因此生前作用于该处的各种损伤得以保存,仔细检查有助于死因推断,还原案件真相。

4.浸软(maceration)　发育8周以上的胎儿,在子宫内死亡后,身体不能被完全溶解吸收,浸泡于无菌的羊水中发生的特殊改变,称为浸软。

由于在子宫内浸泡时间不同,浸软可分为3度。Ⅰ度:皮肤表层黄色或黄褐色水泡形成;Ⅱ度:水泡破裂或表皮剥脱露出红棕色真皮;Ⅲ度:累及深部组织,真皮表面呈暗红褐色,胸腹腔含血性浆液,内脏膨胀、软化,四肢肌肉、关节松弛,胎盘肿胀。通过对浸软尸体的检查可推断胎龄或在胎内死亡时间。

(五)非自然的尸体现象

在尸体存放过程中,各种因素会造成尸体不同程度的损毁。这些尸体损毁不但会引起相关当事方的疑议,也会给法医鉴定带来干扰,因此必须予以重视。尸体损毁因素主要包括动物对尸体的毁坏和人为因素毁坏等。

1.动物对尸体的损坏　无论是陆地还是水中的尸体,都有被动物、昆虫等损毁的可能,并形成各种形态的死后损伤,有时与生前损伤极为相似,必须加以鉴别。对动物、昆虫(如嗜尸性苍蝇等)的生长繁殖规律、尸体损坏特征等的研究,均有利于与生前损伤相鉴别,因而为推断死亡时间提供参考依据,为案件侦破提供线索。损坏尸体的主要动物有鼠、犬、豺狼、鸟类、水族动物等。另外,尸体在不同腐败阶段会吸引不同种类的昆虫,因此昆虫研究在法医学中越来越受到重视,已逐渐发展成一门新兴的交叉学科即法医昆虫学(forensic entomology)。研究昆虫的主要目的是用来推测死后经过时间,并为刑事侦查提供重要线索。

(1)蝇蛆:蝇类对尸臭和血腥味等比较敏感。一般情况下,夏季人死后约10分钟,甚至在濒死期蝇类即群集于尸表产卵,卵孵化成虫,分泌含有蛋白溶解酶类的液体,消化和破坏尸体软组织,形成污秽灰白色的蜂窝状小洞,继而侵入皮下组织、肌肉和内部器官。由于蝇的种类较多,且其分布有一定的地域性,因此,如在尸体上及其周围出现其他地域的蝇类,提示存在移尸的可能。根据蝇蛆生长发育情况,可以帮助推测死后经过时间。

(2)蚂蚁:蚂蚁体小口细,咬食尸体时多开始于耳廓、下颌部、颈部、下腹部、四肢屈侧等皮肤柔嫩部位和有表皮剥脱、皮肤创口、索沟、扼痕等损伤处,形成圆形、类圆形、不规则的组织缺损,创缘内卷或造成潜掘状的表皮剥脱,形似生前损伤,特别是在皮革样化改变后,易引起误判。现场一般可见蚂蚁踪迹。

(3)鼠类:鼠类对尸体造成毁坏较常见。鼠咬食尸体多发生于眼睑、鼻尖、口唇、耳廓和其他暴露部位。咬伤处有锯齿状小齿痕,创缘不规则,创口小而浅表,多个创腔的深浅基本一致。现场可发现鼠类活动踪迹。

(4)犬类:犬类咬食尸体时破坏性较大,轻者尸表可见犬爪抓痕,呈花环状擦伤或较浅的创伤,重者咬去大块肌肉,创口大小不一,创面、创缘不整齐,呈撕裂状。若肢体离断,断端不整齐,可有齿痕或游离血管(断端较整齐时,需与砍伤相鉴别)。若胸、腹腔被咬破,内脏器官可被破坏或缺失。现场和尸体上可发现犬毛和犬足踪迹,周围可有被拖散的组织碎块和血迹。

(5)鸟类:鹰和乌鸦等均能噬食尸体,造成皮肤肌肉缺损。缺损创缘不整齐,创面粗糙不

平，缺损大小、深浅不一，可见被撕扯痕迹。

（6）水族动物：水中的各种鱼类均可能破坏水中尸体。损伤多位于身体突出部位，常见于耳廓、鼻、口唇等，尤其是小鱼常先啃食耳廓边缘部皮肤，呈现密集小坑洼的浅表性损伤。部分软骨暴露，呈现典型的锯齿状改变，有时可破坏面部特征、躯干和四肢软组织。

2.死后人为现象　由于某些人为因素的作用，可在尸体上形成各种改变或征象，称死后人为现象（postmortem artifacts）。在法医病理工作中如将死后人为现象误认为生前损伤或病理变化，将会影响案件定性。较常见的死后人为现象有以下几种。

（1）抢救过程中的人为现象：危重伤病患者在濒死期或死后短时间内，医护人员对其进行抢救常会造成一些人为损伤，也称为濒死伤。这种损伤容易被误认为生前伤，从而干扰对案件性质的推断，也易被误认为是医疗失误而发生医疗纠纷。①人工心肺复苏：抢救过程中对死者进行胸外按压时，可造成相应部位的皮下出血及肋骨、胸骨骨折，甚至可发生骨折断端刺破胸壁软组织、胸膜甚至肺组织，引起皮下气肿、皮下出血、气胸、血气胸和肺萎陷，严重者还可引起心、肝、脾等胸腹部器官破裂等。有时可引起肺、骨髓或肝组织的脂肪栓塞，甚至可使肺动脉内栓塞的血栓被压碎或移位。②气管插管：抢救过程中气管插管可造成死者的口唇、牙龈、牙齿及咽部、气管等损伤。③注射和输液：可在颈部、腹股沟、腕部、肘部或足背等造成皮下出血，心内注射时可致心脏出血，需注意鉴别。

（2）濒死期急救或死后变动体位可使胃内容物反流或进入呼吸道，常被误诊为胃内容物吸入引起窒息死亡。

（3）水中尸体在打捞过程中，因尸体与岸边的岩石等硬物摩擦或碰撞造成的体表损伤。如面部及四肢的擦划伤，甚至挫裂伤，尤以面部常见，需注意鉴别。

（4）尸体检验操作不当也可致人为损害。如：①开颅操作不慎使原有生前骨折线延长。②用槌和凿子除去颅盖骨时，可引起颅中窝的颅骨线性骨折。③取出颈部器官时引起舌骨的人为骨折。④有时因尸检操作不当导致舌骨体与舌骨大角之间的骨性连接松动，误认为舌骨骨折。⑤由于尸体所处环境或搬运造成的体表擦挫伤、裂伤，甚至颈椎骨折等。

（5）死后汽车碾压或拖拽所致损伤、轮船螺旋桨对水中尸体的毁损等均要注意与生前伤相鉴别。

第三节　死亡时间的推断

死亡时间（time of dead）指死后经过时间（the time since death，TSD），或称死后间隔时间（postmortem interval，PMI），即发现、检验尸体时至死亡发生时的时间间隔。死亡时间的准确推断可为案件及时、有效、快速侦破提供极其重要的证据，是鉴定实践中关键性内容之一，也是法医学研究的重点和难点。因其影响因素较多，目前尚不能精确推断，常需采用多种方法综合分析判断。

1.根据尸体现象推断死亡时间（表2-3）　该表为春秋季、放置于空气中的尸体死亡时间，可因尸体所处环境、个体差异以及死因不同而有明显变化。因此，表内所列时间仅作参考。

表 2-3　根据尸体现象推测死后经过时间

尸体现象	死后经过时间
尸温每小时下降 1℃	10 小时以内
尸温每小时下降 0.5℃	10 小时以上
尸斑开始出现	2～4 小时
尸斑指压退色	6 小时以内
尸斑发展高峰	15 小时左右
尸僵开始出现	1～3 小时
尸僵发展高峰	12～15 小时
尸僵开始缓解	24～48 小时
尸僵完全缓解	3～7 日
角膜轻度混浊	10～12 小时
不能窥视瞳孔	48 小时
下腹部出现尸绿	24～36 小时
出现腐败静脉网和腐败水泡	2～4 日
全身尸蜡化	6～7 个月以上
成人木乃伊化	3 个月以上

2.根据胃内容物的消化程度推断死亡时间　胃及十二指肠内容物的消化和排空时间有一定规律性,根据这一规律,可推断死亡距最后一餐的时间,从而间接推断死亡时间。

(1)胃及十二指肠内容物的排空时间:一般认为,胃内充满未消化食物为进食后不久死亡;胃内容物大部分消化并移向十二指肠为进食后 2～3 小时死亡;胃内空虚或仅有少量消化物,十二指肠内含有消化物或食物残渣时,约为进食后 4～5 小时死亡;胃和十二指肠内均已空虚,约为进食后 6 小时以上死亡。

(2)影响因素:食物在胃肠内的消化和排空受许多因素的影响,包括食物的种类和性状、食量、进食习惯、胃肠功能状态和健康状况、个人精神状态、药物和饮酒等。一般来说,流体食物比固体食物排空快,小颗粒食物比大块食物排空快,碳水化合物比蛋白质排空快,蛋白质比脂肪排空快。观察死者胃肠内食物的种类和成分,也有助于查明死者最后一餐进食的地区、生活习惯和经济状况,可为侦查部门查清死者身份、最后一餐进食的地点等提供线索。食物的种类愈特殊,愈具有时间性特征,对推测死亡时间的价值愈大。在根据胃肠内容物消化程度推断死亡时间时,应充分考虑这些影响因素。

3.根据死后组织酶活性推断死亡时间　人死后,细胞屏障保护消失,细胞质内的各种酶释放。肝、心肌、骨骼肌及脾中的酶(如乳酸脱氢酶、葡萄糖-6-磷酸脱氢酶等)含量和活性改变,可以作为推断死亡时间的参考指标。

4.利用分子生物学技术　通过 DNA 降解规律推断死亡时间。存在于细胞核中的 DNA是一类具有显著生化稳定性的遗传物质,在同一物种不同组织的细胞核中 DNA 含量是恒定的。人死后,由于自溶作用,细胞形态结构崩解,在脱氧核糖核酸酶的作用下,DNA 崩解为小碎片,由于核膜破裂,DNA 碎片分散于胞质中,最后染色质中残余蛋白被溶解,细胞核完全消失。故机体死后一段时间,细胞核内 DNA 会逐渐发生变性降解。基于这种原理,通过测定 DNA 含量变化规律以及用单细胞凝胶电泳技术检测不同长度 DNA 片段的分布情况

与死后经过时间的关系,可以用于推断死亡时间。

5. 根据尸体蝇类生长繁育情况推断死亡时间　夏季人死后,蝇立即在死者口角、鼻孔、眼角、外耳道、肛门、外阴及创口等处产卵,卵变蛆后成蛹,蛹又破壳成蝇。此生长繁育需经过一定周期,利用此周期的特征可推断死亡时间。由于蝇的种类繁多,地域分布不同,其虫卵孵化、幼虫生长周期及化蛹时间各不相同。因此,法医学病理工作者不仅要判别尸体上蝇的类型,还要判断不同蝇类的生长周期。以绿豆蝇为例,一般情况下,卵(1mm)经 1~2 日孵化成蛆(2~12mm),蛆在春秋季每日生长 1mm,夏季每日生长 2mm,蛆经 7~8 日成蛹,蛹经 1~3 周破壳成蝇。蛆一般在死后 4 日以后开始侵入皮肤,造成皮肤点状侵蚀口并进入体内。蛆对内脏完全侵蚀一般需 1~4 周,短期内可致白骨化。如果夏季在尸体上发现蛹壳,死亡时间约 2 周,如春秋季发现则 4 周左右。

6. 根据植物生长规律推断死亡时间　植物因折断或被拔起后停止生长,此时会保留其当时的状况,如植物高度、发芽程度、叶子大小等。故可通过分析遮盖隐蔽尸体的植物与周边同类植物的生长情况来推断死亡时间。另外,因被压或被掩埋的植物无光合作用,植物绿色会逐渐变成黄色、棕色。因此可利用尸体下面被压或随同尸体被掩埋的植物变化规律推断死后经过时间。

除以上几方面外,还可从现场或死者身上的血痕及其陈旧度,胡须和指甲的生长,膀胱内尿量,现场遗留的报纸、日记、信件、日历上的日期,印有日期的食品包装袋,接收的快递情况,微信等信息发送时间,死者随身所带车、船、机票的日期,死后衣着的季节性等特征进行综合分析死亡时间。

? 案例及思考

简要案情: 某年 6 月的一个下午 5 时许,海南某地度假区内露天温泉池发现一具穿着泳衣的男尸,82 岁,死者仰面背靠在温泉泡澡池的阶梯上,双下肢部分仍在水中,上身裸露在外。经调查,死者系黄某,住在附近的酒店里,小区监控发现死者穿着泳衣于上午 10 时左右进入度假区内。发现时尸体皮肤干燥,角膜重度混浊,胸前裸露皮肤及背部靠在阶梯上的皮肤呈烫伤样改变,腹部膨隆,下腹部部分尸绿形成,双足皮肤呈洗衣妇样改变。家属对黄某皮肤烫伤样改变提出质疑,认为黄某生前遭人施暴,要求进行尸体解剖以明确死亡原因。经法医病理学解剖检验、组织学检查及毒化检验等,最终确认黄某系严重冠心病发作死亡。同时,通过局部皮肤的病理学检查结果向家属解释说明,黄某皮肤烫伤样改变为海南地区比较多见的特殊尸体现象,是由于死后皮肤接触高温物体或裸露皮肤高温暴晒所致。

根据案例回答以下问题:

1. 生前烫伤与死后灼伤有何区别?

2. 应用死后变化进行死亡时间推断需注意哪些影响因素?

3. 推断死亡时间有哪些方法?

第三章　机械性损伤

第一节　概　述

教学PPT

一、机械性损伤的概念

损伤（injury）泛指由各种物理、化学或生物学因素引起的人体组织器官结构、功能或代谢的异常。机械性损伤（mechanical injury）是指由机械性暴力造成机体的损伤。机械性损伤与高低温、电流损伤都属于物理学因素引起的损伤，但机械性损伤的形成需要一定形状的致伤物并与人体以机械运动的形式相互作用。其形成有三种基本方式，包括：①运动的致伤物打击相对静止的人体，如犯罪嫌疑人挥舞棍棒击打处于相对静止状态的受害者头部；②运动的致伤物与运动的人体相互作用，如运行中的汽车撞击步行状态的行人；③运动的人体撞击相对静止的物体，如人体从高处坠落撞击地面，或交通事故中的摔跌伤。

机械性损伤是法医实践中最常见的损伤。致伤物多种多样，包括拳头、刀具、棍棒、火器等；其引起的损伤后果亦轻重不一，轻微者仅造成局部疼痛，严重者可致终身残疾或死亡。同时与机械性损伤有关的案情也复杂多样，涉及各种刑事及民事案件，如生活纠纷、意外事故、谋杀等，是法医学最基本、最常见的内容之一，在法医学检验、鉴定中占有非常重要的地位。

二、影响机械性损伤形成的因素

机械性损伤的形成主要与致伤物的性质和特征、机械力的强弱以及人体组织器官的结构特性和反应性有关。

（一）致伤物的性质和特征

致伤物多种多样，日常生活中的各种工具、管制刀具、人体器官结构等都可以成为致伤物。不同性质和形态特征的致伤物造成的机械性损伤有很大区别。如用同样的力量击打头部，铁质等质地硬、比重大的致伤物造成的损伤比木质、塑料等质地较软的致伤物造成的损伤严重；易挥动、有手柄的致伤物造成的损伤比不易手持挥动、无手柄的致伤物造成的损伤严重；有尖端或刃缘且与人体接触面较小的致伤物造成的损伤比圆钝的、接触面较大的致伤物造成的损伤严重。

(二)机械力

在致伤物与人体受力部位一定的情况下,损伤程度取决于导致损伤的作用力强度,即致伤物与人体相互作用的强度。与致伤物的运动速度、动能、位能、能量释放的时间、与人体的接触方向以及人体受力面积的大小等有关。

1.物体的动能或位能　力的大小由物体的能量转换决定。致伤物的运动速度越快,携带的能量越大,相互作用中对机体的损伤越严重。若速度增加一倍,则传递给人体的能量增加四倍。例如子弹质量虽小,却可引起严重的损伤。人体或致伤物距离地面越高,所具势能也越大,其坠落于地面或接触人体后形成的损伤也必然越重。

2.能量释放的时间　致伤物作用于人体的过程实际上是致伤物的能量释放于人体的过程,在致伤物携带能量相同的条件下,冲撞人体所经过的时间越短,冲撞力越大,造成的损伤越严重。如致伤物与人体运动方向相同,则接触后作用力强度减小,损伤较轻;反之,则作用力强度增加,损伤较重。

3.人体受力面积　在机械力相同的条件下,作用于人体的力量越集中,压强越大,越易形成严重的损伤,因此具有锋利尖端或刃缘的致伤物易穿破皮肤造成深部组织器官损伤。

4.力作用于人体的方向　根据力的分解作用,相同的机械力斜向作用于人体,人体所受的力较轻,造成的损伤也较轻。人体受力时有无转动也影响受力的大小。另外,牵拉、压缩、剪切、扭转、曲折等不同的力的作用方式,以及人体受伤时所处的位置及状态,也会影响损伤后果。同一致伤物,作用于人体的方向、方式不同,所形成的损伤形态也不同。

5.力在体内的传递　外力作用于体表后,会向内部传递。如高坠时足跟受力,力可经下肢、骨盆、脊柱传递至颅底。另外,在力的传递过程中,受力器官的质地也影响损伤后果,如空腔器官充盈时较空虚时更易破裂。

(三)人体组织器官的结构特性和反应性

活体组织均具有一定的反应性、弹性和收缩性。因此,人体各部位不同组织器官具有不同的抗压力、抗拉力、抗冲撞力和抗剪应力,在致伤物及作用力相同的情况下,机械性损伤的表现也不完全相同。

1.人体组织的结构特性　皮肤是首先接触外力的部位,也是外伤的主要作用对象。人体皮肤包括表皮、真皮、皮下结缔组织及脂肪组织,但不同部位皮肤的厚度、角化程度、皮纹方向及皮下组织有所不同;另外,人体外形基本呈圆柱体,且各部位亦不平坦。因此,同一致伤物、相同外力作用于人体不同部位,所造成的损伤表现可能存在一定差异。皮肤表面的机械性损伤只能反映致伤物与人体接触部分的形态,不一定能完全反映致伤物的打击面大小或刃口长度。

2.组织或器官的生物力学特征　研究外力在生物体内引起的结果、功能和力学改变的科学属生物力学。生物力学研究证实,人体不同部位、组织、器官因其成分与结构的不同及相应的弹性、韧性和张力的不同,对外力的抵抗及能够承受的机械性暴力也不同。例如,皮肤、肌腱、骨骼都能抵抗一定程度的机械性暴力,松弛的皮肤可拉长 40%,具有较大的弹性和韧性;肌腱也具有较大的韧性,能伸延 1～2 倍;而骨骼的硬度较大,又具有一定程度的弹性和可塑性,只有当暴力强度超过骨的弹性限度时才会造成骨折。肝、脾等内脏器官由于结缔组织少、被膜薄,受到钝性暴力时易发生破裂。身体不同部位受到的保护也不同,头皮对颅脑具有较强的保护作用,故作用于头部的暴力,约有 35％被头皮吸收,避免颅骨和脑组织受到损害。由皮肤、肌肉、结缔组织组成的胸壁和肋骨、胸骨、胸椎、韧带构成的胸廓则对心肺有良好的保护作用。另外,年龄、健康状况、营养状态、疾病等因素也影响机体组织器官对外力的承受能力。例如,正常脾脏有一定的弹性,脆性较小,而肿大的脾脏脆性大、弹性小,遭受暴力时易发生破裂。骨质疏松症可引起骨脆性增加,在相同外力作用下易发生骨折。肩袖肌群退行性变者易发生肩袖损伤。血小板减少性紫癜等血液病患者易发生出血。上述因素还会影响外伤后的恢复情况,增加致残率。

3. 人体受伤时所处的位置及状态　人体受伤时所处的位置和状态不同,亦能影响损伤的程度及形态。例如,致伤物打击静止的人体与打击运动中的人体所造成的损伤程度并不相同。

三、机械性损伤的分类

法医学属应用医学,其研究目的及分析问题角度与骨科学、普外科学等临床医学不同,在实际工作中,根据需要常按以下几个方面进行分类。

(一)按致伤物分类

致伤物的种类与机械性损伤的程度密切相关,是案件侦查的重要线索,同时致伤物的推断也是法医鉴定的重要内容。按照致伤物的种类不同,机械性损伤被分为钝器伤、锐器伤、火器伤。

(二)按致伤物的作用方式分类

致伤物以不同的方式作用于人体,造成的损伤在形态及程度上有所不同,对其分析有助于还原现场,是案情分析的重要组成部分。依据致伤物作用方式的不同,机械性损伤可分为压擦伤、拳击伤、挤压伤、碰撞伤、摔跌伤、碾压伤、拖擦伤等。

(三)按损伤形态分类

致伤物的种类繁多,不同案件中同一致伤物作用于人体的方式也不尽相同,因此导致人体的损伤也千差万别,如擦伤、挫伤、创、骨折、内脏破裂、肢体离断、神经源性休克、震荡伤等。

(四)按损伤性质分类

损伤性质的判断是法医学鉴定的重要工作内容,涉及案件性质,将决定后续侦查方向。依据损伤性质不同,机械性损伤常分为自杀伤、他杀伤、意外伤和造作伤。自杀伤系受伤者自己采用机械性暴力加害自身引起的损伤;他杀伤系受伤者被他人采用机械性暴力加害引起的损伤;意外伤是指自然灾害或非故意的人为暴力引起的损伤。

(五)按损伤发生的时间分类

按损伤发生的时间,机械性损伤可分为生前伤、濒死伤和死后伤。生前伤与死后伤的鉴别是法医学鉴定的难点,也是法医学最重要的研究课题之一,在个别案件中是确定死亡性质和原因的关键,有时会成为争论的焦点。

四、机械性损伤法医学鉴定的任务

机械性损伤的检验对象,包括尸体与活体,涉及法医病理学鉴定、法医临床学鉴定与法医精神病学鉴定等。在鉴定过程中,均应全面了解案情,客观、准确地进行检查,结合必要的辅助检查或实验室检验,有时还需分析损伤与疾病的关系,综合分析后得出结论。在法医病理学方面,机械性损伤鉴定的任务包括:①明确损伤的类型和形成机制。②判断损伤程度,区别致命伤与非致命伤,确定死亡的原因。③推断或认定致伤物。④鉴别生前伤、死后伤或濒死伤,如系生前伤,须判断损伤后存活时间和行为能力。⑤推断致伤方式或死亡方式(自杀、他杀、意外)。⑥如存在疾病,还应分析损伤、疾病与死亡原因之间的关系。

第二节　机械性损伤的基本形态

机械性损伤可致机体解剖结构和生理功能发生改变。组织的形态改变与其功能变化密切相关,根据其主要表现的不同,机械性损伤可分为形态改变为主的损伤和功能改变为主的损伤。其中,形态改变为主的损伤相对常见且表现形式多样,而功能改变为主的损伤鉴定相对困难。需要注意的是,组织的形态改变与其功能变化紧密关联,功能改变为主的损伤也仅是形态学改变不明显或轻微。

一、形态改变为主的损伤

掌握机械性损伤的基本形态学改变是进一步学习机械性损伤的基础,通过损伤的基本形态可了解损伤的共性,更好地认识复杂、特殊的机械性损伤。在古代,我国法医学就对损伤的基本形态学改变有详细的分析和总结,如"见血为伤。非手足者,其余皆为他物,即兵不用刃亦是";"凡他物伤,若在头脑者,其皮不破,即须骨肉损也"。目前,以组织形态改变为主的损伤习惯被分为擦伤、挫伤、创、内脏破裂、骨折和肢体离断六种。

(一)擦伤

擦伤(abrasion)是指钝性致伤物与体表摩擦导致表皮层或表皮层与部分真皮层剥脱和缺损。擦伤又称表皮剥脱。单纯表皮剥脱或缺损,未伤及血管,仅有组织液渗出,干燥结痂后呈黄色或浅棕色;但多数情况下,擦伤会伤及真皮层,伴有血液渗出,并且痂皮颜色较深(图 3-1)。在显微镜下可以检见血管扩张、出血以及炎细胞浸润等表现。

图 3-1 擦伤 3-1

在致伤物方面,形成擦伤的致伤物一般为钝器,如砖石、手足等。交通事故、坠落等严重的机械暴力,以及摔跌、拳击等相对较轻的外伤均可以形成擦伤。擦伤可发生在体表的任何部位,但多见于身体的突出部位。擦伤大小不等,形态各异,多表现为条状、片状或片状与条状并存,有时可附着与致伤物接触后的残留物。在法医学实践中,根据致伤物运动方向及其作用机制的不同,擦伤可分为以下四种类型。

1. 抓痕(scratches) 由指甲或有尖头的硬物抓擦或划过皮肤表面形成的损伤称为抓痕(图 3-1)。抓痕可见于扼死时颈部及面部,性犯罪案件中受害者的外阴、乳房或股内侧,虐待案件中受害儿童的前臂等。

2. 擦痕(grazes) 体表与粗糙物体或地面摩擦而形成的损伤称为擦痕(图 3-2)。擦痕多位于人体较突出部位,呈片状、条状、片状中带细条状或不规则状,表面可附着泥土、沙粒等。典型的擦痕起始端较深,末端较浅,据此可推断机械性外力的作用方向。

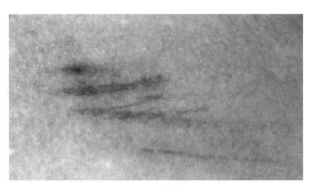

图 3-2 擦痕 3-2

3. 撞痕(impact) 致伤物以垂直或较大角度撞击人体时,致伤物的边缘与皮肤形成的损伤称撞痕(图 3-3)。撞痕多在车辆撞击、高处坠落或较大力量的钝器打击人体时,由致伤物在陷入皮肤过程中形成。有时皮肤上会留有致伤物的特殊印痕,可反映致伤物的特征。另外,由于形成撞伤的外力较大,常伴有挫伤、骨折等深部组织的损伤。

4. 压擦痕(friction) 表面粗糙的物体压迫皮肤时与皮肤表面摩擦而形成的损伤称压擦痕(图 3-3)。压擦痕的形成既需要类似于撞痕的、垂直于皮肤的作用力,又需要类似于擦痕的、沿切线方向的作用力。压擦痕常见于绳索或其他编织物压擦皮肤所致的外伤,也可见于咬伤及车轮碾压伤。

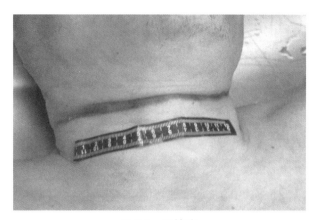

图 3-3　压擦痕　　　　3-3

在伤口未感染的情况下,擦伤表面渗出的组织液和血液混合后会覆盖伤面,形成痂皮。数日后痂皮脱落,伤面愈合。临床上,单纯擦伤的治疗以清洁消毒、预防感染为主,一般痂皮脱落后不会遗留瘢痕。在法医学鉴定中,擦伤有重要的意义。擦伤即代表着损伤的存在,擦伤的部位常代表机械性暴力的作用点。擦伤部位水分易于蒸发,并出现皮革样化,能够使外伤更加明显。擦伤残留的表皮碎屑或游离皮瓣,可帮助推断暴力的作用方向,游离缘为力的起始端,附着缘为力的终止端。擦伤可用于推断致伤物,擦伤的形状可反映致伤物接触表皮的形状,擦伤表面的附着物(如泥土、沙砾等)可以推断接触物的特征。擦伤的愈合过程可推断损伤经过时间。擦伤的形态特征、分布位置,可以作为推断案件性质或犯罪嫌疑人意图的依据。需要注意的是,擦伤可以在生前形成,也可以在死后形成。生前形成的擦伤有痂皮形成,并可伴有其他损伤;死后表皮剥脱,色较淡,无痂皮,不伴有其他损伤。在肉眼无法分辨是生前形成还是死后形成时,需要通过组织学检查进行明确。

(二)挫伤

挫伤(contusion)是指由钝性致伤物作用于人体造成的、以皮内和(或)皮下软组织出血为主要改变特征的闭合性损伤(图 3-4)。挫伤的实质是软组织内小血管破裂,血液进入皮下结缔组织和脂肪层,因此也被称为皮下出血。如出血量较大,血液则会积聚于组织间隙形成皮下血肿。如出血仅发生于表皮层,被称为皮内出血,皮内血管的破裂常由于皮内血管受压、急剧变形所致。另外,机械性损伤引起的心、脑、肺等内脏器官的闭合性出血性改变,同样被称为挫伤,如心脏挫伤、脑挫伤、肺挫伤,常见于较大暴力导致的损伤。

在致伤物方面,形成挫伤的致伤物常为钝器。在机械力方面,挫伤多见于钝器打击、交通事故等各种机械性暴力作用后。在损伤表现方面,挫伤多伴随表皮剥脱。值得注意的是,表皮剥脱的范围通常和致伤物与人体的接触面有关,而皮下出血的范围及程度能反映机械力的大小,故有时较大暴力所形成的钝性损伤,会出现表皮剥脱较轻而皮下出血较重,甚至内部器官挫伤的情况。挫伤可以出现在体表任何部位,但皮下组织疏松、血管丰富的部位(如面颊、眼眶、会阴等)受外力作用后,小血管易破裂,且血液易向周围组织扩散,故形成的挫伤一般边界不清,不能准确反映致伤物的形态;而皮下组织致密、组织间隙小、血管分布少的部位,如手掌、脚掌等受外力作用后,出血局限,血液不易向周围扩散,形成的挫伤相对容易反映致伤物打击面的特征。

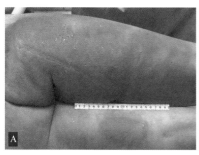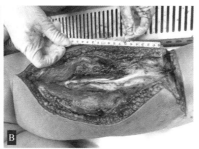

图 3-4 挫伤

A. 表面观;B. 皮下表现

3-4A 3-4B

对于一般挫伤,红细胞进入组织间隙后,炎细胞浸润,皮肤肿胀变红或暗紫红色。红细胞破裂后,血红蛋白先后转变为含铁血黄素、胆红素、胆绿素,皮肤相继变为蓝褐色、绿褐色、绿色和黄色,经一周左右消失。

挫伤具有重要的法医学意义。严重的大面积皮下出血或血肿,可导致机体大量失血,甚至引起休克而死亡。重要内脏器官的挫伤,如脑干挫伤、心脏挫伤,可以直接导致死亡。有时挫伤会并发感染或加重伤者原有疾病,进而引起死亡。同时,根据挫伤所在的部位,可推测机械性暴力的作用点;根据挫伤的吸收过程及皮肤颜色的改变,可推测外伤时间;根据挫伤的分布、数量和形状,可推测嫌疑人的作案意图和犯罪过程;根据挫伤的形态,可推测致伤物的形态;根据挫伤的严重程度,可推测机械暴力的大小。值得注意的是,挫伤是生前伤的标志,常用于鉴别生前伤和死后伤。但挫伤与尸斑在外观上有相似之处,必要时需要切开并在显微镜下进行鉴别。

(三)创

创(wound)是指由机械性暴力引起的皮肤全层、皮下组织或内脏器官的被膜破裂。与擦伤和挫伤不同,创属于开放性损伤,可导致皮肤结构的破坏,使得皮下组织与外界相通,有时可深达骨质或内脏器官。

钝器、锐器和火器均可导致创。在我国,常见的类型是锐器和钝器形成的创。由切器形成的创称切创,刺器形成的创称刺创,砍器形成的创称砍创,剪器形成的创称剪创;由钝器打击形成的创称挫裂创(laceration),由牵拉撕裂造成的创称撕裂创(tearing wound)。不同致伤物引起的创的形态有所不同,但也有共同之处。在法医实践中,无论何种创,均包括创口、创缘、创角、创腔(创道)、创壁和创底六个组成部分(图 3-5)。创口是组织破裂形成的裂口;创缘是创口周边组织的边缘;创角是相邻创缘交界形成的夹角;创腔是在创口下因组织收缩形成的潜在腔隙;创壁是创腔周围的组织断面;创底是创腔深部未破裂的组织。另外,创壁之间未完全断裂的血管、神经和结缔组织称为组织间桥(tissue bridge),组织间桥是钝器伤的特征性改变。

皮肤创口经肉芽组织增生、改建,进而形成纤维结缔组织,严重者多遗留瘢痕。

严重创伤引起的失血、感染是机械性损伤常见的死亡原因。根据创的形状及大小,可推断致伤物,尤其是组织间桥对于钝器伤的确定具有重要作用。另外,对于钝器而言,较小的机械力可导致擦挫伤,较大的机械力可形成挫裂创。通过观察挫裂创的分布、数目、严重程度以及是否存在抵抗伤,可以推测损伤性质,判断暴力作用方向,进而分析成伤方式。

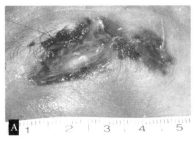
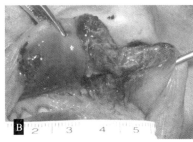

图 3-5　挫裂创

A. 额部;B. 口唇

本照片由徐州市铜山区公安局滕道辉提供

(四)骨、关节损伤

骨折(fracture)是指骨组织解剖结构的完整性和连续性遭到破坏。当机械性暴力超出骨的载荷时即可发生骨折,常见于各类刑事及民事案件中。关节损伤最常见的是关节脱位,即组成关节各骨的关节面失去正常对合关系,又称为脱臼,在法医实践中亦十分常见。

在致伤物方面,与创类似,骨折可由各种致伤物导致,并可发生于全身各部位,但常见的是钝器打击、摔跌引起的骨折,交通事故导致的四肢长骨、颅骨、肋骨和脊柱骨折,而锐器、枪弹引起的骨折较少见。在机械力方面,导致骨折的暴力轻重不一,与骨折具体部位有关,如拳击可导致眶内壁、鼻骨骨折,而枕骨、顶骨骨折则需要较大暴力。而外伤性关节脱位在任何关节都可发生,直接和间接的暴力都可引起,常合并关节周围软组织损伤,也可合并骨折。

在损伤表现方面,按照不同的分类方法,骨折可分为多种类型。按软组织是否破裂,即是否合并创,可分为闭合性骨折和开放性骨折(图 3-6);按骨折是否发生在致伤物着力处,可分为直接骨折和间接骨折;按骨折线是否贯穿骨骼全径,可分为完全性骨折和不完全性骨折;按照骨折的形态及严重程度,可分为线性骨折、凹陷性骨折、粉碎性骨折(图 3-7)、孔状骨折等。

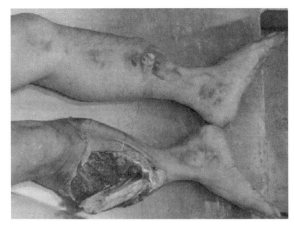

图 3-6　开放性骨折

3-6

随着医学影像学的快速发展,骨、关节损伤一般都能得到准确的诊断,但骨折的愈合是一个复杂的连续过程,需要成骨细胞、破骨细胞、软骨细胞等共同作用,先后经过血肿形成、血肿机化、膜内化骨及软骨化骨、原始骨痂形成、骨痂塑形改造。一般8～12周才会在骨折部位形成骨性连接,但有的骨、关

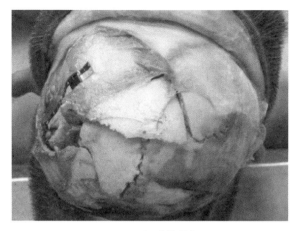

图 3-7　粉碎性骨折　　　3-7

节损伤的治疗及愈合受软组织损伤程度、营养状况等因素影响较大,有时恢复期较长,有的还可能遗留功能障碍。

如果骨折断端或碎片伤及内脏器官或大血管,可导致内脏器官功能障碍或大失血;有的脱位也可引起严重后果,如高位颈椎脱位致脊髓损伤,有时可导致死亡。在法医实践中,还可以通过影像片观察骨折断端的变化来推断损伤时间,根据骨折部位及骨折形态推测机械性暴力的作用方式。若在案件中遇到病理性骨折、应力性骨折等情况,则需要全面分析骨折的根本原因,评估机械性暴力在其中的作用。近年来,在陈忆九教授等人推动下,基于多种影像学检查手段和计算机技术的虚拟解剖已经在我国多地开展,能够在不"破坏"遗体的情况下对轻微骨折进行辨识。

(五)内脏器官破裂

内脏器官破裂(rupture of viscera)是指机械暴力导致人体内脏器官解剖学结构的完整性破坏,包括实质器官破裂和空腔器官破裂。实质器官破裂是指被膜和实质部分被破坏,常见于脾、肝、肾、脑等;空腔器官破裂主要指器官壁全层断裂,常见于肠、胃等。在受到机械性暴力作用时,实质器官较空腔器官易破裂,胃、肠等空腔器官在充盈时比空虚状态易破裂。需注意的是,疾病引起的内脏器官破裂,如透壁性心肌梗死并发心脏破裂、宫外孕破裂、胃溃疡并发胃穿孔等,不属于机械性损伤。若有外力作用参与,则需全面分析伤病关系。

内脏器官破裂与皮肤软组织损伤存在一定的相似之处,比如都是正常解剖学结构完整性遭到外力破坏,各种致伤物均可导致,可伴随擦挫伤、骨折等。两者也存在一定差异。如皮肤的挫裂创常由直接暴力导致,而内脏器官破裂既可由直接暴力导致,也可由间接暴力导致;皮肤损伤可发生于体表任何部位,内脏器官破裂常见于胸腹部。内脏器官破裂更易引起大出血及感染,功能损伤更重,死亡率更高(图3-8),并有可能遗留严重并发症。内脏器官破裂较皮肤损伤更隐蔽,有时会被忽视或漏诊,引起医疗纠纷。图3-8所涉及案件,由于肝破裂缝合、止血不彻底,伤者因术后失血性休克而死亡。

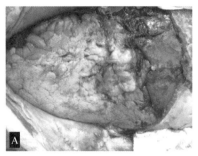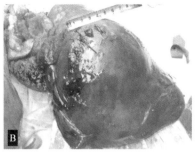

图 3-8　肝破裂致大出血
A. 腹腔血凝块；B. 肝破裂

3-8A　　3-8B

(六)肢体离断

肢体离断(dismemberment)是指巨大暴力使人体躯干、四肢遭受到严重的破坏和离断。肢体离断多为撕裂创、挫裂创、骨折等复杂损伤的组合,多种致伤物均可导致,但导致肢体离断的机械性暴力大多人力不能及,多见于交通事故、生产安全事故、爆炸、高坠等,还可见于死后碎尸。

二、功能改变为主的损伤

功能改变为主的损伤是指外力引起的重要生理功能急剧的、致命性的变化为主,无明显形态学改变的损伤,主要包括神经源性休克和震荡伤。此损伤一方面具有明显的低血压、心律失常或昏迷等临床表现;另一方面经尸体解剖及组织病理学检验,其形态学改变不明显或较轻微。在鉴定过程中,除进行系统全面的尸检外,还应详尽调查案情,明确死者的受伤经过及临床表现。

(一)神经源性休克

神经源性休克(neurogenic shock)是指机体某些部位的神经末梢对机械性暴力作用高度敏感,受到一定程度的打击即可引起严重的反射性自主神经功能紊乱,出现休克,甚至迅速死亡。这些敏感区也被称为触发区(trigger regions),包括人体的太阳神经丛、喉返神经分布区、颈动脉窦区、外阴部和肛门直肠部等。神经源性休克的出现与外伤后交感和副交感神经系统控制失衡或心血管运动中枢受到抑制有关,也与高位脊髓损伤、外伤或疾病引起的剧烈疼痛、镇静药物使用过量等有关。

(二)震荡伤

震荡伤(concussive injury)是指由猛烈的变速性外力作用于头部、上颈部或心前区而引起的脑震荡、脊髓震荡、心脏震荡和肺震荡。严重的震荡伤可以检出散在的小灶性出血、神经纤维或心肌纤维牵拉性损伤及间质淤血、水肿等,可影响神经生命中枢活动和心肌电生理活动,引起神经源性休克、心源性休克或心搏骤停而死亡。

第三节 机械性损伤的常见类型

按照致伤物的不同,机械性损伤可分为钝器伤、锐器伤和火器伤,也是法医学实践中机械性损伤常见的分类方法。

一、钝器伤

钝器伤(blunt force injury)是指由钝器(无锋利刃缘和尖端的物体)作用于人体造成的损伤。钝器种类繁多,常见的包括棍棒、砖石、斧背等日常生活中的物体和工具,以及手、足、牙齿等身体部位。在法医学实践中,又常将钝器伤分为徒手伤、棍棒伤、砖石伤、挤压伤和坠落伤等。钝器伤可以表现为擦伤、挫伤、挫裂创、骨折、内脏破裂、肢体离断等多种形态(图 3-9),以擦伤、挫伤、挫裂创最为常见,而擦伤一般伴随挫伤,挫裂创一般伴随擦伤和挫伤。钝器伤的受伤部位通常可见多种损伤形态并存,但体表与内脏器官的损伤严重程度有时不一致。

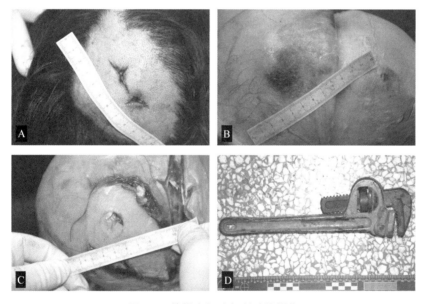

3-9

图 3-9 管钳击打头部所致钝器伤
A. 挫裂创;B. 皮下出血;C. 颅骨凹陷性骨折;D. 致伤物
本照片系徐州市公安局彭光洋提供

(一)徒手伤

徒手伤(bare-hands injury)是指以手、足、头等身体部位作为致伤物所造成的损伤,多见于打架斗殴、虐待、性犯罪等案件。常见的致伤方式包括手抓、拳击、掌击、指压、肘击、足踢、咬伤等。

徒手伤造成的损伤程度轻重不一,取决于机械性暴力的大小、加害者的体力、着力部位、受害者的体位与身体条件等。轻者仅造成软组织损伤,严重者可导致死亡。手抓造成的抓痕多呈扇形或几条平行的沟状痕,有时起始端相对宽且深,尾端逐渐变浅变细,有时还可见细小和未脱落的游离皮瓣。拳击和掌击多造成擦伤和挫伤,如受打击处位于腹部、胸部等较柔软的部位,体表损伤较轻,皮下出血较重,甚至出现内脏破裂等,尤其是身着较厚衣服时。而头面部等软组织较薄的部位受打击,表皮损伤相对较重,甚至出现挫裂创。咬伤形成的皮肤损伤与咬合力有关,形成的擦挫伤多呈弧形,其形态可以反映牙列的咬合特征。肘击和膝撞造成的皮肤损伤与拳击类似,但肘部屈曲压迫颈部,可引起机械性窒息。足踢伤可见于身体各部位,但以双下肢、腰腹部、会阴部、臀部多见,因为力量相对较大、受力面积相对较小;踢伤形成的损伤一般较拳击、掌击重,有时会存在挫裂创;下腹部的踢伤应警惕内脏器官是否存在损伤。另外,足踢伤的损伤程度受鞋的种类、质地影响较大,形成的擦挫伤可以反映鞋尖的形状。

除表皮剥脱、皮下出血、挫裂创外,拳击或掌击头面部可致眼球损伤、鼓膜穿孔或鼻骨、眶壁、颈椎等骨折,可造成视觉或听觉功能的损害,有的甚至造成脑震荡、脑挫伤、颅内出血等;按压颈部,可致深部软组织或肌肉广泛出血,舌骨、甲状软骨骨折,甚至机械性窒息;拳击或掌击胸部,可致肋骨骨折,肺挫伤、破裂,心、肺震荡;足踢或拳击腹上区,可致肝、脾以及肠管破裂;严重咬伤,可将手指、耳廓、鼻尖等咬断;踩踏身体,可致骨折、内脏损伤,在突发事件中可引起群体损伤;喉头、心前区、外阴部等敏感部位受到拳击、掌击、足踢时,可引起严重的功能障碍。

(二)棍棒伤

棍棒伤(stick injury)是指以棍棒或条形硬物等致伤物打击人体造成的损伤。棍棒易于获取,便于携带,且易挥动、打击力强,是伤害案中较常见的致伤物。棍棒的基本形态包括一个长条的棍体和两个末端。棍棒伤可以棍体击打人体所致,也可以棍棒末端戳击人体所致。棍棒种类繁多,根据质地不同有橡胶、木质、金属、竹片、藤条等,根据外形不同有圆柱形、扁圆柱形、方柱形及不规则形等,故相应的损伤形态也不尽相同。

多数的棍棒伤是棍体击打人体所致,受伤部位以头部、躯干、四肢多见,常表现为长条状的挫伤(图 3-10),棍棒表面不光滑时会伴有擦伤。具体损伤形态还与受伤部位、暴力大小有关。皮下软组织较薄的部位受到打击时,在棍棒、骨骼相夹下,易形成挫裂创,如棍棒打击头皮等。平坦且软组织较丰满的部位,如躯干、肢体等受到打击时,常形成中间苍白、两边平行的条状镶边形挫伤带,在我国以往的法医学著作中被称为"竹打中空"或"棒打中空",在国外被称为"铁轨样挫伤"。其形成机制是棍棒打击瞬间使着力区皮肤血管突然压闭,血液向两边分流,两侧血管内压剧增,加之局部组织变形移动牵扯,造成着力处两侧血管破裂出血而致。

除表皮剥脱、皮下出血、挫裂创外,打击力量较大时还会引起骨折等较严重的损伤。以棍棒打击头部为例,轻者致颅骨线性骨折,重者可形成粉碎性或凹陷性骨折。方柱形、三角形、不规则形等棍棒由于带有棱边或表面凹凸不平,形成的损伤易被误判为锐器或其他致伤物导致,如带棱边棍棒打击头皮造成的挫裂创有时酷似砍创。另外,多次反复击打会形成复杂的、多种形态的损伤,给检验带来较大困难。

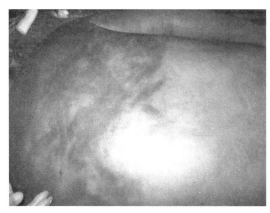

图 3-10 棍棒伤　　　　　3-10

还有部分棍棒伤是以棍棒的一端戳击人体所致,在受伤部位会形成与棍棒末端形状相似的损伤,如圆柱形棍棒会形成类圆形或弧形的擦挫伤或挫裂创,方柱形棍棒会形成长方形、三角形的擦挫伤或挫裂创,严重时可导致颅骨洞穿性骨折或腹部捅创,造成不同程度的内脏器官损伤。

(三)砖石伤

砖石伤是指由砖头、石块打击人体造成的损伤,又可分为砖头伤(injury by brick)和石头伤(injury by stone)。砖、石在日常生活中易于获得,也是伤害案中较多见的致伤物,在打击人体时砖屑、灰沙等异物可遗留在创腔内,对推断和认定致伤物有重要意义。砖、石既可用于直接击打,也可用于抛掷伤人,可伤及全身任何部位,但常见于头面部。

砖头的种类较多,以普通的黏土砖较多见,其具有平面、棱边及棱角,故造成的损伤形态较复杂。以其平面打击头部弧度较大的部位,可形成类圆形或不规则形的头皮出血,常伴有表皮剥脱;若打击力大,可形成星芒状挫裂创,甚至骨折。以其棱边或棱角打击头部,可造成条状挫裂创;以其棱角打击可造成三角形或直角形挫裂创;若打击力大,对应的骨质可形成线性骨折或成角状的凹陷性骨折。以其较平的表面垂直打击软组织丰满的部位,可形成长方形中空性挫伤;倾斜打击则可见线条状平行排列的梳齿状擦伤和挫伤。以其粗糙面打击可造成较集中的平行擦伤和挫裂创。打击胸部可致肋骨骨折;打击腹部易致肝、脾等器官破裂出血。

石头伤多见于野外发生的暴力案件,多作用于头部,常由山石和鹅卵石造成。山石表面凹凸不平,具有不规则的棱边和棱角,造成的损伤形态较复杂。不规则山石一次打击,就可形成大小不等、深浅不一、形态各异的损伤,有时被误认为是多次打击。因打击面和力量不同,山石伤的严重程度差别甚大,轻者为挫伤,重者可造成挫裂创并伴有骨折。其中山石打击头部所致的挫裂创,可表现为多种形状。石头伤的损伤形态可因山石块的形态和打击面不同而异,但大多数为不规则形,有多个角,中央着力较重,周围着力较轻,并且伴有轻重不一的擦伤和挫伤。在实践鉴定中常称为卫星状挫裂创。鹅卵石质地较硬,多为不规则的圆形和椭圆形,与山石及砖头相比,其表面较光滑,打击头部时可形成类圆形和椭圆形擦、挫

伤,中心部位出血较严重;若打击力大,可导致挫裂创,且创口周围常伴有较大范围的擦伤和挫伤,也可以造成类圆形和粉碎性骨折。

(四)挤压伤

挤压伤(crush injury)是指由巨大或沉重的物体压迫或撞击机体而造成皮肤和深部组织的广泛损伤。挤压伤多见于灾害及事故,如地震、交通事故、矿井垮塌,也可见于踩踏或长时间拷打,但在鉴定过程中应排除用其他手段致死后伪装成挤压伤死亡的情况。

挤压伤的形态及损伤程度与受挤压部位、挤压时间及挤压的力量大小有关。其损伤通常具有损伤广泛、类型多样、严重程度不一的特点,即使在受伤部位的远隔器官亦可出现功能障碍。轻者可有擦伤、挫伤、挫裂创,重者皮下可有大面积肌肉和软组织出血、变性、坏死,甚至骨折、内脏器官损伤及肢体离断。

挤压除引起内脏器官损伤、休克、直接死亡外,胸腹部受挤压可引起窒息死亡,骨折或大面积皮下组织损伤可引起脂肪栓塞死亡。另外,部分受害者存活后,会出现急性骨筋膜室综合征(acute compartment syndrome)和挤压综合征(crush syndrome)。

急性骨筋膜室综合征是指由骨、骨间膜、肌间隔和深筋膜形成的筋膜室内肌肉、神经等组织因急性缺血、缺氧而引起的一系列临床综合征。其形成机制是损伤后筋膜室内容物增多或容积骤减引起筋膜室内微循环障碍,导致创伤组织灌注不足,进而造成受损组织低氧血症,引起细胞肿胀和坏死,组织的肿胀又进一步加剧缺氧状态,发生缺血—水肿的恶行循环。急性骨筋膜室综合征可以导致肌肉广泛坏死,也可引发高钾血症、严重感染等。除挤压伤外,急性骨筋膜室综合征还可以见于其他损伤导致的骨折、感染等,以及一些医源性因素。

挤压综合征是指遭受挤压伤的人体在解除挤压后,全身微循环发生障碍,出现以肌红蛋白尿和急性肾衰竭为主要特征的临床综合征。典型的挤压综合征形成机制是被挤压的人因大面积肌肉等软组织挫伤,血浆大量渗出,有效循环血量减少,损伤的肌肉细胞释放大量肌红蛋白入血以及红细胞破坏后血红蛋白进入血浆,经肾小球过滤后,在肾小管特别是远曲小管内形成管型,近曲小管上皮细胞坏死,故亦称低部肾单位肾病。挫伤的软组织产生多种毒性代谢产物,同时因肾小管阻塞导致创伤性休克和急性肾衰竭。需注意的是,挤压综合征亦可见于受虐待儿童或多次重复软组织广泛损伤者。

(五)高坠伤

高坠伤(injury due to fall from height)是指人体从高处坠落,与地面或某种物体碰撞发生的损伤。坠落伤多见于生产安全事故和自杀,但在鉴定过程中应排除用其他手段致死后伪装成意外或自杀高坠。

坠落伤的形态及损伤程度受坠落者的体重、坠落高度、坠落过程中有无中间物、接触方式、着地部位以及着力点地面性质等因素的影响。其损伤特点包括:①损伤广泛、多发,除着力点外,非着力点也可发现严重损伤,并且在形态上可以表现出擦伤、挫伤、骨折、内脏器官破裂等多种形式。②外轻里重,一般体表损伤相对较轻,而内脏损伤严重。③损伤分布具有一定特征性,损伤多集中于身体的一侧、头顶或腰骶部。④多处损伤均由一次性暴力碰撞形成,其损伤分布与外力作用的方向或方式一致,但需注意坠落过程中是否存在中间物阻挡。⑤损伤程度通常为人力所不能及,如高坠致多发性肋骨或四肢长骨骨折,甚至肢体横断,一般人为使用工具打击难以或不可能形成(图 3-11)。

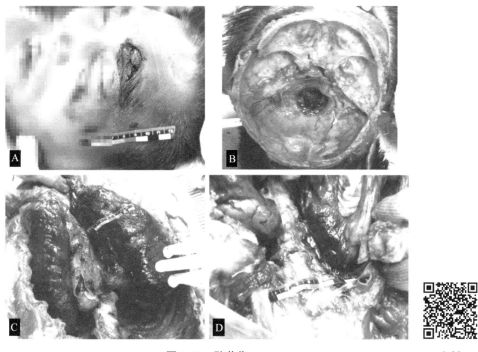

图 3-11 坠落伤
A. 左额部(着力点)挫裂创;B. 颅骨粉碎性骨折;C. 肺挫伤;D. 胸椎骨折、错位

3-11

二、锐器伤

锐器伤(sharp instrument injury)是指利用致伤物的锋利刃缘和(或)尖端作用于人体造成的损伤。而具有锋利的刃口或尖端的器具被称为锐器,如刀、斧、匕首、剑、刺刀、剪刀、玻璃碎片等。按有无刃口锐器可分为无刃锐器(铁钉、缝衣针等)和有刃锐器(水果刀、剪刀、菜刀、弹簧刀、刺刀、匕首等)两大类。锐器伤主要表现为创,锐器创形态较规则,创口可呈裂隙状或裂开,裂开的程度与创口和皮纹、结缔组织、皮下纤维之间的角度有关。不同锐器通过切、砍、刺、剪等方式造成皮肤及深部组织器官损伤,形成相应的切创、砍创、刺创及剪创。其共同特征为创缘整齐,创壁光滑,创腔规则,创底较深,创角尖锐,创口出血明显,创壁或创缘之间无组织间桥,创口周围组织不伴或仅有很轻的擦伤等。

(一)切创

切创(incised wound)是指用锐器的刃缘压迫皮肤并沿刃口的长轴方向移动,切割皮肤及皮下组织而形成的损伤,也称割创(图 3-12)。切创的形成需要具有薄且锐利刃缘的锐器(切器)和推拉锐器向下并沿其长轴移动的机械力,手术切口即为典型的切创。形成切创的

致伤物较多,其刃缘长短、重量和大小相差悬殊,小的如手术刀片、剃须刀,大的如菜刀、杀猪刀、镰刀等。玻璃碎片、金属片等不规则的致伤物也属于锐器。实践中,会出现既砍又切、既刺又切而形成的创口,习惯上称之为砍切创或刺切创,是常见的复合型锐器创(图3-13)。

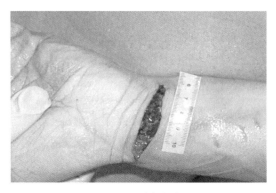

图 3-12　腕部切创

本照片系徐州市公安局韩琪提供

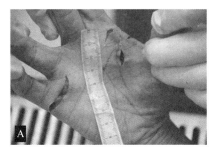

图 3-13　砍切创

本照片系徐州市公安局彭光洋提供

切创是典型的锐器伤,具有前述锐器伤的共同特点,同时也有其自身形态学特点。切创创口较长,与切器的刃缘长短无关,取决于刃锋在切割时移动的距离,有的远超致伤物的长度,这是切创区别于砍创、刺创的最显著之处。轻而小又无手柄的致伤物,如刀片、玻璃等,由于不便施加压力,通常造成的创腔较浅,一般仅能切断皮下浅表血管、肌肉和神经等;而较大的有柄致伤物,如匕首、菜刀等,易于用力,因而造成的创腔较深,甚至伤及骨骼,在骨质上形成切痕或缺损。切创的两侧创角常深浅不同,创底亦多呈倾斜状,有的切创还有拖刀的划痕。有时身体突出部位(如乳头、阴茎、鼻、耳等)可被切断而形成切断创,这种创无创腔,只有创缘和创面,且创缘整齐,创面平整。

切创多见于自杀,他杀较少见,但他杀伪装自杀时有报道。自杀切创有一些特征性表现,如部位多见于颈部、腕部、肘部或腹股沟部。这些部位的中、小血管位置较表浅,易达到切断血管的目的;同时这些部位均为本人所能及。有时在自杀者主创口上缘或下缘出现孤立的、与主切口平行而无连续的浅表、短小的切口,多认为是自杀时的试切创(hesitation marks hesitation wounds)。有时试切创也会出现在与主创口不同的部位,如在腕部试切后切割颈部死亡。而他杀时,与主切口平行的切创多与主切口连续或是其分叉。自杀切颈者有时颈部创口长、大而深，有的可在颈椎椎体前出现切痕，这时会被误认为砍创，或怀疑死者自杀不能形成而被鉴定为他杀切颈。另外，自杀者所用切器大多遗留在尸体旁，有时因尸体痉挛而被紧握在手中，但不能仅凭第一现场未找到致伤切器就判断为他杀。有时自杀者可能出于某种原因，在死前故意将切器丢弃或隐藏；有时切器细小，可能会掉在血泊中而被忽视。

他杀切颈比自杀切颈少见，尤其是单纯用切颈的手段杀人者更为少见，偶见有切颈杀死熟睡者。他杀切颈更多见于与其他方式联合使用者，如先击伤或砍伤头部致昏迷，或先扼颈致昏迷后再切颈。值得注意的是，他杀时，由于被害人的抵抗或防卫，可在其手部或前臂外侧形成抵抗伤（defense wound）。

（二）砍创

砍创（chop wound）是指用具有一定重量、便于挥动的锐器以刃口砍击人体形成的损伤（图3-14）。砍创的形成需要具有一定重量的锐器（砍器）和强大的自上而下或倾斜的机械力，这与切创致伤的作用方式显著不同。形成砍创的致伤物亦较多，除具有一定重量、体积外，一般都具有一定长度、便于握持和挥动的柄，常将其分为长刃刀类和斧类两大类。长刃刀类包括菜刀、柴刀、屠刀、铡刀等，以菜刀最为多见；斧类包括柴斧、木工斧、消防斧等，斧是最典型的砍器。需注意的是，有的砍器因材质或长期使用等原因，刃部可能变钝，甚至局部缺损、卷曲。

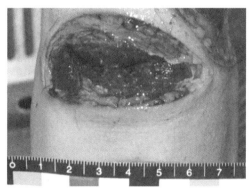

图 3-14 砍创   3-14

砍创、切创均为锐器创，与钝器形成的挫裂创有显著区别（表3-1）。除一般的锐器伤特点外，砍创也有其自身的形态学特点。砍伤组织普遍损害严重，砍创不仅创腔深，还常合并骨折及内脏器官损伤，甚至肢体离断。砍创合并的骨折，依机械力的大小和受伤部位不同而有差异。以颅骨为例，轻者在颅骨外板表面留下砍痕，重者形成线形骨折或舟状凹陷性骨折，更重者会形成反映砍器特征的特定形状骨折，反复砍击还会导致粉碎性骨折。刃口较薄的砍器形成的砍创，创缘整齐，创缘周围表皮剥脱少见；刃口较厚的砍器形成的砍创，创缘一侧可伴有表皮剥脱、挫伤。砍创创口长度与砍器刃部砍入组织的长度有关，垂直砍击时，刃口全部砍入皮肤，创口长度近似或等于砍器刃口的长度，两侧创角较钝，刃口牵引移动的作用不明显；非垂直砍击时，刃口部分砍入皮肤，创口长度小于砍器刃口，创角一侧较钝，另一侧较锐，且创腔呈三角形；砍击时若砍器沿刃口长轴拖拉切割，称为砍切创，创口长度可大于砍器刃口的长度。

表 3-1 切创、砍创与挫裂创的区别

项目	切创、砍创	挫裂创
创口	规则,多呈线形、纺锤形	不规则,常呈星芒状、波浪状等
创缘	整齐,不伴或仅有很轻的擦伤	粗糙,常伴有擦伤、挫伤
创壁	光滑,无组织间桥	不平,多有组织间桥
创角	多尖锐	多钝圆,有时有撕裂
创底	较平滑	不平

砍创多见于他杀,自杀少见。他杀砍创多见于受害人的头面部,并常伴有颅骨骨折、腔内出血、脑挫伤或脑挫裂创等,也多见于受害人的四肢、胸、背等部位。单纯自杀砍伤者罕见,砍创多集中于一定部位,且都位于自身能够触及的部位。伪装被人砍伤的自砍创多在四肢,且程度轻、次数少。他杀砍伤时,被害人前臂、双手因抵抗、搏斗而常见抵抗伤(图 3-15)。

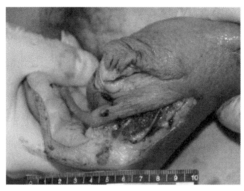

图 3-15　抵抗伤

(本照片由徐州市铜山区公安局滕道辉提供)

3-15

(三)刺创

刺创(stab wound)是指用具有锋利尖端的锐器沿纵轴方向刺入人体形成的损伤(图 3-16)。刺创的形成需要具有一定体长和锋利尖端的锐器(刺器),以及沿其长轴的机械力。在实践中,刺器普遍重量轻、体积小并且便于携带。按其有无刃缘分为无刃刺器和有刃刺器两大类。有刃刺器也称刺切器,既具有锋利尖端,又具有锐利刃缘,如刺刀、匕首、剑、三棱刮刀等。有刃刺器又可细分为单刃刺器、双刃刺器和多刃刺器。无刃刺器细长,有尖端但无刃,如缝衣针、铁钉、螺丝刀、铁锥等,也包括规则的棍棒断端。刺器按有无柄部相连,还可分为有柄刺器和无柄刺器。

贯通性刺创具有刺入口、刺创管和刺出口;盲管刺创仅有刺入口和刺创管。实践中盲管刺创较贯通性刺创多见。有时,刺器刺入人体后未全部抽出又重复刺入时,可形成一个刺入口、多个刺创管的现象。

刺入口的形态常与刺器截面形状相似,有时还会留有刺器柄的形态。刺器横截面可以是圆形、梭形、三角形、不规则形,故可根据刺入口形态大致推断致伤物的类型。刺入口周围有时伴有擦伤、挫伤。刺创管的方向与刺器刺入的方向一致,其长度决定于刺器刺入人体内的长度及受伤部位的解剖组织学特点。一般情况下,当刺器全部刺入而被刺部位软组织无凹陷时,刺创管长度近似等于刺器长度,可据此推断致伤物长度。刺创常常口小腔深,体表损伤轻,但内脏器官或大血管损伤严重。内脏器官的出血量比创口部出血量多。

刺创多见于他杀,自杀少见,偶见于意外工伤、交通事故。他杀刺创可发生在受害者身体的任何部位,数目较多且分散,以颈、胸、腹常见。自杀刺创位于自身能够触及的部位,以左胸及心前区多见,可形成一个或多个,若为多个通常比较集中(图 3-17)。

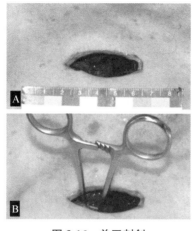

图 3-16 单刃刺创
本照片由徐州市铜山区公安局滕道辉提供

3-16

图 3-17 刺创(自杀)
本照片由徐州市公安局韩琪提供

3-17

(四)剪创

剪创(clip wound)是指用剪刀的两刃绞夹人体组织形成的损伤。剪创的形成需要能够以其两刃片刃口相向运动而夹剪致伤的锐器(剪器),以及两刃从根部向尖端合拢时夹切(剪)的机械力。常见的剪器包括家用剪、裁衣剪、手术剪、理发剪、指甲剪、修枝剪等,其大小形状各异,刃口的锋利程度亦不完全相同。另外,大部分剪器的两刃皆具有尖端,同时可以用作刺器。致命性剪创多系他杀,自杀较少见,意外事故罕见。在实践中,单纯的剪创较少见,在其形成过程中常伴随沿剪器中轴向前冲刺的力。根据夹剪和刺这两种力的配合程度

以及被剪部位的解剖组织学特点,剪创可分为三种。

1.夹剪创 系典型的、单纯的剪创。当剪刀的两刃分开并垂直于体表夹剪并两刃合拢时,创口常呈直线形或略带弧形,在两侧创缘的中央部常有两刃交合形成的小皮瓣突起;如夹剪但两刃未合拢,则形成两个在一条直线上的短条状创口,两创口的内外创角均尖锐;当两刃分开以一定角度倾斜于体表夹剪时,创口呈"V"字形;如夹剪时被剪处的皮肤出现皱褶,则一次夹剪可形成数个大小不等的"V"字形创口。

2.剪断创 指因夹剪作用而致人体突出部位的组织被剪断的损伤。剪断创可分为完全剪断创和不完全剪断创。完全剪断创指被剪断的组织完全与身体分离,在身体残留创面的中央可见两刃部交合处形成的脊状突起;不完全剪断创指被剪组织未与身体脱离。

3.刺剪创 是指剪刀的单刃或双刃插入人体后再行夹剪所形成的损伤。两刃张开刺入人体再进行剪切,两刃合拢后创口呈"人"字形,创角外圆内尖;两刃未合拢时创口呈"八"字形,创角亦外圆内尖。一刃刺入人体,另一刃未刺入而夹剪时,创角为一圆一尖。如剪刀双叶分开后单刃或双刃合拢后刺入人体,则分别形成单刃或不规则的刺创。

三、火器伤

火器是指借助于爆炸物燃烧时产生的大量气体将投射物投出的一类工具。由火器引爆火药所致的人体损伤统称火器伤(firearm injury),包括枪弹创和爆炸伤,可见于他杀、自杀及意外事件。在有的国家和地区,由于火器伤多见,当地法医工作者的主要任务就是进行火器相关的损伤检验、鉴定。在我国,由于枪械管制严格,火器伤并不多见,但由于其杀伤力强,危害性大,法医学鉴定工作也十分重要。

(一)枪弹创

枪弹创(bullet wound)是指由发射的弹头或其他投射物击中人体所致的损伤。枪弹创的形态特征与枪弹类型、射击距离和角度、受伤部位的组织结构等有关,可分为典型枪弹创和非典型枪弹创。在实践中,枪弹创的法医检验、鉴定主要是确定是否为枪弹创、推测射击距离和方向,以及判断案件性质。

1.典型枪弹创 典型枪弹创为贯通枪弹创(perforating bullet wound),指弹头射入人体后穿过人体组织形成射创管并穿出体外形成的损伤,由射入口(entrance of bullet)、射创管(canal of bullet)和射出口(exit of bullet)三部分组成。

(1)射入口:接触射击、近距离射击和远距离射击时,射入口的形态极不一致。接触射击时,在弹头穿破皮肤时火药燃烧产生的强大气流大量涌入皮下组织,使皮肤撕裂呈星芒状;近距离射击时,由于皮肤回缩,弹头穿过皮肤后,射入口直径略小于弹头直径,若软组织较少、皮下衬有骨组织,其射入口直径等于或略大于弹头直径(图3-18);远距离射击时,创口大小一般与弹头直径一致,或因皮肤弹性回缩而略小于弹头直径。

典型枪弹创射入口的形态学改变包括:①圆形皮肤缺损。②挫伤轮(contusion collar),是指弹头旋转穿过皮肤时,与皮肤撞击摩擦而在环绕缺损皮肤的边缘造成一宽度为2~3mm的擦伤带和呈红色的挫伤区。③污垢轮(grease collar),又称擦拭轮(abrasion collar),由弹头上附着的油污、铁锈、金属粉末和尘埃等覆盖于挫伤轮之上形成。④火药烟晕,指燃烧不完全的火药颗粒和随弹头飞射的金属粉末嵌在皮肤和创道口组织中。射击距离愈近，烟晕范围愈小，色愈浓；反之则范围大，色浅淡。若射击距离超过 50cm，则看不到烟晕、灼伤、火药颗粒等沉着。另外，创口及其附近的创道、周围皮肤常有烧灼伤的改变，射击距离愈近烧灼伤改变愈明显。⑤枪口印痕(muzzle imprint)，接触射击时，创口周围的皮肤或衣着上可见圆形或半圆形印痕，可反映发射枪支枪口的结构特征，如枪管口径、准星等。其形成原因是接触射击时枪口冲出的高压气体进入皮下使之膨胀，皮肤向外冲起紧贴在枪口受到挫压。

图 3-18 胸部枪弹创   3-18
A. 射入口；B. 射出口；C. 弹头

近距离射击的组织切片中可见创口出血区有纤维蛋白形成、组织凝固性坏死、火药粉末附着等。扫描电镜下可见明显纤维蛋白网，其间网络红细胞和血小板残片。能谱仪检测可检出残留在组织中的火药颗粒和金属颗粒等。

（2）射创管：弹头通过身体所形成的创道称为射创管。典型枪弹创形成的射创管呈直线，入口端常见衣物碎片等异物，出口端可有碎骨片或其他器官组织碎片。射创管周围组织可见不同程度的出血，特别是在组织密度较均匀的实质器官，如肝、肾、脾等，弹头穿过时由于流体力学原因，常破裂呈星芒状，但出血区域边界清、走向明确而易于识别。

射创管壁有以下组织学特征：射创管的管壁可分为原发创道区、挫伤区、震荡区三层。原发创道区指弹头直接损伤的组织，可见大量破碎组织、凝血块、血液和各种异物等。挫伤区指围绕原发创道的邻近组织，以肌组织为例，挫伤区内层为坏死肌组织，肌纤维失去正常结构，呈均质状，染色稍淡；有些肌纤维的胞质染色不均匀，出现粗细不等的颗粒，并可见空泡形成。挫伤区早期组织学改变不明显，经过一段时间后变性坏死加剧，甚至坏死组织脱落，从而使原发创道变大。震荡区为挫伤区外围组织，主要病理变化是血液循环障碍，伤后较短时间表现不明显，随后逐渐加重，表现为充血、出血、血栓形成、渗出和水肿等。

（3）射出口：弹头由体内穿出体外时在体表皮肤上形成的创口称为射出口。射出口一般大于射入口，常有皮肤撕裂，撕裂多不规则，有时可呈星芒状，创口皮肤多外翻。影响射出口大小和形状的因素有：①弹头到达出口时的动能大小。②弹头是否变形和翻滚。③是否伤及骨组织。④皮肤外是否有硬物衬垫等。若弹头以一定速度直穿各组织，其射出口和射入口的大小相似；若弹头在通过人体时碰到骨组织而发生变形或变向，弹头与组织的接触面积大，弹头或破碎的骨片均可使射出口大于射入口。接触射击时由于气体进入皮下，使射入口裂开较大，导致射入口大于射出口。

颅骨由骨内板、板障和骨外板组成。颅骨遭受枪弹射击时射入口的外板缺损小,内板缺损大,断面呈漏斗状,漏斗尖端为弹头射入方向,出口处则反之。此特征在判断头部枪弹创的射击方向和射击角度时极为重要。

2.非典型枪弹创　非典型枪弹创包括盲管枪弹创(blind tract gunshot wound)、擦过枪弹创(grazing bullet wound)、屈折枪弹创(deflected bullet wound)、回旋枪弹创(circumferential gunshot wound)、反跳枪弹创(ricochet gunshot wound)。

(1)盲管枪弹创:指弹头射入人体组织后在体内运行逐渐减缓而最终留于体内,只有射入口、射创管,而无射出口的枪弹创。盲管枪弹创的弹头可滞留于射创管盲端,有时也可掉入体腔内。

(2)擦过枪弹创:指弹头以切线或极小角度擦过体表所形成的开放性条状或沟状的枪弹创。擦过枪弹创常表现为条形、椭圆形或三角形的擦伤、挫伤或挫裂创,若射入口与射出口相接,在体表形成边缘不整齐的沟槽时,又称为沟状枪弹创(trench bullet wound)。

(3)屈折枪弹创:指弹头射入人体组织后如遇硬物阻挡,改变方向后继续运行并射出体外的枪弹创。屈折枪弹创的射入口、射创管和射出口不在一条直线上。

(4)回旋枪弹创:指弹头在体内遇到质地较硬的组织(如骨骼)的阻挡,改变方向而形成的曲线形射创管的枪弹创。

(5)反跳枪弹创:指弹头射入人体组织之前先击中较为坚硬的物体,如钢板、墙壁等,反弹击中人体所形成的枪弹创。射入口因弹头已变形、变向而失去射入口的典型特征,如果动能过小,甚至不能射入人体。

(二)散弹创

散弹创(shotgun wound)是指由猎枪或土制枪弹丸所造成的枪弹创。猎枪弹丸有不同的型号和规格,内装铅锑(Pb、Sb)合金制的弹丸。土枪则用铁(Fe)颗粒、铁锌(Fe、Zn)颗粒或其他金属碎屑乃至玻璃碎片等充填,因此可在人体上形成多个形状各异、大小不同的弹丸创。

猎枪或土枪发射时引爆火药,弹丸呈圆锥形散开,由于弹丸或金属碎屑的能量较小,故多形成盲管枪弹创。贴近射击或近距离射击时,散弹密集在一起,形成大的单个不规则形射入口,边缘呈锯齿状。射击距离远时,散弹孔呈圆锥形散开,在人体形成的创口亦随射击距离的增大而逐渐散开。创口中央有一个较大的射入口,周围形成多个小的散弹射入口,射击距离越远,小的射入口越多。射击距离为1m时,可形成直径约3cm的集合弹孔区;射击距离为2m时,扩散范围约为7cm;射击距离为3~4m时,扩散范围为16~18cm。扩散范围除与射击距离有关外,尚与枪支的性能、火药种类和弹丸的性质有关。在6m内射击时,可在皮肤内发现弹丸或其他充填物。散弹创因弹丸小、数目多、分布广,手术不易取尽,可能长时间滞留在体内。

(三)爆炸伤

爆炸伤(explosion injury)是指由易燃易爆品爆炸所致的复合性损伤,常见于火药、爆竹、化工厂、矿井、锅炉及液化气罐或煤气管道等爆炸。爆炸伤多见于意外事故,也见于他杀或自杀。在实践中,法医检验、鉴定主要根据爆炸现场毁损情况以及尸体检验发现的损伤特征判断爆炸中心；综合现场勘查和损伤程度、部位，分析死亡人数；结合 DNA 检验进行个人识别；确定死亡原因和死亡方式；提取爆炸残留物进行实验室检查。

爆炸物引爆时瞬间释放出巨大的能量和高温，并迅速由爆炸中心向四周传播，形成一种超音速的高压波，称冲击波（blast wave）。人体的损伤程度与距离爆炸中心的远近极为密切，距离愈近，损伤愈重，距离愈远则损伤愈轻。

爆炸损伤分为以下几种：①炸碎伤，处于或接近爆炸中心的人体可全部或部分炸碎，造成人体各式各样的骨折、挫裂创、肢体离断和内脏破裂，肌肉、骨碎片、内脏碎片及各种组织可向四方飞散。对炸碎尸体进行个人识别，有时极为困难。②抛射物所致损伤，距爆炸中心近时，装盛炸药或雷管的金属碎片或其他异物可造成人体贯通创、盲管创和各式各样的钝器、锐器样损伤。③冲击波损伤，这类损伤常累及多人，其特点为外表损伤不严重，但内脏损伤极为严重。强大的冲击波和气压可使肺泡破裂，导致气胸、血气胸，也可致肝、脾破裂及脑震荡、脑挫伤、颅内出血以及鼓膜破裂等。④烧灼伤，人体处在爆炸火焰所及的范围时可引起不同程度的烧灼伤。⑤其他损伤，建筑物、车辆、电线杆及爆炸中心附近的其他物体倒塌可形成挤压伤、砸伤、机械性窒息，燃烧现场还可导致有毒气体中毒等。

第四节　交通损伤

交通损伤（traffic injury）是指在交通运输过程中发生的各种损伤的总称，即各类交通运输工具和参与交通运输活动的物体，在运行过程中导致人体组织器官结构的完整性破坏或功能障碍，甚至死亡。交通事故是威胁人类健康的十大杀手之一，近年来我国交通事故发生的次数，以及死亡、受伤人数居高不下。据国家统计局数据，2020 年因交通事故造成死亡人数 61703 人，受伤人数 250723 人（图 3-19）。交通损伤是目前最常见的机械性损伤之一，对交通事故中死亡、受伤人员的检验、鉴定已成为法医日常工作的一个重要内容。

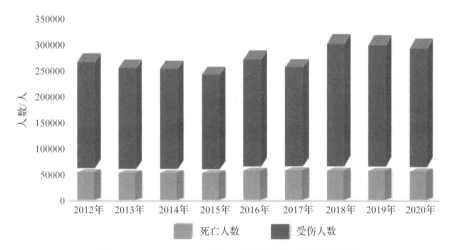

图 3-19　2012—2020 年因交通事故死亡及受伤人数　 3-19

交通损伤按交通运输方式可分为道路交通损伤、铁路交通损伤、航空交通损伤和船舶交

通损伤,其中道路交通事故损伤最为常见。按损伤发生的性质可分为交通意外损伤、自杀性交通损伤和他杀性交通损伤。交通损伤受机动车类型、速度等多种因素的影响,尤其是在成伤过程中交通工具与人均处于运动状态,常造成多发性、复合性损伤,但仍然存在一定的共性,本部分主要介绍常见的交通损伤的致伤方式及损伤形态特点。

一、道路交通损伤

道路交通损伤包括机动车和非机动车所造成的损伤,多为钝器伤。机动车包括汽车、摩托车等,非机动车包括自行车、三轮车、马车等。2020 年,我国(除港澳台地区)发生交通事故 244674 起,其中机动车交通事故 211074 起,非机动车交通事故 29969 起,其他交通事故 151 起;而在机动车交通事故中,汽车交通事故占 156901 起,摩托车交通事故占 45789 起。

(一)车外行人损伤

车外行人的损伤一方面是车辆直接碰撞、碾压造成,另一方面是撞击后身体与地面或其他物体碰撞、擦划形成。在同一事故中,可以出现多种致伤方式,常见的有撞击伤、摔跌伤、拖擦伤、碾压伤及伸展伤,其中以撞击伤和摔跌伤最常见。

1. 撞击伤(impact injury) 指汽车的某一部件直接撞击人体所造成的损伤,这种损伤是车辆导致人体伤残或死亡的直接原因。

轿车或吉普车以 30～40km/h 的速度与成年人碰撞时,可以形成连续的碰撞三联伤。①首次碰撞伤或直撞伤:由车前保险杠撞击行人下肢,发动机罩的前端撞击腰部、髂臀部所造成的损伤。②抛举性碰撞伤:因人体受撞击部位低于人体重心位置,加之车辆前行的部分能量传递给人体,导致人体以重心为轴心发生翻腾,上半身向车身倾倒靠拢,臀和下肢上扬,整个身体被抛举腾空。若撞击部位不在人体的中轴线上,则身体在翻腾的同时还发生旋转。随后落下撞击到发动机罩上,造成躯干的第二次碰撞损伤。③滑动性碰撞伤:由于车辆向前行驶的动能与人体后移惯性力的作用,人体在发动机罩上滑动,使人体头部、肩部与车辆前挡风玻璃相撞,造成头、肩部的第三次碰撞损伤。若肇事车辆车头各部件结构较平滑、位置较高,如大客车、公共汽车等,人体被撞击的部位多在躯干和头部,因相互接触面广,巨大的冲击能量可充分传递给人体,可造成骨折、内部器官严重损伤。

撞击伤可以表现为擦伤、挫伤、创、骨折和内脏破裂等,其损伤类型及严重程度取决于车速、车型、碰撞时人体姿势和接触部位以及车与人的行进方向。其中,最典型的是汽车保险杠造成的人体下肢的保险杠损伤(bumper injury),其损伤形态有时可反映保险杠形状。典型胫骨骨折呈楔形,其尖端指示车轮行驶方向(图 3-20)。小轿车保险杠损伤,多发生在小腿;货车、大客车保险杠损伤,多发生在大腿。车轮加速时,前保险杠可上移 4～5cm,因而人体损伤位置可稍高;紧急制动时保险杠可下移约 10cm,人体损伤的位置也稍低。散热器或车灯撞击人体时可造成擦伤及挫伤,并留下特殊的撞痕,有时可造成较大面积的擦伤、挫伤甚至骨折。车辆直接撞击胸腹部,可造成严重的内脏器官损伤,直接撞击胸部所导致的多发性肋骨骨折多呈内向型,肋骨断端可向内刺破或损伤肺和心脏;车头铲起人体,使头面部、肩部撞于挡风玻璃,可造成广泛的玻璃刺割伤。

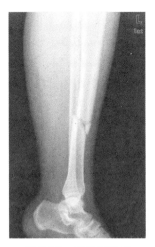

图 3-20　保险杠损伤　　　3-20

2.摔跌伤(tumbling injury)　指人体被车轮撞倒或抛起后又摔下与地面相撞形成的损伤。

摔跌伤极为常见,发生于碰撞三联伤后,如车速够快,人体可继续翻腾,直到施加给人体的动能全部转变成势能,随后在势能的作用下摔落造成摔跌伤。车速更快时,如速度大于50~65km/h,碰撞后人体在车上可呈倒立状态,甚至从车上飞过摔到车后;车速减慢到小于40km/h或急刹车时,人体可从发动机罩上滑下摔到汽车侧方或前方。儿童与越野车相撞或成人与大型卡车相撞时,人体遭受冲撞的部位高于人体重心位置,平行及向前的旋转运动使行人上半身和头部远离车身向前摔倒。而当撞击在人体重心部位时,人体可在发生过度伸展和与车辆运行方向一致的平行抛移后摔倒。

摔跌伤同样包括多种损伤类型,其损伤类型及严重程度亦取决于车速、车型、路面情况、碰撞时人体姿势和接触部位以及车与人的行进方向。人体向前扑倒摔跌时,以四肢、头面部损伤和骨折多见;仰面跌倒时,头枕部和肩背部着地,易造成颅脑损伤和颈椎、腰椎骨折;肩部侧位着地可引起肩关节和锁骨骨折,臀部着地可引起骶髂关节骨折或脱位。需要注意的是,头部着地时的减速性颅脑损伤致死、致残比例较大。

另外,交通损伤中的摔跌伤通常比一般的摔伤严重。碰撞过程中车辆传递给人体相当的能量,使人体具有一定的初速度,故摔跌后其损伤程度较重;而人体以一定的角度和速度与地面接触,多伴随擦挫伤,且常分布于人体一侧,在人体发生滚动时可见多处损伤,广泛和多处的损伤可以用一次性外力作用解释。

3.碾压伤(running-over injury)　指汽车轮胎碾过人体所致的损伤。除人体躺卧在道路上被碾压等少数情况外,碾压都伴随着碰撞和刮擦现象。人体与车辆碰撞后,若向前摔倒,随之即可发生碾压或拖擦;另外,车辆行驶过程中,其侧面或其他突出部件刮擦人体,可造成人体接触部位的刮擦伤,并继发摔跌或碾压。

车轮碾压伤是交通损伤中较严重的一种损伤,其损伤类型及严重程度与碾压当时是否刹车有关,是否刹车也是判断驾驶员责任的依据之一。如未刹车,现场无刹车制动痕迹,车轮从人体上滚动造成表皮剥脱、皮下出血,与轮胎凸起部形成相似印痕,这种特征性印痕称轮胎印痕(图 3-21)。在皮肤、皮下组织破裂时,轮胎胎面上会沾有血迹或人体组织,并随车轮沾染到路面上,而在人体被碾压的另一侧与地面接触的骨骼突起部位,可出现轻度的皮肤挫伤和皮下出血。刹车时,现场可见刹车拖痕,车轮突然停止转动,车辆惯性作用继续前进,皮肤被挤压于轮胎与路面之间,造成严重的撕裂伤,多发生于四肢和头颈。碾压伤常引起皮肤与肌肉分离,形成较大的环状或袋状撕裂伤,伴有大量出血或血浆渗出,触之有波动感。除皮肤及皮下组织损伤外,碾压也常造成内脏器官损伤和骨折等,如头部被碾压时,颅骨崩裂,脑组织外溢;胸腹部被碾压时,胸骨、肋骨、骨盆骨折,胸、腹腔器官破裂、出血,甚至脱出体外。肢体被速度较快的大型满载车辆碾压时,受碾压部位可出现组织搓碎或肢体离断(图3-22)。

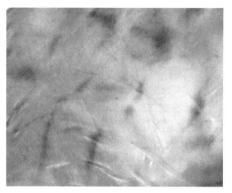

图 3-21　体表轮胎印痕　　3-21
本照片由徐州市公安局黄先学提供

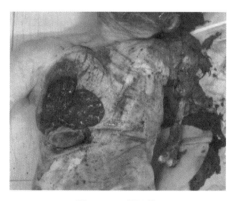

图 3-22　碾压伤　　3-22
本照片由徐州市公安局黄先学提供

4. 伸展创(extension wound)　是指皮肤组织受到极大的牵拉,当牵拉力超过皮肤的抗拉极限时,皮肤沿皮纹裂开形成浅小的撕裂创。伸展创多在人体四肢与躯干相连部位,如腹股沟、腋前、颈部以及腹部、腘窝等身体屈侧部位,表现为皮肤表面多数微小撕裂群,撕裂呈断断续续的平行排列,其走行方向多与皮肤纹理一致。伸展创的形成见于两种情况:①汽车自背后撞击人体重心区域,身体过度伸展形成腹股沟或下腹部的伸展创,可伴发颈椎脱位和骨折。②人体被车轮碾压时,车轮旋转产生的巨大牵拉力造成碾压部位附近皮肤菲薄部位的伸展创。

5. 拖擦伤(dragging injury)　是指被撞击者衣物被车辆挂住,受害者身体在地面被拖拉形成的擦伤。拖擦伤在交通损伤中较少见,其损伤程度与车速、拖拉距离、地面情况以及人体有无衣着保护有关。一般表现为大面积的擦伤,伴或不伴挫伤,多位于躯体一侧,以体表突出部位为重。在片状擦伤中常夹有条状划痕,并且始端较深、末端较浅,可以提示拖拉方向(图 3-23)。

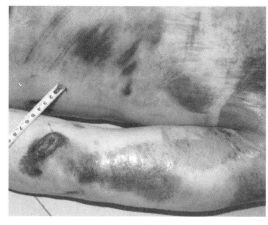

图 3-23 拖擦伤

3-23

(二)车内人员损伤

车内人员的致伤机制主要与车内相应部件的碰撞、砸压、挤压、安全带损伤、车外异物刺入等有关。另外,当车内人员被抛出车外时,可造成摔跌伤和碾压伤;车辆着火时,可造成烧伤。

1.碰撞伤 指汽车发生碰撞或紧急制动时,车内人员由于惯性前向和/或反弹向后,碰撞于车内结构或物体上造成的损伤。

汽车发生碰撞或紧急刹车时,在无安全带和安全气囊保护的情况下,驾驶员臀部抬起、身体前倾,头部碰撞挡风玻璃或其玻璃框,可以造成前额和发际部位擦伤、挫伤和挫裂创,以及颅前窝和颅中窝骨折,大脑额颞部挫裂伤,被称为挡风玻璃或挡风玻璃框碰撞伤。若碰撞力较大,头部可从挡风玻璃破碎处洞穿而出,在头颈部形成类似切割状的菱形创口,甚至可见胸锁乳突肌、颈总动脉、颈前及颈内静脉切断,有时也会损伤甲状腺和甲状软骨,被称为挡风玻璃刺切创。驾驶员身体前倾可致胸腹部碰撞挤压在方向盘上;有时车头变形,发动机和方向盘后移,也可使驾驶员挤压于方向盘与座椅背之间。上述两方面的作用力可造成驾驶员胸部擦伤、挫伤、肋骨多发性骨折、胸廓变形以及胸腹部内脏器官严重损伤,称为方向盘损伤(steering wheel injury)。

驾驶员用手抵住方向盘,可导致腕部或前臂扭伤和骨折。由于紧急刹车,右足用力踩踏刹车板,可导致踝关节脱位、骨折,跟腱断裂。有时脚踏板可在右足鞋底留下印痕,或右足滑移嵌入油门与刹车踏板之间形成足部损伤。另外,驾驶员的膝部和小腿胫前区在车辆碰撞时向前移动,与仪表盘架的下方撞击,形成擦伤、挫伤和挫裂创;膝关节韧带撕裂,关节腔出血;股骨下端骨折或髌骨楔入股骨内外侧髁之间;如撞击力向上传导,可造成股骨头脱位、股骨颈骨折和骨盆的损伤。

由于驾驶员、前排乘客和后排乘客位置不同,与之碰撞的车内部件不同,损伤也有所差

异,可据此判断事故发生时人体在车内的位置。副驾驶乘客的伤亡率高于驾驶员和后排乘客,其损伤部位与驾驶员类似,但不会形成方向盘损伤和脚踏板损伤,损伤部位以头面部多见,其次为四肢,且上肢多于下肢。后排乘客多因碰撞前座椅背或车顶而受伤,以四肢损伤多见,且下肢多于上肢,其次为头部,再其次是胸颈及躯干。后排乘客可以出现分腿式损伤,即后排乘客的两膝通常贴近于前座位靠背,突然碰撞时,身体前移,两膝抵在前排座位靠椅上,而臀部及骨盆因惯性继续向前移动,导致大腿剧烈屈曲外展分腿,造成髋关节骨折、脱臼和关节损伤,这种损伤可发生在单侧或双侧,也可导致股骨颈骨折、骨盆骨折。

2.挥鞭样损伤(whiplash injury)　是指身体剧烈加速或减速运动,而头部的运动与之不同步,导致颈椎过度伸、屈而造成的损伤。表现为颈椎脱位,椎体前缘及横突骨折,韧带和关节囊撕裂出血,颈髓震荡和挫伤。机动车在发生碰撞时,车辆突然加速(追尾)或减速(正面碰撞),车内乘员易发生这种损伤,且后排乘客多于前排乘客,多见于第5、6颈椎,其次为第1、2颈椎或寰枕关节。

3.安全带损伤(seat belt injury)　主要指在车辆突然减速时,人体因惯性前移而被安全带紧勒所致的损伤,多为擦伤和挫伤,重者可导致胸腹腔内脏器官损伤或第2、3腰椎横断骨折。安全带是固定车内人员的束带装置,目前机动车大多采用腰带加斜挎式肩带,又称三点式。安全带的伸缩性可增加制动距离和延长减速时间,降低减速力对人体的作用,保护头部避免撞击,防止人体被抛掷。但有时因撞击力巨大,或车辆发生翻滚等,束缚胸腹的安全带猛然收缩挤压人体可造成安全带损伤。

此外,车辆与车辆、车辆与建筑物、车辆与交通环境碰撞后车内部件变形、滑移可导致挤压伤;翻车、坠车等情况下,车体或其他物体可砸压人体形成砸压伤;由于碰撞和车内电路故障、打火引起车辆燃烧可造成人体烧伤;车内爆炸物品或油箱爆炸可造成爆炸伤。

(三)摩托车交通损伤

摩托车高速、开放、缺少保护设施、稳定性差,且常在人丛中或车丛中穿插行进,其事故发生率极高。加之我国本身是摩托车生产大国,并且电动车也基本普及,因此摩托车事故伤亡率一直较高。摩托车交通损伤包括摩托车驾驶员损伤和被撞击行人损伤。被撞击行人损伤的受伤机制与汽车所致行人损伤的受伤机制相似,受害者有直接撞伤,也可发生摔跌伤、拖擦伤及碾压伤,不同之处在于部分类型的摩托车前无保险杠,车轮直接撞击人体,或挡泥板、车灯、车把及车把上后视镜撞击人体。本部分主要介绍摩托车驾驶员及乘客的损伤。

摩托车驾驶员的损伤主要是碰撞之后身体向前抛出而发生的撞击性损伤,而摩托车乘客多发生摔跌伤和碾压伤。摩托车事故造成的抛掷性摔跌伤,因抛掷力大,常在地面上滑移较长距离,擦伤明显。摔跌者有两种情况,一种是头顶部先着地,继之肩和躯干背部着地摔跌,造成枕部头皮挫伤和肩背部擦伤,易形成颅后窝的骨折、脑挫伤、肺和肾破裂出血;另一种是颜面部先着地,继之胸腹和四肢落地,造成面部大片擦伤;有时形成小挫裂创,有时伴有颅前窝、颅中窝骨折,脑挫伤,肝脾破裂,肠系膜破裂出血等。有头盔面罩保护时,头皮和额面部不易发生损伤,但可发生颈椎骨折、脱位和出血。

摩托车损伤还有一些特异性损伤。①骑跨伤:指油箱和车把造成的驾驶员会阴部损伤,一般表现为裤裆和两裤腿根部撕裂绽开,呈"十"字形,可贴附有油类和油漆片,会阴、阴茎、阴囊及大腿内侧发生严重的擦挫伤,甚至撕裂、出血,严重者可致耻骨支骨折,造成膀胱、尿道或阴道挫裂创。②皮肤上的车把印迹或后视镜边缘印痕:车把、后视镜与胸部、上肢碰撞,在皮肤上形成的车把印迹或后视镜边缘印痕,一般表现为表皮剥脱和皮下出血,以及深部骨骼局限性骨折。③挡风罩玻璃切颈伤:带有挡风罩的摩托车,可发生挡风罩边缘切颈损伤,即驾驶员颈部猛撞在挡风罩边缘上,造成头颈从下颌至耳后、经过第1颈椎处离断,离断缘不整齐。④摩托车乘员由于有前方驾驶员的阻挡,通常不发生上述特异性撞击损伤,但事故发生时如有较大的侧向离心力作用,乘员下肢内侧区域与座位等部件相互作用可出现软组织挫伤或擦挫伤。

二、其他交通损伤

(一)铁路交通损伤

铁路交通损伤发生率低,但造成的损伤严重程度和残疾率都很高。其中,最严重的是碰撞或翻车,常造成群体死亡;其次是受害人穿越铁轨而造成的损伤;偶见卧轨自杀案件,或用其他方式谋害后伪装卧轨自杀。

铁路交通损伤与列车有关,列车是我国重要的陆地运输工具之一,其运行在固定的铁轨上,质量大、车速快、动能大,各部件坚硬、棱角多,所造成的损伤较道路交通损伤更为严重。在快速行驶过程中突然停止时或车厢受到剧烈撞击后严重变形扭曲,车厢内人员由于惯性作用发生碰撞,或被挤压在车体之中,或被行李物品碰击砸伤,可造成各种机械性损伤,如擦伤、挫伤、挫裂创、撕裂创、内脏破裂、各部位骨折、出血等。在车内载有易燃或易爆物时,还可见烧伤或爆炸伤。事故引发的火灾可释放出大量有毒气体,除造成烧伤外,还可引起吸入性中毒或窒息。

车外人员损伤主要为碾压伤和撞击伤。火车碾压人体时,常导致躯干或四肢离断、组织挫碎等。躯干被碾压离断时,血液循环骤然停止,躯体离断部位出血较少,易被误认为死后碾压。

(二)航空交通损伤

航空交通损伤发生的主要原因为飞机本身故障、气候条件的突变和陆地导航失误等,其次是劫机者的犯罪行为,少数情况是驾驶员突发疾病或操作失误所致。与其他交通工具相比,飞机失事死亡的总人数在各种交通事故死亡总数中的绝对值小,但航空事故死亡率高。

航空交通造成的损伤,既可见到各种各样的机械性损伤,也常见到烧伤、爆炸伤以及有毒气体中毒等。航空交通损伤的特点是遇难者损伤程度均很严重,常致肢体离断,断碎的组织四处散落且高度烧伤、炭化,有时难以进行个人识别。

(三)船舶交通损伤

船舶交通损伤发生在海洋、江河以及湖泊,常见原因有船只触礁、气候突变、遭受风暴袭击;有时也可由超载、相撞和船舶本身的故障引起;人为破坏、驾驶人员操作失误也时有报道。船舶交通损伤同样可造成群体各种类型机械性损伤。死亡原因多为溺死。另外,需注

意水中生物对尸体的损伤,以及尸体在水中漂流过程中触碰礁石或船只造成的损伤。个别船舶爆炸事件,可在尸体上发现爆炸伤和烧伤。

第五节 机械性损伤的法医学鉴定

机械性损伤的法医学鉴定是日常法医工作的主要内容之一,它能为侦查提供线索,为审判提供科学证据。涉及法医学多个方面,需要结合案情调查、现场勘察、尸体检验,甚至个人识别、毒物检验等进行综合分析、鉴别和判断。本节主要介绍其在法医病理学相关案件中鉴定的要点,包括损伤的检查与记录、死亡原因的确定、生前伤和死后伤的鉴别、损伤时间的推断、致伤物的推断与认定以及死亡方式的判断。

一、机械性损伤的检查与记录

(一)尸表检验

法医学尸体外表检验包括尸体衣着检查、尸体一般情况检查、体表损伤检查、尸体体表各部位检查及其他特殊检查。

首先应进行尸体衣着检查,包括逐层检查并记录衣着情况,记录衣着特征标志,检查衣兜内的特殊物品等。存在机械性损伤时,应注意观察衣着破口形态特征、擦挫痕迹以及血痕等附着情况。衣着检查在部分案件中意义重大,如人体受到轮胎碾压时,可在衣物上检见轮胎印痕。

尸体外表有损伤时,需按照由主到次、由上到下、由前到后和由表到里的顺序,全面检查并详细记录各部位的损伤,检验过程中应采用描述性语言,避免诊断性术语,并放置比例尺实时拍照或摄像。

1.损伤的部位　应按照分区及人体解剖学体表标志记录损伤所在的位置。

2.损伤的类型　按照损伤的基本形态分为擦伤、挫伤、创、骨折和肢体离断等。

3.损伤的数目　应用明确、肯定的数字表明各部位的损伤,多处的损伤还需分析外力的次数及先后顺序。

4.损伤的形态　应采用线性、弧形、卵圆形、圆形等几何学名词描述损伤的形态特征,如不规则或无法描述,可以采取绘图的方式进行记录。对于创,应详细描述并记录创口、创缘、创角等特征。另外,还应注意损伤周围血液流注方向、涂抹形态和沾染范围等。

5.损伤的大小　应采用国家法定计量单位测量并记录损伤的长度、宽度以及凸出和凹陷于皮肤表面的距离。已缝合的创口还需去除缝线后进一步检验。

6.损伤的颜色　应具体描述并记录表皮剥脱、皮下出血、创口等损伤的颜色。

7.损伤的方向　应仔细检查创口皮瓣的方向,创缘表皮的剥脱位置与方向,弹道的入口与出口等。

另外,在检验过程中还要注意损伤及其周围的附着物,如烟灰、泥沙、碎玻璃等。

(二)尸体解剖检验

全面、系统的法医学尸体解剖检验需要剖验颅腔、胸腔、腹腔、颈部、脊髓腔及其他需要解剖的部位,以查明损伤或疾病的部位和范围,对损伤的检验是尸体解剖检验的重要工作。

在尸体解剖检验过程中,需结合尸表检验,按照顺序,逐层剖验,明确损伤的大小、范围和形态特征。若为开放性损伤,需观察并记录创道走向、创缘、创壁、创角、创腔和创底的形态特征,并注意创腔内是否有致伤物残片及其他异物。若存在骨折或内部器官损伤,在充分暴露并详细记录后,还应分析其与体表、皮下损伤的关系。部分钝性损伤或牵拉扭转引起的损伤,体表检查不明显,需剖验背部及四肢等部位,明确是否存在损伤。在肉眼无法确定的情况下,须提取检材进行组织病理学检验以明确损伤。

二、死亡原因的确定

机械性损伤的死亡原因可分为原发性与继发性两类。原发性外伤死因即机械性损伤致重要器官结构、功能破坏,未经过其他中间环节直接导致死亡迅速发生;继发性外伤死因是在原发性损伤的基础上继发其他致死损伤或病症。

(一)原发性外伤死因

1.生命重要器官的严重损伤 脑、心、肺、肝、脾、肾等生命重要器官的破裂或粉碎,可导致立即死亡。延脑、脑桥等部位较小的损伤也可致机体呼吸、循环功能迅速发生障碍而死亡。

2.出血 机械性损伤造成的急性大出血可直接导致失血性休克死亡。正常人血容量每千克体重约为75mL。急性出血量一次达全身总血容量的30%以上或一般成年人出血2000～3000mL即可致死。慢性、持续性出血也可引起失血性休克死亡。另外,颅内出血100～150mL(小脑幕下甚至少量出血)可使颅内压增高致脑疝引起死亡,心包腔出血200～250mL可发生心脏压塞致死。

3.原发性神经源性休克 人体受暴力伤害时,体表或内脏的外周传入神经受到强烈刺激,可引起交感神经或副交感神经反射功能异常,导致重要生命器官微循环障碍甚至死亡。如颈静脉窦、外阴等受到打击,可引起原发性休克或死亡。副交感神经反应增强,可导致血压下降、心动过缓乃至停搏而引起死亡。交感神经过度兴奋,可致血压急剧升高、心律失常甚至心室纤颤而死亡。尸体检验时,需仔细检查损伤部位,分析损伤的发生发展,排除其他死因后方可判定神经源性休克致死。

(二)外伤后继发性死因

1.感染 感染是机械性损伤最常见的并发症,严重时可导致死亡。常见以下四种情况:

(1)损伤直接引起的感染:如腹部损伤致胃肠道破裂,引起急性腹膜炎死亡;皮肤损伤引起蜂窝织炎、脓肿甚至破伤风或气性坏疽死亡等。

(2)损伤致局部抵抗力降低继发感染:如头部非开放性损伤后发生化脓性脑膜炎或脑脓

肿、肝、肾、脾等器官非开放性损伤后发生脓肿等。其原因可能与局部毛细血管通透性增加、细菌易于侵入有关,同时局部组织坏死、出血适宜细菌生长。

(3)损伤后全身抵抗力降低:如外伤致截瘫或植物状态,进而长期卧床,引起坠积性肺炎、肾盂肾炎、压疮等。

(4)伤口处理不当发生感染。

2.继发性休克 指机械性暴力作用于机体造成重要脏器损伤、大出血等,使伤者有效循环血量锐减,微循环灌注不足,以及创伤引起的剧烈疼痛、恐惧等多种因素综合形成的机体代偿失调综合征。最常见的是急性大出血所致失血性休克。继发性休克微循环障碍可累及多个器官,但各器官损伤程度有所不同,通常以肺、肾、脑受累为著,如休克肺、ARDS等。

3.栓塞 机械性损伤可引起血栓、脂肪、空气等多种栓塞,栓塞部位多位于肺动脉及其分支,死亡率高。损伤部位血管内皮受损,加之外伤后卧床、高凝状态,血栓极易形成,以下肢多见;长骨、骨盆骨折或脂肪广泛损伤时,脂滴进入血流可致脂肪栓塞;靠近心脏的大静脉或多数小静脉破裂时,大量空气进入血管或心脏形成气泡,可引起空气栓塞。

4.窒息 颅面部骨折时,骨折碎片、牙齿被吸入后可堵塞气道;颈部切创时,血液或食管反流物可被吸入肺内;颈部软组织广泛损伤引起的喉头水肿可堵塞气道;胸部被长时间挤压以及多发肋骨骨折、胸部开放性损伤引起的血胸、气胸可限制呼吸运动(详见第四章"机械性窒息")。

5.其他 如主动脉壁可因血流冲击而膨出,形成外伤性动脉瘤,此时轻微外力作用或无诱因情况下可发生破裂导致死亡。颅脑外伤所致外伤性癫痫,伤者可在癫痫发作时因窒息、摔跌等死亡。

在法医实践过程中,常遇到机械性损伤与疾病、中毒等因素共同作用致死的案例,在进行死亡原因分析时,需综合考虑机械性损伤、疾病的严重程度,毒物的浓度,死亡过程等因素,必要时进一步明确主要死因、辅助死因、诱因等。

三、损伤时间的推断

损伤时间的推断(dating of wound)是机械性损伤法医学鉴定的重要内容,指用形态学或其他检验技术推测损伤形成的时间。损伤时间是指人体组织器官损伤后至检验时所经历的时间间隔,实际上分为人体死亡前形成的损伤所经历的时间和活体上的损伤所经历的时间。本部分介绍人体死亡前形成的损伤所经历的时间推断,主要包括生前伤与死后伤的鉴别、伤后存活时间的推断。在暴力性伤害死亡案件中,对尸体上的损伤首先需要明确是生前伤还是死后伤,如为生前伤,则需进一步确定损伤至死亡经过的时间。多年来,由于多种新技术的应用,如扫描电镜技术、免疫组织化学技术等,损伤时间的推断准确率有了明显提高,但仍是法医病理学领域尚未完全解决的问题之一。

(一)生前伤和死后伤的鉴别

生前伤(antemortem injury)是活体受暴力作用所造成的损伤。死后伤(postmortem injury)

是死后受到暴力作用所造成的损伤。当暴力作用于活体时,损伤局部及全身皆可出现一定的组织反应,即生活反应(vital reaction),而死后伤无生活反应。生活反应是确定生前损伤及推断损伤后存活时间的基础,在实践中主要通过肉眼观察和组织学检验判断。

1. 肉眼可见的生活反应　肉眼可见的生活反应包括:①出血。在生理情况下,血液在一定压力下流动,组织受损后血管破裂,血液在压力推动下从血管内流出,流出的血液既可聚集于损伤局部,也可沿组织间隙流注到远端组织疏松部位。一般情况下动脉出血呈喷射状,静脉出血呈流注状。死后血液流动的压力消失,在引力作用下,血液仍可从血管破裂处流出,但死后损伤出血,出血量一般不多,常局限于局部,且无血凝块形成。出血是各种组织损伤的重要生活反应,但须与尸检过程中血液浸染以及尸斑相鉴别。②组织收缩。活体的皮肤、肌肉、肌腱、血管、神经及结缔组织等软组织皆有一定的紧张度,受损断裂后可发生收缩,并使创口哆开。其收缩程度和创口哆开的形状,与局部组织的组织结构及创口大小、深度有关。组织收缩是活体组织受伤断裂后的固有反应,但死后短时间内形成的创亦可见组织收缩。③肿胀。外伤后局部炎症性充血和血管通透性增加,体液成分渗出,损伤处及其周围会出现红肿或红晕。肿胀是机体对损伤的一种局部反应,其出现的时间与损伤的类型、部位及程度有关,损伤程度重者较轻者出现早。④痂皮形成。生理状态下皮肤受损后,局部渗出的液体或流出的血液可逐渐凝固形成痂皮。痂皮的颜色亦与损伤的类型及程度有关,仅表皮剥脱不伴有出血时,痂皮呈浅黄色;如伴有出血,痂皮呈棕红色。⑤感染。创或表皮剥脱时,各种细菌会进入损伤组织,进而引起感染,常表现为炎症细胞浸润,并有不同程度组织坏死和脓液形成。在疏松组织可形成蜂窝织炎,炎症局限可形成脓肿。⑥异物移动。在人体内发现吸入或吞咽异物是确定生前伤的特征之一。只有活体才具有吞咽及呼吸功能。口、咽或喉部的固体或液体状异物可通过呼吸运动被吸入气管、支气管及肺。在尸体解剖时,若从气管、支气管或肺组织内发现异物,对确定生前伤具有一定意义,但应与死后人工现象相区别。

2. 生前伤组织学改变　生前伤的组织学改变包括:①局部淋巴结被膜下淋巴窦红细胞聚集。血液从血管进入组织间隙后,可随淋巴液经引流淋巴管进入局部淋巴结被膜下淋巴窦。死后淋巴循环停止,红细胞仅存留在组织出血局部。②炎症反应。机械性暴力作为损伤因子,可引起机体炎症反应,镜下观察见局部组织变性、渗出和增生。炎细胞浸润是确定生前伤的重要依据,但其受外伤的类型、程度、部位以及机体的反应性等影响,在外伤 20 分钟后,就有可能在损伤处检出中性粒细胞,而伤后即进入濒死期或立即死亡者,炎症反应弱,或无明显炎细胞浸润。③血栓形成。机体局部血管内膜损伤后,易形成血栓,故损伤局部发现血栓形成可证明生前伤。但须注意的是,死后凝血块易被误认为生前红色血栓。④栓塞。栓塞亦为一种生活反应,法医病理学实践中可见血栓、脂肪、空气、羊水及挫碎的组织等栓子,但无论何种栓子,均随血流运行,且运行途径有一定规律性,其检出能够证明损伤为生前伤。如骨折或广泛软组织损伤,尸检时在肺内发现脂肪栓塞,则可证明为生前伤。⑤创伤愈合。机体遭受外力损伤后即启动修复机制,其过程包括各种组织的再生、肉芽组织增生、瘢痕形成等,若在镜下检见上述表现,则可证明相应的损伤为生前伤。

生前伤还可通过检测组织生物化学改变来判断,包括炎症介质、局部组织中各种酶的出

现时间及其含量变化、凝血机制有关物质的分布及含量变化、细胞膜及细胞内物质的分子生物学改变等检测。如受伤组织中 5-羟色胺的含量高于正常组织 2 倍,可证明为生前损伤;受伤组织中组胺含量为正常组织的 1.5 倍,可证明为生前损伤。

另外,在生前伤和死后伤的鉴别过程中,还需注意濒死伤的存在。濒死伤是指死亡之前极短时间内形成的损伤。由于损伤后生存时间极短,生活反应可不明显,与死后短时间内形成的死后伤难以区别。

(二)伤后存活时间的推断

损伤时间,即伤后存活时间,主要根据伤后不同时间出现的全身或局部各种生活反应来推断,肉眼观察及组织学检验仍是常用的检验方法。

1. 肉眼观察 可以利用皮肤损伤后炎症反应和修复过程等来推断损伤时间,法医临床学对该部分有详细介绍。在皮肤擦伤时,开始时创面低于周围皮肤且较湿润,之后痂皮形成并逐渐脱落。挫伤时,出血部位的氧合血红蛋白渐变为还原血红蛋白和正铁血红素,并被吞噬细胞吞噬,后转变为含铁血黄素及胆红素或橙色血晶,最终胆红素氧化成胆绿素并渐被吸收,而含铁血黄素还可在局部停留一段时间或被吞噬细胞运至造血器官。因此,一般出血部位的颜色早期呈暗紫褐色,以后渐变为绿色、黄色,也可从紫褐色直接变为黄色再消退。创伤处开始时创缘红肿,后痂皮形成,一般清洁的创伤 4～5 天可完全被上皮覆盖;如发生感染,36 小时即可形成脓液。一旦发生感染,愈合过程延缓,存活时间更难推测。

2. 组织学检验 伤后 4 小时以内以充血、水肿为主,局部炎症反应不明显,组织学检查意义不大;伤后存活 4 小时死亡者,可见中性粒细胞浸润;伤后存活 8～12 小时,可见较多的中性粒细胞及少量的单核细胞、成纤维细胞;伤后存活 12～24 小时,紧邻创腔的组织逐渐变性坏死,其周围炎细胞浸润明显,巨噬细胞及单核细胞明显增加;伤后存活 24～48 小时,表皮生长,自创缘向中央移行;伤后存活 48 小时,炎细胞浸润达高峰;伤后存活 72 小时,纤维细胞大量出现,肉芽组织形成;伤后存活 3～6 天,胶原纤维形成,在坏死物和异物周围可能出现异物巨细胞;伤后存活 10～15 天,肉芽逐渐纤维化,表皮变薄变扁。

可通过检测损伤处酶活性反应及炎症介质水平推测存活时间较短的损伤,例如伤后 1 小时,腺苷三磷酸酶和非特异性酯酶活性开始升高;2 小时后,氨基肽酶活性增高;4 小时后,酸性磷酸酶活性增高;8 小时后,碱性磷酸酶活性升高。组胺在伤后 5 分钟含量开始升高,20～30 分钟达高峰,60 分钟后逐渐下降。也可以通过免疫组化方法判断损伤时间,常用的有纤维连接蛋白、快速反应蛋白等,一般在损伤后几分钟内创缘即可出现阳性染色,随着损伤时间的延长,创缘阳性着色加强,能够帮助判断早期损伤时间。另外,随着分子生物学技术的发展,损伤时间推断的研究已由传统的形态学、生物活性物质等较为单一的生物学指标转变为建立以形态学指标为基础,大量分子生物学指标为辅的多指标评价体系。

四、致伤物的推断与认定

致伤物的推断是指根据损伤的形态特征,结合现场情况,对致伤物的类型、大小、质地、重量及作用面形状等特点进行分析推断的过程。致伤物的认定是指根据损伤的形态特点与嫌疑致伤物进行比较，从而对嫌疑致伤物是否为该损伤的致伤物进行分析推断和认定的过程。致伤物的推断、分析与损伤机制的分析紧密相关，并且推断和认定过程往往需结合实验室方法，进行指纹比对、血型测定及 DNA 分析、创口内存留的异物与致伤物缺损及其化学成分进行比对等。

(一)根据损伤的形态推断

损伤的形态特征是推断致伤物的重要依据，根据损伤的形态学特点，基本能够区分钝器伤、锐器伤或火器伤。但仅仅依照损伤形态推断致伤物，有时只能推断致伤物的打击面。同一种致伤物，因打击在不同部位或打击面的角度不同，会形成不同的损伤形态。相反，不同的致伤物，有时亦可形成形态极为相似的损伤。故多数情况下仅依照损伤形态不能确定某一损伤是由某种特定致伤物造成，只能得出该损伤可能或不可能由该致伤物造成的意见。

如头颅部有波浪状、星芒状、条状的挫裂创，创周伴有表皮剥脱和皮下出血，两角可见分叉，呈撕裂状，创口下颅骨有粉碎性、凹陷性或孔状骨折，颅内硬膜外、硬膜下、蛛网膜下腔或脑实质内有出血，则可能是铁锤、棍棒、砖石、扁担、枪托、刀背等钝器打击所致。如头颅部砍伤，颅骨上常伴有条状砍痕及颅内出血，但头皮砍创的长度一般不能反映砍器刃面的长度。颅骨贯通伤，从骨内板或骨外板缺损可判断枪弹创入口或出口。典型枪弹创具有的特征清晰，不难推断。

颈部切创的深度和长度不能反映切器刃缘的长度和宽度。主创及其附近的试切伤常为同一切器所致。对切器上附着的血迹应做遗传标记测定，以证实是否致伤切器。

刺入口形态常可反映刺器横截面的形态。单刃刺器，刺入口一侧有尖锐创角，另一侧钝圆，有时可伴有表皮剥脱；双刃刺器，刺入口两侧创角尖锐；圆形刺器，刺入口呈圆形，常伴有挫伤带。若刺器为长度较短的匕首，皮肤上可留下匕首的挫伤痕迹。特殊形态的皮下出血，常常反映致伤物的形态。如皮带扣打击裸露的人体皮肤，可留下相应的皮下出血。圆形棍棒打击躯体和肢体等皮下组织丰富的部位，可形成中空性皮下出血。腹部半月形或条状皮下出血，可能是脚踢所致，即使有衣着衬垫，有时也能看到皮下出血。

(二)根据组织中残留物推断致伤物

受伤组织中往往残留致伤物及其碎片或附着物，如刀刃残片、弹头、砖头或木头碎屑、碎玻璃、油漆碎片及泥土等，因此临床清创及尸体检验时应注意留取受伤组织中的残留物。通过相应的物证检验或其他实验室检验，为推断凶器提供重要依据。

(三)根据致伤物上的附着物和痕迹认定致伤物

致伤物上一般会附有伤者组织碎屑、血痕、毛发、衣物纤维以及犯罪嫌疑人的指纹、痕迹等，故对血痕或组织碎屑的血型、DNA、指纹等实验室检查，有助于致伤物的认定。因此，在现场勘查时要避免用手直接接触嫌疑致伤物，同时保护其上的附着物。

（四）根据衣着痕迹推断

衣着的检查对推断致伤物具有重要意义。衣服上有时可留下凶器的痕迹，如近距离射击时的枪弹创，可在衣服上发现烧灼、火药附着及撕裂的痕迹；汽车碾压时亦可在衣服上留下轮胎印痕；损伤部位衣着完整或仅见磨损，则为钝器所致等。

五、死亡方式的判断

机械性损伤的死亡方式分为他杀、自杀及意外三种。判断死亡方式是机械性损伤法医学鉴定的另一项重要任务。有些案例可凭尸表检验大致判断死亡方式，如交通事故。但有些案例必须通过尸体解剖方可判断死亡方式。因此，对于自杀、他杀或意外，不论何种情况均应结合现场勘查和案件调查情况进行综合分析。

（一）自杀死

大多数情况下，自杀死亡现场无搏斗痕迹，致伤物多留在现场，并留有死者指纹，有时可找到遗书。案情调查可揭示死者有自杀原因或动机。致命伤通常只有一个，而且分布在死者手所能及的部位。死者手及前臂无抵抗伤。刎颈自杀或自己切断腕部、腹股沟部或颈部动脉、静脉，其主要创口的上下缘可发现试切创。少数刎颈自杀案例，同一部位可能有很深的两个切口，不仅切断两侧颈部血管、气管和食管，并在颈椎前缘留下切痕。因此，当发现有两个足以致命的深切创时不应轻易否定自杀。用砍器砍击头部自杀时，砍创多集中在头顶前部，创口呈平行分布。刺器自杀者，刺创多在心前区。采用手枪或长枪自杀，均为近距离或者接触射击。高坠死者常见于自杀，但应排除被人推下或失足的可能。

（二）他杀死

他杀现场常有搏斗痕迹，现场凌乱。有时现场虽未发现明显殴斗迹象，但尸体位置、姿势、损伤部位、数目及血痕分布等用自杀难以解释。致伤物有时滞留现场，但也可被犯罪嫌疑人带走。有时可发现尸体被移动的现象。他杀死亡者损伤的分布不限于死者手所能及的部位，致命伤可以有多个。尸体上可发现殴斗痕迹及各种抵抗伤，损伤严重程度自杀难以形成。用石块、砖头、斧头打击头部时，损伤分布凌乱，颜面部、后枕部、颅顶和两侧颈部均可有多个严重的损伤。刺创可在胸腹部、腰背部等，常有数个深而致命的创口。有时还可发现死后伤。

（三）意外死

意外死可发生在各种不同条件下，包括日常生活、工作中发生的意外事故和各种交通事故，以及火灾、水灾、龙卷风、雪崩、雷击、地震、火山爆发、山体滑坡、塌方等自然灾害造成的群体性死亡。法医学鉴定时需要注意尸体上损伤的特征和个人识别。

？案例及思考

简要案情：某男,40 岁,双下肢受钝性物打击后卧床,伤后约 30 小时上厕所途中突然倒地,经抢救无效死亡。

解剖所见：双下肢可见大片皮下出血,以右大腿为著,损伤部位深静脉内可见血栓形成,肺动脉主干及左、右肺动脉内可见血栓填塞(图 3-24)。

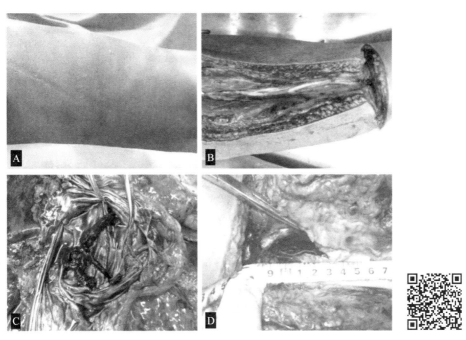

图 3-24 双下肢外伤后肺动脉栓塞 3-24

根据案例回答以下问题：

1. 试分析死者血栓形成及肺动脉栓塞的形成原因及机制。
2. 死者外伤特点最符合下列何种情形 （　　）
A. 锐器伤 　　　　B. 棍棒伤 　　　　C. 徒手伤 　　　　D. 摔跌伤

第四章　机械性窒息

第一节　概　述

教学 PPT

一、窒息的概念

呼吸受阻或者气体交换异常,导致全身各器官组织缺氧,二氧化碳潴留,最终发生代谢障碍、组织细胞功能紊乱和形态改变的整个过程称为窒息(asphyxia)。

根据呼吸过程不同环节的发生机制,将窒息分为外窒息和内窒息。肺与外界空气之间或者肺部血液循环与肺泡空气之间的气体交换障碍导致的窒息称为外窒息;血液中氧气运输障碍、氧气与组织细胞之间气体交换,以及细胞氧气代谢障碍而导致的窒息称为内窒息。后者主要见于某些中毒、严重贫血、组织内血液淤滞等。

二、窒息的类型

根据窒息发生的原因,可将窒息分为 5 种类型。

(一)机械性窒息

由机械暴力作用引起的呼吸障碍导致的窒息称机械性窒息(mechanical asphyxia),如压迫颈部或胸腹部,阻塞呼吸道等影响呼吸引起的窒息。

(二)中毒性窒息

因毒物的作用,使血红蛋白变性,或使红细胞对氧的运输能力降低,组织细胞对氧的摄取和利用障碍等引起的窒息称中毒性窒息(toxic asphyxia)。

(三)电窒息

由触电或雷击使呼吸肌强直,或电流作用于呼吸肌或呼吸中枢麻痹而导致的窒息称电窒息(electrical asphyxia)。

(四)空气缺氧所引起的窒息

空气中氧气不足引起的窒息,可发生于密闭的箱柜或小室内;被困在塌陷的坑道或防空洞中,其空气中的氧气逐渐被耗竭;又如迅速到达氧气稀薄的高山之巅或高空中。

(五)病理性窒息

病理性窒息(pathological asphyxia)指由疾病引起的窒息,如呼吸道疾病、心血管疾病、血液病等疾患均可能导致窒息。在分娩过程中由于脐带受压和胎盘早剥等引起新生儿缺血、缺氧窒息(neonatal asphyxia)也属于这类。

在各类窒息中,法医学实践中最常见的是机械性窒息,也是本章重点阐述的内容。

三、机械性窒息的类型

机械性窒息是由外呼吸障碍所引起的,是较为常见的暴力性致死方式,在法医病理学中占相当重要的地位。根据机械性暴力导致窒息发生的机制不同将其分为6类。

1.压迫颈部所致的窒息　包括缢颈、勒颈、扼颈等引起的窒息。

2.堵塞呼吸道入口所致的窒息　如用柔软物体同时紧压口、鼻腔引起的窒息。

3.异物阻塞呼吸道内部引起的窒息　如各种异物阻塞咽喉或气道引起的窒息。

4.压迫胸腹部所致的窒息　如踩踏事故及活埋所致的窒息等。

5.体位性窒息　异常体位引起呼吸功能障碍、静脉回流受阻导致的窒息。

6.液体吸入呼吸道所致的窒息　水、羊水、酒等吸入呼吸道和肺泡引起的窒息。

四、机械性窒息的过程和表现

机械性窒息乃至死亡的整个过程是机体生命活动从正常到紊乱,直到停止的过程,涉及呼吸、循环、神经、运动以及其他各系统的功能代谢改变,但以呼吸系统的改变最为明显。

(一)呼吸功能障碍

窒息的发生发展是一个连续的过程,不能截然分开,一般分为以下六个阶段或时期。

1.窒息前期　呼吸障碍后氧气吸入受阻,但因体内尚有氧气可以利用或者机体的代偿作用,所以不显示任何症状。此期约持续半分钟,也可因个体的训练或耐受不同而略有差异。

2.吸气性呼吸困难期　因体内缺氧和二氧化碳潴留,刺激延髓呼吸中枢,致呼吸深而快,吸气强于呼气,同时心率增加,血压升高。此期约持续 1.0~1.5 分钟。

3.呼气性呼吸困难期　因体内二氧化碳持续增多,刺激迷走神经,反射性地引起呼气运动加剧,呼气强于吸气,渐次变为惊厥性呼吸运动,出现全身惊厥。脑组织严重缺氧,意识逐渐丧失。此期较短,约持续数秒钟至数十秒钟,一般不超过 1 分钟。

4.呼吸暂停期　呼吸中枢因严重缺氧转为抑制,呼吸浅而慢,甚至出现呼吸暂时停止。此期心脏搏动非常微弱,血压下降,状如假死。大约持续 1~2 分钟。

5.终末呼吸期　出现间歇性张口呼吸,通常约有数次间歇性深呼吸,同时瞳孔散大,血压下降,肌肉松弛。此期持续时间大约 1 至数分钟。

6.呼吸停止期　此期呼吸已停止,但仍可有微弱的心脏搏动,其持续时间因人而异,可

自数分钟至数十分钟。最后心跳停止而死亡。

上述各期的时间长短和表现明显与否,因个体的年龄、健康状态而有差异,一般全过程所经历时间为5～6分钟,年老体弱者各期持续时间较短。

(二)神经功能障碍

中枢神经系统尤其是脑的神经细胞,对于缺氧非常敏感。在窒息发生后1～2分钟内即可出现意识丧失,渐次出现昏迷和死亡。

(三)血液循环障碍

在吸气性呼吸困难期,由于剧烈的吸气运动,导致胸腔负压加剧,回心血量增多,肺血管及右心均充盈血液,大静脉高度淤血,颈静脉怒张,这样便出现了典型的窒息征象,如颜面淤血和发绀。在呼气性呼吸困难期,肺内部分血液注入左心和大动脉,血压上升,胸腔内器官可因其毛细血管破裂而发生点状出血。终末期心肌出现不可逆的缺氧性损害,心搏渐弱,血压明显下降直至死亡。

五、机械性窒息死亡尸体的一般征象

机械性窒息尸体除不同类型造成的局部特殊改变外,往往存在一些共同征象,其强弱因个体的身体状况、机械性窒息类型和窒息过程等的不同而有差异。

(一)尸体外表征象

1.尸斑显著、出现早　窒息的尸体,由于缺氧,血红蛋白呈还原状态,故尸斑一般呈暗紫红色,其尸斑显著。

2.颜面淤血、肿胀及发绀　颜面肿胀、淤血及发绀与否以及程度因机械窒息死亡的原因而异。如勒颈、扼颈、压迫胸部等死亡者,因其头面部静脉回流受阻而怒张,颜面部呈高度淤血并暗紫红色(图4-1)。发绀乃是因缺氧血液中的氧合血红蛋白转化为还原血红蛋白,在面部、口唇及甲床等处较为明显。需要注意的是,部分缢死者因同时压闭了颈部静脉和动脉,头面部血流完全阻断而导致面色苍白。

3.颜面部皮肤和结膜下点状出血　多见于眼睑结膜和球结膜,颜面部皮肤亦多见(图4-2)。出血点呈圆形,如针头大小,孤立或群集而融合,呈淡红色或暗红色。点状出血多发生于颈部受压部位以上的皮肤。这种出血点被认为与血管内压升高、小静脉淤血、缺氧所致血管通透性增高等有关。

4.尸冷缓慢　窒息时往往发生惊厥,因产热增多而体温升高,所以尸体冷却较缓慢。

5.牙齿浸染(玫瑰齿)　窒息死者的牙齿,在齿颈部表面出现玫瑰色或浅棕红色,经过乙醇浸泡后其色泽更为明显。玫瑰齿对于鉴定腐败尸体有无窒息具有一定的参考价值,但并非特异性征象。

6.其他　呼气性呼吸困难期发生惊厥时可致平滑肌收缩或痉挛,故常有大小便失禁或精液排出。此外,尚见口涎和鼻涕流出,有时可呈血色。

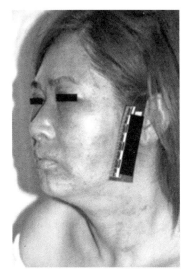

图 4-1 颜面淤血 4-1
（宁波市公安局陈伟杰提供）

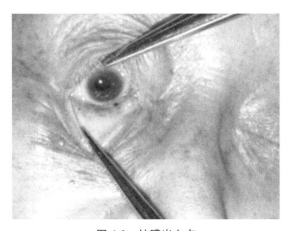

图 4-2 结膜出血点 4-2
（甘肃省定西市公安局关国鹏提供）

（二）尸体内部征象

1. 血液呈暗红色、流动性 窒息尸体血液因还原血红蛋白而呈暗红色，且窒息死者死后血液多呈流动性，目前被认为是纤溶酶原被激活所致。

2. 内脏淤血 因呼吸困难致胸腔负压剧增，肺、右心及全身静脉高度淤血，各内脏血液难以回流，使肝、肾等多个脏器淤血。

3. 浆膜及黏膜下点状出血 机械性窒息死者点状出血最常见于肺胸膜和心外膜下。这些点状出血最早是 Tardieu 于 19 世纪描述的，故称为 Tardieu 斑。点状出血也见于其他内脏，包括胸腺、甲状腺、小肠黏膜等。其形状、大小、颜色、数目等，均与结膜出血点相似。

4. 肺气肿或肺水肿 机械性窒息中因呼吸困难及用力呼吸导致肺扩张，肺泡膨胀，严重者肺泡破裂形成肺气肿。窒息死者由于肺高度淤血，导致肺水肿，可伴有肺泡内灶片性出

血。窒息过程持续时间愈长,其水肿也愈明显。有时水肿液与空气及呼吸道中的黏液相混合而形成泡沫。

5.脾贫血 窒息死者的脾常呈贫血状,体积缩小,包膜皱缩。窒息时脾收缩,是一种代偿性机制,可使大量的红细胞进入血液循环增加输氧能力。窒息死者往往同时存在肝、肾等器官淤血与脾贫血。

机械性窒息死亡者各内脏器官组织学改变主要为缺氧性改变,而这些改变均为非特异性改变。

需注意,上述窒息征象受窒息原因、窒息时间、受害者身体状况、死亡间隔时间等影响,实践中需进行综合分析,在法医病理检验疑似机械性窒息死者时,除发现上述一般窒息征象外,还应仔细寻找尸体上有无暴力痕迹或各类型机械性窒息特有的损伤,也应考虑到毒物作用或疾病等因素,绝不能把一般窒息尸体征象当作特异性征象,作为鉴定机械性窒息死亡的依据。

第二节 压迫颈部所致的窒息死

一、缢 死

缢死(hanging)是以绳索状物套绕在颈项部,利用自身全部或部分体重的下垂作用,使绳索压迫颈项部而引起的窒息死亡,俗称吊死。

缢死可在悬位和立、蹲、跪、坐、卧等任何体位下发生(图4-3)。根据缢死的躯体是否悬空又将缢死分为完全性与不完全性两类。完全性缢死者的躯体完全悬空,100%的全身体重经缢绳而压迫在颈项部;不完全性缢死者部分肢体与地面或其他物体接触,仅部分体重经缢绳压迫于颈项部,可发生于半立位、蹲位、坐位及卧位等。

图4-3 缢死者的各种姿态

(一)缢绳和绳结

1.缢绳 缢死所用的绳索类物按其性质可分为硬绳索(如铅丝、钢丝、电线等)、软绳索(如围巾、束带、毛巾、尼龙丝袜、发辫、软胶皮等)和半坚硬绳索(如麻绳、棕绳、草绳、尼龙绳、皮带等)3种。

缢吊时必须将绳索做成套,并将绳索的一端固定在高处。绳套的式样较多,可按绳结的固定与否而分为固定绳套(又称死套)和滑动绳套(又称活套)。固定绳套又分开放式和闭锁式绳套。滑动绳套易呈闭锁式。绳套的圈数常见者有单套和双套,三套或多套者较为少见。

2.绳结 绳结是在缢绳上所打的结扣。结扣有活结、死结、瓶口结、牛桩结、领带结、外科结等多种形式。结扣的形式常可反映作案者的职业特征和其平日结绳扣的习惯,故在现场勘验时,应将结扣作为物证予以保留,不应破坏。此外,缢死者也有不用绳套的,仅将其颈部压在桌椅的横档上、木板的边缘或树杈上,均可达到缢死的目的。

(二)缢型

根据绳套压迫颈项部的位置和方向,可将缢死分为前位缢型(即典型缢死)、侧位缢型与后位缢型(即非典型缢死)(图4-4)。

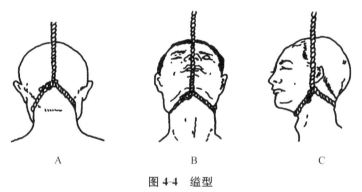

图 4-4 缢型
A. 前位缢型 B. 后位缢型 C. 侧位缢型

1.前位缢型 缢绳的着力部位在颈前部,多在甲状软骨与舌骨之间,绕向颈部两侧,沿下颌骨角,经耳后越过乳突部斜向后上方进入发际,达枕骨上部中线,形成提空(古称"八字不交"),绳结扣系在枕后上方的固定点处(图4-4)。此型最常见。

2.侧位缢型 缢绳的着力处是在颈部左侧或右侧,相当于甲状软骨水平,绕经颈部前面和项部,在着力点对侧形成提空,头部偏倾于着力处一侧。

3.后位缢型 缢绳的着力处主要在项部,绕过两侧下颌骨角,在颈前部提空。结扣在尸体的前上方,死者头向后仰。

(三)缢死的机制

缢死借绳索使体重压迫颈项部,势必会影响呼吸道及颈部血管,还可刺激颈动脉窦、迷走神经及其分支,从而影响心脏功能。缢型不同,缢死的死亡机制可能也有所不同。

1.呼吸道受压 因绳索压迫颈部的位置不同,其死亡的机制也略有不同。一般绳索位

置多在舌骨与甲状软骨之间,着力后迫使舌根向后上方挤压,从而使其紧贴于咽后壁及软腭的后部,导致咽腔气道的闭塞,同时又使会厌盖住喉头而完全闭塞呼吸道,此为常见的前位缢型所见。根据实验结果,闭塞呼吸道只需要约 15kg 的重量压力。

2.颈部血管受压 绳索尚可压迫颈项部的血管,诸如颈静脉、颈动脉和椎动脉等,可使脑部血液循环障碍、脑部淤血和脑部贫血,导致大脑皮质及脑干相继发生功能障碍,意识随之丧失。实验结果表明,颈静脉受压 2kg、颈动脉受压 5kg、椎动脉受压 16.6kg 即可使血管完全闭塞。因此只要颈部受到 17kg 以上的重量压力,就可以闭塞供应脑部的血流。

3.颈部神经受压 颈部受绳索牵引和压迫时,可以刺激迷走神经及其分支,或者压迫颈动脉窦,引起反射性心跳停止。另外,迷走神经和喉上神经受刺激后尚可引起反射性呼吸停止。此外,绳索也可压迫颈部的感觉神经而引起大脑皮质的抑制。

4.颈椎和颈髓损伤 颈椎脱位常见于缢刑(绞刑)死者,受刑者颈部套上绳索,站在离地的高架踏脚板上,突然抽去踏脚板,受刑者迅速坠落而悬空,其颈项部因猛烈牵拉而使 2～3 颈椎或 3～4 颈椎分离,甚至颈椎骨折碎裂,脊髓撕裂,意识立即丧失。在尸体检验时,其窒息现象并不明显,仅见颈部损伤和颈动脉的撕裂伤。

缢死者常常是因呼吸道、颈部血管和神经或颈动脉窦同时受压迫等因素共同所致。

(四)缢死尸体的征象

1.颈部改变 颈部改变包括缢沟的特征、缢沟的肉眼和组织学改变及颈深部组织和器官的改变。

(1)缢沟的特征:缢沟是缢吊时绳索压迫颈部皮肤所形成的沟状痕迹。缢沟的性状往往与所用绳索的性质、绳套、绳结、着力点和其缢型等相对应,它能反映缢绳的位置、方向、数目、性质、粗细、花纹等特征。绳索着力的部位,缢沟最深,其两侧逐渐向上斜行而变浅,最后消失于缢绳悬吊处,形成提空,宛如"U"字形,完全水平的缢沟较少见。

①缢沟的位置和方向:缢沟的位置和方向因缢型不同而有差异。如前位缢型,缢沟常见于舌骨和甲状软骨之间。后位缢型的缢沟常位于项的中部。缢沟的方向,在着力部位大致呈水平线状,其两侧斜行上升,在绳结处互相接近或提空(图 4-5)。

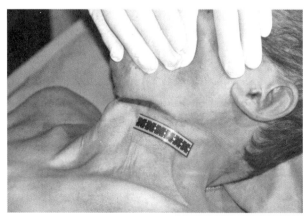

图 4-5 缢沟斜行向上,并在枕部"提空"现象

4-5

(甘肃省定西市人民检察院安永明提供)

②缢沟的数目:缢沟的数目并不完全决定于缢绳绕颈的圈数,而是取决于着力时直接压迫皮肤的绳圈数。缢沟数目常见者为1～2条,3～4条以上者少见。一条缢沟常由单一缢绳形成。双缢绳如全部着力压迫颈部时可形成两条缢沟。若双绳套互相重叠,则重叠处形成一条缢沟。

③缢沟的宽度和深度:缢沟的宽度和深度与缢绳的性状、压力强度和悬吊时受压着力的时间长短有关。宽而浅的缢沟,一般由宽而软的束带(如围巾)所形成。深而窄的缢沟常由细而硬的缢绳(如电线)所形成。前位缢型死者,其颈前部着力处的缢沟最深,而颈两侧较浅,越靠近绳结缢沟越浅,甚至消失。其他侧位和后位缢死者,以此类推。此外,缢沟的深浅度与缢吊的时间长短也有关,即缢吊时间越长者缢沟也越深。

④缢沟的颜色与皮肤损伤:缢沟的颜色与颈部皮肤受损的程度密切相关。若缢吊导致皮损较轻,则缢沟初呈苍白色,以后因皮损处渗出液蒸发而逐渐干燥,颜色也随之变深,并形成皮革样外观。粗糙质硬的缢绳,可摩擦颈部皮肤而出现程度不同的表皮剥脱和出血。缢沟间的皮肤,由于受绳套的挤压,血液向缢沟上下两缘(或两侧)排挤,血浆渗出毛细血管而聚积在表皮下,可在缢沟上下缘形成水疱,状如粟米大小,含有淡黄色或血性液体。

⑤缢沟的印痕与附着物:在缢沟的表面,有时可显示花纹样的印痕,与缢绳表面花纹相对应。不同质地的缢绳可造成不同形状的花纹印痕,如麻绳、皮带、电线、背带等都可有各自特征性的花纹印痕。勘验时,当缢绳不在现场时,可借以追查和比对缢绳。当缢绳在现场时,应比对是否与缢沟相符合。缢绳夹杂的纤维成分可附着在缢沟中,同理,死者皮肤组织成分也可附着于缢绳上,这些成分对缢绳认定具有重要价值。

(2)缢沟的组织学改变:缢沟处的皮肤因被缢绳挤压及摩擦,其角化层缺损,表皮其余各层细胞因受压而致密变薄,并与表面平行排列,细胞及核也被拉长。真皮层也变致密,乳头变平,胶原纤维均质化。缢沟周边皮肤可见充血伴点灶状出血。可采用弹性纤维染色和其他特殊染色法以辅助鉴别生前与死后缢沟。生前形成的缢沟,其皮下组织中的弹性纤维排列不整齐,较为紊乱,纤维因收缩而变得较为粗厚,其断端呈钝圆或块状,有时呈螺旋状。而死后形成的缢沟,其皮下组织中的弹性纤维呈直线状,排列规则,或呈网状,其断端不见上述变化。颈部肌肉,如胸锁乳突肌、胸舌骨肌、甲状舌骨肌、肩胛舌肌等因缢绳的压迫,可出现压陷痕迹,也称内部缢沟,可伴有灶性出血。缢沟附近组织中的血管和神经周围也可见出血,有时在胸锁乳突肌起始部和锁骨附着处可发现微小的出血点。

(3)颈动脉损伤:因缢绳的牵拉作用可使颈部动脉产生横向裂纹,并伴有内膜下出血,若牵拉力较大,颈动脉中膜也可破裂。颈动脉的这些改变在老人缢吊尸体上较为多见。

(4)舌骨和甲状软骨骨折:位于颈部喉结上方的缢绳,可将舌骨大角和甲状软骨上角推压至颈椎前面而发生骨折(图4-6),并有出血,这些改变以老人缢死者较为多见。

2.缢死的其他征象

(1)颜面部:①面色:颜面部的色泽取决于颈部动、静脉是否受压闭塞及其闭塞的程度。前位缢型的尸体,往往会同时压闭颈静脉和颈总动脉,甚至椎动脉也都受压而闭塞。由于血流被阻断,所以面色苍白。侧位缢型尸体,因为一侧的颈动脉、颈静脉完全被压闭,而另一侧仅压闭静脉,所以头面部仍有动脉血液供应,但静脉血回流严重受阻,因此面部肿胀,呈青紫色。后位缢死者双侧静脉被压闭,但动脉尚有血液供应,其面色与侧位缢型者相似。此外,结膜和面部常有散在点状出血。②口、鼻腔流涎的流注现象:缢吊时,缢绳的压迫可刺激下颌下腺分泌增多。又因前位缢型时,头面部前倾,所以口涎常流注到胸前。同时,鼻腔分泌液增多,鼻涕亦向前下方流注。③舌尖外露:舌尖是否露出牙列之外,与缢绳压迫颈部的位置有关。若缢绳压在喉结的上方,舌抵牙而不伸出。如缢绳压迫在甲状软骨的下方,此时舌根被推向上方,而舌体被挤向前上方,舌尖因之而露出牙列之外达1～2cm,舌尖上可出现牙齿的压痕。

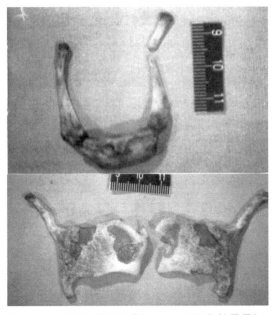

图4-6　上图:舌骨大角骨折　下图:甲状软骨骨折　　4-6

(2)体表及手足损伤:在缢吊过程中,有时缢吊者可发生阵发性痉挛或缢绳的扭转而使身体摆动,与附近的硬物体碰撞,可出现表皮剥脱、皮下出血等损伤。

(3)尸斑及尸僵:悬吊缢死者由于血液下沉,在尸体四肢下垂部位,即手足、前臂和小腿等处出现暗紫红色的尸斑(图4-7),可伴散在的瘀点性出血。两足离地悬空缢死的尸体,其足尖下垂,尸僵发生后,足尖仍保持原来的下垂姿态。

(4)内脏变化:心、肺、肝、肾等多个脏器淤血,并可见浆膜下出血点。

图4-7　缢死下肢尸斑　　4-7
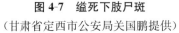
(甘肃省定西市公安局关国鹏提供)

(五)缢绳的物证意义

缢吊者所用的缢绳具有重要的法医学物证意义,应予以保留。

缢绳性状有软、硬之别,绳套有固定和滑动之分,而其圈数则每案不同,绳结更是各式各样。因此,在法医检查时必须注意:①搜集并保留现场的缢绳,拍照记录在案,留作物证。②检查现场缢绳的性状、绳套及其圈数等与颈部缢沟的性状、条数、印痕、提空等皮损互相对比,观察两者是否完全相符,注意死者缢沟中可疑缢绳成分和缢绳上附着的人体成分,有条件时可对缢绳上人体成分做 DNA 检测。③保留绳结,在检案现场勘验取下颈部的缢绳时,不应解开绳结,而应设法予以保留,最好在结扣的对侧或其侧面剪断绳索,取下缢绳后,再用细线连接其两个断端(图 4-8)。

图 4-8　绳结的保留

(六)缢死的法医学鉴定

在检验尸体之前,应先向与案情有关的各方面详细了解情况,再仔细勘验现场,是紊乱还是平静,有无可疑的物品或遗书。其次应注意尸体的体位、姿态、缢绳性质及其扣结的形式等,均详细记录并照相留证。

在检验和解剖尸体时应详察:①有无窒息死亡的一般征象;②根据体位、缢沟、结扣以及有无抵抗和暴力痕迹等,以确定是否为缢死,注意个别案例中勒死后伪装缢死的情况;③颈项部缢沟与现场缢绳同一性比对;④根据缢死者的体位、姿态、缢沟以及有无抵抗伤、碰撞伤或暴力痕迹等以明辨死亡方式,缢死者一般多见于自杀,他杀或灾害缢死者较少见;⑤详察缢沟皮损处的生活反应,鉴别生前缢死和死后悬尸;⑥根据尸体现象推断缢死者的死亡时间。

二、勒　死

勒死(strangulation by ligature)是以绳索环绕颈项部,用自己或他人的手或某种机械力的作用,使绳索勒紧而压迫颈项部,导致死亡。勒死时所用的绳索称为勒索,常见的有麻绳、布条、皮带、尼龙绳、毛巾、手帕、软橡胶、电线等。勒索环绕颈项部可为一匝、二匝甚至多匝,他杀者多为一匝、二匝,而自杀者往往匝数较多。他杀者多在项部打结,而自杀者多在颈部打结。也有在颈部左侧或右侧打结的勒死案件。结的性状,因个人的习惯或职业不同而异。无论何种情况,都应保留绳结。

(一)勒死的机制

勒死的机制和缢死类似,但勒死者又因绳索在颈项部的位置、勒紧时施力方式和大小等不同而与缢死者略有差异。

1.压迫呼吸道　勒死的绳索位置一般在甲状软骨或其以下,使气管受压,且颈部全周基本上均匀地受到勒索压迫。但因施加力量常较缢死为小,所以气管常常不能完全被压闭,故其窒息过程也随之延长。

2.压迫颈部血管　颈部静脉容易被压闭,但动脉往往不能完全压闭,加之椎动脉在颈深部,更不易压闭,故血液仍可流向大脑,所以勒死者意识丧失较慢,窒息过程较长。

3.压迫颈部神经　当绳索置于喉头上方猛烈勒紧时,可刺激迷走神经及其分支——喉返神经,引起呼吸抑制,或刺激颈动脉窦引起反射性心跳停止而迅速死亡。

(二)勒死尸体的征象

1.颈部改变　包括勒沟表面特征及其深部组织的改变。

(1)勒沟表面特征:勒绳压迫颈项部形成的沟状痕迹称勒沟,是鉴定勒死最重要的证据(图4-9)。

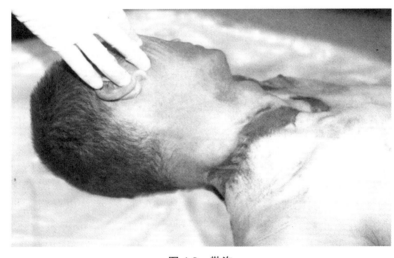

图 4-9　勒沟　　　　　　4-9
(甘肃省定西市公安局关国鹏提供)

①勒沟的位置和方向:勒沟可位于颈项部任何部位,但以位于喉头下方较为多见。常为闭锁形式,呈水平方向。②勒沟的数目:勒沟多为1~2圈,多圈者少见,勒沟的数目只反映直接压迫颈项部的勒索的圈数,有时可能跟绳圈数目不一致。③勒沟的宽度和深度:勒沟的宽度与勒索的粗细相对应。勒沟的深度比较一致,但绳结处较深,形成凹陷的压痕。一般宽而软的勒索导致的勒沟较浅,细而硬的勒索造成的勒沟较深。④勒沟的颜色和损伤:细而硬的勒索造成的勒沟表皮剥脱等损伤明显。勒沟的上下缘可见散在的点状出血,有时还可出现水疱。在他杀勒死时,由于受害者的抵抗和挣扎,用力时紧时松,所以勒沟处表皮剥脱和皮下出血较多,甚至可看到死者手指和指甲在勒沟附近造成的擦伤和皮下出血。⑤勒沟的

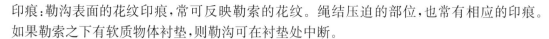

印痕:勒沟表面的花纹印痕,常可反映勒索的花纹。绳结压迫的部位,也常有相应的印痕。如果勒索之下有软质物体衬垫,则勒沟可在衬垫处中断。

(2)勒沟深部组织的改变:皮下组织和肌肉常有压痕和出血。甲状腺、扁桃体、会厌、咽喉黏膜可见明显的淤血和灶状出血。勒颈施力较重时,可见到甲状软骨、舌骨大角、气管环状软骨骨折,甚至颈椎棘突也可发生骨折。

2.勒死的其他征象

(1)颜面:由于绞勒时颈静脉回流受阻,而颈动脉尚未完全闭塞,且窒息过程较长,因此颜面部淤血肿胀明显,呈青紫色。眼睑、球结膜及勒沟以上的颈、面部的皮肤,常可出现散在点状出血。口鼻部可有血性泡沫状涕涎流溢,有的死者还可见眼球突出和舌尖露出。

(2)体表及手足损伤:由于受害者的抵抗,被勒死者的头面部、手足等突出部位常可见擦伤和挫伤。

(3)内脏改变:勒死者常出现脑膜淤血、脑组织淤血并有点状出血。肺气肿、肺水肿明显,并可见出血灶。胸膜和心外膜下可见散在的出血点。内脏器官淤血明显。

(三)勒死的法医学鉴定

根据现场情况、颈部改变情况并结合案情调查等,鉴定勒死尸体并不难,但需要注意区别是自勒、他勒还是意外勒死。勒死者多为他杀,自勒死亡少见,意外勒死者罕见。

1.他勒 他勒死者,其现场凌乱,常有搏斗痕迹。被害人身上常可发现抵抗伤或防卫伤,如表皮剥脱、皮下出血等。现场常留有他人的足迹,现场常不见勒绳,且勒绳往往非死者所有。受害者手中常发现有加害者的毛发、布片、纽扣甚至加害者的表皮组织成分等。颈部勒索缠绕圈数多为一圈,少数为多圈。绳结多为死结,且位于项部或颈侧部,颈前者少见。勒沟深,且皮下出血严重,并伴有骨折。有时绳套内可夹杂发辫、衣领、帽子或其他物品,甚至死者手指都可被勒进绳套。死者颈部及前胸部常有抓伤,勒沟常较深并伴有骨折。如系女性,应检查有无性侵相关损伤。

2.自勒 自勒现场较平静,室内各种摆设整齐,常有自杀的痕迹或有遗书。室内门窗常紧闭,一般无他人的足印。自勒者一般仰卧,有时死后两手仍握有勒绳或保持握姿。自勒者颈部勒索缠绕圈数常为多圈,勒绳结扣多位于颈前方。有时自勒者用片布、毛巾等垫衬颈部。自勒者体表常无损伤和抵抗伤的痕迹,这对于认定自勒有一定意义。有时偶见个别人或精神失常者采用反常的方式进行自勒。有的自勒者还可见到其他自杀方式遗留的痕迹。

3.意外勒死 意外勒死又称灾害性勒死,少见。偶有受害者头颈部披着头巾、围巾、长发等被转动的机车绞住而勒死。新生儿颈部被脐带缠绕而窒息致死者也属意外勒死。

4.伪装自勒 在实际检案时,可遇到他勒(或他伤)致死后伪装自勒者。这些复杂案例,应结合案情、现场、尸体损伤等情况,综合分析鉴别。

(四)缢死与勒死的鉴别

对于颈部的沟状痕迹或环形、半环形的表皮剥脱,需要根据其位置、形态以及内部损伤,鉴别其是缢沟还是勒沟,具体见表4-1。

表 4-1　缢死与勒死的鉴别

项目		缢死	勒死
索沟外表	位置方向	多在舌骨与甲状软骨之间着力处水平,两侧斜行向上提空	多在甲状软骨或其下方全颈项部呈环形水平状
	闭锁深度	多不闭锁,有中断现象,着力部最深,两侧渐渐消失	一般完全闭锁而不中断,深度均匀,结扣处有压痕
	出血	缢沟多不出血,上下缘和缢沟间隆起处有出血点	勒沟多出血,故颜色较深
索沟深部	肌肉	多无断裂或出血	多有断裂和出血
	颈动脉	颈总动脉内膜有横向裂伤	一般无横向裂伤
	骨折	舌骨大角、甲状软骨上角可有骨折	甲状软骨、环状软骨骨折
其他	脑、脑膜、舌尖	淤血不明显,多不外露	淤血明显伴出血,舌尖可露出

三、扼　死

用单手或双手、上肢等扼压颈部而引起的窒息死亡称为扼死(manual strangulation),又称掐死。扼死只见于他杀,自扼死亡几乎是不可能的,因为自己用手压迫颈部,至呼吸困难期即意识丧失,此时四肢肌肉松软,双手松弛无法继续扼压颈部致死。偶可见到误伤致死。

(一)扼死的死亡机制

与勒死相似,主要是颈部气管、血管受压及颈部神经受刺激等。由于扼死时扼颈力量一般较勒颈的力量小,所以窒息时间较长,意识丧失与死亡发生均较迟缓。但当被害人为体弱者或老幼者,则死亡时间缩短。

(二)扼死尸体的征象

1.体表征象

(1)颈项部的扼痕:扼死最重要的征象是颈部的扼痕。扼压颈项部,可形成手指和指甲压痕,即为扼痕。手指压痕为圆形或椭圆形擦伤和挫伤;指甲压痕则为新月形或短线状的擦挫伤。扼痕一般多在喉头两侧。如用右手扼压对面被害人颈部,则在死者左侧颈部皮肤上有2~4个手指扼痕,右侧可见1个拇指扼痕;如用左手扼压,则扼痕位置相反。如用双手扼压,则在颈部两侧各有4~5个扼痕。但因受害者的挣扎抵抗,加害者的手指位置移动,所以扼痕形状多不规则,在其颈项部形成多发表皮剥脱或皮下出血。另外,还要注意以肘部、前臂、下肢以及器械等方式造成的扼死,颈部局部扼痕与典型扼死者不同。

(2)颜面:扼死者的颜面淤血肿胀而发绀,结膜及面部可见点状出血。

(3)手足及体表损伤:受害者因挣扎抵抗,在其胸、背部和四肢常可发现伤痕。此外,受害者手中往往抓有加害者的毛发、衣片、纽扣等,指甲内有皮肉、血液成分等。

2.扼痕深部组织的改变　扼痕处皮下组织、筋膜、肌肉、甲状腺及其周围组织有出血。

当扼压力量较大时,可使甲状软骨、环状软骨及舌骨大角发生骨折。

3.内脏变化 内脏淤血,脑膜和脑实质可见淤血、水肿。可见肺气肿、水肿及出血等。其他脏器浆膜面有大小不等的出血斑点。

(三)扼死的法医学鉴定

扼死者都是他杀,常见于强奸和抢劫等案件。现场多见搏斗痕迹,死者手足和头面部常有暴力痕迹或抵抗伤,衣着散乱破碎。若被害人是在醉酒、沉睡或昏迷中被扼死,则无抵抗伤或者抵抗伤不明显。如系女性尸体,应注意有无性侵征象。此外,还应详细检查现场留有的指纹、足印、血迹和死者手中抓取的物品。对怀疑扼死的案件,尸检时应重点注意颈部可疑扼痕。

第三节 压迫胸腹部所致的窒息

当胸部或腹部受到强烈挤压时,严重妨碍胸廓和膈肌的呼吸运动引起的窒息,称为压迫胸腹部所致的窒息,也称为创伤性窒息(traumatic asphyxia),其引起的死亡称为挤压性窒息死。这类窒息多发生于灾害或意外事故,如房屋倒塌、矿井塌陷、车辆翻覆、坑道坍塌、雪崩以及人群踩踏挤压时胸腹受压,也有熟睡中母亲手臂或小腿压在婴儿胸腹部引起窒息死亡的报道。

一、死亡机制

胸腹部遭受外来较大而沉重的物体压迫,使肋骨不能上抬,膈肌不能下降,从而影响胸廓的扩张,导致呼吸障碍、缺氧、窒息而死亡。一般成人胸廓、腹部受到 $40\sim50$kg,身体健壮者受到 $80\sim100$kg 的重量压迫时可引起死亡。即使一侧的胸廓受到重力压迫,也有发生窒息死亡的危险。若为新生儿或婴儿则仅用较小的重量,亦有引起窒息死的危险。胸腹部同时受压比单纯压迫胸廓更易引起窒息。但如果受害者受重物压迫,发生肋骨骨折、器官破裂等严重损伤而迅速死亡,则其死亡原因系损伤,而非窒息。

二、尸体征象

(一)外表征象

尸体的外表征象可因死者的身体胖瘦、年龄以及压迫物体的软硬、轻重和作用方式等的不同而有不同的压痕和窒息征象。如被褥、厚重衣服、棉絮等柔软物体裹压婴儿致死者,体表可无明显的压痕。如硬的重物压迫胸腹部,可发生表皮剥脱,皮下和肌肉出血,甚至出现挫裂伤和重物压陷痕迹。因胸腹部受压而窒息死亡者,体表窒息征象往往明显,受压部位以上包括颜面和颈部出现淤血、发绀,皮下和结膜下有出血点。

(二)内部征象

一般表现为窒息征象,主要包括内脏器官淤血和脏器浆膜下出血点。严重者可见肋骨、胸骨骨折,心、肺、肝、肾、脾等器官挫伤。

第四节　堵塞口鼻孔所致的窒息(捂死)

以柔软物体同时压迫并堵塞口腔鼻孔,妨碍呼吸运动,影响气体交换而发生窒息死亡者称为捂死(smothering)。柔软物体种类很多,且能适应面部的形态,所以能够完全堵塞呼吸孔道。常见的柔软物体有手掌、乳房、纱布、棉花、毛巾、衣服、被褥、枕头、湿布、湿纸等。

被害人的面部捂压痕迹与捂压物、捂压力量和被害人抵抗程度有关。以暴力压迫口鼻孔时,常可发现死者口鼻周围有擦伤、出血、指甲抓痕等损伤(图 4-10),口腔黏膜可见表皮剥脱及出血等。用柔软物捂压时,在口鼻周围残留苍白区及轻度口鼻歪斜或压扁迹象,甚至有部分捂压致死者口鼻部无明显征象。捂死死亡机制较为单一,主要是缺氧窒息而死。

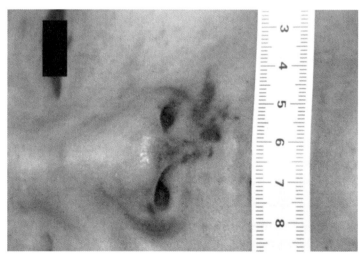

图 4-10　捂压口鼻造成的局部损伤
(甘肃省定西市人民检察院安永明提供)

4-10

捂死可见于他杀案件,往往见于抵抗能力弱者,也可发生在被害人处于醉酒、昏迷、沉睡或无力抵抗的情况下。有时可见于灾害或意外事故者,如婴儿面部伏在柔软枕头、被褥上;母亲熟睡喂乳时乳房紧贴婴儿口鼻孔;幼儿玩耍时将塑料薄膜罩在头面部;醉酒者俯卧位被枕头捂死等。捂死案件因捂压痕迹不明显而容易出现漏鉴,故对可疑捂死案件进行检查和鉴定时,一定要高度警惕,注意尸体内外的窒息征象,重点检查口鼻部是否有捂压痕迹。

第五节　异物堵塞呼吸道所致的窒息（哽死）

异物从内部堵塞呼吸道，阻碍气体交换所引起的窒息死亡，称为哽死（choking）。异物的种类很多，可以是外源性的，如棉花团、纱布、碎布、软纸团、纽扣、假牙、果核、花生米、硬币、肉骨片等；也可以是内源性的，即来自人体本身的组织，如呕吐物、血液、凝血块等。哽死的机制主要是异物堵塞呼吸道，造成气体交换障碍而缺氧窒息死亡。有时呼吸道并未完全阻塞，但伴有呼吸道痉挛、喉头水肿等，最终仍可造成窒息死亡。

这类死亡，多属意外事故。如小儿常把各种圆滑物品含在口中而不慎吸入引起；也有在玩耍、哭闹、惊吓、逗乐时，吸入食物、异物而引起死亡；有的成人在睡眠中假牙脱落到喉腔内引起窒息死亡；等等。他杀时，犯罪分子常用毛巾、棉花、布片或纸团、泥团等软性物，强行塞进受害者咽喉部以达到杀害的目的。

哽死尸体主要表现为一般机械性窒息死亡的征象，最主要的征象是呼吸道局部检见异物。对于胃内容物误吸而死亡者，可以在肺内细支气管甚至肺泡内检见食物中的纤维和/或动物肌肉纤维，如果误吸后存活一段时间，可见肺内异物周围有明显的炎细胞反应。其余脏器主要表现为淤血。

在哽死鉴定中，要特别警惕由于不恰当的人工呼吸、搬动或翻动尸体，肠内的腐败气体把胃内容物挤压至咽喉、喉腔或气管内而被误认为哽死。此时应仔细检查气道中异物进入的量和深度、有无窒息征象以及胃充盈情况等，综合分析判断胃内容物是生前还是死后进入呼吸道。

第六节　体位性窒息

体位性窒息（positional asphyxia）是因身体长时间限制在某种异常体位，使呼吸功能障碍和静脉血液回流受阻而引起的窒息死亡。

体位性窒息案件时有发生，国内外均有报道。多见于犯罪嫌疑人在审讯场所长时间处于不当体位、精神病患者在医院被限制体位、醉酒者长时间不当体位等情况。

引起体位性窒息的限制性体位常见的有双上肢腕部分别用绳索系于高处；将四肢捆绑于背部，并使身体置于俯卧位、头部向胸前过度屈曲或向背侧过度伸展等情况。这些异常体位可使胸廓的呼吸运动严重受限，肺通气、换气功能障碍。也见于成人醉酒后或四肢瘫痪、昏迷的患者身体坠落于床和墙壁之间空隙内引起。

体位性窒息的死亡机制主要是由于长时间异常体位引起呼吸道受阻或者呼吸肌运动受限导致通气和换气障碍而引起窒息，也可由于体内缺氧进一步引起呼吸性酸中毒而导致心功能障碍，或体内缺氧引起中枢神经系统功能障碍。

尸体主要表现出一般的窒息征象，如各内脏器官淤血，肢体捆绑部位可见到相应的表皮

剥脱和皮下出血等。鉴定的要点是死者有较长时间固定在某特定异常体位的事实,结合尸体解剖所见、案情、现场勘查并严格排除因中毒、损伤、自身疾病等致死的可能性后,可作出体位性窒息死亡的法医学鉴定结论。

第七节　性窒息

性窒息(sexual asphyxia)是性心理和性行为异常者,在极为隐蔽的场所,用非常奇异的窒息方式,引起身体一定程度的缺氧以刺激其性欲,增强其性快感而进行的一种变态性行为活动,由于所用的措施失误或过度,意外地导致窒息死亡。性窒息者多为男性,女性少见。绝大多数性窒息者都有不同程度的异装癖、恋物癖及自淫虐症等异常性行为。

死者所在的现场常是隐蔽而僻静之地,如自己的卧室、浴室、地下室等处,常反锁门窗。有时选择人迹稀少之地,如树林深处、库房、年久不用的厕所等。这些地方死者可独自进行预期的性行为活动而不易被人发现或干扰。在现场可发现色情画报或色情书刊、自照的小镜子、女性发辫、女性内衣、女性用品、各种绳索、塑料薄膜袋等,还可以发现以往多次进行类似性窒息活动的痕迹,如绳索摩擦的印痕等,说明死者不止一次进行过类似的行为。

性窒息方式多种多样,常见的是用各种绳索、长袜、围巾、头巾等缢吊,或用绳索缠绕身体,捆绑手足,结成奇特绳套而进行绞勒,也有用塑料袋罩笼头面部等方式进行者。

性窒息死者因其绳套绳结奇异复杂,又因场所隐蔽,容易被误认为是他杀。但性窒息者所采取的措施往往能自己形成并能自行解脱,尸体征象与其采取的措施有关。如采取缢吊者符合缢死的尸体征象。在鉴定性窒息死者时,要深入调查,了解死者的过去性习惯、性爱好等,结合现场情况进行综合分析,作出科学的鉴定结论。

第八节　溺　死

因吸入水或其他液体造成呼吸道阻塞而发生窒息死亡者称为溺死(drowning),俗称淹死。溺液多为水,少数为酒、油、尿、羊水、血液等。一般平常所谓的溺死通常被认为是全身浸没在液体内,实际上只要头面部甚至仅口鼻孔淹没在液体内即可溺死。如酒醉或癫痫发作者跌倒后不能转动体位,仅其口鼻孔同时浸在水潭、水盆内即能溺死。

一、溺死的病理生理过程

常见的全身淹没在液体中而溺死者,其过程可分为 6 期。

(一)前驱期

落水沉没后,因冷水刺激皮肤的感觉神经末梢,引起反射性吸气,将液体吸入气道,然后本能地发生呼吸暂停。此期约持续 0.5~1.0 分钟。

(二)呼吸困难期

经前驱期后,由于缺氧和 CO_2 蓄积,刺激呼吸中枢,又开始吸气,水同时被吸入气道而出现剧烈呛咳。先是吸气性呼吸困难,继之出现呼气性呼吸困难,此时可从口鼻腔溢出大量泡沫状液体。此期约经 $1.0\sim2.5$ 分钟。

(三)失神期(或意识丧失期)

此期意识逐渐丧失,反射功能也消失,即有大量溺液吸入深部呼吸道,可发生惊厥性呼吸运动,同时大小便失禁、瞳孔散大。此期约持续几秒至几十秒。

(四)呼吸暂停期

此期呼吸运动暂停,意识完全丧失,瞳孔高度散大。此期约持续 1 分钟。

(五)终末呼吸期

此期可发生短暂的数次呼吸,溺液继续被吸入。此期约 1 分钟。

(六)呼吸停止期

最后,呼吸完全停止,但心脏尚可微弱搏动数分钟。因此,若能于此时及时抢救,尚可复苏。如继续发展则心跳停止,人体死亡。

溺死过程约为 $5\sim7$ 分钟,但可因死者生前的健康状况、精神状态、年龄、水性、溺液类别、水温等因素的影响而有所不同。身强体壮者,溺死过程可适当延长。

二、溺死的机制

1. 窒息 溺液被吸入呼吸道和肺泡腔内,妨碍呼吸运动,导致体内氧缺乏和 CO_2 潴留,影响气血交换,从而发生窒息致脑组织缺氧性死亡,这是溺水死亡的主要机制。

2. 呼吸功能衰竭 溺液进入呼吸道,可同时继发严重肺水肿,最终引起呼吸衰竭。

3. 心力衰竭、心搏骤停 无论淡水还是海水溺死,均可引起急性心力衰竭或者心搏骤停而死亡。

4. 神经反射 有的个体落水后,可因冷水刺激皮肤感觉神经末梢或上呼吸道黏膜,使迷走神经兴奋,导致急性反射性心跳停止而死亡。

需要注意的是,有一部分水中死亡者并不是由于吸入溺液导致的窒息死亡,这些死亡虽然也确实是落水后发生的死亡,但呼吸道和肺泡腔内却无溺液,以前又称为干性溺死,约占落水溺死的 15%。其发生机制可能为:①声门痉挛而窒息死亡:这与闭塞呼吸道而死亡者相类似,尸检时仅见一般窒息征象,而呼吸道和肺泡腔内不见溺液;②迷走神经兴奋:引起心搏骤停而死亡,这实际是水中休克,尸检时既不见窒息征象,也无溺液吸入的任何改变。2005年,世界卫生组织将溺水定义为由于淹溺在液体中而导致的呼吸损伤过程。这个定义将溺死及溺水未死亡等情况都包括在内,同时也没有强调溺液进入呼吸道。另外,世界卫生组织建议不再使用干性溺死等名称。

三、溺死尸体的征象

溺死一般归属于机械性窒息范畴，所以新鲜尸体均呈一般窒息死亡的征象，如血液不凝固、结膜、浆膜、黏膜点状出血，各器官淤血等。此外，尚见溺死的特有征象。

（一）外表征象

1. 尸温较低　从江、河、湖、海中打捞出来的溺死尸体，尸温较相同条件下陆地上死亡尸体的尸温低，这是由于水温较气温低、尸温丧失较快之故。

2. 尸斑浅淡　尸体在水中常随水流漂浮翻滚，体位多不固定，同时皮肤血管遇冷水刺激而收缩，因此尸斑出现缓慢又不明显。形成尸斑后，由于水温较低，血液内的氧合血红蛋白不易分解；再者，水中氧气渗入血液，形成氧合血红蛋白。所以溺死者，尸斑常呈淡红色。

3. 尸僵出现早　由于水温低，加之在溺死过程中剧烈挣扎抽搐，尸僵一般发生较早。

4. 口鼻部蕈样泡沫　在溺死过程中，冷溺液刺激呼吸道黏膜，使之分泌大量黏液，这些黏液随剧烈的呼吸运动与空气及溺液三者互相混合搅拌，形成细小而均匀的白色泡沫，这些泡沫因富有黏液，故极为稳定不易破灭。如遇支气管黏膜出血或肺泡破裂，泡沫可染成浅红色。当尸体被捞出水面后，泡沫逐渐从呼吸道涌出附着于口鼻部，如棉花团堵塞口鼻，故称为蕈样泡沫（图4-11）。如抹去可再出现，不易消失。夏季可持续1～2天，冬天持续较夏季长。白色蕈样泡沫是生前形成的，是一种生活反应，对鉴定生前溺死具有一定的意义。但需要注意的是白色泡沫偶尔也可见于一些其他原因导致的死亡，如癫痫、勒死等的尸体上。

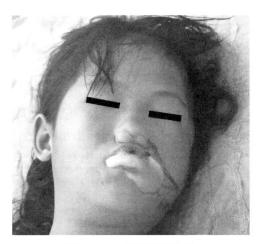

图 4-11　口鼻部蕈样泡沫
4-11
（安徽省宿松县公安局提供）

5. 鸡皮样皮肤　皮肤受冷水刺激后，立毛肌收缩，故皮肤呈鸡皮状，以两臂外侧和两腿外侧较为明显。但此征象也可出现于死后不久投入水中的尸体。

6. 手中抓有异物　落水后挣扎时，溺水者两手随遇而抓，所以手中常抓有水中的树枝、水草、泥沙等，指甲缝内也可嵌入泥沙，这些现象是一种生活反应，对确认是否生前溺死具有重要意义。

7. 手足皮肤膨胀、皱缩、脱落　尸体在水中一段时间后,皮肤的表皮逐渐发白、肿胀、皱缩,这类变化,以手、足部皮肤尤为显著,称为皮肤浸软,又称洗衣妇手。尸体长期浸泡在水中,加之腐败作用,可导致手、足的皮肤脱落,宛如手套和袜子样。这些皮肤变化,并非溺死者特有的征象,任何尸体浸泡在水中,随着时间延长均可出现。

8. 尸体的浮沉和腐败　人体的比重,在呼气后为1.057,比淡水稍重,吸气后为0.976,比淡水稍轻。当人体吸入溺液后,又比水重,故沉入水底。尸体腐败产生气体后,比重减小,尸体浮出水面,俗称浮尸。浮尸一般见于高度腐败,尸体膨大呈巨人观。身上系有重物者,其沉浮则较为复杂。

9. 其他　溺水时,因受冷水刺激,皮肤和肌肉容易收缩。如男性阴囊、阴茎皱缩,女性阴唇和乳房因肌肉收缩而形成皱襞或僵硬。此外,溺死者在落水或漂流时,常可与水中的建筑、堤岸、桥墩、岩石、船桨或螺旋桨相互碰撞而形成濒死或死后的各种损伤。

(二)内部征象

溺死尸体除尸表改变外,内部器官也可出现相关征象,其中肺组织的变化较有特征性。

1. 呼吸道所见

(1)气管和支气管腔变化:气管和支气管腔内充满与口鼻孔相同性状的白色泡沫,也可发现吸入的异物,如泥沙、水草等。

(2)肺部变化:肺体积膨大,充满胸腔,前缘覆盖心脏,表面有肋骨压迹,边缘圆钝,触之有揉面感,指压形成凹陷。肺表面湿润,颜色较正常者为淡,是肺泡缺血区,可在灰色中杂有红色出血斑块,红色是其出血区,此系肺泡壁破裂出血并溶血所形成的溺死斑。肺的重量增加,可为正常肺的2倍。切开肺时,流出大量泡沫状液体,可带血色,这是肺在溺死过程中进行剧烈呼吸运动和溺液进入共同形成。镜下见肺组织的改变为水肿、气肿和灶性出血,称为"水样肺气肿",这是生前溺死的征象。此外,在有的肺泡腔和支气管腔内可见到泥沙和浮游生物。

2. 胃及十二指肠内有溺液　溺液被吸入肺的同时,也可吞咽入胃,再进入十二指肠。死后被抛尸入水者,若水压较大,也可有少量水分进入胃和直肠内,但不能进入小肠。如溺死发生得非常迅速,小肠内也可没有溺液。

3. 内脏器官中有浮游生物　生前入水溺死者,吸入肺内的溺液,经肺泡壁毛细血管入肺循环转入左心,再随体循环而分布全身。因此,如在肺、心、肝、肾、脾、骨髓、牙髓等处发现溺液中的浮游生物,是生前溺死的征象。

4. 心血管的改变　血液呈暗红色不凝固,为窒息死的一般特征。静脉一般淤血,怒张明显;肺由于溺液充盈而循环受阻,故右心淤血明显。

5. 颞骨岩部内出血　在溺死的尸体可见到颞骨岩部出血,乳突小房内充满红细胞。这种出血是由呼吸运动或水压引起的,也可能与溺死过程中窒息有关。

6. 肌肉出血　溺水过程中,因剧烈挣扎和惊厥,可致辅助呼吸肌出血,如胸锁乳突肌、斜角肌、胸大肌、背阔肌等均可发生点片状出血,且常为双侧性。有时口腔底也可发生出血。

7. 头面部淤血　溺死于水中的尸体,除有一般窒息死的内脏淤血外,更因头部较重下沉,体内血液向头部坠积,所以颜面部肿胀,呈暗紫红色。脑膜及脑组织淤血明显,大脑皮质神经细胞的形态改变与其他缺氧致死者相类似。溺死死者由于头面部淤血,所以该部位的

腐败发生较早且明显。

8.脾脏贫血　溺死尸体的脾脏多为贫血状态,此因交感神经刺激使脾脏收缩而致。

9.尸体器官内溺液外渗　尸体内的溺液,会随死后经过时间而逐渐外渗,如肺内的溺液渗入胸膜腔、胃肠内的溺液渗入腹腔。但进入内脏的异物,如硅藻等浮游生物等仍遗留于体内而不会外渗。

10.部分器官尸蜡化　多见于较长时间浸渍于水中的尸体,常伴有一定程度的腐败;常形成于脂肪组织较多的器官组织,如四肢、臀部、肠管及女性乳房等。

四、硅藻检验在溺死中的意义

(一)硅藻的形态与结构

硅藻又称矽藻,一般为浮游单细胞生物,少数为群体或丝状体。硅藻种类繁多,有15000余种。由于种属不同而形态不一,大小不一,可小至数微米,大至数毫米,一般为 $20\mu m$ 左右。硅藻广泛分布在淡水、海水或陆地湿润的地方。春秋两季,硅藻可大量繁殖。

硅藻具有坚硬的硅质细胞壁。壁的强弱,因含硅量的多寡而异。细胞壁由上下两个半壳相套合而成,宛如培养皿。壳面上有各种细微花纹,是硅藻分类的主要根据之一。根据壳面上花纹的排列可分为中心目和羽纹目。中心目排列呈辐射状,羽纹目呈左右对称排列。中心目呈圆形、少数呈三角形、多角形、椭圆形、卵圆形等;羽纹目则一般呈线形、披针形、舟形、新月形、S形、棒形、椭圆形等。侧面多呈长方形。海水中以中心目为主,淡水中或陆地上以羽纹目为主。常见硅藻形状如图 4-12 所示。

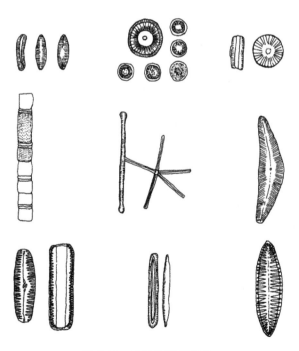

图 4-12　常见的硅藻形态

(二)取材及检验

硅藻广泛存在于自然界,不但水中存在,空气、土壤中也广泛存在,因此,在检验硅藻过程中防止污染极为重要,否则可产生假阳性而导致错误的结论。同时也因为硅藻存在的广泛性和检验中容易污染的特点,很多国家和地区对硅藻检验在溺死诊断中的意义存在争议,但在尸体高度腐败的情况下,其仍然不失为重要的参考指标。

1. 取材 为了避免污染,取检材时不要用原来解剖时用过的刀具,应重新更换。为防止肺污染其他脏器,一般应先取腹腔脏器后再取胸腔脏器。每取一种内脏检材,最好换一副剪刀和镊子。标本取下后,应立即分别放入事先准备好的消毒容器内,一般不加任何固定剂,注意标本要做好标记。

2. 检验 取内脏组织如肺、心、肝、肾等各若干克,骨或牙取骨髓和牙髓,进行有机质破坏后,过滤分离出残渣,再用蒸馏水清洗离心,然后用中性树脂封固,在显微镜下观察。硅藻检验一定要注意与现场水样进行比对。常用的硅藻检验方法有化学消化法、浸渍法、酶消化法等。

(三)硅藻检出结果的评价

溺死尸体内硅藻的检出率以肺最高,其次为肝、肾、心、脾、骨髓等。目前硅藻检验结果在鉴定溺死中的应用原则仍是:肺组织(一般取肺膜下肺组织)硅藻阳性,肝、肾、骨髓、脾等脏器也有硅藻,且硅藻种类与水样一致,结合尸检及案情等可鉴定为溺死;仅在肺组织内检出硅藻,作溺死辅助诊断一定要谨慎;若尸体高度腐败,体表征象不复存在,器官也已腐烂,这时采取骨髓、牙齿进行硅藻检查,是辅助鉴别溺死(或抛尸入水)的较好方法。

在检案实践中,水中尸体的内部器官硅藻呈阴性,并不能完全排除溺死,需要分析溺死水域的硅藻含量、溺液吸入的量以及检验方法等多种因素。

五、溺死的法医学鉴定

检查水中所发现的尸体时,主要解决的问题有:①尸体的个人识别。②确定是否溺死。③水中尸体损伤的鉴定。④确定溺死的性质。⑤尸体溺水时间的推测。⑥落水情况的勘验。

(一)水中尸体的个人识别

DNA检验目前已成为个人识别不可缺少的技术,另外,传统衣着及尸表等情况对个人识别也有重要作用。新鲜尸体可从体表特点查明其身份。若尸体高度腐败,检查时除需注意搜集死者的衣裤、鞋袜、衣袋中物品、随身携带的手表、发夹、项链等物品外,尚需注意有无瘢痕、畸形等,并利用牙齿及骨骼的特征进行年龄、性别等个人特征的推断。

(二)确定是否溺死

对水中打捞尸体要鉴定是否为溺水死亡,要解决的是溺水死亡还是死后抛尸入水。新鲜尸体可根据尸体剖验结果,结合案情等作出判断。但水中尸体被发现时大多已腐败,则需结合多种条件,包括尸检结果、硅藻检验等综合判断。主要鉴别要点见表4-2。

表 4-2　生前溺水和死后入水尸体改变的鉴别

项目	生前溺水	死后入水
口、鼻孔	可有白色泡沫	无
呼吸道	全部呼吸道及肺泡内有溺液、泡沫和异物	仅上呼吸道有少量溺液、异物,若水压较大,可达下呼吸道,但不会有泡沫
肺	水性肺气肿,肺表面有肋骨压痕,切面有溺液流出	无
胃肠	多有溺液、水草、泥沙等异物	仅胃内有少量溺液,一般不进入小肠
手中	可握有水草或泥沙	无
内部器官	可检出硅藻,有的数量相当多	无或仅有少量硅藻(系生前吸入或污染)

由于溺死的鉴定是一种排除性诊断,一定要注意排除其他损伤、中毒、其他机械性窒息及疾病等情况,故水中尸体应常规取材进行毒物化验。另外还要注意,高度腐败的尸体存在无法明确死因的可能。

(三)水中尸体损伤的鉴定

溺死者体表及内脏损伤、骨折等形成的原因较复杂,一般可分为生前损伤与死后损伤。水中尸体由于水流浸泡和冲刷,且常常高度腐败,会严重影响生前和死后损伤的鉴别,需要根据机械性损伤章节中生前、死后损伤的特点仔细甄别。另外,对生前损伤尚需要鉴别其性质,即他伤、自伤或者意外伤。这些损伤对溺死死亡方式的鉴定有重要价值,须根据损伤的部位、性状及严重程度等机械性损伤的鉴定要点,并结合现场情况综合分析。水中尸体在落水和尸体漂浮过程中容易在体表突出部位形成损伤。

(四)确定溺死的性质

溺死多见于自杀或意外、灾害事故,他杀较少。

1.自杀溺死　均为生前溺死。自杀溺死者多见于女性,常常具有自杀动机,往往就近选择地点。有的将自己的手足捆住,或将重物系在身上而后投入水中溺死。

2.意外灾害　常发生于游泳、失足落水、沉船事件及酒醉者、癫痫发作者、心脏病发作者等跌入水中时。意外溺死具有生前溺死的特征,没有致命伤或其他他杀迹象,需要现场勘验及案情调查综合作出鉴定结论。

3.他杀溺死　单纯以推入水中溺死者进行他杀极少见,往往是以其他原因导致受害者昏迷或抵抗力减弱后投入水中,如勒颈、扼颈或中毒等。有的死者身体存在捆绑或身系重物等情况。他杀比例虽然很小,但性质严重,是法医学检案的重点。

(五)尸体溺水的时间推测

主要根据水中尸体的形态改变、胃内容物的消化程度、水中尸体的沉浮及腐败情况并结合水温、气温等进行综合分析。由于不同季节、不同地区的水温存在差异,尸体腐败情况变化较大,因此溺死时间的推断需慎重,表 4-3 中数据仅供参考。

表 4-3　溺尸变化所历时间与气温、水温的关系

季节	夏	春	秋	冬
月别	7—9	4—6	10—12	1—3
平均气温(℃)	28.4	20.9	19.7	11.1
平均水温(℃)	24.5	17.1	15.5	7.7
角膜轻度混浊	7~12 小时	12 小时	1~2 天	
角膜中度混浊	12~24 小时	1~2 天	2~3 天	
角膜完全混浊	24 小时	约 2 天	约 3 天	
手掌变白	3~4 小时	5~6 小时	12 小时	
皮肤皱缩	12 小时	12~24 小时	1~2 天	
表皮易脱	2~3 天	3~4 天	10~12 天	
尸僵缓解	2~3 天	4~5 天	5~7 天	
颜面肿胀发绀	2~3 天	4~5 天	7~10 天	
头发部分脱落	3~4 天	5~7 天	10~14 天	
头发完全脱落	4 天~1 周	1~2 周	3 周~1 个月	
颅骨部分露出	2 周	3 周~1 个月	1~1.5 个月	
水苔附着	4~5 天	1 周	2 周	

(六)落水情况的判断

由于尸体会在水中漂流、漂浮,除发现尸体的地点外,还需确定尸体落水的地点。法医学检验主要靠现场勘验,如水流方向、流速及水体污染等情况。另外,肺及体循环内检出硅藻及其种类或其他异物,并与现场及上游水中的硅藻相对比,也有助于判断。如在一具溺死尸体的肺内发现银的沉淀物,据此可以推断死者是在上游某处银矿附近落水。总之,确定落水的情况和地点,要全面深入地进行调查研究,并将溺死尸体检验的结果与调查资料相结合进行综合分析,方能得出符合实际的判断。

? 案例及思考

简要案情: 某年某月某日,某市公安局接到报案称在辖区码头水中发现一具男尸,尸体可清晰辨认容貌,经家属确认死者为 A 某,家属要求死亡原因鉴定。

解剖所见: 尸体发现 5 天后进行尸体解剖,尸体腐败,呈轻度巨人观。双眼球、睑结膜淤血,眼球外凸,角膜重度混浊,双侧瞳孔不可视。双手指甲发绀,双足趾甲苍白。额部正中见一处 3.0cm×2.5cm 表皮剥脱伴皮下组织缺损。左、右膝部分别见 4.0cm×4.5cm、5.0cm×4.0cm 类圆形组织缺损,深达骨质,周围未见出血,衣着对应部位均缺损。四肢、胸腹部见腐败静脉网形成,手足皮肤呈浸泡状,并可见多处皮肤呈套状脱落。内部各器官呈自溶性改变,颅骨无骨折,脑及胸腹腔各器官未见损伤。经硅藻检验,死者肺组织、肝组织、肾组织检

见与现场水样形态一致的各类硅藻。经毒化检验,死者心血中检出少量乙醇成分(乙醇含量为 2.55mg/dL),未检出其他常见毒物。根据对死者 A 某的法医学尸体检查及各主要器官的病理组织学检查结果,结合硅藻检查、毒化检验结果及案情资料等综合分析,认为 A 某符合生前溺水而死亡。

根据案例回答以下问题:

1. 结合本案,简述溺死的尸体征象。

2. 如何鉴别生前溺死和死后入水?

3. 本案中尸体突出部位的皮肤缺损可能是如何形成的?

第五章　高温、低温及电流损伤

高温损伤包括烧伤、烧死、烫伤、烫死、日射病等,其中由烧伤及烧伤致死者最常见。低温损伤仅指冻伤、冻死。电流损伤可分为电击损伤和雷电损伤两种,前者多见。

第一节　烧伤和烧死

广义的烧伤(burn)是指因炽热的流体(水、油、汤等)、高温气体或火焰引起的组织损伤。通常所说的烧伤是指火焰与躯体直接接触后导致的损伤。因烧伤致死者称烧死(death from burn)。由高温液体或气体形成的损伤称烫伤(scald),因烫伤致死者称烫死(death from scald)。烧(烫)死多见于火灾和工农业生产事故等灾害与意外事件。焚尸灭迹少见,自焚罕见。

一、烧伤的程度与形态学变化

对于烧伤的程度,临床上普遍采用三度四分法,而法医学烧伤尸体通常有尸体炭化,多采用四度分级法。

(一)Ⅰ度烧伤

Ⅰ度烧伤又称红斑性烧伤(erythematous burn),指40~50℃的热源短时间作用于机体导致红斑形成,为轻度热损伤,仅伤及表皮层,表现为局部发红、肿胀,真皮乳头层毛细血管及小动脉扩张充血。

(二)Ⅱ度烧伤

Ⅱ度烧伤可导致水疱形成,又称水疱性烧伤(blistering burn),根据伤及皮肤的深浅又可分为浅Ⅱ度烧伤和深Ⅱ度烧伤。

1.浅Ⅱ度烧伤　指50~70℃的热源短时间作用于机体导致的损伤,包括表皮层和部分真皮浅层,部分生发层健在。热损伤导致小血管和毛细血管扩张、通透性增高,大量液体渗

出,使表皮与真皮分离形成水疱。水疱是单房性的,周围及底部组织充血、水肿,水疱中含白蛋白、少量纤维蛋白及红细胞、白细胞等。烧伤水疱是一种生活反应,区别于腐败水疱。

2.深Ⅱ度烧伤　伤及真皮网状层,但真皮深层及其中的皮肤附件结构仍保存,烧伤局部皮肤苍白或形成半透明痂皮,痂皮下可见散在的细小红点,水疱可有可无。

(三)Ⅲ度烧伤

Ⅲ度烧伤指70℃以上的热源短时间作用于机体导致的损伤,烧伤局部皮肤全层坏死,甚至可伤及皮下脂肪、肌肉和骨骼。局部组织受热凝固而坏死,表面形成黄褐色或灰色的焦痂,因而又称焦痂性烧伤(eschar burn)。痂皮周围充血,底部血管扩张,血管内白细胞聚集及血栓形成。

(四)Ⅳ度烧伤

Ⅳ度烧伤指机体在热源中长时间烧灼导致的损伤,可使组织中水分丧失、蛋白质凝固、组织收缩变硬、变脆,因外观呈黑色,又称炭化(carbonization)。生前烧死或死后焚尸均可形成炭化。炭化组织因皮肤干燥和组织强烈收缩往往裂开,有时形似切创、砍创或挫裂伤,应与生前损伤鉴别。

二、烧死尸体的形态学变化

(一)外表征象

1.尸斑鲜红、尸表油腻　烧死者血液中的碳氧血红蛋白含量较高,尸斑常呈鲜红色。皮下组织中的脂肪在高温的作用下渗出到皮肤表面,使得尸表油腻。

2.皮肤烧伤　体表皮肤上可见各种不同程度的局部烧伤。皮肤可呈黄褐色皮革样化。典型的烧伤可伴有明显的充血、水肿、炎症反应和坏死改变。在有毛发的部位,毛发受热皱缩、卷曲,尖端呈黑褐色。

3.眼部改变　火场中,受害人由于烟雾刺激反射性地紧闭双目,因而外眼角可形成未被熏黑的"鹅爪状"改变,称为外眼角褶皱。由于双目紧闭,只烧焦睫毛的尖端,称为睫毛征候。角膜表面和睑结膜囊内也无烟灰沉积。外眼角褶皱和睫毛征候是生前烧死特有的征象。

4.拳斗姿势　全身被烧时,肌肉遇高热而凝固收缩,由于屈肌较伸肌发达,收缩强于伸肌,所以四肢常呈屈曲状,呈拳斗状(fist-like)。

5.假裂创　高温使皮肤凝固收缩,皮下组织中水分蒸发、干燥变脆,发生顺皮纹的梭形破裂,形似切创,称为假裂创(图5-1)。

6.尸体重量减轻、身长缩短　多见于严重烧伤及炭化的尸体,长时间的高温作用使组织器官内的水分丧失,组织坏死、炭化,导致尸体重量减轻,身长缩短。

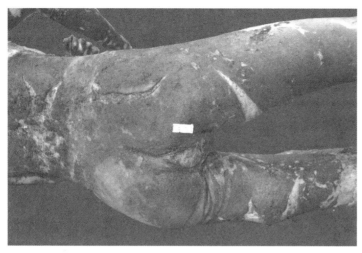

图 5-1　假裂创　　　　　　　　　　　5-1

(二)内部征象

1.呼吸道烧伤并有烟灰、炭末吸入　　在火场高温环境中,由于吸入热的气体、火焰、烟雾及刺激性气体而导致呼吸道烧伤。同时吸入的烟灰和炭末,可黏附于呼吸道黏膜表面(图 5-2)。当剖验烧死尸体时,如果口、鼻、咽喉、气管及支气管等处发现烟灰和炭末,说明受害人在火烧时仍有呼吸功能,是生前烧死的确征。喉头、会厌及气管黏膜充血、水肿、出血、坏死,有时可形成水疱,严重者可形成白喉样假膜。上述改变称为热作用呼吸道综合征(heat induced respiratory syndrome)。

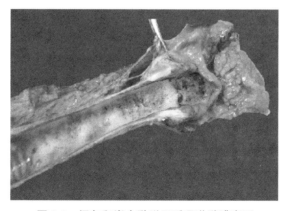

图 5-2　烟灰和炭末黏附于呼吸道黏膜表面　　5-2

2.血液中有碳氧血红蛋白　　火场中,由于燃烧不完全可产生大量一氧化碳(CO),吸入人体后与血红蛋白结合形成碳氧血红蛋白。因此,生前烧死者的血液及各器官多呈樱红色。鉴定时,可从心脏及大血管取血检测碳氧血红蛋白及其浓度。

3.食管、胃内有咽下的烟灰、炭末　　烟灰和炭末吸入呼吸道的同时也可随吞咽进入消化道,黏附于消化道表面。生前烧死者,有时在食管、胃黏膜表面可见烟灰炭末的沉积,也是判

断生前烧死的重要证据。

4.硬脑膜外热血肿 由于火焰的高热作用使颅骨板障内血管破裂,同时由于脑及硬脑膜蛋白凝固、收缩,使硬脑膜从颅骨内板分离以致硬脑膜上的小静脉或硬脑膜外动脉被撕裂而出血,血液流入硬脑膜剥离后所形成的空隙内形成硬脑膜外热血肿(epidural heat hematoma)。故热血肿多为死后形成,也可发生在生前、濒死期。热血肿常位于颅顶部,尤以顶叶与颞叶交界处多见。烧伤热血肿应与生前外伤性硬脑膜外血肿鉴别。前者血肿的范围较大,血肿因高温作用,可产生气泡而呈蜂窝状,与颅骨内板紧密粘连,从而易从硬脑膜上剥离;后者血肿范围较小,致密而坚硬,与硬脑膜紧密粘连,不易从硬脑膜上剥离。

5.其他内脏改变 急速烧死者,内脏无明显病变。如果存活时间达数小时以上,则可出现内脏的退行性变,如心、肝、肾等实质细胞变性、坏死。此外,尚可见胃肠出血、糜烂和多发性溃疡、心内膜下出血和广泛性肺出血等。

三、烧死的死亡机制

1.休克 烧伤后数分钟或数小时内,因高热作用强烈刺激皮肤感觉神经末梢引发剧痛,导致反射性中枢神经系统功能障碍,引起原发性休克而死亡。此外,大面积烧伤者由于血管通透性增加,大量血浆、组织液丢失,可发生低血容量性休克而死亡。

2.CO和其他有毒气体中毒死亡 火场中因燃烧不充分可产生大量CO或其他有毒气体,如二氧化氮、四氧化二氮、氰化氢等,这些气体被吸入后可导致受害者中毒死亡。

3.窒息 在火场中吸入热空气、火焰、烟雾或刺激性气体,可引起急性喉头水肿、支气管痉挛、分泌物堵塞呼吸道、急性肺水肿,均可引起呼吸困难而导致窒息死亡。另外,火场中氧气大量消耗后致空气中缺氧也可导致受害者短时间内窒息死亡。

4.并发症 烧伤者可因严重并发症而于数日内死亡。例如,烧伤局部感染和化脓引起败血症、脓毒血症、心内膜炎、支气管肺炎、肾损伤等,也可因继发性的声门水肿、尿毒症、肾上腺出血、胃及十二指肠出血、肺梗死而死亡。

此外,火场房屋倒塌、梁柱折断、木头砖石砸伤或压迫可引起各种机械性损伤而死亡。

四、烧死的法医学鉴定

(一)现场勘查

现场勘查的重点是寻找火源、收集引火物,例如装有油类的容器、浇有油类的木柴、稻草、废纸、火柴、烟头等。要注意特殊气味,如煤油、汽油、硫黄、硝化纤维素等。必要时,可采取死者残留的衣服及部分现场灰烬,以备实验室检验。

(二)生前烧死与死后焚尸的鉴别

在火场中发现的尸体,必须鉴别生前烧死还是死后焚尸,其依据是尸体上有无局部或全身的生活反应。生前烧死者局部有充血、出血、水肿等生活反应。烧死的生活反应主要表现在热作用呼吸道综合征与休克肺等一系列病变;心脏及大血管中可检出碳氧血红蛋白。生前烧死的健康成年人,血液中碳氧血红蛋白的浓度常在40%以上,是烧死的重要证据。烧死的生活反应还表现在外眼角褶皱、睫毛征候;食管、胃黏膜表面烟灰炭末的沉积等。

一般情况下,鉴别生前烧死与死后焚尸并不困难。鉴别濒死期与死后不久的烧伤,则复杂而又困难,应做全面细致的检查,并结合现场勘查对案件进行综合分析判断。

(三)烧伤程度的评定

影响烧伤严重程度的主要因素为烧伤的深度和面积。对烧伤面积的估计,法医学中沿用我国医学界通用的新九分法(表5-1)。就烧伤对人体的影响而言,烧伤的面积较烧伤的深度对人体影响更大。Ⅱ度烧伤面积达1/2或Ⅲ度烧伤面积达1/3即可引起死亡。婴幼儿和儿童由于对温度较成人敏感,因此有时婴儿烧伤面积达1/10也可引起死亡。有的案例,烧伤面积不大,但较深,亦可引起死亡。

表5-1 计算烧伤面积的新九分法

部 位			成人面积※	儿童面积※※
头颈	发部	3		
	面部	3	1×9%=9%	9%+(12-年龄)%
	颈部	3		
两上肢	双上臂	7		
	双前臂	6	2×9%=18%	18%
	双手	5		
躯干	躯干前面	13		
	躯干后面	13	3×9%=27%	27%
	会阴	1		
两下肢	双臀	5		
	双大腿	21	5×9%+1%=46%	46%-(12-年龄)%
	双小腿	13		
	双足	7		

※ 成年女性的臀部和双足各占6%;

※※ 因儿童头部面积较大,双下肢面积较小,故根据年龄计算。

(四)烧死的死亡方式的鉴定

烧死可源于自杀、他杀、意外和灾害事故,需注意辨别。烧死多属意外或灾害事故,如点蜡烛、火柴或煤气时不慎衣服着火,又无能力扑灭。此外,爆炸、森林火灾、坠机与交通事故等亦可发生烧死。烧伤易发生在老人和儿童。

自焚者较少见。有从头浇以汽油等油类或石蜡点火自焚者。这类自焚有明确的现场,多见于公共场合,常由于某种迷信或陋俗,或某种政治目的。体表可见不同程度的烧伤,且身体上部的烧伤往往比下部严重。有时,自焚者可合并损伤或中毒的表现,其损伤的形态及分布符合自伤形成的特点。

他杀烧死者也时有发生,如纵火焚烧房屋或投掷点燃的油灯,趁人熟睡或酒醉之机将易燃液体泼在其衣被上点火等。用其他方法杀害后焚尸灭迹者也偶见。该类案件确定死亡方

式十分困难,常见的扼死、勒死、闷死或钝器伤所致死亡之征象可以被火完全烧毁。

(五)个人识别

严重烧伤以致难以辨认死者时,需进行个人识别。个人识别可根据残存的牙齿、骨骼、脏器、怀孕状态,结合其他证物(如手表、戒指与皮带等)推断死者的年龄、性别与身长,并依据毛发、血型及DNA等进一步检测识别。

第二节 冻伤与冻死

低温所致的体表局部血液循环障碍和组织损伤称为冻伤(frostbite)。当环境温度过低、个体保暖不足,人体散热量远大于产热量,超过了体温调节的生理限度,导致机体代谢与生理功能代偿失调引起的死亡,称为冻死(freeze to death)。冻伤或冻死多系意外事故,在食物充足、营养丰富,有良好的御寒措施条件下,人体可以耐受−50~−60℃的低温,但在饥饿状态和保暖条件甚差的情况下,即使环境温度在0℃或0℃以上,也可以发生冻伤或冻死。

一、冻伤的程度与形态学变化

冻伤程度一般采用三度四分法。

(一)Ⅰ度冻伤

Ⅰ度冻伤指低温仅伤及皮肤浅层引起的损伤。局部组织受低温作用后,最初皮下血管收缩,皮肤呈苍白色;继而血管麻痹、扩张,皮肤呈青紫红肿,又称红斑性冻伤(erythema frostbite)。如果冻死过程发展较快,冻死尸体可能仅伴有轻度冻伤,一般极少发展成重度冻伤。

(二)Ⅱ度冻伤

Ⅱ度冻伤指低温伤及皮肤全层引起的损伤。损伤局部红肿明显,毛细血管壁通透性增高、血浆渗出,形成水疱,又称水疱性冻伤(frostbite blistering)。

(三)Ⅲ度冻伤

Ⅲ度冻伤,又称坏死性冻伤(necrotic frostbite),根据冻伤程度,可分为重度冻伤和特重度冻伤。

1.重度冻伤 皮肤全层坏死,逐渐由苍白变成紫褐色,最后成为黑褐色,周围形成炎症分界线,与健康皮肤分界清。

2.特重度冻伤 坏死组织深达肌肉与骨骼,多呈干性坏疽,肢体坏死、脱落(离断),导致肢体残缺。

二、冻死尸体的形态学变化

(一)外表征象

1. 衣着情况　冻死者常常衣着单薄,尸体蜷曲。有的冻死者脱掉外衣,仅穿内衣裤,将衣服扔在现场,或将衣服翻起、暴露胸腹部,称为反常脱衣现象(paradoxical undressing)。该现象可能是由于体温调节中枢麻痹,出现幻热感所致。

2. 面容与皮肤　冻死者面部表情似笑非笑,称为苦笑面容。全身皮肤苍白或粉红,外露肢体部分由于立毛肌收缩呈鸡皮状,阴茎、阴囊、乳头明显缩小。肢体未被衣物遮盖部分可有轻度、中度冻伤,呈紫红色或青紫色肿胀,其间可见水疱形成。

3. 尸体现象　尸体冰冷,四肢常屈曲,尸斑鲜红或淡红色。在低温环境中迅速冻死者,尸体全身冻结,称为冻僵。冻僵解冻后,常重新发生尸僵,尸体解冻后,腐败进行迅速。

(二)内部征象

1. 颅脑　低温可导致脑及脑膜充血水肿,颅内液体含量增多。若颅内容物冻结,容积膨胀,可发生颅骨骨缝开裂。尸体冰冻后,同样可发生颅骨骨缝开裂,故非冻死所特有,更不要误认为头部外伤。

2. 心脏　低温可导致心外膜下点状出血。右心房、室扩张充满血液,血液呈鲜红色,并常含软凝血块。镜下观,心肌纤维断裂,有大量的收缩波,心肌纤维呈脂肪变性、空泡变性及灶性坏死。间质血管内可有血栓形成。

3. 肺　胸膜下可有点状出血。气管及支气管内有血性泡沫性液体。肺充血、出血、水肿,常并发支气管肺炎。

4. 胃　胃黏膜糜烂,胃黏膜下有弥漫性斑点状出血,沿血管排列,形成暗红、红褐或深褐色斑点,称为维斯涅夫斯基斑(Vesnnevsky spot)。如冻死过程较长,则胃黏膜发生腐蚀,形成溃疡,称为维斯涅夫斯基溃疡。有时肠道、食管也可发生类似病变。

5. 肝、脾　肝、脾组织充血,肝细胞空泡变性或脂肪变性。

6. 肾　肾小管上皮变性坏死,有血红蛋白管型形成。

7. 肌肉　髂腰肌出血是冻死者比较特异的生活反应。镜下见肌肉小血管充血,漏出性出血。

三、冻死发生的条件

(一)环境条件

气温寒冷为冻死的主要条件,最常发生在寒冷地区或严寒季节,如旅行、登山、勘探或测量中突遇暴风雪或坠入冰水中等,也可发生在居住条件差又无取暖设备的环境。

潮湿也是一个很重要的因素,如身体浸泡在水中,体温丧失的速度比暴露于同样温度的干燥空气中快3倍。这是由于水导热速度比干燥空气导热快25倍,所以在水中比在同温度的空气中更易冻死。此外,风速大散热快,风速与体温下降呈正比。

(二)个体因素

1.年龄　老人和婴幼儿调节体温的能力较低,易受温度下降的影响,故冻死率较高。

2.机体状况　当空腹、饥饿或营养不良时,散热多于产热,在寒冷的环境中易冻死。饮酒过多,使机体对寒冷的敏感性下降,同时又能使毛细血管扩张,易发生冻死。患有某些疾病者也可对寒冷的耐受力下降。

四、冻死的死亡机制

目前认为,冻死主要是由于低温的作用,使血管扩张、麻痹,血流缓慢乃至停止,导致组织缺氧,包括脑缺氧,终因血管运动中枢及呼吸中枢麻痹而死亡。

五、冻死的法医学鉴定

冻死大多为意外灾害事故。自杀或他杀冻死均十分罕见。受虐待的老人、妇女、婴幼儿及久病卧床者发生冻死,应考虑有无他杀的可能。另外,应注意有无投毒他杀后伪装冻死的可能。乙醇和抑制中枢神经系统的药物能加速冻死的发生发展,所以应注意收集供毒物分析的检材。

由于冻死的形态学改变并不具有明确的特异性,因此法医学鉴定中如果怀疑冻死,应结合案情调查、环境温度与气候变化、现场情况、尸体所见等综合分析。

第三节　电流损伤

电流损伤包括电击损伤和雷电损伤,前者远较后者多见。电流通过人体引起组织、器官的损伤,称为电击损伤(electric injury)。因电流损伤而致死者称为电击死(electrothanasia)。

一、电击死

触电后立即死亡者较常见,也可发生迟延性死亡或死于晚期合并症。还有的触电后意识丧失,而后意识恢复,可说话、行走,但短时间后又虚脱死亡。

(一)电流对人体的作用

1.电烧伤　电流通过皮肤进入机体时,因皮肤电阻产生热能,可致烧伤,尤其高压电引起的组织烧伤最严重。临床检查电烧伤患者时需区别三种因素造成的烧伤:接触性电烧伤、电火花、触电后易燃物造成的火焰烧伤。

2.电流损伤　电流通过机体各组织时可造成组织损伤。致死性电流损伤的病理生理作用主要是电流侵犯脑、脑干、颈段脊髓或侵犯心脏,导致呼吸或心跳停止。

（二）影响电流损伤的因素

影响电流损伤的因素很多，主要有以下几方面。

1.电流性质　交流电比直流电危险。在电压相同的情况下，人体对交流电比对直流电敏感4～6倍。

2.电压　在一定范围内人体接触的电压越高，通过人体的电流越大，对人体的损伤就越严重。因日常用电多为110V、220V或380V，电压100V以下致死案例报告极少。通常，电压低于40V则视为安全电压，一些家用电器和汽车用电在12V或24V。国际电工委员会规定接触电压的限定值（相当于安全电压）为50V；我国规定的安全电压为36V。1000V以上的电流称为高压电流，由于高压电选择性地作用于神经系统和呼吸器官，因此易救治。相反，由于低压电作用于心脏的传导系统，往往引起致命性心室纤颤而死亡。

3.电流强度　电流强度是决定电流损伤程度最重要的因素。一般认为，电流强度越大，机体损害越严重。通常直流电电流强度达100mA、交流电电流达70～80mA时，可致命。

4.电阻　电阻与电流强度呈反比，干燥皮肤的电阻达5000～10000Ω。出汗或浸湿的皮肤电阻可减小。当皮肤的电阻为1200Ω时，110V的交流电可以引起死亡。各部位皮肤电阻不一，皮肤厚的部位如足底、手掌、背、臀等电阻较高，皮肤较薄处如面部、前臂、大腿内侧电阻较低。人体各组织的电阻依下列顺序递增：心、脑、血（体）液、脂肪、神经、肌肉、肌腱、皮肤、骨。

5.电流作用时间　电流作用的时间愈长，通过人体的电流量愈大，则后果愈严重。

6.电流通过机体的途径　电流通过脑、心、肺时最危险。电流由上肢至上肢、上肢至下肢（特别是由左上肢至右下肢）、胸腹部至背部、头颈部至手或足部等均可通过心脏，危险较大。电流由下肢至下肢危险性较小。

（三）电击死的机制

电击后立即死亡的机制包括心室纤颤、脑干受损、呼吸麻痹，大多数是由于呼吸麻痹死亡。呼吸麻痹可以是中枢性的，电流损害可累及脑干及颈髓上部；也可以由电流直接作用于呼吸肌，使其发生强直性痉挛所致。呼吸麻痹后可呈假死状态，即所谓电流性昏睡，此时心脏仍保持微弱不易觉察的跳动，及时进行救治可复苏。

如电击当时未死者，可因继发性休克、感染、急性肾衰等并发症而死亡。触电时如人在高处，还可因高坠导致死亡。

（四）电击死的形态学变化

1.体表改变　触电者体表可有电流入口及出口，表现为皮肤金属化、电烧伤等改变。

（1）电流斑（electric mark）：又称电流印记，是因人体与电源物接触，电流通过完整的皮肤时，由于皮肤电阻高，局部高热造成的一种特殊损伤。电流斑常为1～2个，也可为多个，最常见于手指、手掌，其次是足底。多发生在电极接触面较小的情况下，当电热<120℃时形成的电流斑最为典型。典型的电流斑直径6～8mm，呈圆形或卵圆形，中央凹陷，周围隆起，边缘纯圆，高约1～3mm，形似浅火山口，外围可有充血环，与周围组织分界清晰（图5-3），底部平坦或有裂隙，有时可附有灰烬和溶解的金属碎屑沉积等。

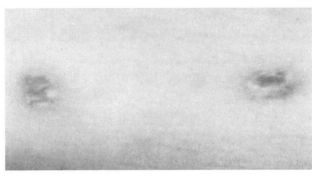

图 5-3　电流斑　　　　5-3

　　电流斑也可呈犁沟状、条状、弧状或长方形,它可反映导体与人体接触部分的特性,借此可推断导体的形状。若皮肤与导体接触不完全,或电击时被害人曾移动过,则电流斑的形态发生改变,难以与导体形状吻合。

　　镜下观察,电流斑中心表皮融合变薄、致密,细胞间界限不清、染色深。热作用强时,中心部位表皮广泛破坏,脱落缺失,周围保留的表皮变厚;创面常有金属碎屑沉积。表皮中层细胞质均质化,核水肿。表皮内或者表皮与真皮之间可见空泡形成。损伤中心基底层细胞及细胞核染色较深,纵向伸长或扭曲变形,排列呈栅栏状、旋涡状、螺旋状或圆圈状,或伸长似钉样插入真皮中,称为流水样结构或核流。

　　(2)皮肤金属化:又称金属异物沉积,是指电极金属在高温下熔化和挥发,金属微粒沉积于皮肤表面及深部。颜色视接触导体的颜色而定,是证明电击伤和电流入口较特殊的征象。

　　(3)电流烧伤:电流烧伤多发生于接触高压电时,在皮肤与高压电源之间形成电弧、电火花或高温,温度可达 3000～7000℃。电流烧伤可使电流斑颜色变黄或黄褐,乃至炭化变黑。电烧伤有时可深达骨质,骨组织熔化,形成"骨珍珠"。

　　(4)电流出口:形状多样,有圆形、椭圆形、不规则形、线状,多位于上臂及两下肢(特别是足)等处。形成的电流斑与入口有相似之处,但组织损坏更严重,不像火山口,有时出口部位的衣服及鞋袜也可被击穿。

　　(5)电击纹:高压电击时,皮下血管麻痹、扩张充血,皮肤出现树枝状花纹称为电击纹(lighting mark)。若无出血,电击纹存在时间较短,容易消失。

　　2. 体内改变　电击后迅速死亡者可见窒息死的一般征象,如内脏充血、水肿、点状出血等。电流直接通过脑时,可发生脑撕裂伤、组织收缩等。最明显的改变是高温使之凝固、变硬。高压电击时,由于电流热效应,可有骨坏死、胶原破坏和无机物熔化。熔化的特殊产物"骨珍珠"系磷酸钙融合形成,呈珍珠大的小体,灰白色,内有空腔,多在受损骨的表面,被认为是电流作用的一个指征。另外,电流还可引起肺、肝、胰腺、肠、胆囊等的坏死。电流直接刺激肌肉可引起其强烈收缩,可造成手指弯曲紧握导体。肌肉的电损伤表现为进行性坏死和夹心坏死,其特点为坏死的范围和平面分布不均匀。

(五)电击死的法医学鉴定

　　1.电击死的确认

　　(1)触电案情调查和现场勘验:由于很多电击死者经详细的尸体检查也不能发现明显的

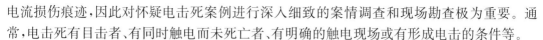

电流损伤痕迹,因此对怀疑电击死案例进行深入细致的案情调查和现场勘查极为重要。通常,电击死有目击者、有同时触电而未死亡者、有明确的触电现场或有形成电击的条件等。

电击死案例的现场勘查,最主要的是判定死者在死亡前是否接触电流。现场勘查时要检验接通电路的部位是否有防护设施,信号系统是否正常,环境干湿度如何等。

(2)确认电流斑及判断无电流斑的电击死:典型电流斑是诊断电击伤的重要依据,不典型电流斑的形态多样,与带电导体接触面的形状、接触机体的部位以及方式有关。

电击死者可以没有电流斑或其他任何电击迹象,主要是局部产生的高热不足以形成电流斑。若触电者正处于劳动或运动后大汗淋漓,或处于水中,或满手油污,加之接触面较大时,就可无电流斑形成。

因此,虽然电流斑是鉴定电击死的重要依据,但没有电流斑者不能排除电击死,鉴定时应根据接触史、对周围环境的了解、排除其他死因后,综合分析判断。

(3)其他电击征象:皮肤金属化、电烧伤、电击纹、骨珍珠及窒息征象等均可作为电击死的依据。

2.自杀、他杀、意外电击死的鉴别　电击死多属意外,但也有电击自杀和他杀的案例。判定电击死的方式,除依据尸体位置、姿势、电流斑的形状、电流斑或电烧伤的部位是否与电流位置、导体形状等相符进行判断外,必须结合周密的现场勘查和案情了解。

(1)自杀:电击自杀多见于男性及精神病患者(如抑郁症)。现场大多在室内,一般保持原始电击现场及特殊设计的电路。电流斑多呈沟状。

(2)他杀:电击他杀多趁被害人无防备时或睡眠中突然袭击,并被伪装成漏电或其他原因致死。现场被破坏,电源工具被隐藏,而后伪装缢死、服毒,或转移水中伪装溺死。一般电击伤痕较小,形态变化较多,且常伴有其他暴力痕迹。

(3)意外电击死:多发生在家庭或工业用低电压时。在家中发生的意外常由于触摸磨损或破裂的软线造成,其他如电插头、手持电器装置损坏等,易见典型的电流斑,且发生在四肢或身体露出部位。

高压电所致意外电击,多因直接碰到高压线或在高压电下工作,触电后死亡。偶见大风雨后,高压线被刮落路上,造成意外电击死。偶见于医源性触电死亡。

二、雷击死

雷电支流能分成数点击向地面,接触人体可引起死亡。受雷击而造成的死亡,称为雷击死(death by lightning)。雷电是超高压直流电,其直流电压可达 10^9 V,电流最高值达数万至 10^6 A。雷电尚可导致极高的温度,产生 30000℃ 的高热和冲击波。雷电的直径可达 6m,长度达 1.6km,其放电时间短暂,放电持续时间为 0.01 秒。雷电的电弧可使大气温度骤增,导致爆炸性膨胀,爆炸效应摧毁力强,可使固体物破裂,气浪可将人体抛掷若干米。但由于雷电分散为不同电流强度的支流,因此当雷击人群时,有些人死亡,有些人受伤,有些人则无碍。

雷电经常击中最高建筑物、大树及户外行人,尤其易击中邻近大树、穿着湿衣服或携带金属物品的人体。农村居民雷击死的发生率比城市居民高约 30 倍。

(一)雷电对人体的作用

雷电对人体具有电流的直接作用、超热作用及空气膨胀导致的机械性损伤作用。雷电作用于人体可引起几种不同的后果。

1.死亡　据统计44%～60%的受雷击者可立即死亡。死亡是由于有致死性电流通过心脏或脑干,生命中枢麻痹所致,也可死于电休克、严重烧伤后继发性休克或内脏器官损伤,有的甚至死于过度惊吓或神经源性休克。

2.雷击综合征　如果受害人没有立即死于雷击,可能产生雷击综合征,包括意识丧失、外周或脑神经功能暂时障碍(闪电性麻痹)、鼓膜破裂、传导性耳聋、前庭功能紊乱、视神经受损、视网膜脱离及皮肤烧伤等。

3.雷击的迟发效应　雷击后幸存者,可因周围神经分支受损,引起皮肤营养不良,神经痛、麻木或其他感觉障碍,常发生在肢体部位。雷击的放射损伤可引起白内障,少数可发生精神障碍及性格改变。

4.机械性损伤　雷击时,压缩空气所产生的冲击波打击人体,可引起体表和体内各器官严重的机械性损伤,甚至死亡,如全身肢体断离、颅骨粉碎性骨折、各内脏器官破裂等。

(二)雷击死的形态学变化

机体受雷击损伤的差异很大,体表可有广泛损伤、轻微损伤,甚至没有损伤。多数可以发现烧伤征象,如毛发灼烧乃至炭化等,也可有电流入口及出口,表现为皮肤破裂、穿孔。有时可见小孔状且边缘被烧毁的皮肤损伤,可被误认为枪弹射入口。有时皮肤广泛撕裂,体腔开放。接触金属物处的皮肤出现电流斑。电流斑出口常在手足,尤以足部最为常见。出口处皮肤、肌肉洞穿、炸裂,甚至伴有烧伤。雷击伤特征性体表改变如下。

1.雷电击纹　电流通过部位的皮肤上遗留的红色或蔷薇色的树枝状或燕尾状斑纹称雷电击纹,又称树枝状纹,因局部轻度烧伤或血管麻痹所致。这种自上而下的特殊花纹可能是雷击伤仅有的证据,很有诊断价值。但是,它常迅速褪色或消失,有时在死后24小时内即褪色或消失。在雷击后存活的机体上,雷击纹短期内消失,最多保持数日。

2.雷电烧伤　由于闪电历时短,电流通过体表的面积大,很少看到雷击本身造成的严重烧伤。但在金属物接触处的皮肤,由于焦耳热效应或电弧效应,引起局部高热,可发生烧伤。在电阻小的部位,特别是潮湿皮肤皱褶处,可形成线状烧伤。

3.衣服及所带金属物品的损坏　雷击受害者的衣服可被撕裂成碎片,有的被剥下,甚至抛离尸体一段距离。雷电入口、出口处的衣帽鞋袜可出现圆形、境界分明的孔洞或被烧焦。

4.内部改变　内部各器官病变与一般窒息征象相似。雷电最常击中头部,可引起头皮下出血、颅骨骨折、硬脑膜和蛛网膜下腔出血、脑组织弥漫性点状出血,尤其是延髓。其他各内脏器官充血、出血(尤其是浆膜下点状出血),心室腔内血液不凝,心肌纤维断裂等。

(三)雷击死的法医学鉴定

雷击死法医学鉴定的前提是发生事故前曾有雷鸣闪电的气候条件,多发生于夏季7、8月间。雷击死的现场多在旷野、农田或室内电器旁,常同时有树木、房屋被摧毁。特别要注意尸体上及其附近有无金属物品熔化、磁化。如雷击受害者不止一人,是否有其他存活者或目击证人。现场还可发现牲畜死伤,受害者衣服被撕碎、烧焦,鞋子被炸开时炸口常在后跟部。

雷电击纹是雷击死最有价值的征象,但易消退,因而及时在现场检查尸体很重要。但雷电击纹也并非每例都出现,如果未发现雷击纹,并不能否定雷击死。

由于雷击伤形式多样,有时入口像枪弹孔,有时雷电烧伤像裂创,雷击本身又可形成各种机械性损伤,加之衣服撕扯,如无目击者或发现过迟,或尸体腐败,有时可能被误认为其他性质的损伤,而疑为他杀。偶有罪犯利用雷击场面掩饰他杀罪行,曾有报道趁雷雨之夜,进行电击他杀或放火焚烧房屋的案例。

❓ 案例及思考

简要案情:某平房发生火灾,灭火后发现房内有一女童,已死亡。为查明死亡方式及死亡原因,对火灾现场进行了勘验,对死者进行了鉴定。

现场勘验:平房内起火系电线老化所致。

解剖所见:尸斑樱红色,颜面部、口腔及咽喉可见烟灰炭末,支气管内可见少量烟灰炭末。右小腿可见浅Ⅱ度烧伤,烧伤面积约5%。体内组织器官表面呈樱红色,余未见异常。

根据案例回答以下问题:

1.分析女童的死亡原因。

2.判断女童的死亡方式。

第六章　中毒及其检验

第一节　毒物与中毒

教学PPT

一、概　念

1.毒物(poison)　是指以不同方式接触机体,并以较小剂量进入机体后,与机体发生化学或物理化学作用,导致机体组织细胞代谢、功能和(或)形态结构损害的化学物质。

毒物的定义最早由瑞士医生 Paracelsus(1493—1541年)提出,他认为:所有物质都是毒物,区分毒物与非毒物的主要依据是剂量(dose)。毒物学的发展经历了漫长的过程,直至现在,Paracelsus 的观点都被认为是正确的,即毒物的概念是相对的,有条件的,毒物和非毒物在一些特殊情况下是可以互相转化的。例如,人们熟知的金属毒物砒霜(AS_2O_3),低于中毒剂量使用,是有效治疗急性白血病的药物;植源性毒物乌头(主要活性成分为乌头碱、次乌头碱或滇乌头碱等),在一定剂量下使用,可治疗各种疑难杂症;茄科曼陀罗属植物中的主要活性成分山莨菪碱、阿托品、东莨菪碱等,按剂量使用,为临床常用的抗胆碱药。而许多临床药物,如镇静安眠类药物、麻醉药吗啡、美沙酮等,长期过量使用会导致成瘾或中毒甚至死亡。此外,人们每日需要摄入的食盐,如一次服用 200～250g,可引起电解质紊乱而致人死亡。

2.毒品(drug)　是指国际禁毒公约和有关法律法规规定管制的能够使人形成瘾癖的麻醉药品和精神药品的统称。

毒品种类繁多,按照毒品的流行时间顺序,分为传统毒品、新型毒品和新精神活性物质。其中,传统毒品主要包括阿片类(如海洛因、吗啡、可待因、哌替啶、美沙酮等),可卡因类(如可卡因、古柯叶等),大麻类(如大麻酚、四氢大麻酚、大麻酯、各种大麻制剂等);新型毒品主要有苯丙胺类,如苯丙胺、甲基苯丙胺、3,4-亚甲基二氧基甲基苯丙胺(MDMA)、3,4-亚甲基二氧基-N-乙基-苯丙胺(MDEA),致幻剂,如麦角二乙酰胺、色胺类致幻剂、苯环己哌啶、氯胺酮等;新精神活性物质主要有合成大麻素类(MDMB-4en-PINACA 等),芬太尼类(乙酰芬太尼、卡芬太尼、呋喃芬太尼等),卡西酮类,植物类和苯乙胺类。

3.中毒(poisoning,intoxication)　机体由于毒物的作用,器官、组织、细胞代谢、功能和(或)形态结构遭受损害而出现的疾病状态。因中毒而导致的死亡称中毒死(death from poisoning)。

中毒的概念表明,中毒和中毒死一定是毒物作用于机体并产生损害作用的后果,也就是说,中毒或中毒死的法医学鉴定既要对生物检材中的毒物及代谢物进行定性、定量检测,还要对中毒造成的机体损害进行病理学检验。研究生物检材中毒物的分离与鉴定的学科是法医毒物分析,研究自杀、他杀、意外和灾害事故引起中毒的学科是法医毒理学;法医毒物分析和法医毒理学合称法医毒物学,共同为确定是否中毒或中毒致死提供证据。在通常情况下,当生物检材中检出的毒物含量达到中毒血药浓度或致死血药浓度,且中毒症状和中毒病理检查结果与检出毒物相符合时,可作出中毒或中毒死的鉴定。但在法医学实践中,还需考虑诸多因素的影响,如毒物体内代谢的差异性、中毒症状及中毒病理改变缺乏特异性、尸体腐败、案情复杂性等。有时,从体内检材中检测到较高浓度毒物时,但其直接死因却是溺死、高坠死、机械性损伤、疾病等,如吸毒者服用大剂量美沙酮或甲基苯丙胺后出现精神行为异常,发生跳水溺死、高坠死、割腕等;有时,从尸体血液中检出高浓度酒精时,其死亡原因却不是酒精中毒,因其血液中的酒精源自腐败产生;抑或投毒后将被害人投于水中溺死,或弃于公路或山间伪造交通事故。此外,机体中毒后器官功能受损而表现出的中毒症状类似某种或多种疾病状态,容易被误诊为疾病死亡。如小剂量多次投毒苯环利定后,被害人出现抑郁的中毒症状与自然疾病难于鉴别。综上所述,中毒和中毒死的法医学鉴定需结合案情调查、现场勘验、法医毒物分析结果、尸体解剖和组织病理学检查结果、排除自然疾病后进行综合判定,才能得出中毒或中毒死的客观结论,为法律诉讼提供科学证据。

4. 毒性(toxicity)　指一种化学物质能够造成机体损害的能力。

毒性是物质内在的、不变的性质,取决于物质的化学结构。通常毒性较高的物质,只要相对较小的剂量,即可对机体造成一定的损害;而毒性较低的物质,需要较大的剂量,才表现出毒性。目前对毒物毒性的分级没有统一标准,世界卫生组织根据毒物的半数致死量(LD_{50})将毒物的急性毒性分为 5 级,即剧毒、高毒、中等毒、低毒、微毒;我国也根据不同的要求,规定了相应的毒物急性毒性分级标准。

5. 毒性作用　又称毒性效应(toxic effect),是化学物质对机体所致的不良或有害的生物学改变。

毒性作用是毒物本身或其代谢产物在机体某一部位达到一定剂量并停留一定时间,与机体互相作用的结果。毒性作用的强弱取决于生物机体的状态,改变条件会影响毒性作用。

根据毒性作用的特点、发生时间和作用部位,可将其分为速发或迟发性作用、局部与全身性作用、可逆与不可逆作用、过敏性反应、特异体质反应。

6. 血药浓度(plasma concentration)　指药物吸收后在血浆内的总浓度,包括与血浆蛋白结合的或在血浆中游离的药物浓度,有时也可泛指药物在全血中的浓度。药物作用的强度与药物在血浆中的浓度成正比,药物在体内的浓度随着时间而变化。

7. 中毒血浓度(toxic blood level)　指能引起中毒反应的毒物在中毒者血中的最低浓度。

8. 致死血浓度(fatal blood level)　指能引起中毒死亡的毒物在中毒者血中的最低浓度。

二、毒物的分类

毒物种类繁多,难于采用统一的方法进行分类。不同的学科因研究目的和研究方法不同,对毒物的分类方法也不完全相同。法医毒理学为了中毒鉴定的需要,通常采用按毒物来源、用途、毒理作用机制的混合分类法,将毒物分为九类。而法医毒物分析为方便检材处理

和分析检测,通常采用按毒物理化性质、毒理作用或来源以及用途的混合分类法,将毒物分为十一类。

(一)法医毒理学的混合分类法

1.腐蚀性毒物　指以局部腐蚀作用为主的毒物。如强酸、强碱、酚类等。

2.金属毒物　指所有以损害器官组织的实质细胞为主,并产生不同程度形态学变化的金属类物质。如砷、铅、汞、铊及其他重金属盐类等。

3.脑脊髓功能障碍性毒物　指作用于机体后,引起脑脊髓功能异常而出现中毒症状的毒物。如安眠镇静药,各种麻醉剂、兴奋剂、致幻剂、酒精及大部分毒品等。

4.呼吸功能障碍性毒物　指作用于机体后,引起呼吸功能障碍导致以缺氧窒息为主要特征的毒物。如氰化物、一氧化碳、硫化氢、亚硝酸盐等。

5.有毒动物　指整体或部分器官组织具有毒性的动物。如毒蛇、河豚、斑蝥、蟾蜍等。

6.有毒植物　指具有毒性的植物。如乌头、曼陀罗、雷公藤、夹竹桃等。

7.杀虫剂　指用于防治农林畜牧中的虫害及去除杂草的药剂。如有机磷酸酯类、氨基甲酸酯类、拟除虫菊酯类杀虫剂和除草剂百草枯等。

8.杀鼠剂　指用于杀灭啮齿类动物的药剂。如无机磷化合物类、抗凝血类杀鼠剂、氟乙酰胺、毒鼠强等。

9.细菌和真菌毒素　指致病微生物产生的毒素。如椰毒假单胞菌毒素、肉毒杆菌毒素、3-硝基丙酸毒素等。

(二)法医毒物分析的混合分类法

1.挥发性毒物　指分子量小并具有较高蒸气压,常温常压下易挥发的毒物。如乙醇、甲醇、丙酮、氰化物、苯酚等。

2.气体毒物　指在常温常压下呈气态的毒物,通常也称为有毒气体。如一氧化碳、硫化氢、液化石油气、笑气等。

3.合成药毒物　指涉及投毒、误服、自杀和医疗纠纷的化学合成或半合成药品。如安眠镇静药物、局部麻醉药、抗生素、甾体类激素等。

4.植物毒物　指具有毒性的植物及其加工品。如毛茛科中的乌头,茄科中的颠茄、曼陀罗,夹竹桃科中的长春花、夹竹桃,卫矛科的雷公藤等。

5.动物毒物　指具有毒性的动物及其加工品。如河豚、斑蝥、毒蛇、蜈蚣、蜂等。

6.毒品　指国际禁毒公约和我国有关法律法规规定管制的能够使人形成瘾癖的麻醉药品和精神药品的统称。如阿片类、可卡因类、大麻类、苯丙胺类毒品等。

7.杀虫剂　指用于防治农、林、畜、牧及贮粮中的虫害、消灭生活环境中蚊蝇等害虫的药剂。如有机磷酸酯类、氨基甲酸酯类、拟除虫菊酯类、其他杀虫剂等。

8.除草剂　指可选择性或彻底杀灭杂草,或使杂草发生枯死的药剂。如百草枯、五氯酚钠、草甘膦、2,4-D-丁酯等。

9.杀鼠剂　指可以杀灭家鼠、田鼠、仓鼠等啮齿类动物或抑制其生长繁殖的药剂。如无机磷化合物(磷化锌)、抗凝血类(溴敌隆、敌鼠)、有机氟类(氟乙酰胺)、有机氮类(毒鼠强)杀鼠剂等。

10. 金属毒物 指能够引起急性、慢性中毒的金属单质及其化合物。如砷、铅、汞、铊等。

11. 水溶性无机毒物 指易溶于水的无机化合物毒物。如亚硝酸盐、强酸、强碱等。

三、影响毒物毒性作用的因素

在涉及中毒或中毒死亡案件鉴定中,如何解释和应用法医毒物学检验数据和结果,是鉴别中毒或中毒死亡的关键。毒物进入机体后能否产生毒性作用及毒性作用的快慢、强弱、持续时间等均取决于毒物到达靶器官的速率、浓度和个体对毒物的敏感性等因素。也就是说,毒性作用与毒物的毒代动力学及体内代谢密切相关,是毒物与生物体相互作用的结果,因此,毒物和生物体是影响毒性作用的关键因素。毒物本身的因素主要包括化学成分或理化性质及进入机体的剂量、途径和方式、速率、毒物间相互作用等;而生物体因素主要包括种属、性别、年龄、体重、健康状况、遗传因素、体内是否有蓄积等。因此,综合分析毒物及涉案个体的相关信息,有助于分析评估毒物的摄入时间、入体途径、摄入剂量及其与毒性效应的关系,从而得出客观的结论。

(一)毒物本身的因素

1. 毒物的理化性质 毒物的理化性质决定了机体吸收毒物的速度和剂量,也决定着毒物代谢和排泄的快慢,即毒物的理化性质与其毒性作用发生的快慢、持续时间、强弱直接相关。毒物的溶解性、酸碱性、稳定性等理化性质决定其毒性,如砷及砷化合物,因其存在的状态不同,毒性差异较大。单质砷因难溶于水,难于被机体吸收,几乎没有毒性;三氧化二砷,俗称砒霜,微溶于水,但溶于酸或碱后转化为亚砷酸或亚砷酸盐,溶解性增大,毒性较强;二硫化二砷,俗称雄黄,因水溶性较差,毒性较低。挥发性强的毒物,通常以气态存在,如汞蒸气,通过呼吸道吸入后很容易透过肺泡膜,迅速弥散入血,引起急性汞中毒或死亡。稳定性好的毒物,如毒鼠强,因化学性质极为稳定,进入机体后难于代谢和排泄,可长时间存在于机体中,毒性作用持续时间长达 3 个月。

2. 进入机体的毒物剂量 机体内的毒物剂量或浓度决定了毒性作用的强弱。进入机体的毒物只有达到一定剂量才会产生毒性效应,且在一定的浓度范围内存在剂量-效应关系(dose-effect relationship),大多数毒物的毒性效应与体内该毒物剂量呈正相关,即血液中的毒物剂量或浓度越高,其毒性作用或毒性效应就越强,中毒反应越重。毒物引起个体中毒并出现中毒症状的最低剂量称为中毒量(toxic dose);毒物造成个体死亡的最低剂量称为致死量(lethal dose,LD)。中毒量和致死量越小的物质,其毒性作用越强。不同物质的中毒量和致死量不同,其数值通常是基于动物实验数据得出的统计数据,或从实际案例个体中得到的参考值或推算值。因此,法医学实践中不应简单教条地套用毒物的中毒量或致死量判定中毒或中毒死。

3. 进入机体的途径 毒物须经一定途径进入机体并与机体发生作用后才能产生毒性作用。毒物的摄入方式与毒物的吸收速率和吸收强度相关,决定了毒性作用的快慢、强弱及持续时间。常见的毒物入体途径有口服(消化道)、呼吸道吸入(鼻吸、口吸)、注射(皮下、肌肉、血管、腹腔)、外用(皮肤、黏膜、结膜、阴道塞入、直肠塞入)等。通常经口服摄入的毒物,其毒性作用强度与毒物的吸收特性相关;经血管注射入体的毒物,可迅速进入血液循环到达靶器

官,故产生毒性作用的速度较快;经外用方式进入机体的毒物,吸收过程相对缓慢,产生毒性作用的速度也相对较慢,但容易引起继发性中毒。总之,毒物进入机体的途径决定了药物到达作用部位的速率及剂量或浓度,即摄入方式决定了毒性作用的快慢、强弱和持续时间。例如,美容院将"除痣灵"涂抹在皮肤表面施文身术,"除痣灵"中的苯酚等成分对皮肤腐蚀性较强,当文身面积较大时,可通过文刺破损皮肤迅速吸收大量苯酚导致急性中毒或死亡。按3mg/kg 剂量分别采用腹腔注射和灌胃给予合成大麻素 MDMB-4en-PINACA,腹腔注射大鼠会出现烦躁不安、不断翻滚、四肢僵硬、瘫痪等中毒症状,而灌胃给药大鼠仅出现轻微中毒症状。此外,不当的给药途径也会导致中毒或中毒死亡,例如,误饮乌头类外用药酒可导致中毒死亡;将口服药液用于注射导致中毒死亡等。

4.毒物相互作用(poison interaction) 是指两种或两种以上的物质同时或先后作用于机体,相互影响彼此对机体产生毒性作用。毒物间相互作用主要分为联合作用和拮抗作用。

(1)联合作用:主要有 4 种情况。①独立作用(independent effect):指两种或两种以上的物质同时或先后作用于机体,由于其各自毒作用的受体、部位、靶器官等不同,所引起的生物学效应也互不干扰,最终表现出不同毒物各自的毒性效应。②相加作用(additive effect):指两种或多种毒性物质联合作用的结果为每种毒物分别作用的总和,可简单理解为"1+1=2"的关系。这类毒物可能化学结构相似,或毒性作用相似,或毒性作用的靶器官相同。例如,同时服用两种及以上的苯二氮䓬类安眠镇静药时,它们对中枢神经系统的抑制就呈现相加作用。③协同作用(synergistic effect):指当同时接触两种有类似毒性效应的物质时,其毒作用超过两者分别作用之和,可简单理解为"1+1 > 2"的关系。如同时摄入安眠镇静药物苯巴比妥和乙醇时,由于两者都可升高中枢神经系统的神经递质 γ-氨基丁酸(GABA)水平,增强苯巴比妥的镇静催眠效果,同时加重对记忆的损伤。④增毒作用(potentiation):指一种物质本身并无某种毒性效应,但当其与另一种物质同时使用时,可使另一物质的毒性增强,可简单理解为"1+0 > 1"的关系。例如,葡萄柚汁具有美白、解毒、抗氧化、减肥等多种功效,但葡萄柚汁可抑制细胞色素 P450 酶系(cytochrome P450,CYP)中的 CYP3A4、CYP1A2 酶的活性,如食用了葡萄柚汁后,再服用需这些酶代谢的降压药(如硝苯地平)、降脂药(如他汀类药物)和部分镇静安眠药(如咪达唑仑),会导致这些药物在体内代谢变慢,血药浓度持续维持较高水平,增强了这些药物的毒性。

(2)拮抗作用(antagonistic effect):是指两种毒物作用于机体时,一种毒物的毒性作用被另一种毒物所阻抑的现象,包括毒物间或代谢物间的拮抗作用,可简单地理解为"1+1<2"的关系。例如,酸与碱、吗啡与纳洛酮、氰化物与硫代硫酸钠、磷化锌与硫酸铜、抗凝血类杀鼠剂与维生素 K_1 等,都有明显的拮抗作用。

由于联合(混合)用药现象日益突出,在法医学实践中,当生物检材中检出两种或两种以上的毒(药)物,且毒(药)物的剂量未达到中毒量或致死量时,应考虑毒物间的联合作用,尤其是协同作用、相加作用和增毒作用,而不能简单地套用中毒量或致死量进行判定。如乙醇与多种毒物(安眠药、毒品)间的协同作用就是非常多见的。

(二)机体的因素

1.年龄 新生儿血脑屏障发育不全,老年人肝、肾代谢和排泄功能低下,服用相同剂量药物时,较年轻人易于中毒,且中毒程度和后果也相对较重。

2.体重　体重越大,产生毒性效应所需的毒物剂量越大。

3.性别　妊娠、哺乳或月经期的女性对毒物较敏感,产生的毒性效应较强。

4.健康状态　由于肝、肾是毒物代谢和排泄的重要器官,肝、肾功能异常或低下时,毒物的代谢和排泄受阻,机体对毒物的耐受性降低。因此有基础疾病的个体抵抗力低下,特别是有心、肝、肾疾病时,更容易发生中毒。

5.营养状况　营养不良、饥饿、消瘦、过度肥胖者,机体对毒物的耐受性低;营养良好、身体健壮者对毒物耐受性相对较强。

6.耐受性　长期使用同一毒物,机体对该毒物的反应逐渐减弱,产生耐受或成瘾,常人的中毒剂量,甚至致死剂量均不足以产生毒性效应。酒精依赖就是典型的例子,长期饮酒的人一旦形成酒精依赖后,一次可饮入超过一般人的中毒致死量,却不发生醉酒或中毒症状。长期吸毒成瘾者,机体产生耐受性后需要吸食更大量的毒品才能产生愉悦感,对多数人来说,摄入 200mg 海洛因即可致死,但吸毒成瘾者的致死量可能要提高 10 倍以上。

7.过敏性　一些人因为遗传因素或免疫反应的缘故,接受治疗量的药物后,出现与一般人差异较大的机体反应。过敏性分两种,一种是遗传性特异体质;一种是因接触某种药物致敏后,再次用药所致的过敏,称为超敏反应。对某种药(毒)物过敏者,微量或低于中毒量的该药(毒)物进入机体即能引起强烈反应,甚至发生死亡。如青霉素过敏,蜂蜇伤后引起的过敏性休克等。

8.体内蓄积　可分为 3 种。

(1)有肝、肾疾病者,机体代谢、排泄功能障碍,在反复用药或慢性投毒时,机体不能及时将其代谢或排泄,造成毒(药)物在体内蓄积,产生毒性效应。

(2)毒物自身的体内代谢缓慢,半衰期长,长期使用后在体内蓄积,导致中毒。

(3)毒物间的相互作用,也会影响药物的吸收、分布、代谢、排泄、清除速率等,使药物蓄积产生中毒。例如美沙酮,常被用于阿片类毒品依赖的戒断治疗,其半衰期约为 24 小时,体内消除缓慢,如反复用药会产生明显的蓄积,引起严重呼吸抑制而危及生命。

四、急性、亚急性和慢性中毒

由于毒物自身和毒物作用的个体间差异,机体对毒性作用的反应快慢会有差异,造成的中毒症状及后果也会不同,检验中毒尸体时采集的材料及其包装也不尽相同。根据毒物进入机体后毒性作用发生的快慢,将中毒分为急性中毒、亚急性中毒和慢性中毒。

1.急性中毒(acute poisoning)　指短期内(一般 24 小时内)大量摄入或多次摄入有毒、有害物质导致的中毒或中毒死亡。多见于自杀、他杀、意外、灾害等。

2.慢性中毒(chronic poisoning)　通常指长期(3 个月以上)、小剂量、多次摄入有毒、有害物质引起的中毒。慢性中毒的每一次接触之后,都可能产生某些即时毒性效应,出现急性发作。慢性中毒多见于职业中毒(如铅、砷等)、药物滥用(如安眠镇静类药物、海洛因、冰毒等)、环境污染(甲醛等)等。目前,药物滥用(又称吸毒)已经成为法医学鉴定的重要内容之一。慢性中毒者,一般血液中毒(药)物含量相对较低,但器官、组织长期受损,发生功能障碍或继发各种疾病,其直接死因可能为继发性疾病。

3.亚急性中毒(subacute poisoning)　指介于急性与慢性中毒之间的中毒。在法医司法

鉴定中,可见于小剂量多次投毒、蓄积中毒、中毒潜伏期长的毒物中毒等情形。中毒症状较轻,但中毒迁延时间较长。如抗凝血类杀鼠剂中毒,潜伏期较长,一般口服后 3～5 天才表现出中毒症状。

因此,无论何种类型的中毒案(事)件,均应结合案情,尽快采集可疑毒(药)物、呕吐物/洗胃液、毛发、各脏器组织、血液、尿液等进行法医学检验。

五、中毒发生的方式

中毒发生的方式主要有以下几种类型:

1. 自杀中毒　较为常见,其中,口服过量毒物或药物是比较常见的自杀方式,使用的毒(药)物以敌敌畏、甲胺磷、百草枯、安眠镇静药、硫酸、强碱、液化气等多见,常可在死者的口腔或胃、肠内检见毒物。具有腐蚀性毒物中毒者可观察到腐蚀痕,农药等可嗅到杀虫剂的特殊气味。

2. 他杀中毒　投毒在谋杀犯罪中并不少见,随着科技的发展,毒(药)物种类迅猛增多,犯罪手段呈现智能化的特点;犯罪分子常选择无色、无味、无臭、毒性和隐匿性高的毒物进行谋杀活动,在饮料、酒、食物或中药煎剂中加入剧毒草乌药粉、毒鼠强、百草枯、毒品等进行投毒。他杀投毒案一般采用一次性大剂量投毒引起急性中毒死亡,但也有采用小剂量多次投毒致亚急性或慢性中毒的案例。例如,罪犯为骗取高额保费,在被害人取暖期间,悄悄打开藏在房间隐蔽处的一氧化碳气瓶,制造一氧化碳中毒的假象。

3. 意外中毒　此类中毒最为常见,可见于生产、生活、医疗等活动中。如食堂误将亚硝酸钠当成食盐使用,引起群体性中毒;工业性有毒气体泄漏事件等。目前,在法医学实践中涉及的意外中毒案件大多与药物滥用和用药不当有关。例如,药物滥用者因长期吸食毒品,一方面导致机体产生依赖性和耐受性,为了寻求欣快感和陶醉感,需要不断加大毒品使用量,引起急性中毒或死亡;另一方面,药物滥用者因长期吸食毒品,全身器官功能受损并伴随多种传染性疾病,一旦毒品使用过量,可诱发继发性疾病而死亡;或发生与吸毒有关的暴力性死亡案件。此外,由于人们对新的化学物质的认知有限或滞后,使用不当可引起意外中毒或死亡,如新的临床药物、新精神活性物质、中草药配方等,也成为法医学鉴定的重要内容之一。

第二节　中毒的法医学鉴定

中毒的法医学鉴定需要综合应用法医毒理学和法医毒物分析的检验结果,解决以下问题:机体内有无毒物、摄入何种毒物、摄入剂量、摄入时间和途径、毒物是否为中毒或死亡原因等。为解决上述问题,需按一定的鉴定程序开展相关鉴定工作。首先需了解案情和中毒经过、勘验现场或应用现场勘验信息进行全面的尸体解剖、病理组织学检验和毒物分析检验,客观评价毒物的检验结果,综合分析研判毒物与死亡原因之间的关系。

一、案情调查

1. 一般情况　主要关注中毒者及相关人员的年龄、性别、民族、健康状况（是否患有心、脑、肝、肾等疾病或其他慢性疾病）、嗜好及药物滥用史（是否吸毒、经常服用安眠镇静药、抗抑郁药等）、职业及生活习惯，是否可能接触或获得可疑的毒物。

2. 中毒发生过程　主要关注中毒症状发作的时间、典型中毒症状及其变化过程、死亡时间；是否经过临床救治，用过何种药物等。

3. 中毒者的思想情绪　近期有无反常的言语和行为、是否外出或接触过什么人、是否发生过什么特殊的事件等。

4. 群体性中毒　若为群体性中毒应特别关注可疑食物、可疑毒物的追踪溯源，鉴别是细菌性中毒还是化学物质引起的中毒。

5. 毒物来源　关注中毒者家中或相关场所是否存放毒物；农村中毒案件应重点关注当地常用杀虫剂、杀鼠剂、有毒动植物的种类及使用情况；涉及医源性药物中毒的案件应了解有无错用药物或过量使用的情形；涉及中草药中毒案件，应了解处方、药剂成分、药物煎煮过程、服用方式及服用剂量等信息。

6. 中毒者的家庭和社会关系　是否涉及巨额保险或遗产分配等经济利益。

二、现场勘验

中毒案件现场勘验应依据法医现场勘验规范或要求实施，需特别关注以下事项：

1. 中毒后的处理　记录中毒现场情况、医院或个人救治过程及救治后的机体反应等信息。

2. 中毒死亡现场　观察尸体位置、衣着及外观，有无残留毒物/药物，遗书等。

3. 现场体外检材的采集　采集呕吐物、剩余食物、饮料、药品、注射器、碗碟、酒瓶、农药或杀鼠剂、可疑气体等。对采集的检材应采用洁净器皿分别独立包装、标注取样信息、检材标识、取样人及日期，并及时送检。

三、中毒症状

不同毒物因毒理作用机制不同，中毒后机体表现出的中毒症状也不相同。法医学鉴定中可根据某些典型中毒症状，推测毒物种类或目标毒物，为拟定尸体检验方案、采集毒物分析检材、设计毒物检验方案提供依据。值得注意的是，许多毒物的中毒症状相似，并且这些中毒症状与某些疾病发作的症状也非常相似，如毒鼠强、氟乙酰胺中毒，均会出现口吐白沫、抽搐等症状，而癫痫、破伤风发作也会出现相似的症状。因此，熟悉常见毒物中毒症状与常见疾病的临床症状，有助于排除疾病，判定是否中毒或中毒死亡（表6-1）。

表 6-1　常见毒物、疾病的中毒反应和症状

中毒反应和症状	可能的毒物	常见疾病
颜面樱红，血液樱红色，不凝固	氰化物、一氧化碳等	
皮肤、脏器广泛性出血，血液不凝固	抗凝血类杀鼠剂、肝素等	过敏性紫癜、血友病、再生障碍性贫血
皮肤、口唇发绀，血液酱色，不凝固	亚硝酸盐、硝基苯、苯胺等	
皮肤色素沉着、过度角化	慢性砷中毒	原发性肾上腺皮质功能减退症
皮肤及口腔黏膜灼伤	强酸、强碱、百草枯、苯酚	
瞳孔散大	阿托品、颠茄、曼陀罗、麻黄碱	
瞳孔缩小	有机磷、海洛因、氯丙嗪	
视物障碍，失明	甲醇、钩吻、阿托品、氯喹	视神经、视器官疾病
恶心、呕吐、腹痛、腹泻	强酸、强碱、金属毒物、有机磷、磷化锌、砒霜等多种毒物	霍乱、急性胃肠炎、急性胆囊炎、急腹症等
口唇、四肢及全身发麻	乌头、蟾蜍毒素、河豚毒素	周围神经疾病
心律失常、心源性休克、心搏骤停	乌头、氟乙酰胺、夹竹桃、洋地黄、苯丙胺等	冠心病
呼吸气味	氰化物中毒有苦杏仁味，有机磷中毒有大蒜气味，甲酚皂液中毒有苯酚气味	
呼吸浅慢，昏睡甚至昏迷	镇静催眠药、麻醉药、海洛因等	呼吸系统疾病
肺水肿	百草枯、刺激性气体、有机磷等	
黄疸、肝损伤	磷化锌、四氯化碳、砷化物、蘑菇毒素	急性暴发性黄疸型肝炎
痉挛、抽搐	有机磷、氟乙酰胺、毒鼠强、异烟肼、士的宁等	癫痫、破伤风
少尿或无尿	汞、四氯化碳、磷化锌、砷化氢、关木通等	肾炎
瘫痪	可溶性钡盐、蛇毒、河豚、笑气等	低血钾软病、周期性瘫痪
高热、大汗	五氯酚钠	感染
幻觉	四氢大麻酚、麦角酰二乙胺、颠茄、氯胺酮、摇头丸等	精神分裂症

四、中毒尸体的法医学检查

(一)尸体解剖前的准备

尸体解剖前根据案情、中毒过程和(或)现场勘验情况,预判中毒可能,做好必要的安全防护,必要时准备防化服等。如对怀疑挥发性毒物、有机磷农药、氰化物及磷化锌等中毒尸体进行解剖时,注意自身安全防护。预先准备干净无污染的解剖器械、手套、尺子、福尔马林固定液及盛装病理组织的容器,收集毒物分析检材的洁净容器(一次性塑料物证袋、玻璃瓶或塑料瓶、注射器等),快速筛查试剂盒或仪器(如毒品、安眠镇静类药物快检试纸,现场快速检测质谱仪、红外光谱仪等)等。尸体解剖应在通风良好的环境中进行,解剖前应预先清洗解剖台,防止污染。

(二)尸表检验

1. 尸体衣着的检查 检查死者衣服口袋内有无遗书或有关的文字材料。还应关注尸体是否有特殊气味;衣服上有无农药、氨水、苯酚、碱等特殊气味,有无呕吐物或其他污渍,有无残留的药片、药丸或药粉、药瓶,有无被药物流注或酸碱腐蚀的痕迹等。

2. 尸斑颜色及尸僵的检查 检查尸斑的颜色及尸僵的强度有助于判定中毒方向,如急性一氧化碳中毒尸体的尸斑呈樱桃红色,亚硝酸盐中毒死亡尸体的尸斑呈暗褐色或巧克力色;而毒鼠强、氟乙酰胺、番木鳖碱中毒,因死前发生全身痉挛,尸僵迅速且程度强。

3. 皮肤的检查 检查体表皮肤的颜色、有无出血点、新旧注射痕迹、可疑蛇咬齿痕、化学腐蚀或烧伤、血管硬化或硬结、水疱形成等,为判定中毒方向提供依据。如磷化锌、蘑菇毒素、四氯化碳等肝毒性毒物中毒可出现黄疸;溴敌隆等抗凝血类杀鼠剂中毒可出现全身广泛性皮肤点状出血;疑为毒品滥用的尸体,体表可见新旧注射针孔、陈旧的注射瘢痕、皮下硬结等;经口摄入腐蚀性毒物中毒的尸体,口腔黏膜腐蚀、溃烂较为严重,皮肤上可形成腐蚀斑痕;硫酸腐蚀痕为炭化黑色、硝酸腐蚀痕为黄色;氢氧化钠中毒尸体,局部皮肤肿胀并有滑腻感;下肢皮肤如发现有咬痕,可能为毒蛇咬伤牙痕等。

4. 肢体的检查 检查四肢有无骨折、色素沉着、注射针痕、瘢痕、咬痕等。

5. 瞳孔颜色和大小的观察 检查巩膜是否有黄疸、瞳孔大小等。肝毒性毒物中毒者的巩膜黄染;有机磷酸酯类农药中毒尸体出现瞳孔缩小,海洛因中毒的尸体可出现针尖大样瞳孔。

6. 口鼻部的检查 口鼻腔黏膜及周围皮肤有无流注状痕迹或腐蚀斑痕,口鼻腔内有无药物或毒品粉末等可疑毒物及特殊气味,牙龈是否有铅线或汞线。口服有机磷酸酯类农药中毒尸体口腔黏膜腐蚀严重,可闻见蒜臭味或刺鼻的酯的气味;慢性铅、汞中毒尸体,牙龈可出现铅线或汞线。

7. 隐蔽部位的检查 检查隐蔽部位(如腋窝、会阴部、指间、耳后及毛发遮盖处)。女性尸体应检验外阴及阴道,有无注射、阴道塞入毒物,外阴部和阴道黏膜有无腐蚀坏死等痕迹,排除阴道塞入毒物中毒的可能;检查指甲的外观形态、指甲内是否有可疑毒物等。

(三)尸体解剖与组织病理学检验

实施全面系统的尸体解剖及组织病理学检验,有助于发现毒物引起的各器官的中毒病理改变。中毒或疑似中毒死亡的尸体解剖,除按照国家或行业相关标准或规范要求实施外,应全面观察各器官病变,同时采集组织检材进行组织病理学检验。法医学实践中,毒物进入机体的途径多为口服入体引起中毒。因此,尸体解剖应重点检查消化道,如咽喉部、食管黏膜有无腐蚀、坏死病变;结扎胃两端后取出并剪开检验胃内容物气味及性状;观察胃、肠黏膜有无充血、出血、腐蚀及穿孔等。中毒较长时间死亡者,应注意检验十二指肠及肠内容物。此外,还应关注心、脑及其血管的改变,肺、肝、肾、脾等脏器的大小和颜色,有助于判定毒物及其入体途径,同时为收集检材和毒物分析提供指导。

法医学鉴定实践表明,多数急性中毒的尸体,其尸表和病理改变并无明显的特异性,但通过系统的尸体解剖及组织病理学检验,可指导毒物检验方向、某些毒物中毒诊断、疾病与中毒死亡的鉴别等。如砷、磷化氢中毒会出现肝脂肪变性;氯仿、四氯化碳中毒常会导致肝坏死;斑蝥(素)、金属毒物、苯酚等中毒会出现肾小管坏死;急性砷中毒时常出现左心室心内膜下出血等。

五、毒物分析检材的采取、保存和送检

检材(sample)是为进行毒物分析而提取的、具有一定代表性的、适量的各种生物组织及体液、物理及化学物质样品。检材是判明是否含有毒物的原始物证,规范的检材采集、包装、储存和送检,确保了检材的适宜性、原始性和检验结果的可靠性,与是否中毒、毒物与中毒的关联性鉴识密切相关。法医学鉴定实践中,因案情不同、涉及的毒物种类不同、毒物入体途径不同,中毒发生的快慢不同,需要采集的检材类别、包装、储存和送检的要求也不尽相同。现将常见毒物分析检材的类型、检材采取、保存和送检原则列举如下。

(一)检材类型

法医毒物分析工作涉及的检材多种多样,一般将其分为体外检材和体内检材两大类。有时,也会涉及对照检材,如开棺验尸检验。检材的来源、性状、组成不同,所用检材前的处理、检测方法也不同;体外检材和体内检材的检测结果在法医鉴定中的意义亦不完全相同。

1. 体外检材(specimen in vitro) 指未经机体吸收、分布、代谢等过程的检材,可在形态、气味、酸碱性、溶解度和化学状态等方面全部或部分保留其原有形状和性质。体外检材涉及的范围较广,种类繁多,多为侦查或现场勘验中搜集到的可疑物。常见的体外检材有药粉、药片、药丸、注射液、中草药、中草药汤、农药、杀鼠剂、毒品、饮料、食物、日常用品、呕吐物或洗胃液、急性中毒死亡者的胃内容物等。无论体外检材中是否含有毒物,其检验结果对于查明案情、侦查线索都有重要意义。如果体外检材来源不清,只是可疑物,则要排除是否犯罪嫌疑人故意制造的中毒假象,此时仅能为法医毒物鉴定提供方向和线索,一般不能作为判定中毒的直接依据。

2. 体内检材(body specimen) 又称生物检材(biological material),指取自活体或尸体的检材,如血、尿、唾液、玻璃体液等体液和各种脏器,毛发、皮肤、骨骼、肌肉等组织,以及已

埋尸体的组织或腐泥等。

毒物进入机体后,经过体内吸收、分布、代谢、排泄等过程,其中一部分或大部分可通过氧化、还原、水解等生物转化方式,改变其原来的化合状态,成为原药的代谢产物(metabolite)。毒物及其代谢产物通常会与体内硫酸盐、葡萄糖醛酸、蛋白质等结合形成结合物,这些结合物分布于全身或部分组织及体液中,不同毒物或代谢产物在组织或体液中的分布差异较大,有些毒物还存在死后再分布现象,需要根据各种毒物的体内吸收、分布、代谢、排泄特点,入体途径和案情调查等,选择最具代表性的检材来进行检测,防止漏检,确保检测结果的客观性和有效性。

(二)检材的采取

毒物分析检材采集部位或种类不适宜,容易导致漏检或检测结果不可靠。如酒精中毒案件,应采集外周血进行血液乙醇含量测定,如果采集心血检测,可能会因死后胃内酒精弥散至心脏和大血管,致使乙醇检测结果出现偏差。此外,检材剂量应足够,至少保证满足初检、复检和留样所需。不同毒物中毒或相同毒物不同的摄入方式中毒,检材采取的种类与数量也不完全相同(表6-2)。

表 6-2 不同毒物中毒的检材采集及剂量

中毒类型	检材	检材剂量
消化道摄入的急性中毒、多种毒物中毒	胃及胃内容物	组织 200g,内容物 50~200mL
多种毒物中毒	心血	50~100mL
乙醇、多种毒物中毒	外周血	10~20mL
多种毒物中毒、药物滥用或毒品的快筛	尿液	全部
吗啡、美沙酮、格鲁米特(导眠能)中毒	胆汁	全部
合成毒物、多种毒物、金属毒物中毒	肝	50~200g
金属毒物、磺胺类药物等中毒	肾	50~100g
脂溶性毒物、挥发性毒物中毒	脑	50~200g
有毒气体、百草枯、挥发性毒物中毒	肺	一侧肺
铅、砷等金属毒物中毒	骨	200g
毒品、慢性砷铊等中毒	头发、指甲	头发 50~100mg,指甲 5g
注射途径引起的中毒	注射针孔周围软组织	50~100g
多种毒物中毒(高度腐败尸体)	肌肉	200g

1.案情不详,分析目标物不明确的案件 应全面采集现场所有可疑的体外检材,包括现场勘查中发现的可疑粉末、药渣、容器、注射器、呕吐物、可能被呕吐物或排泄物等浸染的食物、衣物等,必要时应同时采取未被浸染的相应部分作为对照检材。同时,须在尸体解剖过程中提取生物检材,主要包括胃组织及胃内容物、心血、肝组织、肾组织、尿液等。

2.涉嫌乙醇中毒的案件 通常采集锁骨下静脉血、股静脉血等外周血。玻璃体液不易腐败,其中的乙醇相对稳定,故腐败尸体还应补取玻璃体液备用。有些案件需要判定乙醇是

生前饮酒或死后腐败产生,需检测乙醇代谢物乙基葡糖醛酸苷(EtG)和硫酸乙酯(Ets),因EtG 和 Ets 在尿液中的检测窗口期较血液长,因此除采集血液外,还须采集尿液检材进行乙醇代谢物的检验。

3.涉嫌一氧化碳中毒的案件 对于涉及一氧化碳中毒案件的检验,血液是最佳检材。

4.涉嫌毒品中毒的案件 尽可能采集现场可疑毒品、注射器、注射针痕处的皮肤及软组织等体外检材。对于某些特殊案件,还须采集尿液、血液、肝组织、胃肠内容物、毛发等。

5.涉嫌毒鼠强中毒的案件 毒鼠强理化性质稳定,难于代谢,通常在胃内容物、肝脏、尿液中的含量相对稳定。因此,涉及毒鼠强中毒的鉴定,应尽可能采取现场可疑药粉和胃内容物、肝脏、尿液等生物检材。

6.涉嫌有机杀虫剂中毒的案件 有机杀虫剂在体内代谢快、排泄快。因此,涉嫌有机杀虫剂中毒的鉴定,应尽快采集现场可疑体外检材(农药、呕吐物、洗胃液)及胃内容物、血液、肝脏、尿液等生物检材进行鉴定。

7.涉嫌金属毒物中毒的案件 尽可能采取现场可疑毒物,按肝、肾、指甲、毛发、骨骼、肌肉等顺序采集。对于开棺验尸的中毒案件,除采集已腐脏器或所在部位的泥土,应同时采集周围不受腐败尸体浸染的泥土作为对照检材。

8.涉嫌百草枯中毒的案件 肺部对百草枯有主动摄取作用,可引起肺和肝的纤维化。对怀疑百草枯中毒的鉴定,首选肺作为检材,其次是肝、血液等。

9.涉嫌抗凝血类杀鼠剂中毒的案件 抗凝血类杀鼠剂中毒通常会有 3～5 天的潜伏期,因此可采取肝、肾、尿液等检材。

10.涉嫌无机磷化物杀鼠剂中毒的案件 无机磷化物杀鼠剂中毒通常为急性中毒,呕吐物及胃内容物中常有磷化物的原药,可用于检测磷化氢和金属离子,有助于中毒目标物的溯源。因此,涉及无机磷化物杀鼠剂中毒的鉴定,常采集呕吐物、胃内容物、肝、血液、尿液等检材。

(三)检材的包装、保存及送检

尸体解剖过程中提取的生物检材/样品,应分别独立包装于洁净的器皿中,避免不同样品之间发生污染,尤其是胃及胃内容物与实质器官检材之间的污染。由于生物检材中原药及代谢物的理化性质也不完全相同,离体后生物检材中部分代谢酶仍在不断降解/分解毒物原药及代谢物,因此,所有检材需密封包装、低温保存、尽快检验。若检材的保存温度不当,保存时间过长,则会出现假阴性结果。

1.检材的包装和保存 根据中毒物的理化性质、入体途径及体内代谢过程,采集适宜的检材后,采用不同的洁净容器分装检材,密封后加贴标识,注明案件编号、死者姓名、检材名称、取材日期、采集人等信息,低温冷藏或冷冻保存(即时检验的检材通常于 $2\sim8℃$ 冷藏,若暂不检验或留样则置于 $-20℃$ 冷冻保存)。如用于乙醇检测的血样需置于抗凝管中密封包装,冷冻于 $2\sim8℃$;检测一氧化碳的血样需置于密封管中,且装满器皿,不留上层空间,低温保存,尽快送检;磷化锌中毒的检材应低温密封保存、即时检验;有机磷农药中毒的检材应密封包装,不能接触酸碱,防止水解。

2.检材送检 检材应由专人及时送检,还应提供委托书及相关书面材料,主要包括简要案情、中毒症状或经过、相关病历资料、主要尸体解剖所见、检材提取日期、名称、数量、检材保存情况、委托检验鉴定事项、鉴定时限、检材取用约定等。同时,送检人与毒物分析接案人还应查验核对检材的相关信息是否与委托书一致,检材是否满足相关鉴定要求,核验完毕后需确认签字或盖章。

3.其他 福尔马林溶液常用于固定组织标本,经固定后的组织标本一般不适宜于毒物分析检验。但部分毒物经福尔马林溶液固定后仍能检出,此时应将福尔马林溶液作为对照样品送检。

六、法医毒物分析

法医毒物分析是以生物学检材中的化学物质为研究对象,应用分析化学尤其是现代仪器分析技术,对检材中各种化学物质或其代谢物进行定性和定量分析,从而为刑事侦查提供线索,为审判提供证据的一门法医学学科。基本工作程序如下。

(一)委托受理

在接受委托任务前,应详细了解案情、中毒症状及中毒经过、现场勘验或侦查线索、外部信息材料(被鉴定人性别、年龄、职业、嗜好及药物滥用史、抢救病历、治疗过程,用过何种药物等)、尸体解剖所见、合格检材的要求、评价毒物分析实验室的技术能力能否满足委托鉴定事项等。满足要求的可以受理;如检材不满足鉴定要求,或实验室技术能力不满足委托事项要求,则不予受理。

(二)制定法医毒物分析方案

受理委托后,综合分析案情调查结果、中毒症状及中毒经过、现场勘验或侦查线索、外部信息材料、尸体解剖所见、委托鉴定事项,初步预判中毒方向或中毒可能;再根据毒物的理化性质及其在活体与尸体中的分布和代谢特点,选用、制定相应的分析方案。

1.确定检验方向 充分了解案件相关信息后,通过观察检材的形状、色泽、气味、酸碱性等,初步辨识检材中是否含有相关毒物,为检验提供方向和线索。如资料和检材不完整或不符合要求,不能提出明确的检验方向时,可要求委托人补充可能被遗漏的材料后再行检验。

2.确定检测毒物的方法 确定检验方向后,制定检验方案时应考虑到所有可能涉及的毒物,尽可能扩大毒物筛查范围,采用现行有效的标准方法/技术规范,实施有效的质量控制,确保检测结果准确可靠。①法医学实践中,常涉及多种毒物及其代谢物的检测,需要结合毒物的毒代动力学、体内分布、代谢规律等知识,选择适当的检材,适当的方法进行不同毒物的检测。②开展法医毒物分析之前,应对用于检验鉴定的标准方法/技术规范进行方法验证,验证的主要技术参数包括检测限、最低定量限、回收率、校准曲线、精密度、准确度、基质效应等。③阳性结果的确证和阴性结果的排除,只有当溶剂空白样和基质空白样的检测结果为阴性,基质加标样的检测结果为阳性,待测样品检测结果为阳性(或阴性)时,待测样品的检测结果才可靠。④在对法医毒物分析结果进行解释时,应综合考虑案情调查提供的关键信息,如毒物入体途径、摄入剂量、中毒症状、中毒过程、死亡时间、中毒者的性别、年龄、健康状况、用药史及饮食习惯等,还应结合毒物的毒代动力学、组织分布、代谢规律等进行综合分析。

(三)检材前处理

检材前处理的目的在于将待检毒物从各种检材基质中分离提取出来并富集纯化,便于用分析方法进行定性、定量检测。生物检材中的毒物及其代谢物大多以结合状态存在,且含量较低,需先从大量"杂质"中将毒物分离后才能分析检测。多数情况下,检材中的毒物是未知的,甚至不在人们的认知范围内,并且检材一经消耗不可复得,因此必须选择分离效果好、回收率高、基质干扰小的前处理方法。

法医毒物分析中,根据毒物的理化性质采用相应的提取分离净化方法(表6-3)。

表6-3　常见毒物的前处理方法

前处理方法	可分离的毒物	代表性毒物
蒸馏法	挥发性毒物	苯酚、氰化物等
微量扩散法	挥发性毒物	乙醇、甲醇、氰化物等
顶空加热法	挥发性毒物	甲醇、乙醇、正丙醇、丙酮等
Stas-Otto 法	非挥发性有机毒物	合成毒物、苯丙胺类、阿片类毒品
有机溶剂直接提取法	非挥发性有机毒物、杀虫剂	杀虫剂、毒鼠强、毒品等(适宜体外检材和毒物明确的体液)
固相萃取法	非挥发性有机毒物	合成毒物、苯丙胺类、毒鼠强等(适宜复杂基质样品)
固相微萃取法	非挥发性有机毒物	各类非挥发性有机毒物
有机质破坏法/微波消解法	金属毒物	砷、铅、铊等
透析法/水浸法	水溶性无机毒物、百草枯	强酸、强碱、亚硝酸盐、百草枯

1.非挥发性有机毒物的前处理

(1)非挥发性有机毒物的分类:非挥发性有机毒物是法医毒物分析中涉及最多的一类毒物,该类毒物分子结构通常较复杂,分子量亦较大,多数为固体、不易挥发。按照非挥发性有机毒物的酸碱性,可将其分成四类。①酸性毒物(acidic toxicant):这类毒物一般呈弱酸性,在酸性条件下呈游离状态,易溶于有机溶剂而难溶于水;可用碱水反提法除去杂质。如巴比妥类安眠镇静药、斑蝥素、大麻类毒品等。②碱性毒物(alkaline toxicant):这类毒物大多呈弱碱性,在弱碱性条件下呈游离状态,易溶于有机溶剂而难溶于水;可用酸水反提法除去杂质。如苯骈二氮杂䓬类安眠镇静药、生物碱、甲基苯丙胺类毒品等。③中性毒物(neutral toxicant):这类毒物呈中性,不能与酸或碱结合成盐,一般不易溶于水,易溶于有机溶剂,因此可以在任意 pH 条件下萃取,如毒鼠强、氟乙酰胺等。此外,有机磷酸酯类杀虫剂、氨基甲酸酯类杀虫剂、拟除虫菊酯类杀虫剂等,属于酯类化合物,可以在中性或弱酸性条件下萃取。④两性毒物(amphoteric toxicant):这类毒物的分子结构中,同时存在酸性和碱性基团,因此与酸碱都能结合成盐,这类毒物仅在一定 pH 范围内(如吗啡为 8.7±0.2)呈游离状态,此时较易溶于有机溶剂,难溶于水;成盐状态的两性毒物,较易溶于水而不易溶于有机溶剂。吗啡是法医毒物分析中最为重要的一个两性毒物。

(2)非挥发性有机毒物的前处理:根据常见检材类型和毒物种类,非挥发性有机毒物的提取净化方法主要有液-液萃取、液-固萃取、固相微萃取、液相微萃取、其他萃取技术等。①液-液萃取(liquid-liquid extraction,LLE):利用毒物在不同溶剂中的溶解度不同而实现提取分离目的。当两种不相溶的溶剂共存时,毒物在此两种溶剂中分配的溶解量不同;在实际工作中,常将检材预处理为一定 pH 的水溶液,使毒物转化成易溶于有机溶剂的原型化合状态,再用与水互不相溶的有机溶剂萃取,如乙醚、乙酸乙酯、氯仿等,从而将待测毒物从水相中转移至有机溶剂中,实现提取分离目的。液-液萃取法经不断发展改良,目前常用的是由 Stas 和 Otto 两位科学家共同发明的 Stas-Otto 法。Stas-Otto 法已经应用了一百多年,特别适用于目标毒物不明确或疑有多种毒物存在的检材前处理。其基本流程是将检材用乙醇浸泡处理,去除蛋白质、脂质、糖、纤维素及无机盐杂质,制备成酸性水溶液后,依次在不同酸碱性条件下将毒物转化成易溶于有机溶剂的原型化合状态,再采用适当的有机溶剂萃取或反萃取,从而将酸性、中性、碱性及两性毒药物萃取出来。液-液萃取技术适用于各类检材,特别是血液、尿液、可疑药液等液体检材,可直接调节 pH 后,采用有机溶剂萃取或反萃取。但液-液萃取有机溶剂用量大,易发生乳化现象,基质干扰大。②液-固萃取(liquid-solid extraction):液-固萃取是目前应用非常广泛的检材处理方法,又称为固相萃取技术(solid phase extraction,SPE)。主要是利用待检毒物与杂质在柱中固定相和洗脱液间吸附或分配作用或不同组分分子大小等方面的差异进行分离。根据固定相填料的种类不同,可分为正相固相萃取、反相固相萃取和离子交换固相萃取等。正相固相萃取系统适用于极性毒物的分离;反相固相萃取系统适用于非极性毒物的分离;离子交换固相萃取系统适用于分离带有电荷的毒物。固相萃取技术适用于各类检材,但首先须将检材进行预处理,制备成酸性或碱性或中性水溶液。固相萃取技术减少了有机溶剂使用量,萃取效率高,避免了液-液萃取中的乳化现象。③固相微萃取(solid phase micro extraction,SPME):主要利用特殊材料制成的萃取纤维头对待检毒物的选择性吸附;将萃取头伸入或浸入检材中(或检材上层),经过一段时间吸附达到平衡后,将萃取纤维头插入气相色谱仪或色谱-质谱联用仪的进样口,利用热解吸附或流动相将毒物洗脱下来,进行气相色谱法或色谱-质谱联用法分析。固相微萃取技术集采样、萃取、浓缩、进样为一体,简单方便、无需有机溶剂,快速环保。缺点在于纤维头的使用次数有限。④液相微萃取(liquid phase micro extraction,LPME):液相微萃取又称为溶剂微萃取(solvent micro extraction,SME),结合了 LLE 和 SPME 的优点,集采样、萃取和浓缩于一体,适于痕量目标物的萃取。⑤其他萃取技术:随着科学技术的飞速发展,前处理技术日益优化、快捷,如 QuEChERS 技术,意指 Quick,Easy,Cheap,Effective,Rugged and Safe,为"快速高效,容易操作,价格低廉,适用面广,安全性高"的样品预处理技术。QuEChERS 方法结合液-液萃取和分散式固相萃取两种方式来实现对基质中目标毒物的提取和分离。

此外,基于 Fe_3O_4 磁性纳米材料,构建荧光探针的分子印迹荧光传感技术,也正在应用于快速萃取并即时检测多种目标毒物。

2.挥发性毒物的前处理 分离挥发性毒物是基于气液平衡原理,不同的挥发性物质有各自的蒸气压,并各自保持着气液两相间的平衡。挥发性越强的毒物,蒸气压越大,越容易从液态转化为气态,并随温度的升高,压力不断增大。因此,当一个体系中的挥发性物质在气液两相间共存时,如果不断除去在气相中的含量,该气液平衡将被破坏,液相中的挥发性物质会不断挥发为气体直至完全。将气相中的挥发性物质收集起来,即可达到分离挥发性

物质的目的。目前常用的方法有水蒸气蒸馏法、微量扩散法、顶空加热法等。如血液中乙醇的分离即是采用顶空加热法。

3.金属毒物的前处理　多数重金属进入人体后,经过吸收、代谢和转化,非常容易与人体内的蛋白质结合成金属蛋白盐,从而破坏人体组织细胞的正常生理功能而产生毒性。因此,在进行金属元素的检测前,需将与蛋白质结合状态的金属转化为无机金属元素或金属离子,常用的方法有有机质破坏法、微波消解法。有机质破坏,就是在检材中加入一些强氧化剂,如硝酸-浓硫酸、硝酸-高氯酸、硝酸、过氧化氢等,通过高温加热使得与金属结合的有机物,包括脂肪、糖类、色素等,分解成无机产物,从而解离得到无机金属离子。

4.水溶性无机毒物的前处理　在法医毒物分析中,会遇到强酸、强碱、亚硝酸盐、草酸盐、氯酸盐、氟乙酸盐等无机盐中毒的检验,这些化合物均能溶于水,被称为水溶性无机毒物,这类毒物的提取分离方法有水浸法、透析法。

(1)水浸法(water immersion method):其原理是利用该类毒物的水溶性特点。将检材剪碎或捣碎,用蒸馏水浸泡或轻微加热使待检毒物溶解于水,经过滤或离心后,取上清液直接或浓缩后进行分析。

(2)透析法(dialysis):其原理是利用溶液的渗透现象。物质的渗透压只与溶液中溶质粒子多少有关,而与溶质的化学性质无关。溶质粒子越多,渗透压越大。透析法可以将一些水溶性的小分子或离子化合物从基质复杂的检材中分离出来,且不改变这些小分子物质和离子化合物的化学性质。

(四)分析检测

检材经前处理后,需采用适当的分析方法检测其中的毒物,即对毒物进行定性、定量分析。定性分析是确定检材是否某种毒物,或是否含有某种或某几种毒物;定量分析是确定某种或某几种毒物在检材中的含量。

随着以审判为中心的诉讼制度改革,对诉讼证据提出了更高的要求。面对毒物、毒品种类迅猛增加,法医毒物分析理论、前处理技术和仪器分析技术也必须随之发展,同时会面临诸多问题和挑战。要求法医毒物检验相关人员掌握毒物的分子结构、理化性质、中毒机制、中毒症状、不同检测技术的原理、适用范围等知识,具备应用各种技术和手段检测不同毒物并对结果进行分析判定的能力;更须有严谨、客观、公正、科学的学科思维和专业素养;还应客观分析案情、尸解所见,结合专业知识研判毒物检验目的或检验方向,选择适宜的检验方法进行检验,确保检测结果的可靠性、科学性、证据性。例如,目前新精神活性物质不断涌现,人们对新精神活性物质的认知和分析检测技术滞后于新精神活性物质的合成速度,毒物分析检验难度较大,需要采用高分辨质谱进行初筛预判其结构,再采用核磁共振、气相色谱-质谱联用、红外光谱等多谱技术,对未知的新精神活性物质的化学结构进行推断、确证和命名。对于投毒手段隐匿的检验或中草药中毒的检验,难以获得明确的检验方向时,需要应用多技术、多手段扩大毒物筛查范围,还原案件事实真相。如目前较少见的士的宁、阿托品中毒的鉴定,当缺乏标准对照品时,可先采用气相色谱-质谱联用法进行筛查,利用青蛙试验,观察士的宁引起的典型痉挛症状;利用动物实验观察阿托品的典型散瞳症状和毒鼠强的阵发性渐进性抽搐等。

1.常用的毒物分析方法　常用的毒物分析方法主要有形态学方法(morphological method)、

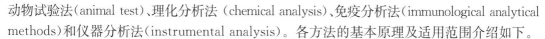

动物试验法(animal test)、理化分析法 (chemical analysis)、免疫分析法(immunological analytical methods)和仪器分析法(instrumental analysis)。各方法的基本原理及适用范围介绍如下。

(1)形态学方法:主要根据检材外观形态或显微形态特征进行辨认和比对,多用于中草药(马钱子、草乌植株等)的鉴别。如根据马钱子特殊的外观形态和显微镜下结构,判定是否为马钱子或存在马钱子;通过草乌植株及花、块根外观的辨认,可快速作出是否为乌头植物。

(2)动物实验法:以动物为试验对象,利用某些毒物(氰化物、毒鼠强、乌头碱、士的宁等)具有较强的生理作用,通过观察给药动物产生的毒效或典型中毒症状来鉴别毒物。动物实验法适用于无法从案情调查获得线索,通过其他筛选方式也不能明确检验方向的情形。例如,怀疑被投毒的食物、可疑药粉、中药液等,可分取适量灌胃或腹腔注射给药动物,若动物出现中毒或死亡,可结合中毒症状和死亡时间判定进一步检验的方向。

(3)理化分析法:利用毒物的各种理化性质或分子结构中特征官能团能与一些化学试剂作用,呈现出颜色反应或沉淀反应。如阿片类生物碱与甲醛一硫酸试剂作用呈现紫色;含氮有机化合物(吗啡、乌头碱等)与碘化铋钾试剂发生沉淀反应等。理化分析方法适用于缺乏仪器设备条件的情况,或者在案件现场或尸体解剖中,通过简单的化学反应即可迅速作出筛选判断,多用于毒物纯度高的体外检材。

(4)免疫分析法:利用抗原-抗体竞争性结合的原理进行检测。未加入待检毒物时,抗体完全与标记抗原结合生成复合物,加入待检毒物后,待检毒物会竞争性地与抗体结合,由于抗原抗体之间的结合具有饱和性,因此标记抗原与抗体之间的结合受到抑制,两者之间的结合率减小。目前应用广泛的为酶联免疫分析试剂盒或检测试纸,用于血液、尿液中苯骈二氮杂䓬类、巴比妥类、三环类、苯丙胺类、可卡因类、阿片类、大麻类毒物毒品的快速筛选,阴性结果准确,阳性结果还需要采用仪器分析确证。

(5)仪器分析法:形态学方法、动物实验法、理化分析法、免疫分析法各具一定的应用价值,但通常难于确证毒物。仪器分析法具有灵敏度高、定性、定量准确等特点,是毒物分析的主要检测方法。主要包括:①利用毒物的光谱进行定性定量和结构分析的光谱分析法(spectral analysis),如紫外分光光度法(ultraviolet spectrophotometry)、原子吸收分光光度法(atomic absorption spectrophotometry)等;②利用毒物在固定相和流动相中分配系数的差异而实现分离的色谱分析法(chromatography),如薄层色谱法(thin layer chromatography)、气相色谱法 (gas chromatography)、高效液相色谱法(high performance chromatography)等;③通过将样品转化为运动的气态离子并按质荷比大小进行分离,获得毒物分子量、断裂碎片质量大小及结构特征信息的质谱分析法(mass spectrographic analysis);④可有效分离和准确定性复杂混合物中每种毒物的色谱-质谱联用法(chromatography-mass spectrometry method),如气相色谱-质谱联用法(GC-MS)、液相色谱-质谱联用法(LC-MS)、高分辨质谱法等。

2.毒物分析方法的可靠性验证　法医毒物分析的学科属性决定了检验结果或鉴定结论须具有科学性、客观性、公正性。因为鉴定工作涉及的检材多样、基质复杂,且待检物未知,含量低微,所以加强毒物分析实验室的规范化建设,建立有效的质量管理体系,识别检验工作的风险点,通过对人、机、料、法、环、测、量值溯源、质量监控等环节控制,有效降低和规避检验鉴定风险。检测方法是法医毒物检验的重要作业指南,实验室及其人员技术能力能否满足方法要求,能否按方法要求实施检验鉴定,得出正确的检验结果,可以通过方法验证得

到证实。毒物分析方法的可靠性验证主要包括6个项目：方法的专属性、回收率、准确性（精密度和准确度）、灵敏度（检测限和定量限）、线性和检测范围、稳定性。在法医学实践中，通常采用表6-4所示方法进行主要技术参数的验证。

表6-4 主要技术参数的验证

试验方法	检验材料	检材处理	目的
单纯已知品试验	待测物标准溶液	不经处理	识别目标物的检识特征（如保留时间、特征离子或定性离子对、离子丰度比）
空白试验	空白基质检材	检材处理	验证专属性/排除假阳性
模拟添加干扰物试验	空白基质检材＋干扰物或内标	检材处理	验证专属性
添加模拟干扰物试验	空白基质检材萃取后试液＋干扰物或内标	不经处理	验证专属性
模拟添加试验	空白生物基质＋待测物标准溶液（最低检出限）	检材处理	识别基质中目标物的检识特征（如保留时间、特征离子或定性离子对、离子丰度比）、排除假阴性、验证检出限
模拟添加试验	空白生物基质＋待测物标准溶液（系列浓度）	检材处理	验证线性范围、线性回归方程、最低定量限
单纯已知品试验	待测物标准溶液（定量限，低、中、高浓度）	不经处理	作为验证回收率、精密度、准确度、稳定性的参比
模拟添加试验	空白生物基质＋待测物标准溶液（定量限，低、中、高浓度）	检材处理	验证回收率、精密度、准确度、样品稳定性
单纯已知品试验	待检物标准溶液（低、中、高浓度）	不经处理	作为计算基质效应的参比
添加模拟试验	空白基质萃取后试液＋待检物标准溶液（低、中、高浓度）	不经处理	验证基质效应、回收率

（五）法医毒物学的结果解释及中毒判定

法医毒物学鉴定主要包括七个环节：熟悉案情经过、尸体解剖、组织病理学检验、检材采集、检材前处理、毒物的定性定量分析、法医毒物学的结果解释及中毒判定。阳性结果的解释主要是推断毒物浓度对死亡或行为能力的作用程度；阴性结果的解释主要是排除相关毒物中毒的可能。毒物分析检验结果是判定是否中毒的重要依据，但不是唯一证据，阳性结果不一定能确定中毒，阴性结果也不一定能排除中毒，应综合案情调查及现场勘验结果，充分考虑毒物的毒性、摄入途径、毒代动力学、组织分布、药物间相互作用、死后再分布、个体遗传及疾病等多种因素，才能作出客观正确的结论。

1. 阳性结果的解释　在确保检测结果正确的前提下,检测结果为阳性时,应考虑以下情形。

(1)是否存在检材被污染的可能:在尸体解剖、检材采集、包装、储存、送检过程中被污染的可能;有些毒物在自然界分布较广,如金属元素在正常人体中也有微量存在,需进行金属元素定量测定后才能判定是否中毒。

(2)检测结果与案件的全部材料是否相互吻合:当出现不吻合的情形时,应进一步调查案件的信息,必要时重新检验或补充检测代谢物,在排除检材被污染的可能后,重点考虑是否为腐败产生。如当尸体血中检出一定量的乙醇,而该结果与案情不吻合时,应进行正丙醇、乙醇代谢物 EtG 和 EtS 的检测;如果检出正丙醇,未检出 EtG 和 EtS,可结合尸体存放环境温度和尸体是否腐败,以确定乙醇是否源自腐败。

(3)检出的毒物存在同分异构体:生物检材中检出甲基苯丙胺、苯丙胺、卡西酮等毒物时,应进行手性拆分检测,判定毒物的来源,再结合案情经过、尸体解剖和组织病理学检验结果进行毒品滥用中毒死因判定。

(4)检出的毒物浓度已达中毒或致死血浓度:如果检出的毒物浓度已达中毒或致死血浓度时,在排除伪造交通事故或高坠等机械性损伤和其他死因后,可以判定为中毒。

(5)检出的毒物浓度低于中毒或致死血浓度:如果检出的毒物浓度低于中毒或致死血浓度时,应考虑是否因毒物的摄入途径、毒代动力学特征、体内代谢、药物相互作用、个体因素、中毒经过、死亡时间、检材采集时间和保存环境条件等导致。如杀虫剂降解较快,会导致检测结果偏低或检测不到。

2. 阴性结果的解释　在确保检测结果正确的前提下,检测结果为阴性时,应考虑以下情形。

(1)检材采集、保存和送检是否及时适当:一般超过 24 小时,体液或肝脏中就已检测不到杀虫剂,它们可能已在体内被代谢或排泄;或在保存过程中被分解、降解或逸失,尤其是摄入的毒物量不大时。此外,不同毒物的毒性作用不同,若检材采集不当可导致假阴性结果,如百草枯中毒,采集血液检测,有可能检测不到百草枯,而肺中百草枯的浓度却较高。

(2)检测方法的灵敏度低:当检材中毒物含量相对较低时,可能因方法的灵敏度低导致假阴性结果。如检测强极性的吗啡时,GC-MS 法检测灵敏度低,而采用衍生化或 LC-MS 法则可提高检测灵敏度。

(3)毒物超出目前的检测和认知范围:受目前常用的检测方法或认知的限制,无法检测到一部分新精神活性物质。因此,应用阴性结果排除中毒时,应谨慎作出判断。

(4)检材中确实不含毒物:在排除各种可能导致假阴性结果的情况后,阴性结果基本可以排除中毒的可能。

3. 毒物浓度与死亡原因的推断　在对阳性结果进行综合分析、合理解释的基础上,结合案情调查、中毒经过、死亡时间、现场勘验或勘验信息、尸体解剖、组织病理学检验结果,排除疾病后可依据毒物浓度推断中毒死亡原因。

4. 阴性结果排除相关毒物中毒　在对阴性结果进行综合分析、合理解释的基础上,结合案情调查、中毒经过、死亡时间、现场勘验或勘验信息、尸体解剖、组织病理学检验结果,可排除中毒致死。

第三节 常见毒物中毒

一、乙醇中毒

(一)一般介绍

乙醇(ethanol),别名酒精(alcohol),分子式为 C_2H_5OH,相对分子质量为 46.068,易燃,易挥发的无色透明液体,有特殊香味,密度 0.789g/cm^3,沸点 78.4℃,能与水和大部分有机溶剂互溶。

(二)毒理作用

乙醇为中枢神经系统抑制剂。小剂量时产生兴奋作用,如兴奋激动、语无伦次、喜怒无常、狂躁不安。大剂量时抑制大脑皮质,影响大脑的高级整合能力,出现身体稳定性、协调性、反应性、运动功能、知觉功能降低,自我控制能力减弱。乙醇还可抑制皮质下中枢、脊髓、小脑,出现分辨力、记忆力、洞察力、视觉、注意力及语言等功能明显异常。乙醇可扩张血管、加快血流,出现皮肤温热发红,体温升高。体温易由皮肤散发,加之乙醇麻痹体温调节中枢,在寒冷环境下,体温可迅速下降,容易发生冻死。

乙醇是许多药酶的诱导剂,与某些药物(如巴比妥类、苯骈二氮䓬类药物、阿片类毒品等)合用后会产生协同作用,麻醉呼吸中枢,引起严重的呼吸抑制。

乙醇主要通过胃肠道入体,并快速分布于各组织器官中。饮酒后 60～90min 达到血液乙醇浓度峰值。乙醇主要在肝中代谢,经乙醇脱氢酶(ADH)分解形成乙醛,然后再由乙醛脱氢酶代谢转化为乙酸,进一步氧化为 CO_2 和 H_2O。研究表明,乙醇的特征代谢物有乙基葡萄糖醛酸苷(ethyl glucuronide,EtG)、乙基硫酸酯(ethyl sulfate,EtS)。因 EtG 和 EtS 在血液中存在的窗口期较乙醇长,因此在检测不到乙醇时,可以通过检测乙醇的代谢物 EtG 和 EtS 作为生前饮酒的判定依据。

(三)中毒症状

急性乙醇中毒的临床表现和中毒症状出现的快慢具有个体差异,一般可分为兴奋期、共济失调期和抑制期。兴奋期主要表现为兴奋、躁狂、情绪激动,易感情用事,可有行为失控或攻击行为。共济失调期主要表现为步态不稳,共济失调,语无伦次和行为失控,酒味明显,可伴有呕吐、嗜睡。抑制期主要表现为昏睡或昏迷、皮肤湿冷、面色苍白、呼吸表浅、体温降低、心率加快、血压下降,此种情况如果持续 8～12 小时,可因呼吸衰竭而死亡。

(四)中毒致死量

乙醇的中毒血浓度为 1～2mg/mL,致死血浓度为 4～6mg/mL,中毒量约 75～80g,致死量约 250～500g。

（五）尸检特征

急性乙醇中毒死亡者，呕吐物及胃内容物中能嗅到酒精气味。可见颜面潮红、眼睑水肿；解剖可见喉头及胃黏膜充血水肿、点状出血；小肠近段黏膜充血；偶有肾、胰及肾上腺出血；胆囊水肿呈胶陈样；脾淤血，脑淤血、水肿，肺淤血、水肿等。需要注意的是，酒精对蛛网膜下腔出血有明显的促进作用。慢性乙醇中毒死亡者，可见乙醇中毒性肝病、肝细胞脂肪变性或肝硬化。

二、笑气中毒

（一）一般介绍

笑气，学名一氧化二氮（nitrous oxide，N_2O），是一种无色、微甜的气体，能溶于水、乙醇、乙醚及浓硫酸。笑气被广泛用于医疗麻醉、食品加工（如蛋糕、奶茶的发泡剂）等领域，因此较容易获得，社会危害严重，尤其是年轻人好奇心强、自控力差，容易成为笑气滥用的受害者。

（二）毒理作用及中毒症状

笑气具有麻醉作用，进入血液后会导致人体缺氧，长期吸食可引起高血压、晕厥，甚至心脏病发作。目前，笑气并没有被列入我国麻醉药品和精神类药品管制目录，仅仅是作为危险化学品进行管制。但人长期大量使用，也具有较强的成瘾性，可导致大脑缺氧、记忆力下降、情绪低落、冷漠，甚至痴呆等。对一些有基础疾病的人而言，还可能诱发癫痫、心律失常。笑气会影响维生素 B_{12} 的代谢，长期吸食笑气可导致恶性贫血、周围神经和脊髓病变，表现为手脚麻木无力、步态不稳、共济失调、肌肉萎缩、全身瘫痪等，还会导致精神异常，如嗜睡、抑郁或精神错乱，甚至出现自杀、自残。

三、阿片类中毒

（一）一般介绍

阿片（opium）俗称鸦片，原生植物是罂粟。成熟罂粟果实中的浆汁经干燥后形成黑褐色膏状物称为鸦片。鸦片含有 20 多种生物碱，总称为阿片类生物碱，其中比较重要的有吗啡（9%～10%）、可待因（0.3%）、那可汀（5%）、罂粟碱（0.8%）、蒂巴因（0.4%）。吗啡是鸦片中最主要的活性成分，故鸦片中毒与吗啡中毒相似。

吗啡（morphine）的分子式为 $C_{17}H_{19}NO_3$，相对分子质量为 285.34。纯品吗啡为白色结晶性粉末，不溶于氯仿和乙醚，可溶于醇及热戊醇中。吗啡可与盐酸、硫酸等生成盐类。医用吗啡制剂主要为盐酸吗啡、硫酸吗啡注射液。海洛因（heroin）是由吗啡乙酰化后合成的衍生物，化学名为二乙酰吗啡，分子式为 $C_{21}H_{23}NO_5$，相对分子质量为 369.4。海洛因纯品为白色柱状晶体或结晶性粉末，难溶于水及冷乙醇，易溶于氯仿、乙酸乙酯及热乙醇。海洛因的镇痛作用是吗啡的 2～3 倍，成瘾性和毒性是吗啡的 3 倍以上。

(二)毒理作用

海洛因进入机体后迅速代谢为 O^6-单乙酰吗啡,在肝中转化为吗啡、可待因等。吗啡、海洛因均为阿片受体激动剂,主要作用于中枢神经系统,具有极强的麻醉作用,对中枢神经系统兼有兴奋和抑制的双重作用,以抑制占优势。主要毒理作用机制为:抑制大脑皮质、视丘下部和脑干,具有镇痛、镇静作用;抑制呼吸中枢,治疗剂量的吗啡即可产生呼吸抑制,呼吸频率减慢;抑制咳嗽中枢,具有明显的镇咳作用;激活中脑前核阿片受体使动眼神经兴奋,引起瞳孔缩小,形成针尖样瞳孔;刺激呕吐中枢,引起恶心、呕吐;兴奋胃肠道平滑肌产生止泻作用;吗啡还可促进内源性组胺释放,扩张外周血管导致血压下降。

(三)中毒症状

阿片类药物急性中毒主要表现为中枢神经系统深度抑制。早期症状为面色潮红、头晕、意识模糊,常伴有恶心、呕吐,逐渐进入昏睡或昏迷状态。典型的中毒症状有:呼吸慢而浅,瞳孔缩小,全身性发绀;心率减慢,脉搏细弱,血压下降;皮肤湿冷,体温降低;骨骼肌松弛无力,舌后坠引起呼吸道阻塞而促发窒息;尿少或尿滞留。阿片类慢性中毒者表现为消瘦、贫血,精神萎靡,食欲缺乏、便秘,性功能减退或消失,心律失常,不同程度的呼吸困难等。

(四)中毒致死量

成人一次注射 60mg 吗啡,可引起急性中毒,注射 100mg 吗啡引起重度中毒;吗啡致死量为 200~500mg。海洛因中毒剂量为 50~100mg,致死量为 200mg;成瘾者的致死量可为 10 倍以上,海洛因的个体耐受性不同,致死量存在较大差别。

(五)尸检特征

急性阿片类中毒死亡者,呈现窒息征象。尸斑青紫,尸僵持续时间较短,口鼻、呼吸道有泡沫性液体溢出,有时呈血性;死亡早期可见典型的针尖样瞳孔;鼻吸者有时可在鼻腔内发现毒品粉末。注射方式较常见,如在上臂肘静脉处注射,可在皮肤上发现新旧注射针痕、瘢痕、硬化结节;有时现场尸体旁可见注射器及吸毒器具。急性阿片类中毒死亡者常可见严重肺淤血、肺水肿,急性脑水肿,脑神经细胞不同程度的变性、坏死等。长期吸毒者全身淋巴结肿大,可出现缺血性心脏病、感染性心内膜炎、间质性心肌炎,常因心律失常和急性心力衰竭而死亡。

四、苯丙胺类中毒

(一)一般介绍

目前,苯丙胺类毒品为世界范围内滥用最为严重的毒品之一。苯丙胺类毒品系人工合成的非儿茶酚胺拟交感神经药,是苯丙胺及其衍生物的统称,有很强的中枢兴奋作用。法医学实践中涉及的主要有苯丙胺、甲基苯丙胺和致幻型苯丙胺类,如 3,4-亚甲基二氧基甲基苯丙胺(MDMA)、3,4-亚甲基二氧基-N-乙基-苯醇胺(MDEA)、3,4-亚甲基二氧基苯丙胺

(MDA)，它们的致幻作用比麦斯卡林(mescaline，南美仙人球碱)强 100 倍以上。

1. 苯丙胺(amphetamine)又名安非他明，分子式为 $C_9H_{13}N$，纯品为无色至淡黄色油状液体，沸点为 $200\sim203℃$。难溶于水，易溶于乙醇、乙醚和氯仿。其盐酸盐或硫酸盐为微苦的白色结晶体粉末，易溶于水和乙醇，难溶于氯仿和乙醚。

2. 甲基苯丙胺(methamphetamine)又称甲基安非他命、冰毒，分子式为 $C_{10}H_{15}N$，相对分子质量为 149.23，无色油状液体，微溶于水，易溶于乙醇、乙醚、氯仿等有机溶剂，其盐酸盐为白色结晶性粉末，纯度不高时外观似冰，故俗称冰毒。熔点 $172\sim174℃$，由于熔点低，故常采用吸烟的方式吸食。纯品为无色液体，具旋光性，体内主要代谢物为苯丙胺等。

3. 3,4-亚甲基二氧基甲基苯丙胺(MDMA)，别名摇头丸，分子式为 $C_{11}H_{15}NO_2$，油状液体，沸点为 $100\sim110℃$，溶于乙醇、氯仿和乙醚。其盐酸盐为白色结晶性粉末，熔点为 $148\sim149℃$，易溶于水和乙醇，难溶于氯仿和乙醚。MDMA 既保留了苯丙胺的兴奋作用，又具有较强的致幻作用，对五羟色胺具有较高的亲和力，小剂量产生兴奋作用，大剂量产生致幻作用。

4. 3,4-亚甲基二氧基苯丙胺(MDA)，分子式为 $C_{10}H_{13}NO_2$，白色粉末，熔点为 $75\sim76℃$，易溶于氯仿和稀乙酸。MDA 也具有兴奋和致幻作用，是 MDMA 和 MDEA 的体内代谢物。

(二)毒理作用

苯丙胺类毒品属拟交感胺类中枢兴奋剂，可选择性地作用于脑干以上的中枢神经系统，提高大脑皮质兴奋性，增强中枢神经系统兴奋性。甲基苯丙胺能提高警觉性，产生亢奋和欣快感，增强运动活力。

苯丙胺、甲基苯丙胺具有旋光性，有两种同分异构体：右旋(D)、左旋(L)苯丙胺和甲基苯丙胺，右旋苯丙胺和甲基苯丙胺的中枢兴奋作用强于左旋苯丙胺。

MDMA 既保留了苯丙胺的兴奋作用，同时具有致幻作用，对 5-羟色胺具有较高的亲和力，对中枢神经系统的去甲肾上腺素和多巴胺的亲和力较小，低剂量时产生兴奋感，高剂量时产生幻觉。

长期滥用苯丙胺类毒品可导致苯丙胺精神病、神经系统损害和消耗性疾病。

(三)中毒症状

急性中毒时中枢神经系统的症状表现为兴奋、意识障碍、头痛、胸痛、高血压危象、心动过速、大汗、瞳孔扩大，MDMA 还会产生幻觉，进一步发展为谵妄、感知觉障碍、呼吸急促、心律失常、高热、抽搐、休克、昏迷，甚至死亡。

(四)中毒致死量

成人苯丙胺的致死量为 $20\sim25mg/kg$，儿童为 $5mg/kg$。中毒血浓度为 $0.2\mu g/mL$，致死血浓度为 $0.5\sim10\mu g/mL$。

甲基苯丙胺的致死量为 $20\sim25mg/kg$。中毒血浓度为 $0.2\sim5.0\mu g/mL$，致死血浓度为 $10\sim40\mu g/mL$。

MDMA 中毒血浓度为 $0.35\sim0.50\mu g/mL$，致死血浓度为 $0.4\sim0.8\mu g/mL$。

（五）尸检特征

急性中毒死亡者，一般无特殊病理改变。主要表现为尸僵出现早且较强，脑水肿，肺淤血、肺水肿，其他脏器也呈淤血、水肿改变。长期滥用死亡者，体重减轻，营养不良。显微镜下，脑组织可见神经细胞变性、坏死和胶质细胞反应，有的可见蛛网膜下腔出血、垂体坏死或脑疝形成；心脏可见心外膜下及心肌间质血管周围出血，心肌细胞水肿，有的可见收缩带样坏死或广泛性坏死，坏死组织周围中性粒细胞和巨噬细胞浸润，心肌纤维化等；可见肺淤血、水肿、出血、血栓形成，肺泡上皮细胞坏死、脱落等；另外，在肝、肺、心等多器官还可见非特异性肉芽肿形成。

五、γ-羟基丁酸中毒

（一）一般介绍

γ-羟基丁酸（γ-hydroxybutyric acid，GHB），又名 4-羟基丁酸，分子式为 $C_4H_8O_3$，相对分子质量为 104.106，粉末状固体，无色、无味、无臭，熔点为 307.5℃，沸点为 575.5℃，水溶性为 4728mg/L。γ-羟基丁酸为人工合成毒品，中枢神经系统抑制剂，具有较强的中枢抑制作用，为我国规定管制的第一类精神药品。近年来，γ-羟基丁酸常被不法分子混入饮料中制成饮料售卖，使用后导致暂时性记忆丧失或昏迷，因此常被犯罪分子用作麻醉药品或迷奸药。

大部分哺乳动物体内天然存在着少量的内源性 γ-羟基丁酸，它是中枢神经系统抑制性神经递质 γ-氨基丁酸（GABA）的代谢产物，这导致涉嫌 γ-羟基丁酸投毒案中被害人体内 GHB 检测及结果判定的困难。

（二）毒理作用

GHB 进入机体后起效快，大部分转化成琥珀酸进入三羧酸循环代谢并排泄，尿液中 GHB 原体仅占 1.5%～3.8%。GHB 还能通过汗液排出体外。γ-丁内酯（GBL）和 1,4-丁二醇（1,4-BD）是 GHB 的前体，它们进入生物体后迅速转化成 GHB。

GHB 可与中枢神经系统的 GHB 内源性受体和氨基丁酸受体结合，对大脑多巴胺能系统产生影响，其毒理作用机制与乙醇、巴比妥类和苯骈二氮杂草类镇静安眠药相似，但其中枢抑制作用更强。药效与服药量密切相关，随着服药量的增加，其药效可呈现从失眠到欣快、暂时性记忆丧失、恶心、呕吐、头痛、反射作用丧失，随后很快失去意识、昏迷甚至死亡，与酒精合用会加剧其危险性。

（三）中毒症状

小剂量使用 GHB 可引起镇静、欣快效应，大量使用可导致恶心、呕吐、心率缓慢、呼吸抑制、痉挛、惊厥、体温下降、昏迷、意识丧失或死亡。

(四)中毒致死量

GHB 的中毒血浓度为 $80\mu g/mL$,致死血浓度为 $250\sim280\mu g/mL$。$10mg/kg$ 剂量可使人失去记忆,$20\sim30mg/kg$ 剂量可致人昏迷,$50mg/kg$ 以上有麻醉作用。

GHB 的浓度对判断是内源性产生还是外源性摄入起着关键的作用。在正常情况下,尿液中内源性 GHB 浓度低于 $10\mu g/mL$。但是某些疾病,如遗传性疾病(如 GHB 酸尿症)患者,因体内缺乏琥珀酸半醛脱氢酶,可导致体内 GHB 的蓄积,其血清和尿液中内源性 GHB 浓度较高。法医学实践中,在血液、尿液中无法检出 GHB,或者检出浓度较低时,可以采用头发作为检材进行检验,但头发中也同样存在内源性 GHB,所以采用自身对照更能说明服用 GHB 前后头发中 GHB 浓度的变化,当对应时间头发节段中 GHB 浓度明显升高时,可确认被检人在该时间段摄入过 GHB。

📋 案例及思考

简要案情:2022 年 12 月 21 日上午 10 时左右,某派出所接到辖区一宾馆报警电话:宾馆服务员打扫房间时发现张某(男,25 岁)死于床上。接到报警后,警方立即开展现场勘验:张某躺在床上,床头柜上有一可疑注射器和一个标识为"二锅头"的白酒瓶,内有少量无色液体,闻有酒精的气味。调阅监控可知张某自进入房间后一直未外出,也未发现其他人出入其房间;查阅张某信息可知其为在册吸毒人员。

尸体检验及病理组织学检验结果:尸表检验可见:死者消瘦,尸斑青紫,口鼻有泡沫液体溢出,瞳孔缩小呈针尖样,上臂肘静脉处有多个新旧针痕,局部皮肤呈条索状硬化。尸体解剖及病理组织学检验提示:缺血性心脏病;肺淤血水肿、多发性肺脓肿;慢性肝炎和肝硬化;肾小球肾炎;神经细胞不同程度变性坏死、脑水肿、灶性软化。

法医毒物分析检材采集:法医解剖尸体后,提取死者张某的心血、肝脏、尿液和现场可疑注射器和标识为"二锅头"的白酒瓶等检材。

法医毒物分析结果:经气相色谱法检测,标识为"二锅头"的白酒瓶内剩余液体中、张某的心血中均检出乙醇成分,其中,张某心血中乙醇含量为 $2.17mg/mL$。

经 GC-MS 法检测,现场可疑注射器内的甲醇溶出液中检出海洛因、单乙酰吗啡成分;经 LC-MS 法检测,张某的肝、尿液中均检出吗啡成分,肝和尿液中吗啡浓度分别为 $4.21\mu g/g$ 和 $2.57\mu g/mL$。

根据案例回答以下问题:

1.请根据案情、尸体解剖及病理组织学检验结果和法医毒物分析结果,判定张某的死因是否为中毒? 如果张某为中毒死,是什么毒物中毒?

2.本案中法医毒物分析检材采集是否适当? 为什么?

3.本案的法医毒物检验,应用了多种检测方法,你从中得到哪些启示?

第七章 猝 死

第一节 概 述

一、猝死的定义

猝死（sudden unexpected natural death）是指貌似"健康者"因内在疾病发作或重要脏器急性功能障碍所引起的突然而意外的非暴力性死亡。

猝死可发生于任何年龄，有两个高峰期，即出生后至 1 岁和 30～50 岁。成人猝死者男性显著多于女性，近年来有年轻化趋势，可见于各种不同职业人群。猝死在临床上并不少见，导致成人猝死的疾病以心血管系统疾病占首位。据有关资料统计，国内每年心脏性猝死人数超过 55 万，相当于每分钟约有 1 人发生心脏性猝死。猝死由于其发生突然、出人意料，常涉及司法争议而需要法医学鉴定，是法医病理鉴定的难点和重点。另外，有较多猝死发生在院前和诊治过程中，因此也应引起临床工作者的足够重视。

二、猝死的特点

猝死者通常表面上貌似"健康"，事发前多数没有任何可能导致死亡的先兆，在工作、睡眠或就诊及日常生活的各种场景，出人意料地突然发生死亡。猝死的主要特点如下。

（一）死亡出乎意料

死亡的发生是死者亲属、邻居、同事甚至经治医生都未预料到的。死者生前看起来似乎健康，甚至年轻体壮，或者虽有一些疾病但症状很轻微，或呈慢性病程，没有料到会很快发生死亡，这是猝死的最主要特征。院前死亡者常被怀疑存在暴力性死亡的可能，多由公安机关介入调查；在就诊期间发生的猝死常引发各种形式的医患纠纷，可由卫生行政主管部门调解或启动司法程序审理。

（二）死亡急骤

猝死者从疾病发作或恶化到死亡的时间短暂，这一时间限度尚无统一认识。世界卫生组织建议凡症状出现后 24 小时内死亡者均称之为猝死，不过目前国内大多数学者倾向于将猝死的时间限定在发病 1 小时内，尤其是法医学工作中所遇到的猝死案例，死亡大多在症状发作后1~2小时之内发生。死亡发生急速的，如症状发作后1分钟之内死亡的，称为即时死(instantaneous death)，多系心脏性猝死。

（三）死于自然疾病

猝死的根本死因是潜在、能致死的自然疾病。自然疾病是指生物性、遗传性或先天性致病因素所引起的自然发生的疾病，如细菌、病毒、立克次体、真菌等感染及基因遗传缺陷、先天畸形等导致的感染性或非感染性疾病。另外，不排除某些因素（如理化因素和外在暴力性因素等）作为诱因或辅助死因起作用。

三、猝死的原因

（一）猝死的病因

几乎所有的疾病均有引起猝死的可能，包括急性病、潜在疾病或慢性病急性恶化、烈性传染病、异常或过敏体质等（表7-1），但其发生率有所不同。绝大多数（约95%）猝死通过全面完整的法医学尸体解剖检查，均可发现足以确证死因的致命性疾病。其中，成人猝死以心血管系统疾病占首位，呼吸系统或神经系统疾病居次，消化、生殖系统和内分泌系统疾病较少；老年人以中枢神经系统疾病（脑出血、脑梗死）为主；儿童猝死则以呼吸系统疾病（肺炎等）和心血管畸形为主。目前，经全面系统的法医病理学检查及毒物化验等，仍然有少数猝死（占3%~7%）难以明确其死因，即所谓的"阴性解剖"(negative autopsy)，这类死亡称为猝死综合征(sudden death syndrome)或死因不明，无明显的异常病理改变，可能与功能性或代谢性疾病有关。

表 7-1　猝死死因分布

病变系统		猝死疾病	死因构成比（%）
心血管系统猝死			
	心源性猝死	冠心病	52.5
		心肌病	13.5
		心肌炎	5.3
		心内膜炎、心瓣膜病	5.0
		高血压性心脏病	4.0
		非粥样硬化性冠脉疾病（狭窄、栓塞、炎症、畸形）	3.4
		心脏传导系统疾病	2.6
		心脏肿瘤（黏液瘤）	1.2
		脂肪心	0.2
		心包炎	1.2
	血管源性猝死	主动脉瘤	7.0
		川崎病	1.7
		先天性主动脉狭窄	1.2
		动脉导管未闭	0.7
		Marfan 综合征	0.5

续表

病变系统	猝死疾病	死因构成比(%)
呼吸系统猝死	各种感染性肺炎	48.9
	支气管哮喘	10.7
	吸入性肺炎	9.8
	肺栓塞	7.9
	休克肺	5.1
	肺气肿、气胸	4.2
	肿瘤	3.7
	肺出血(咯血)	3.7
	肺水肿	3.7
	急性咽喉炎、喉水肿	2.3
中枢神经系统猝死	脑出血	27.0
	脑梗死	18.4
	蛛网膜下腔出血	17.0
	颅内肿瘤	17.0
	流行性脑脊髓膜炎	8.5
	癫痫	6.4
	流行性乙型脑炎	5.7
消化系统猝死	急性消化道出血	29.5
	急性阑尾炎、腹膜炎	13.2
	中毒性细菌性痢疾	11.8
	急性胃扩张、胃肠炎	11.3
	急性出血性坏死性胰腺炎	11.0
	腹腔内出血	9.2
	急性肝坏死	9.0
	肠梗阻	3.0
	急性胆囊炎、胆石症	2.0

(二)猝死的诱因

多数猝死的发生与诱发因素有关,这些诱因很多,通常对健康人无害或危害较小,但却能使患有潜在的严重疾病或功能障碍的人处于应激状态而诱发疾病发作、恶化甚至猝死。常见诱发因素如下。

1.精神、心理因素　过分的喜、怒、哀、乐、悲、思、恐等是常见诱因,部分心脏病患者可因情绪激动、交感神经兴奋性增加而引起血压升高,心脏负荷骤增,心力衰竭或者心室颤动而猝死;或因为副交感神经、迷走神经兴奋性增加引起心率减慢,甚至心搏骤停。

2.过度劳累　过度劳累或剧烈体力活动,如疾跑、登高、斗殴、搬抬重物、网络成瘾者昼夜不息连续上网等均可使心脏负荷突然增加,对患有潜在心血管疾病者可引起心力衰竭、严重心律失常或脑出血而猝死。

3.气温异常　冬春季节气温和湿度较低、干燥、体表水分蒸发快,体内血细胞压积和全血黏度增高,对老年人特别是患高血压和动脉硬化的人容易诱发脑出血、脑梗死等。寒冷还可以引起小动脉收缩、血压升高、心脏负荷突然增加致猝死。

4.暴饮暴食　可诱发部分急性出血坏死性胰腺炎及冠心病患者突然死亡。

5.其他　如轻微外伤、过度吸烟、急性感染以及性行为等。

诱因在猝死的发生中只有轻微影响,不能过分强调诱因对猝死的作用。同时,对诱因的认定须严格掌握,诱因与猝死的发生须存在密切关系,不但要与猝死发生的时间间隔较短,还应符合疾病或死亡发生的机制。需要注意的是,并不是所有的猝死都有诱因,有些猝死可在没有明显诱因的情况下发生,如睡眠中或安静休息时猝死。

第二节　引起猝死的常见疾病

一、心血管系统疾病

心血管系统疾病是引起猝死的最常见疾病。由心血管系统疾病引起的猝死占猝死总数的50%～60%,在法医病理学鉴定实践中,以冠心病猝死最为多见。

(一)冠心病

1.概念　冠心病是冠状动脉粥样硬化性心脏病(coronary heart disease,CHD)的简称,是由冠状动脉粥样硬化而引起管腔狭窄或阻塞,造成心肌缺血、缺氧或坏死而导致的心脏病变,属于冠状动脉疾病的一种。除此之外,冠状动脉疾病还包括冠状动脉发育不良与畸形、梅毒性主动脉炎致冠状动脉开口狭窄、冠状动脉结节性多动脉炎、冠状动脉栓塞及冠状动脉肿瘤等,其中以CHD最多见。冠状动脉疾病共同的危害均可引起冠状动脉血流减少、心肌缺血,最终导致患者急性心力衰竭或心律失常甚至引发猝死。

2.临床表现　冠心病猝死以30～49岁青壮年居多,目前,冠状动脉疾病猝死者有年轻化趋势。多数猝死发生前没有明显的前兆症状,有的猝死发生前有胸痛、心前区疼痛、胸闷、心慌、头晕、恶心、出汗或全身不适等症状;有的在睡眠中表现有鼾声、呼吸变快或变慢、口吐泡沫、呻吟或惊叫、肢体抽搐等,这些前兆症状有利于冠心病猝死的诊断。

世界卫生组织将冠心病分为无症状心肌缺血(隐匿性冠心病)、心绞痛、心肌梗死、缺血性心力衰竭(缺血性心脏病)和猝死5种临床类型。临床上常分为稳定性冠心病和急性冠状动脉综合征。冠心病的发作常与季节变化、情绪激动、体力活动增加、饱食、大量吸烟和饮酒等有关。

1.病理变化　冠心病常见的病理变化包括冠状动脉粥样硬化(分为Ⅰ级、Ⅱ级、Ⅲ级、Ⅳ级)、心肌凝固性坏死(心肌梗死,包括心内膜下心肌梗死和透壁性心肌梗死)、心肌纤维化(心肌硬化)。冠心病发生急性心肌梗死时,有40%～75%是在急性症状发作后1小时内死亡,此时不论肉眼还是镜检都看不到典型的心肌梗死改变。死亡机制多为严重的心律失常,尤其是心室颤动所致,少部分可见心脏破裂。若能检见冠状动脉内新鲜血栓形成(图7-1)、粥样斑块破裂、粥样斑块内出血(图 7-2)、大片心肌梗死(图 7-3)或心脏破裂等急性病变,常可作为诊断冠心病猝死的有力证据。死于心室颤动者,特别是缺乏心肌梗死形态学证据的,常常给死因分析带来困难,此时应采用排除法得出客观意见。

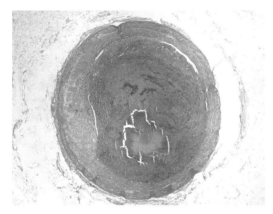

图 7-1　冠状动脉新鲜血栓形成

7-1

图 7-2　冠脉粥样硬化伴斑块内出血

7-2

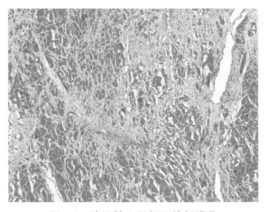

图 7-3　陈旧性心肌梗死伴纤维化

7-3

（二）高血压性心脏病

1. 概念　因高血压长期控制不佳而引起心脏结构和功能改变称为高血压性心脏病（hypertensive heart disease），包括原发性和继发性。早期主要特点为左室舒张功能减退、左室肥厚（LVH），逐步发展为向心性心肌肥大、心脏体积和重量增加，尤其是左心室壁明显肥厚，心脏重量可在400g以上，常伴有冠状动脉粥样硬化病变。晚期出现心肌收缩功能减退，最终发生心力衰竭。高血压与动脉粥样硬化相互促进，动脉粥样硬化发生时，可成为高血压病的重要死亡机制。高血压性心脏病患者可能由于某些诱因的作用，心脏功能发生失代偿或因并发动脉粥样硬化而加重心肌缺氧导致猝死。

2. 病理变化　高血压属于临床常见病和多发病，除引起高血压性心脏病、心力衰竭死亡外，还可导致脑血管意外（脑出血）、肾硬化等。在法医病理学检验过程中，应观察全身各主要器官是否符合高血压病的病理变化。良性高血压病患者具有全身细小动脉玻璃样变性的病理变化，以及高血压引起的心、脑、肾、眼底动脉等器官的病变；恶性高血压病患者可出现坏死性细动脉炎。

（三）原发性心肌病

1. 概念　原发性心肌病（primary cardiomyopathy）是指至今原因不明的原发于心肌本身的心肌损伤，表现为心脏显著肥大，重量增加，多因急性心力衰竭或急性心律失常猝死。原发性心肌病分为扩张型心肌病、肥厚型心肌病、限制型心肌病、致心律失常型右心室心肌病、心内膜弹性纤维增生症等，位居心脏性猝死死因的第三位。其中，最常引起猝死的为肥厚型心肌病和扩张型心肌病，婴幼儿则以心内膜弹性纤维增生症为最常见。

2. 病理变化　原发性心肌病的特征是心脏扩张、肥厚、重量增加，镜下见心肌变性、坏死。原发性心肌病一般要符合下列四阴性与四阳性条件方能诊断。四阴性包括：①心脏冠状动脉主要分支无病变；②无常见的心瓣膜病；③无高血压或原发性肺动脉高压的病理变化；④心脏内或大血管间无血液分流的通道或重大畸形。四阳性包括：①一侧或两侧心肌肥厚或心腔扩大，或两者兼有；②心内膜增厚、纤维化；③心腔内有附壁血栓形成；④心肌有变性、坏死及纤维化。

肥厚型心肌病以室间隔肥厚（大于左室游离壁厚度）、肌纤维排列紊乱为特征；扩张型心肌病以全心扩大为特征，心肌细胞肥大、变性，间质纤维化。心肌病导致猝死的机制为心律失常、心力衰竭，偶尔因附壁血栓脱落，引起重要器官如心、脑、肺等栓塞，发生猝死。

（四）心肌炎

1. 概念　心肌炎（myocarditis）是指心肌间质内有显著的炎细胞浸润，心肌细胞不同程度变性、坏死或纤维化，是导致猝死特别是小儿猝死的重要原因。心肌炎分为感染性心肌炎、中毒性心肌炎、过敏性心肌炎、自身免疫性心肌炎、组织不相容性心肌炎等。与猝死关系最密切的是感染性心肌炎和中毒性心肌炎。许多病原体都可引起感染性心肌炎，如细菌、病毒、立克次体、螺旋体、真菌及寄生虫等，其中以病毒性心肌炎猝死较常见，以柯萨奇B病毒感染发病率最高。心肌炎引起猝死的机制主要为室性心动过速、室颤、重度传导阻滞等致死性心律失常。未累及心传导系统的轻度心肌炎猝死的机制尚不明确,可能与心室肌电不稳定和一过性危险因素的交互作用有关。

2.病理变化 病理组织学变化分为两型:弥漫性间质性心肌炎和特发性巨细胞性心肌炎。前者主要变现为心肌间质或小血管周围有大量中性粒细胞或淋巴细胞、巨噬细胞浸润(图7-4),伴有少量心肌细胞变性坏死,心肌间质纤维化。后者除可见心肌大量灶性坏死外,还可见多量淋巴细胞、巨噬细胞、浆细胞和嗜酸性粒细胞以及多核巨细胞浸润。根据心肌炎典型病理学表现鉴定心肌炎猝死一般不难,但在法医学鉴定中,常遇见心肌病变较轻、间质炎细胞浸润较少的不典型心肌炎猝死案例,必要时可进行病原学诊断。此外,心肌炎的此类不典型病变在光镜下与伴少量炎细胞浸润的非心肌炎改变(5%～20%的正常健康人心肌间质存在炎症细胞浸润)有时难于区分,故轻度心肌炎猝死的病理学鉴定须慎重。

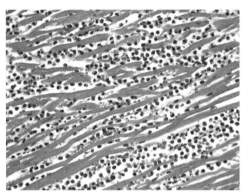

图 7-4　心肌间质大量中性粒细胞、巨噬细胞浸润　　　7-4

(五)主动脉瘤

1.概念 主动脉瘤(aneurysm of the aorta)是指主动脉管壁局部向外呈病理性扩张。

2.分类 按其结构可分为真性主动脉瘤、假性主动脉瘤、主动脉夹层动脉瘤。按其病因可分为动脉硬化性主动脉瘤、梅毒性主动脉瘤、先天性主动脉瘤、主动脉夹层动脉瘤等。动脉粥样硬化是导致主动脉瘤的常见原因,主要发生于腹主动脉,表现为局部膨出,大者直径可达10cm,破裂后可导致猝死。所有主动脉瘤中,以主动脉夹层动脉瘤(dissecting aneurysm of aorta)最常见,常引起猝死。主动脉夹层动脉瘤形成原因不明,一般认为是由于动脉中层囊性变性或坏死所致,血液自内膜斑块破口进入管壁,使中膜或中膜与外膜之间分裂,其内充满血液呈瘤状。临床表现为心电图(electrocardiogram,ECG)改变与剧烈的胸背疼痛不一致。主动脉夹层动脉瘤的死亡机制多因主动脉夹层动脉瘤向心包腔穿破,引起急性心脏压塞,或向胸腔或腹腔穿破导致急性失血性休克。梅毒性主动脉瘤多发生在主动脉弓,呈囊状扩张,破裂后可致死。

(六)心瓣膜病

心瓣膜病引起猝死者,以主动脉瓣膜狭窄最常见,其次为二尖瓣脱垂。

1.主动脉瓣膜狭窄 主要是风湿性心瓣膜炎的后果,也可因先天性瓣膜发育异常及主动脉粥样硬化所致。引起猝死的机制是由于瓣膜狭窄,左心室输出量锐减,引起冠脉供血不足,加之左室肥大对血流供给需求增加,导致供求严重失衡,发生急性冠脉功能不全引起心室颤动或心力衰竭而猝死。

2.二尖瓣脱垂 病理表现为瓣环松弛、扩大,后瓣拉长、肥厚,左房心内膜冲击斑。房室结可因瓣环扩大、钙化等受损,出现多种心律失常而致猝死。

3.心内膜炎 包括风湿性心内膜炎和感染性心内膜炎。风湿性心内膜炎瓣膜受损严重伴心肌损害时可引起猝死,或通过累及心脏传导系统出现心律失常而致猝死。感染性心内膜炎时可发生瓣叶穿孔、破裂,继发重度关闭不全,引起心力衰竭或冠脉供血不足而猝死。

(七)其他

如克山病、脂肪心、心脏传导系统疾病、川崎病、心包炎、Marfan综合征、心脏肿瘤等均可引起猝死。

二、呼吸系统疾病

呼吸系统疾病猝死占小儿猝死的首位,占成人猝死的第二位。以各类肺炎致死者多见,其次是支气管哮喘、慢性纤维空洞型肺结核急性发作等。

(一)肺炎

肺炎为小儿最常见的猝死原因,主要发生于1岁以下婴儿,死前可毫无症状,或仅有轻微症状,如喷嚏、咳嗽、流涕、腹泻等。肺炎所致成人死亡多为某些疾病或外伤后的致命性并发症。依致病原因和病变部位不同分为以下几种类型。

1.支气管肺炎 又称小叶性肺炎,以小儿和老年人多见,病变特点为以细支气管为中心的化脓性炎症。肉眼观,肺内有多数散在的实变病灶,尤以两肺的背侧和下叶病灶较多,有时若干病灶融合在一起而发展成融合性支气管肺炎。镜检见细小支气管腔及其周围肺泡腔内有较多的中性粒细胞浸润(图7-5),支气管黏膜上皮坏死、脱落,有时伴有较多纤维素和少量红细胞。需注意的是,婴儿对肺炎球菌的敏感性小,故患儿肺内呈现分散的小灶性病变,且常伴有败血症病变。肺炎猝死机制主要是由于炎症使肺内呼吸面积缩小而致呼吸衰竭,或并发脓毒症、肺脓肿、中毒性心肌炎等。

图7-5 细支气管腔及其周围肺泡腔内中性粒细胞浸润　　7-5

2.病毒性肺炎　又称间质性肺炎,病变主要在肺间质,常由麻疹病毒、流感病毒、腺病毒、巨细胞病毒等引起,多见于小儿。病变特点为急性局灶性间质性肺炎,可呈小叶性、节段性、大叶性(以下叶多见)。肉眼观无特殊变化;镜下见肺泡间质明显增宽、充血,有以淋巴细胞和单核细胞为主的炎症细胞浸润。有的表现为出血性肺炎。严重病例可并发坏死性支气管炎和坏死性支气管肺炎。猝死机制系因肺泡间隔明显增厚、肺泡与血液间气体交换障碍,导致呼吸困难而猝死。暴发性流感肺炎在继发细菌性感染时,可很快引起死亡。其病变除有肺出血、坏死、透明膜形成以及肺泡上皮细胞变性外,尚有出血性脑炎、心肌炎、肾上腺出血等改变。

3.大叶性肺炎　大叶性肺炎引起猝死不常见,偶有少数病例,因症状不明显没有及时治疗而可在灰色肝样变期死亡,多见于成年人。此期肉眼观察病变肺叶呈灰白色、质实,与非病变部位分界清;镜下见肺泡腔内充满大量中性粒细胞和纤维素。死亡机制多为重度感染导致感染性休克。

(二)支气管哮喘

支气管哮喘(bronchial asthma)属于变态反应性疾病。猝死多由支气管痉挛、堵塞导致窒息或肺过度扩张,从而引起急性右心衰竭所致。

支气管哮喘是一种由过敏原引起的Ⅰ型变态反应性疾病。过敏原可为某种食物、药物、化学品、动物皮毛、植物花粉等。死者多为青壮年,多在严重的哮喘持续发作中,因支气管痉挛和黏液阻塞气道导致窒息,或因右心负担过重致右心衰竭而死亡。肉眼观,肺体积膨胀、色淡,切面可见大、小支气管壁增厚,中、小支气管腔内有黏液堵塞。

(三)急性喉头水肿

喉头水肿导致喉腔急性狭窄甚至闭塞,出现严重呼吸困难,可导致窒息并引起严重的呼吸困难,甚至引起猝死。常见的病因有化脓性扁桃体周围脓肿、咽后壁脓肿及喉腔明显狭窄,黏膜水肿累及会厌部。全身窒息特征明显。

(四)肺结核病

肺结核病(pulmonary tuberculosis)是指由结核分枝杆菌引起的一种传染病,近年来肺结核病的发病率有明显上升趋势。引起猝死的病变类型如下。

1.慢性纤维空洞性肺结核　慢性纤维空洞性肺结核是成年人常见的慢性肺结核,肺内有一个或多个厚壁空洞形成,肺叶内见新旧不一、大小不等、病变类型不同的结核病灶。猝死机制多因纤维空洞壁上的血管或洞内残存的梁状血管破裂致急性失血性休克;少数可因较多血液或干酪样坏死物质被吸入支气管内引起急性窒息而死亡;偶见结核空洞病灶穿破肺胸膜或结核病变周围代偿性肺大疱破裂造成自发性气胸而死亡。

2.干酪性肺炎　病变呈大叶性或小叶性分布。肉眼观,病变处肺组织实变,切面呈黄色干酪样;镜下见肺泡腔内有大量浆液纤维素性渗出物,其中含有以巨噬细胞为主的炎症细胞,并见广泛的干酪样坏死。病情进展快,如未及时治疗,可迅速死亡,有"奔马痨"之称。猝死机制为坏死组织崩解产物被吸收致严重中毒性休克或干酪样坏死物堵塞较大支气管而窒息死亡。

3.急性粟粒性肺结核 常是全身粟粒性结核病的一部分。临床上多起病急骤,患者可在未及时明确诊断前即迅速死亡。肉眼观,双肺表面和切面见弥散分布的灰白色或灰黄色粟粒大小的结节病灶;镜下呈典型的结核结节病变。猝死机制为结核性毒血症、败血症或合并结核性脑膜炎而死亡。

结核病患者因大咯血猝死者,易被怀疑为暴力性死亡,应注意鉴别。

(五)肺栓塞

肺栓塞(pulmonary embolism,PE)是指肺动脉栓塞,包括血栓栓塞(图 7-6)、脂肪栓塞、羊水栓塞、空气栓塞、细胞栓塞、虫卵栓塞等,其中肺动脉血栓栓塞较多见,是常见的猝死原因。肺动脉腔内找到血栓、脂肪、水、空气、虫卵等栓子可确诊肺栓塞。约80%的肺血栓栓塞发生于骨折、大型手术等被制动较长时间而卧床的病人,血栓栓子大多来自下肢深静脉。当怀疑肺动脉栓塞猝死时,尸检应注意观察肺动脉的血栓,最好能在胸腔原位剪开肺动脉观察,同时注意检验下肢静脉有无血栓形成。近年来肺动脉栓塞猝死案例有增多趋势。

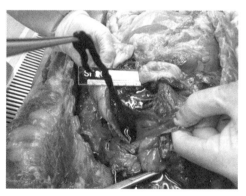

图 7-6 肺动脉血栓栓塞   7-6

三、中枢神经系统疾病

中枢神经系统疾病引起猝死的主要类型是脑血管意外,尤以脑出血和蛛网膜下腔出血多见,癫痫、占位性病变如脑肿瘤和脑脓肿等也可致猝死,脑动脉血栓形成和脑栓塞引起的猝死则比较少见。

(一)自发性脑出血

自发性脑出血(spontaneous cerebral hemorrhage)是指因脑血管病变引起的脑实质出血,又称原发性脑出血,俗称"中风"。以大脑出血最常见(约占80%),脑干和小脑出血约占20%。病死率以脑干出血最高。因此,对出血者预后评估有时出血部位比出血量更重要。自发性脑出血的常见病因是高血压和脑动脉粥样硬化,约占脑出血总数的70%;其次是脑血管畸形和动脉瘤破裂,其他疾病如脑动脉炎、脑肿瘤等少见。

自发性脑出血所致猝死的案例常有明显诱因,特别是精神情绪因素,如激动、争吵和体力活动增加等;少数病例发生于轻度外伤后,此时既有情绪因素,又有损伤因素,极易引发纠

纷。死亡机制主要为颅内压增高、脑疝形成。如有头部外伤史,需与外伤性脑出血鉴别。

根据脑出血的部位可分为大脑出血、小脑出血和脑干出血。

1.大脑出血　常见于基底节和内囊,因供应基底节区域的豆纹动脉从大脑中动脉呈直角分出,极易破裂出血。如高血压患者硬化的血管受高压血流冲击发生破裂出血,有的可穿破脑室,有的向皮质延伸。大脑出血不一定立即导致死亡,常经历昏迷阶段(数小时),但若脑出血累及脑室系统,可迅速致死。

自发性脑出血与外伤性颅内出血须慎重鉴别。发生脑出血时患者陷入昏迷而跌倒,头部可有浅表外伤而被误认为是外伤性颅内出血。尸检时头面部所见损伤既可能是外界暴力所致,也可能是患者自发性脑出血发病后昏迷倒地碰撞地面形成。外界暴力既可能是外伤性颅内出血的原因,也可能是促发自发性脑出血的诱因。因此,须注意观察头皮损伤的轻重程度,外力打击部位有无颅骨骨折及脑挫裂伤,其相对应的一侧有无对冲性损伤。另外,还应注意颅内出血的部位,如为硬膜外或硬脑膜下血肿,多为外伤性颅内出血,如为脑组织深部出血,多为自发性脑出血。

2.小脑出血　小脑出血易引起猝死,是由于该部位脑组织位于幕下,出血导致该区压力突然增高,压迫脑干生命中枢而致猝死。剖验小脑时可见血肿大小不一,大者直径可达5cm。小脑出血累及蛛网膜下腔者较大脑出血常见。

3.脑干出血　多由动脉粥样硬化及高血压,特别是恶性高血压所致。出血常起因于脑桥中线动脉破裂,病变自脑桥中部开始,向脑桥基底和被盖发展。出血常呈对称性,中线区域被波及。病变进展迅速,患者很快陷入昏迷、高热、瞳孔缩小进而死亡。脑血管畸形破裂也可引起致死性脑桥出血。

(二)自发性蛛网膜下腔出血

自发性蛛网膜下腔出血(spontaneous subarachnoid hemorrhage,SSH)是血液流入蛛网膜下腔的一种临床综合征,是中枢神经系统疾病导致猝死中常见的类型。在法医病理学鉴定中,自发性蛛网膜下腔出血常见于颅内动脉瘤、脑血管畸形破裂、脑血管畸形等,又以动-静脉畸形多见,可在纠纷、争吵、轻微外伤、情绪波动后发生,也可发生于安静状态或正常活动情况下。致死性SSH通常程度较重、范围大,多见于脑表面或底部。SSH多数无明显诱因而迅速昏迷、死亡。猝死机制为动脉瘤突然破裂,造成脑底部蛛网膜下腔大量出血,颅内压迅速增高,脑干重要结构受压或移位,致生命中枢(如呼吸中枢)麻痹而死亡。

尸体剖验可见颅内动脉瘤破裂所致蛛网膜下腔出血,出血量大,范围广泛,血液多积聚在脑底部,特别是各脑脊液池。血液沿着大脑外侧裂向大脑半球凸面延伸,有时血液可穿入脑实质或通过小脑延髓池、第四脑室正中孔及外侧孔逆行进入侧脑室。当出血量大时,血液可穿透蛛网膜进入硬膜下腔隙,并发硬膜下出血。由于大量出血,颅内压急剧增高,可发生脑疝。自发性蛛网膜下腔出血需与损伤性蛛网膜下腔出血鉴别,尤其是当死者生前与人有过争吵或遭受轻微外伤时,尸检要求尽快确定出血的性质(损伤性或自发性)和来源,此时需要仔细寻找有无破裂的动脉瘤、血管畸形等病变,损伤性蛛网膜下腔出血者还可有头皮血肿或其他颅脑损伤的证据,可以佐证暴力的存在。此项检查最好在新鲜尚未固定的脑标本上进行,应提取全脑标本在照相后按常规方法作切面检查,在出血及可疑部位应多作切片,常可找到病变所在。

(三)病毒性脑炎

病毒性脑炎(viral encephalitis)是指由病毒引起的中枢神经系统感染性疾病,多见于儿童,常见的有流行性乙型脑炎、脊髓灰质炎、狂犬病脑炎和单纯疱疹脑炎,以流行性乙型脑炎较常见。多在夏季流行,儿童发病率明显高于成人。临床上常出现高热、嗜睡、头痛、呕吐及不同程度的脑神经和脑膜刺激症状。各种病毒性脑炎的病理变化大致相同,表现为神经细胞变性、坏死,淋巴细胞在血管周围呈围管性浸润,小胶质细胞增生形成胶质细胞结节。病因诊断需血清学检验和病毒 DNA 分析,狂犬病脑炎的确诊则要在神经元细胞内检见狂犬病病毒包涵体。各种病毒性脑炎的死亡机制多因严重脑水肿、脑疝形成。

(四)暴发性脑膜炎

暴发性脑膜炎系脑膜炎球菌感染所致,呈散发性和流行性,以小儿与青年常见。暴发性脑膜炎起病凶险,进展急骤,很快出现休克样虚脱症状,表现为周围循环衰竭、血压下降、四肢厥冷、面色苍白,皮肤黏膜有广泛出血点,可在 24 小时内死亡。尸体剖验除见皮肤黏膜出血外,多数内脏,特别是双侧肾上腺广泛出血坏死。本病猝死机制为败血症和全身中毒性休克。

(五)颅内肿瘤

肿瘤引起猝死者少见,但颅内肿瘤由于其生长部位的特点,引起猝死者相对多见。颅内肿瘤指起源于颅内各种组织的原发性肿瘤及由身体其他部位转移到颅腔的继发性肿瘤的统称。常见的原发性肿瘤包括胶质瘤、脑膜瘤和髓母细胞瘤等。本病引起猝死的机制主要是:①肿瘤组织内突然出血,伴发周围脑组织水肿,使颅内压突然增高,并发脑疝形成而致猝死,以多形性胶质母细胞瘤最易并发出血。②由于急性脑脊液循环障碍引起猝死,多见于生长在脑室系统内的肿瘤,常见于第三脑室,如胶样囊肿、乳头状瘤和室管膜瘤等。

(六)癫痫

癫痫(epilepsy)有原发性与继发性之分。原发性者病因不明,多在儿童或青春期发病,可无特殊病理改变,但反复大发作导致反复缺氧可引起海马角硬化、小脑萎缩等。继发性者病因为脑的器质性疾病或脑外伤,患者可检出作为癫痫病因的原发于脑部的疾病或外伤,如颅内肿瘤、病毒性脑炎、脑血管病、脑挫裂伤或瘢痕等。癫痫患者可能在某次大发作时或发作后猝死,其猝死机制有多种,如心律失常、心搏骤停、窒息、神经源性肺水肿等。

既往癫痫发作史不清者猝死,容易被怀疑中毒等暴力性死亡,通过尸检可排除对暴力致死的怀疑。有时癫痫发作导致高坠、交通事故致死或者坠落入水溺死,常需与暴力性死亡鉴别。

四、消化系统疾病

消化系统包括消化道和消化腺(肝、胰),以急性消化道出血或穿孔、急性出血坏死性胰腺炎、急性重型肝炎、急性胃肠炎等引起的猝死为多见。

(一)急性消化道大出血或穿孔

大出血因胃或十二指肠溃疡病、肝硬化继发的食管胃底静脉曲张破裂、出血性胃炎、肿

瘤侵蚀上消化道血管等引起。尸检时常见引起出血的上述原发病变、上消化道内残存的血液及急性大失血征象。猝死机制多为急性失血性休克,有时血块可被误吸入呼吸道引起窒息而死亡。一般情况下,根本死因为引起出血的上述原发病变,直接死因为急性失血性休克或误吸窒息。

上消化道穿孔多见于胃或十二指肠溃疡病,下消化道穿孔多为重型阑尾炎、肠伤寒、肠阿米巴病、肠结核及肠梗阻等。年老或年幼者,临床表现(如腹痛)可不明显。一般情况下,根本死因为上述原发病变,直接死因为急性腹膜炎、感染性中毒性休克。

(二)急性腹膜炎

多继发于腹腔脏器的急性穿孔、破裂和急性肠梗阻,在特定条件下发生腹膜炎而致猝死。如急性出血性坏死性肠炎,起病急骤,多见于小儿及老年人,主要症状为腹痛、呕吐、腹泻、便血等。其病变主要见于空肠和回肠,常呈节段性分布,病变黏膜出血、坏死和溃疡形成;镜下除见黏膜坏死外,尚可见中性粒细胞、单核细胞、嗜酸性粒细胞浸润。细菌及毒素可透过坏死的肠壁进入腹膜腔,或在穿孔后直接引起急性腹膜炎,最终导致感染性休克。

(三)急性出血坏死性胰腺炎

急性出血坏死性胰腺炎(acute hemorrhagic necrotic pancreatitis)是指胰液排出受阻、胆汁反流再加上暴饮(白酒)、暴食(高脂肪餐)等,引起十二指肠黏膜充血、水肿,胰腺分泌亢进、腺泡破裂并发生自身消化,导致胰腺广泛性水肿、出血和坏死的急性炎症病变。本病病情凶险、死亡率高(占 25%~50%)。好发于中年男性,发病前多有暴饮、暴食或胆道疾病病史。临床表现为突然发作的上腹部剧烈疼痛,并向腰背部扩散,恶心、呕吐,病情常迅速恶化,出现休克而死亡。少部分病人可无任何症状,在睡眠中猝死。猝死机制多为休克(中毒性休克、低血容量性休克、神经反射性休克)及心搏骤停。

法医学鉴定时,应尽早进行尸体剖验(在死后 24 小时内),避免因胰腺自溶或受血液浸染而造成诊断困难,以致误诊。在剖开腹腔后,常应先检查胰腺的外观及其周围脂肪组织,并详细检查胆道、胰腺、十二指肠壶腹部开口有无结石、蛔虫等,胰管有无受压、狭窄或畸形等。尸检时可见腹腔有油腻状不凝固的血性液体,胰腺肿大、重量增加,可达正常重量的三倍,质软,呈暗红色,表面及切面结构模糊;胰腺周围、大网膜及肠系膜脂肪坏死,呈散在灰白色斑点状,有的发生钙化。镜下见胰腺结构模糊,在坏死边缘可见中性粒细胞和单核细胞浸润;间质血管坏死、出血,血管腔内可见血栓形成;坏死脂肪组织中可见脂肪酸结晶。

五、泌尿、生殖系统疾病

泌尿系统疾病引起的猝死较为少见,可发生猝死的疾病主要为尿毒症。女性生殖系统疾病引起猝死较常见,常见疾病有异位妊娠、羊水栓塞、子宫破裂、产后出血等。

(一)尿毒症

尿毒症(uremia)是指各种原因导致肾衰竭后体内的代谢产物和内源性毒物潴留所引起的临床病理过程。尿毒症的病变特征是肾单位大量被破坏以及全身其他器官和组织受损,一般可有纤维素性心包炎、胸膜炎、假膜性肠炎等。尿毒症猝死机制多为中毒性脑水肿、肾性高血压等。

鉴于尿毒症患者死前有肾衰竭引起的全身多器官中毒的临床表现,鉴定时应注意与某些化学毒物中毒相鉴别,应取材做毒物分析。因尿毒症死亡的多数患者在死亡前即诊断明确,较少发生猝死,少数患者诊断猝死系因死亡前病情隐匿或诊断不清。

(二)异位妊娠

异位妊娠(ectopic gestation)占正常妊娠的 1% 左右,90% 以上的异位妊娠发生于输卵管(输卵管妊娠),以壶腹部妊娠最多见,其他发生部位包括卵巢、腹膜腔等。半数以上的病例是由于输卵管慢性炎症、子宫肿瘤及输卵管出血等有碍于卵子的通过而引起。大多数宫外孕一般于妊娠第 6~12 周发生自发性破裂,伴有严重的内出血,出现剧烈腹痛,严重者出现休克,若不及时处理可导致猝死。尸体解剖可见子宫外妊娠处破裂,腹腔内积血,可见灰白色胎盘绒毛组织碎片。直接死因一般为急性失血性休克。

(三)妊娠期高血压病

妊娠期高血压病(hypertensive disorders in pregnancy)是妊娠期特有的疾病,为严重的妊娠并发症之一,其发生与全身小动脉痉挛有关。我国发病率约为 9.5%。包括 5 种类型:妊娠期高血压、子痫前期、子痫、高血压并发子痫前期、妊娠合并高血压。表现为不同程度的高血压、蛋白尿、水肿、抽搐、昏迷。高血压、蛋白尿、水肿可致头晕、头痛、胸闷、恶心等,称为先兆子痫;进一步出现抽搐或昏迷,称为子痫。子痫多发生于妊娠晚期或临产前,称产前子痫,占 71%;少数发生于分娩过程中,称产时子痫,占 29%;偶有发生于分娩后 24 小时内,称产后子痫。可因窒息、急性肾衰竭和心功能不全而猝死。鉴定前应充分了解死前的临床症状与体征,还需注意与某些痉挛性毒物(如毒鼠强、氟乙酰胺等)中毒鉴别。法医病理学检验可见全身小动脉痉挛,尤其表现在心、脑、肾、肝、胎盘等缺氧引起各器官的病理改变。

(四)羊水栓塞

羊水栓塞(amniotic fluid embolism)是指在分娩过程中羊水成分经子宫破裂的血管进入母体血液循环所引起的肺栓塞,继而发生休克、弥散性血管内凝血和急性肾衰竭等一系列严重症状的综合征。羊水栓塞起病急、病情凶险,是一种严重的产科并发症,死亡率高达 80%。羊水栓塞患者 70% 发生于胎儿娩出之前,30% 发生于胎儿娩出之后(其中半数以上发生于胎儿娩出后 5min 内)。部分患者突感胸闷、呼吸困难,出现发绀、血压下降等,在数分钟或几小时内死亡。

尸体检查时主要见肺细小动脉和毛细血管内存在大量羊水成分,如脱落的角化上皮、胎粪、毳毛等(图 7-7),有时子宫韧带血管及其他器官(如心、肾、脑、肝、胰等)小血管内也可见羊水成分。本病猝死机制是羊水进入母体血液循环引起广泛性肺栓塞;羊水内含有类似于组织因子的活性物质,可激活凝血系统,引起弥散性血管内凝血;机体对羊水成分的过敏反应等。上述因素联合作用可导致患者血液循环障碍或产后大出血而死亡。

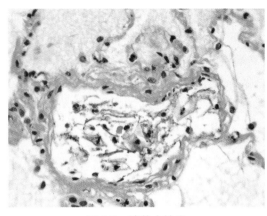

图 7-7　肺羊水栓塞　　　　7-7

(五)产后出血

产后出血的传统定义是指在分娩 24 小时之内,阴道分娩者出血量超过 500mL,或剖宫产分娩者出血量超过 1000mL,是产科的严重并发症之一。出血量超过 1000mL,如不及时处理,可引起产妇猝死。其常见原因有:①子宫收缩乏力,在产后出血中最常见,占全部产后出血的 70%~75%;②胎盘因素,由于胎盘滞留或胎膜残留引起产后出血;③软产道裂伤和凝血功能障碍,均较少见。法医病理学检验可见全身急性贫血征象。

(六)子宫破裂

子宫破裂多见于 30~40 岁的经产妇,一般发生在分娩期,与产道不畅、不适当助产、滥用缩宫素、子宫瘢痕愈合不良等因素有关,为产科最严重的并发症之一。其典型的临床表现是腹部阵痛突然停止,继而发生失血性休克。子宫破裂可造成阔韧带内或腹腔大出血,导致失血性休克而猝死。

六、内分泌系统疾病

因内分泌系统疾病猝死的发生率较低。某些内分泌系统疾病猝死者没有相应的病理形态学改变,诊断较困难,需结合案情、现场、死前表现、家族史以及相关的尸体化学、激素测定,并在排除其他死因后,方可考虑本类疾病猝死。

(一)糖尿病、低血糖症

糖尿病(diabetes mellitus,DM)指因胰岛素分泌不足等原因引起的糖、蛋白质、脂肪及水和电解质代谢紊乱为特征的一种内分泌及代谢性疾病。以血糖过高为标志,表现为多饮、多食、多尿、消瘦、皮肤瘙痒等,一般缺乏特征性病变。可因给重症糖尿病患者错误静脉输入大量葡萄糖溶液而诱发酮症酸中毒昏迷,并发心血管疾病和肾衰竭,或生前未被诊断突发糖尿病性昏迷而死亡。尸体解剖时可取尿液、左心血液、脑脊液和眼玻璃体液测定尿糖、血糖及酮体等。

低血糖(hypoglycemia)是由于多种原因引起的血糖浓度过低所致的综合征。成人血糖低于 2.8mmol/L 时可以认为血糖过低。严重低血糖可引起昏迷,甚至导致猝死。低血糖病因常见有药源性低血糖、特发性功能性低血糖症、肝源性低血糖症、胰岛 B 细胞瘤。低血糖症猝死者可见脑组织充血、水肿,点状出血及脑组织点状坏死、脑软化等病理改变。猝死机制主要是由于低血糖性昏迷,引起脑组织能源不足,功能性障碍,严重者昏迷、血压下降、休克而死亡。

(二)甲状腺功能亢进

甲状腺功能亢进(hyperthyroidism)简称甲亢,又称为弥漫性毒性甲状腺肿、突眼性甲状腺肿、Graves 病或 Basedow 病,因甲状腺分泌甲状腺激素过多所致。以 20～40 岁女性多见。甲状腺弥漫性中度肿大,变硬。多因甲状腺功能亢进性心脏病致急性心力衰竭、水和电解质代谢紊乱或甲状腺危象休克而猝死。法医病理学检验过程中应仔细检查甲状腺和心脏的变化。

(三)慢性肾上腺皮质功能减退症

慢性肾上腺皮质功能减退症见于各种疾病引发的双侧肾上腺皮质严重破坏和萎缩,患者平时可无症状,但在感染、手术、麻醉、创伤、过劳、精神紧张等应激情况下可诱发肾上腺皮质危象,甚至猝死。猝死机制为末梢循环衰竭及高钾血症所致的心搏骤停。

(四)嗜铬细胞瘤

嗜铬细胞瘤(pheochromocytoma)是指起源于嗜铬组织(如肾上腺髓质、交感神经节等)的肿瘤。嗜铬细胞可产生肾上腺素和去甲肾上腺素。当嗜铬细胞形成肿瘤时瘤体组织能持续或间断释放大量肾上腺素和去甲肾上腺素,继发性引起持续性或阵发性高血压、心律失常和多器官功能紊乱及代谢紊乱。临床上嗜铬细胞瘤好发于青中年,多发生于肾上腺髓质部,大多单侧单发,良性为主,少见恶性(图 7-8)。临床表现多样,可有恶心、呕吐,中上腹疼,也可引发持续性高血压(约 50%)或阵发性高血压(约 45%)。起病急骤,病情凶险,甚至可在短时间内死亡或临床未获诊断而死亡,死后解剖才被意外发现。死亡机制可因高血压脑出血、急性心力衰竭而猝死;可因肿瘤骤然出血引发的失血性休克而死亡;也可因肿瘤坏死,释放肾上腺素和(或)去甲肾上腺素,大量肾上腺素和去甲肾上腺素对心肌直接作用,引发心肌肥厚、梗死、水肿、间质纤维化等,导致严重心律失常或急性心力衰竭而猝死。

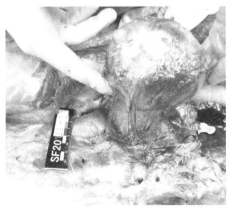

图 7-8　肾上腺嗜铬细胞瘤　　　　7-8

七、其他原因不明性猝死

(一)青壮年猝死综合征

青壮年猝死综合征(sudden manhood death syndrome,SMDS)是一种主要发生于青壮年,发病原因、机制不明的猝死,又称睡眠中猝死。

SMDS 多数病例具有以下特征:多发生于年龄在 20～40 岁的青壮年;男性明显多于女性(男女比例为 11:1);死者生前身体健康,发育和营养良好;死亡多发生在夜间睡眠中,以凌晨 2—4 时多见;死亡过程迅速,多为即时死亡,表现为睡眠中突然发生呻吟、惊叫、呼吸困难、抽搐等症状,从发病到死亡不过数分钟;死亡前多无诱因,尸检不能发现足以导致死亡的确切原因,其共同改变为急性心力衰竭。

SMDS 的机制尚不明确,主要有以下几种学说:①急性心力衰竭。认为在睡眠中迷走神经占优势,从而抑制交感神经的活动,对引起心脏抑制的刺激阈值降低,容易导致心脏抑制而死亡。②噩梦学说。睡眠中猝死前的某些表现如呻吟、惊叫等与人在做噩梦时的现象相似,因此,有人认为可能是噩梦的精神刺激而导致急性心脏死亡。③内分泌因素学说。因本病以男性占优势,且主要发生在青壮年,因此有人认为与内分泌因素有关等。

国内部分学者不同意将这类死因不明的死亡诊断为青壮年猝死综合征,建议仍诊断为死因不明。鉴定时,需结合案情、现场和尸体解剖等情况,并排除自杀、他杀和意外死后,慎重地作出准确诊断。

(二)婴幼儿猝死综合征

婴幼儿猝死综合征(sudden infant death syndrome,SIDS)指发生在婴幼儿的突然意外地死亡,无论从病史和尸检都不能发现确切的死因,亦称为"摇篮死"(crib death)。年龄以出生后 2 周～2 岁者为多,2～4 月龄为发生高峰;90% 左右死于睡眠中,一般在 3—10 时;常发生于健康婴儿,男婴稍多于女婴,一般发育良好,无前驱症状,有时可有轻微的上呼吸道感染症状;死亡过程迅速,常被突然发现死在摇篮里,甚至母亲或保姆怀抱中;尸体解剖常无特殊改变,仅见内脏淤血,胸膜、心外膜和胸腺表面点状出血,肺水肿,有的可见肺组织有不足以引起死亡的轻度炎细胞浸润。

猝死机制至今未明,有各种学说,可能的危险因素包括:①全身感染,婴幼儿免疫功能低下;②婴幼儿丙种球蛋白生理性降低,一般在出生后 2～4 个月婴幼儿来自母体的抗体减少,而婴幼儿本身所产生的抗体不足以抵抗外来感染;③过敏,可能为牛奶过敏;④心脏传导系统异常;⑤其他,如甲状旁腺发育不全导致钙代谢异常、维生素 E 缺乏、硒缺乏、染色体异常或颈动脉体异常等。

鉴定时首先应排除杀婴,有无灾害性窒息致死(如闷死)的可能,注意有无挫伤及内出血等,经系统尸检无致死性病变,又经细胞学检查及毒物分析均无阳性发现,符合上述特点,结合案情调查和现场勘验,才能作出 SIDS 诊断。

(三)抑制死

抑制死(death from inhibition)指身体的某些敏感部位受到轻微刺激后,通过神经反射作用,迅速发生心跳停止的一类猝死。常见的刺激有:①打击胸腹部、会阴部和喉头等;②颈动脉窦或眼球受到压迫;③声门、喉头等部位受到冷水刺激;④胸腹腔浆膜突然遭到牵拉刺激以及扩张尿道、宫颈等;⑤极度惊吓、恐惧、悲哀和疼痛等刺激。鉴定抑制死,需符合上述特点,有目击证人,并且通过完整的尸体检验排除其他死因,慎重地作出诊断。

抑制死的常见类型如下。

1.反射性心搏停止　常见于轻微打击喉部、腹部、阴囊,压迫颈动脉窦,扩张尿道、宫颈这些神经分布丰富的部位,这些因素均可刺激迷走神经引起反射性心搏变慢或停止;或引起反射性血管扩张,血压下降导致猝死。

2.颈动脉窦综合征　常见于压迫、牵拉颈动脉窦,甚至由于颈部突然转动、衣领过紧等引起血管压力感受器受刺激,反射性抑制血管神经中枢,使血压下降甚至反射性心跳停止而死亡。

3.舌咽神经病变和吞咽性昏厥　舌咽神经病变常引起发作性咽喉痛,反射性引起心动过缓、血压下降和昏厥。吞咽性晕厥指因食管局部病变致局部感受器敏感,吞咽动作诱发了房室传导阻滞或引起迷走神经反射而致心脏停搏。

4.血管减压性晕厥　常见于有家族史、有明确发病诱因的青春期女性,在情绪紧张、极度恐惧、悲哀和疼痛时发生。

抑制死尸检没有特异性的病理学改变,因此鉴定需慎重,必须注意:此类死亡为即时发生,且迅速继发于某种刺激或诱因之后,即死亡与刺激之间有明确因果关系;最好有目击证人证实其敏感部位仅受到轻微刺激或外力而迅速发生死亡;必须详细检查,无任何遗漏,确保无致死性病变,无致死性外伤,无中毒证据。死前受到的轻微刺激可视为诱因。

第三节　猝死的法医学鉴定

猝死为自然疾病引起的死亡,属于非暴力性死亡。但由于死亡发生突然且出人意料,相关案件鉴定的复杂性有时远超单纯的凶杀案件,由此引发的争议有时也更大。有些在休息或睡眠中发生,易被怀疑为中毒、窒息死;有些在工作或劳动中,或在医疗过程中或之后短时间内发生死亡,易引起纠纷,临床医生难免会卷入这些纠纷中;还有些案例,在与人争吵、发生口角、殴斗、厮打以及其他不明情况下突然发生死亡,被怀疑为他杀暴力死,此时需要分析外力、疾病与死亡的关系;同时也有犯罪分子用暴力手段致人死亡后伪报猝死以逃脱罪责。以上种种情况,为了查明死因、澄清死亡性质,均应进行法医学鉴定。

一、猝死的鉴定方法

(一)案情调查

应向死者家属、亲友和单位医务人员详细了解死者的既往病史、家族史、诱因、发病时间

和死亡时间等的真实情况。关于猝死案例的发病经过及其症状表现,有的有目击者(如死者的亲属或同室者),能提供部分病情材料,有的则无目击者(如一人独居,夜间睡眠中猝死,次日才被发现死于床上),只能调查死者的过去病史,收集有关病历资料。应注意了解情况的客观性和可靠性,如被调查人是否隐瞒或夸大病情和伤情等。临床医生接诊患者务必做好有关病历记录,此举有利于猝死原因的查明。

(二)现场勘验

猝死可发生于各种场所,较常见者常独居一室,于夜间睡眠中猝死;也有在车间参加剧烈劳动后、运动场上、厕所排便时猝死;或于旅途中在火车、轮船、车站、码头等公共场所猝死;也有在医院诊疗过程中发生猝死。

因猝死常在无目击者的情况下发生,故必须仔细勘验现场,注意有无搏斗现象,有无血迹、剩余食物、饮料、药物或呕吐物等,并取材做毒物化验。

(三)法医病理学尸体检验及辅助检查

尸检是判明猝死原因的关键性步骤。一定要先了解死者的案情和病史,周密考虑剖检时应选择的操作步骤和注意事项,如疑为肺动脉栓塞者,心肺取出之前,应原位将心脏和肺动脉及其分支剪开,以观察其腔内有无血栓质块堵塞;疑为气胸者,开胸前应先检查横膈高度做气胸试验。

对猝死尸体还需注意尸表检查,以发现有无微小的损伤、注射针孔、蛇咬伤口、电流斑等。法医解剖必须全面、系统操作,并取材做切片检查,观察各脏器的病理变化。避免因解剖不完全导致破坏或遗漏重要病变和发现,解剖后仍死因不明,甚至得出错误的鉴定结论。如对颅腔、胸腔和腹腔的检查和各器官的提取,包括骨髓的提取,必要时对脊髓的提取等;还应注意器官内容物及体腔积液的提取,特别是采集胃内容物、血、尿及肝、肾等器官做毒物化验,以排除有无中毒可能。对于疑为急性传染病或败血症感染的病例,应按传染病样本的提取要求,取心血或脾组织等做细菌培养;或采集适当检材做病毒分离,有助于病原学诊断。

(四)死因分析

猝死案例通过上述各项法医学检查,大致可得出以下几种结论。

1.死因明确 即尸检可见明显致死性器质性病变,而且其病变部位、程度和性质足以解释死亡原因,如主动脉瘤破裂、病理性大片脑出血、冠心病猝死等。

2.无明显器质性病变 必须排除损伤、窒息、中毒等暴力死的可能性,再结合发病特点慎重进行诊断,如青壮年猝死综合征。

3.检见毒物 应分析是猝死,还是中毒致死。如尸检发现冠状动脉粥样硬化,但从体内检出大量毒物,且存在中毒表现,应鉴定为中毒致死。相反,有时检出某种毒物,但经案情调查是作为治疗药物(如催眠、镇静药)进入体内且经毒物含量测定,未达到中毒或致死量,而内脏又有足以解释死因的重度病变,则应鉴定为猝死。

4.检见损伤 应分析是因疾病猝死,还是损伤致死。

(1)单纯因损伤致死:如果尸检发现有严重的致死性损伤,那么即使同时可见某些脏器有明显病变(如冠心病),仍应认为是损伤致死,死因与疾病无关。

（2）单纯因疾病致死：有的案例死前虽受过外伤，但损伤程度轻微，损伤与发病间隔时间较长，尸检发现有明确的致死性病变，则应认为是疾病猝死，死因与损伤无关。

（3）损伤是主要死因，疾病是次要因素：即原有疾病不会迅速致死，在受到损伤后即发生致命的后果。例如，慢性血吸虫病引起轻度脾肿大患者，腹部遭受钝器打击后发生外伤性脾破裂引起大出血致死。

（4）疾病是主要死因，损伤是次要因素：例如脑血管畸形患者，在头部遭受轻微打击后促发病理性蛛网膜下腔出血而致猝死。

实际检案工作中，后两种情况引起争议较多见。对每一具体案例，必须根据各种不同情况进行科学分析，实事求是地进行死因分析。

二、猝死法医学鉴定的意义

（一）揭露可能存在的犯罪行为

在实际检案工作中常有投毒作案伪装猝死的案例。例如，犯罪分子以氰化钾混入胃痛片内毒杀被害人引起急性死亡，谎称夜间冠心病发作引起猝死；也有乘被害人患病，无力抵抗，施行暴力致死，而伪报病死。

（二）查明死因，解除怀疑

法医实践中也可遇到将猝死疑为中毒或其他暴力致死的案例，特别是案情有偶合的情况，更易引起怀疑。

（三）说明损伤与猝死的关系

通过法医学鉴定可说明损伤与猝死是否有关，及其因果关系如何，以区别其法律责任。如果在工伤、车祸后发生猝死，则又涉及保险、赔偿等问题。

此外，某些暴力性死亡，其损伤的发生是潜在性疾病突然发作的结果，如司机在驾车过程中冠心病发作而酿成交通事故；高血压性脑出血患者发病时跌倒或从楼梯上坠落引起损伤致死等。通过尸检即可阐明其因果关系。

（四）丰富和发展医学学科，提高猝死的防治水平

通过大量法医尸体检验与鉴定，可提高疾病与死因诊断的准确率，为医学学科提供反馈，促进其发展和进步，亦可促进法医学发展。

（五）补充和完善全社会死因统计资料

全社会死因统计对全面了解国家和地区的医疗健康水平，修订相关法律、法规、政策，以及制定疾病的防治措施等均有重要价值。鉴于许多猝死发生在院外，此部分死因统计只能由法医学鉴定予以补充、完善。

？案例及思考

简要案情：患者，男，71岁，因"检查发现右肾占位1周"入住某院泌尿外科。全腹增强CT扫描及肾脏磁共振扫描示：右肾轻度强化结节，考虑肾癌可能。后行腹腔镜下右肾部分切除术，术后嘱患者卧床休养，5天后护士要求其下床活动，刚走出病房，患者突发意识不清，大小便失禁。医护人员立即进行抢救，经抢救无效死亡。超声检查示：双下肢动脉壁钙化，双侧股静脉、腘静脉血液通畅，左小腿肌间静脉血栓形成。为查明死因，对患者进行法医病理学死因鉴定。

解剖所见

心：重443g。形态正常，质地较软。冠状动脉三层结构完整，各冠状动脉未见内膜增厚及管腔狭窄。

肺：肺动脉干及左、右肺动脉分支内见多个大小不一的血栓栓子样异物，质韧，表面颜色不均匀。镜检：异物中可见血小板梁，其间夹杂红细胞及白细胞。双肺表面见散在出血点，部分充血、肿胀明显，右肺下叶与膈肌广泛粘连。

肾：左肾重225g，大小为11.0cm×8.0cm×5.0cm。右肾重182g，大小为10.5cm×6.0cm×4.5cm，表面见8.0cm×4.5cm出血，局部见凝血块附着，表面见3个塑料夹在位；术区见出血。镜检：双肾肾小球多发纤维化、玻璃样变，部分肾小球周围见炎细胞浸润及肾小管坏死。右肾术区片状出血，术区及边缘未见癌细胞。

左小腿肌肉组织镜检：肌间静脉内见血栓样物，质韧，颜色不均匀，与静脉管壁粘连不紧密。镜下证实为血栓成分。

根据案例回答以下问题：

1. 写出主要的法医病理组织学诊断。

2. 试分析患者死亡原因。

3. 分析医院及医护人员有无过错，如果有，应该如何避免或减少发生？

第八章　家庭暴力与性侵害

第一节　家庭暴力

教学 PPT

一、概　述

家庭暴力（domestic violence）是指行为人以殴打、捆绑、残害、强行限制人身自由或以其他手段给家庭成员或其他共同生活主体的身体、精神等方面造成一定伤害后果的行为。家庭暴力不仅限于发生在家庭成员（包括夫妻之间、父母子女之间、兄弟姐妹之间、祖孙等）之间，也可发生在家庭成员与其他在此家庭共同生活的个体之间。

家庭暴力是一个全球性的现象。无论是在发达国家还是在发展中国家，无论是城市还是农村，这种现象都不同程度地存在。家庭暴力直接或间接地伤害受害人的身心健康，如果发展成为犯罪案件，还会破坏社会秩序与稳定。持续性、经常性的家庭暴力构成虐待。由家庭暴力引发的案件逐年增多，轻则表皮红肿，重则致残、重伤，甚至是致人死亡，使妇女、儿童的身心健康受到极大伤害，对其未成年子女的成长造成不良影响，并且给家庭、社会也造成了严重危害。

二、特　征

(一)隐蔽性

这是家庭暴力最为显著的特征，大多数受害者认为，家庭暴力是家务事、个人隐私，且"家丑不可外扬"。若外传或由司法机关介入可能会揭开家庭暴力的遮羞布，激化家庭矛盾，影响婚姻和家庭的稳定，还会影响个人名誉或事业发展。因此，受害者多采取忍耐态度，使其具有很大的隐蔽性，导致由司法机关介入处理的案件数远低于实际发生案件数。受害者的外伤往往很明显，容易引起人们的注意，而精神创伤较难发现，易被忽视。

(二)复杂性

家庭内部关系的复杂性导致家庭暴力发生的原因、产生的后果以及造成的危害各不相同，使家庭暴力具有复杂性。受害者长期生活在恐惧、紧张的气氛中，身心疲惫、心情抑郁。受害人身体上的伤害程度往往不易确定，或轻或重，甚至死亡。就精神上所实施的暴力而

言,其主要表现为行为人通过激烈的言辞损伤他人自尊、人格等。

(三)反复性和持续性

家庭暴力的隐蔽性为其反复性创造了客观条件,因多数受害者对暴力行为不愿公开,加上受害人往往轻信施暴者事后的忏悔和不再施暴的誓言而一忍再忍,或者没有得到及时救助。施暴者逐渐形成使用暴力的习惯,使暴力重复出现甚至持续加剧。受害者对家庭暴力无力反抗或不愿公开,导致施暴者更加为所欲为,长时间、屡次对受害者施暴。

(四)后果的严重性

第一,施暴容易侵犯和践踏对方的人格尊严、身体健康等人身自由权利,损害和摧残其身心健康,导致婚姻破裂、家庭解体;第二,容易诱发刑事犯罪,当暴力超过一定限度时,受害妇女就会奋起反抗,以暴制暴,从家庭暴力的受害者变成加害者,最终演变为刑事犯罪,影响家庭和睦和社会稳定;第三,严重影响下一代人的身心健康。未成年人是国家的未来、家庭的希望。然而,父母吵架、离婚对子女的伤害是难以估量的,时时影响其学习、生活和健康成长。在家庭暴力环境下成长的未成年人比起在正常环境中成长的孩子更容易出走,走上邪路,成为敌视社会、报复社会的人。不良环境在其生理、心灵上留下灰暗、悲伤的阴影,造成恐惧、焦虑、孤独、自暴自弃等心理障碍。

(五)家庭暴力举证难

家庭暴力多指家庭成员之间的不法伤害,多发生在家庭内部,且受害者在受到暴力伤害时没有想到寻求法律解决,因而不会收集或保留证据,受害者在时过境迁后要举证证明家庭暴力的存在就有一定的困难。

三、表现形式

在家庭暴力中,遭受侵害的 90% 为女性。家庭暴力的形式多种多样,既有肉体上的伤害,也有精神上的损害,还包括性虐待和婚内强奸等。家庭暴力按其危害程度可分为重大暴力和一般暴力,按其形式可分为以下几种。

1.身体暴力　包括所有对身体的攻击行为,如殴打、推搡、打耳光、脚踢、使用凶器等。

2.语言暴力　以语言威胁、恐吓、恶意诽谤、辱骂等,使用伤害自尊的语言,从而引起他人痛苦。

3.性暴力　故意攻击性器官,强迫发生性行为、性接触。

4.冷暴力　相对于传统的以暴力动作为主要表现方式(如拳打脚踢、身体伤害)的"热暴力","冷暴力"是以语言为主要工具,或减少甚至停止夫妻之间的语言交流,用讽刺挖苦、侮辱性的言语来发泄自己的情绪、伤害对方的自尊心。家庭"冷暴力"是一种比身体暴力更为严酷的精神虐待,这种伤害更让人感到窒息与失望,受害人往往容易精神惶恐,失去理智,产生绝望。"冷暴力"逐渐成为家庭暴力的主要形式,且多发生在经济条件好、社会地位高、学历较高的家庭中。

四、主要原因

(一)封建意识根深蒂固,"男尊女卑"的思想意识残留与大男子主义

当今社会的大男子主义,要求妻子对其言听计从,家中所有大小事务,他们都要求妻子听从自己发号施令。如果妻子与其意见不一或是反对,便会挫伤他们的自尊心,以此招来家庭暴力。对于孩子,一些家长性格粗鲁,脾气暴躁,有的家长自己文化素质低,认为"棒棍底下出孝子",没有文明语言,孩子表现稍不如意,动辄打骂,以为自己打自己的孩子不犯法。

(二)道德观念差,个人素质低,是导致家庭暴力的主要原因

近几年来,开放的生活方式、价值观和人生观对一些人的思想道德观念产生了巨大冲击,观念错位,从而导致家庭暴力。

(三)缺乏社会控制力

社会对家庭暴力的宽容态度也是造成暴力事件多发、升级的原因。家庭暴力一向被视为个体家庭的私事,尤其在城市住宅区,邻居间走动较少,司法机关也认为家庭矛盾纠纷难以插手,如果伤害程度达不到伤害罪的条款要求,对施暴者也无法进行处罚。这些实际上就是对暴力的默许,是对施暴者的宽容,甚至是纵容,致使一些施暴者很少也很难得到制裁,从而导致了家庭暴力事件的增加。

(四)工作压力过大

随着现代社会经济的快速发展,社会竞争越来越激烈,人们生活节奏越来越快。为了有一个舒适的居住环境,为了生活条件的改善,为了不被日益高标准的岗位所淘汰,夫妻一方或双方不得不付出大部分时间与精力,对家庭付出或照顾的减少在所难免,由此便会产生矛盾或纠纷,当矛盾积累到一定程度而愈加尖锐时,家庭暴力便很有可能发生。

(五)经济收入不平等

在现代经济生活中男性仍然占主导地位,绝大多数女性的经济地位不如男性,特别是没有独立经济来源的女性,一方面,要承受施暴者的暴力摧残,另一方面,也害怕离开施暴者后会遭遇更多困境,只能依附于丈夫,这样很可能成为丈夫随心所欲施暴的对象,发展为家庭暴力。

(六)受害者的容忍

心理因素是家庭暴力加剧的最重要原因,如果受害者有"家丑不可外扬"的心态,使家庭暴力存在较大的隐蔽性。一些受害人往往顾及面子,不愿求助于社会,多采取容忍的态度。即使希望有关部门干预,也只想通过批评教育来制止丈夫的施暴行为,不愿丈夫受法律制裁,这反而导致家庭暴力的逐步升级。

（七）法律对家庭暴力的界定不够健全，执法力度不足

虽然宪法、刑法、妇女权益保护法、婚姻法、治安管理处罚法等法律中都有关于保护妇女权益的相关规定，但对家庭暴力的内涵界定过于笼统，对何种程度的暴力给予何种处罚缺乏具体明确的规定，可操作性差。虽然明确了政府职能部门在反家庭暴力方面的职责，但只是纲要性规定。虽然婚姻法对"家庭暴力"的概念作出了明确规定，但在其司法解释中，对家庭暴力损害赔偿案件的立案条件规定仍使遭受家庭暴力的妇女处于不利位置，难以维护妇女的正当权益。总之，以上因素导致法律执行受阻，力度不足。

五、家庭暴力带来的危害

（一）影响婚姻家庭稳定

家庭暴力对于感情基础牢固或不牢固的婚姻都有严重的破坏作用。在许多解体的家庭中，常能发现家庭暴力的存在。在一些不稳定的婚姻家庭中，有可能弥合感情的夫妇也会因家庭暴力使受害者与施暴者更加离心离德，最终毁掉他们的婚姻家庭。夫妻感情是维系婚姻和谐、家庭稳定的基础，家庭暴力直接破坏夫妻感情。家庭暴力不仅破坏了家庭和谐，也会给子女的成长带来沉重压力，还会给老年人的晚年生活造成很多困难。

（二）给妇女带来的危害

家庭暴力侵害妇女的人身权利，直接导致家庭破裂；影响妇女的身心健康甚至使其生命安全受到极大威胁，如妻子受到多次殴打，导致身体瘀肿，头部流血，被拖拉头发等，给其带来巨大的精神压力，使其长期生活在抑郁和恐惧之中。受虐妇女一般会表现出焦虑、抑郁、有自杀倾向、与社会隔离和失去自尊自信，甚至产生以暴制暴的攻击性行为。身体上还会表现出疲劳、头痛等生理症状。当妻子无法忍受丈夫的暴力时，便会以提出离婚或离家出走进行反抗，有的甚至以暴抗暴，直接导致刑事案件的发生，致使家庭破裂和毁灭。

（三）对未成年人的危害

经常发生家庭暴力的家庭对未成年人的身心健康伤害极大，造成心理阴影，从而导致犯罪增多。家庭暴力导致家庭的破裂，让未成年人失去家庭温暖，感受不到父母的关爱。特别是直接对其子女施暴时，更容易使未成年人的心灵受到伤害，产生紧张和恐惧；有的会使未成年人离家出走、学业荒废；有的使未成年人走上犯罪的道路，造成人生的毁灭。家庭暴力带来的负面影响往往会伴随其一生，甚至造成其人格异常；部分在暴力环境下长大的儿童会成为潜在施暴者。

（四）引发违法犯罪

家庭暴力引发违法犯罪的案例并不罕见，一些受害者长期生活在暴力阴影之下，无法解脱，绝望之中选择了以暴抗暴的极端方式。一部分杀夫是因不堪忍受丈夫的暴力虐待而选择铤而走险的犯罪方式。有少数未成年子女由于长期生活在暴力环境之中选择了杀死父母的极端行为。

(五)妨碍社会的安定团结

家庭是社会的重要组成部分,和谐的家庭构建和谐的社会,社会的安定团结来源于家庭的和谐。家庭暴力造成家庭悲剧,导致家庭破裂,扰乱社会秩序,影响社会的安定团结。

六、预防家庭暴力的措施

(一)加强舆论宣传教育

借助各种渠道包括报刊、电视、广播、互联网等大众传媒广泛宣传,并经常曝光一些家庭暴力案件,加强社会公众的监督作用,让社会公众深刻意识到家庭暴力的危害,从而增强人们防止家庭暴力的自觉性和责任感。

(二)增加社会对家庭暴力的重视程度,构建社会监督、防控和制裁体系

将家庭暴力纳入社会综合治理范畴,开展社会系统工程。单位团体和街道社区要关心每一个有可能发生家庭暴力的家庭,一旦事件发生立即制止、处理。执法机构更要重视对家庭暴力的处理,完善执法监督系统,把预防、制止和制裁家庭暴力视为己任。加强妇联等社会团体对家庭暴力的控制作用,使这些组织成为反家庭暴力的基地。

(三)建立良好的家庭沟通机制

家庭成员之间偶尔发生冲突是正常的、不可避免的,但双方发生冲突后,应认真反省,了解双方冲突的原因,相互检讨,坦诚表达自己的想法,找到协商解决分歧的合适途径。这样的沟通和互动机制有利于夫妻双方运用自己的理智,冷静处理彼此之间的矛盾与冲突,对于防止暴力的发生会起到很好的效果。

(四)充分发挥居民社区的干预功能

家庭暴力发生后不仅要制裁施暴者,更要抚慰受害者。及时抚慰、援助和保护受害者是反对家庭暴力的重要措施。社区是保护人身权利的第一道防线。社区应及时了解家庭矛盾的发生原因,以便有针对性地进行调解,把家庭暴力消除在萌芽阶段。社区调节既能起到化解矛盾的作用,又能节约司法资源,而一旦调解不成,可以及时介绍受害妇女到相应的部门求救,并为受害人提供相应的证人证言。建立防范家庭暴力的社会综合体制,在条件允许的情况下,可以设立妇女庇护所、家庭事务裁判所、家庭暴力救助站等机构。

(五)加强受害者的维权意识

受害者要树立自我保护意识和防暴抗暴意识。重视和加强对妇女自身素质的教育工作,提高其维护自身合法权益的意识,逐渐转变妇女的屈从和依附观念。各级妇联组织要对妇女加强普法宣传教育,让保护妇女权益的相关法律及救济措施深入人心。提高广大妇女的法制观念,增强其反家庭暴力的自觉性和斗争性,这也是改变妇女家庭地位、实现男女平

等的重要环节。

(六)借助法律手段保护自身安全

法律手段以国家强制力为后盾,具有强制性,是各种干预家庭暴力的措施中最有效和最后的手段。将保护家庭暴力中的受害者、制裁加害者等相关条文制度化、法制化、规范化,能够成为反家庭暴力的有力措施。受害者熟悉惩治家庭暴力的相关条款、具体认定和处理的内容,可借助法律手段充分保护自身免受家庭暴力的危害。

第二节　虐　待

一、概　述

持续性、经常性的家庭暴力构成虐待。自从有人类社会以来,虐待就一直存在,受害者多为女性。直到现代社会,虐待的概念更加宽泛,受虐的对象已不只是女性,范围扩大到老人、儿童等弱势群体,并且虐待仍然是一种常见的社会问题。虐待不仅是一个医学和法律问题,也是社会问题。虐待行为常常造成被虐待者身体或者心理上的伤害,因此是法医学研究的重要内容。

虐待(abuse)是指通过直接或间接暴力的方式,对他人进行肉体或者精神折磨使之痛苦或屈服的行为。常见的原因有丈夫为达到离婚目的而虐待妻子;父母有重男轻女的思想而虐待女儿;子女为赡养问题而虐待年迈的双亲等。虐待有多种形式,包括身体虐待、情绪虐待、心理虐待和性虐待等。

二、类型和特点

虐待的类型和方式多种多样,但其构成必须符合以下三点:①施虐者的行为是有意或故意的,行为人有意识或故意对受害人进行肉体上、精神上的摧残和迫害;②行为导致了被虐者身体或精神上的伤害;③施虐者与被虐者必须是共同生活的家庭成员或者是其照顾人。

虐待的形式包括伤害、忽视、饥饿、性侵害和性虐待。虐待的对象主要为老人、儿童和女性,少数为男性。由于老人机体的自然衰老和利益重新调整等原因,满足自身基本需求和权益诉求的能力受到限制而受虐。由于儿童的成长、发育有赖于亲人或抚养人的哺育、抚养和爱护,因此对儿童施虐者大多数是受虐待儿童的父母,特别是养父母、继父母,尤其以继母多见。女性受虐待则主要受传统观念上男尊女卑思想的影响,加之少数女性自身无经济来源,对男性的依赖性较强,或由于长期存在家庭矛盾等。

(一)类型

虐待的手段多种多样,包含暴力方式和非暴力方式(如恶意谩骂、侮辱等纯粹的精神伤害)。

1. 根据虐待方式以及手段的不同,虐待可分为以下 4 种。

(1)直接虐待(direct abuse):指通过暴力手段直接对被虐待者的精神与躯体进行折磨和摧残。

(2)间接虐待(indirect abuse):指通过暴力手段间接对被虐待者的精神与躯体进行折磨和摧残。

(3)躯体虐待(physical abuse):指通过直接或者间接暴力方式故意对被虐待者的躯体进行损害。

(4)精神虐待(mental cruelty):指通过直接或者间接暴力方式故意对被虐待者基本的精神需求(如爱、安全、自尊等)进行侵犯及剥夺,造成被虐待者心理与精神的损害。

2. 根据虐待对象的不同,分为虐待老人、虐待儿童、虐待女性等。

(1)虐待老人(elder abuse):指用不当手段或方法,导致老人单次或多次受到伤害或痛苦及处境困难的行为。此类暴力是对人权的侵犯,包括:①身体虐待:包括暴力行为,不适当的限制或禁闭,剥夺睡眠、饮食等。②精神虐待、心理虐待或长期口头侵犯:包括那些贬低老年人、伤害老年人、削弱老年人的个性、尊严和自我价值的语言和交往。③经济剥削或物质虐待:包括非法或不适当地使用或侵吞老年人的财产或资金,如经济诈骗等;强迫老年人更改遗嘱或其他法律文件;剥夺老年人控制其个人资金的权利。④ 故意疏于照料:如不提供适当的食物、干净的衣服、安全舒适的住所和良好的保健措施;不准与外人交往;不提供必要的辅助用品;未防止老人受到身体上的伤害;未进行必要的监护。

(2)虐待儿童(child abuse):指对儿童有义务抚养、监管的人故意做出的足以对儿童健康、生存、生长发育及尊严造成实质的或潜在的伤害行为,包括:① 躯体虐待(physical abuse):如对儿童脚踢(踹)、手捏、手拧、掌掴、揪耳朵、拉头发、鞭打及烟头烫等,受虐儿童身上多种类型损伤并存、新旧不一。②性虐待(sexual abuse):儿童在不情愿的情况下经历下列性骚扰或性侵犯的任何一种,包括性虐待者向儿童暴露生殖器;在儿童面前手淫;对儿童进行性挑逗;故意触摸或抚弄儿童的身体(包括乳房或外阴部);迫使儿童对其进行性挑逗;故意在儿童身上摩擦其性器官;迫使儿童用口接触性虐待者的性器官;性虐待者试图与儿童进行性交等。③情感虐待(emotional abuse):是指儿童的父母或照看人不提供适应孩子情感及智能充分发育的环境。任何对儿童隐蔽感情或明显的感情缺乏,导致儿童行为异常均为情感虐待,如限制儿童的行动自由及诋毁、嘲讽、威胁、恐吓、歧视、排斥等。儿童的情感比较敏感,而且对应激的接受力或承受力较小,因此,遭受情感虐待的儿童易造成较严重的损害。④忽视(neglect):指父母或照看人对儿童故意疏忽、怠慢、不关爱;或对儿童的饮食起居、教育、医疗、卫生等基本需求刻意忽视;或将儿童置于妨碍其正常生长及发育的环境;或将儿童暴露在任何一种危险之中,从而导致儿童的身心健康受到伤害。

(3)虐待女性(female abuse):女性遭受家庭暴力的危险性明显高于男性。根据全国妇联权益部门的统计,我国 30% 的家庭存在不同程度的暴力行为,施暴者多为男性。根据女性遭受虐待的部位和方式不同,分为:①躯体虐待:主要表现为挫伤、擦伤;另外,可见挫裂伤、骨折(以四肢最多见)、内脏破裂,甚至毁容等。常用的方式有推挤、拳击、扭臂、掐颈、掌击面部、咬、掐、开水烫、火烧、用刀等手段。②性虐待:违背女性的意愿强迫进行性行为,或强迫其进行难以接受的性行为方式,损伤其性器官,强迫拍摄淫秽照片或录像。被害人的大腿内侧、乳房、上臂、腕部及膝关节等处可有指甲抓伤、咬伤或咬痕。严重时可造成被害人阴道裂

伤、肛管裂伤、肛周擦伤等。③精神虐待：干涉女性的行动自由，尤其不得与其他异性来往，用威胁、恐吓、辱骂、猜疑、恶意贬低、故意刁难等方式怠慢对方的感受及需要。有时将第三者带到家中同居或发生性行为，使受害人精神受到极大伤害。④经济虐待：剥夺受害者的生活必需品，夺走工资，限制其消费，禁止其外出工作，禁止其求医等。

(二)损伤特点

由于施虐者的手段多种多样，因此虐待所致损伤的种类、症状和表现不一，损伤程度也不尽相同，但共同特点是损伤范围广泛，可遍及全身各处，损伤程度轻重不一，各部位损伤时间不等，新旧损伤并存及损伤类型多种多样。虐待伤的主要表现及特点如下：

1. 颜面部损伤　被虐者可出现眼、耳、口、鼻等颜面部的损伤，表现为这些器官出现程度不等、新旧不同、类型各异的损伤，如眼球挫伤、球结膜下及玻璃体出血、晶状体脱落、视网膜脱落、眼底挫伤、鼓膜穿孔、牙齿松动或脱落、鼻骨损伤、颌骨骨折等。还可出现相应损伤器官的功能障碍，如单侧或双侧视力下降甚至失明、单耳或双耳听力障碍，甚至耳聋、嗅觉丧失等。

2. 体表损伤　以头面部、腰背部及四肢软组织损伤最为多见，这些部位常见大小不同、形状不一、程度不等的皮肤擦伤、挫伤、皮下出血、血肿及挫裂创等损伤。由于遭受损伤的时间不同，皮下出血的颜色也不一致。软组织损伤的形态往往能反映致伤物的部分特征，如施虐者使用烟头烫伤，则可在被虐者皮肤上见到新旧不等、形状相同的烟头烫伤的瘢痕；如果被手指拧捏则在相应部位出现类圆形的皮下出血及甲痕等。

3. 内脏损伤　有的被虐待者体表损伤轻微，但体内却可发现范围广泛、程度不一、新旧交替的内脏损伤，如脑挫伤、心肺损伤、肝脾破裂、泌尿生殖器官挫伤、胃肠破裂等。这些器官损伤可导致不同程度并发症，如硬脑膜外和硬脑膜下血肿、血胸、气胸、腹腔内出血及腹膜炎等，严重者可致休克、死亡。

4. 骨折　不同部位的骨骼均可出现骨折，但以四肢长骨、肋骨、颅骨及脊柱多见。多次伤害造成的多发骨折，X线检查常显示骨折处于不同的愈合时期，对虐待伤的诊断具有重要价值。

三、虐待的法医学鉴定

(一)鉴定要点

1. 案情调查　虐待伤的检查是确定虐待罪的客观依据。对虐待伤的法医学检查一定要全面细致，不遗漏任何微小伤痕。由于施虐者与被虐待者具有一定的亲属关系或抚养关系，而且又是共同生活在一起的家庭成员，因此对被虐待者进行法医学检查要向知情人了解被虐待者的家庭状况、生活和学习情况，注意调查家庭中是否经常有打骂情况，认真听取被虐待者本人及其父母、保护人或陪同人的陈述。

2. 体格检查　被虐待者的外貌特征，包括身高、体重、营养与发育状态，智力水平及反应能力等均应仔细检查，并分清受伤次数、时间、部位、程度及损伤的种类和性质；衣着情况、清洁程度、有无补丁等。

3. 精神检查　注意检查被虐待者的精神和情绪状态，观察有无害怕及胆怯神态。

4.特殊检查　除系统的体表检查外,还应采用现代临床医学检测手段,如 CT、磁共振成像、脑电图、彩超、X 线片、脑干诱发电位等对被虐待者体内损伤进行检查。必要时还需进行临床生化检验及毒物化验。

(二)损伤程度鉴定和伤残程度评定

对确定为虐待的案例,应根据委托要求,检查被虐待者的损伤情况,依照《人体损伤程度鉴定标准》相关条款规定,得出轻微伤、轻伤或重伤的鉴定意见;根据虐待造成的器官形态结构改变和(或)遗留的功能障碍及其程度,依照《人体损伤致残程度分级》的相关条款规定,进行伤残程度评定。

(三)虐待致死的死因鉴定

如果被虐待者死亡则应尽早通过系统、全面的尸体解剖、毒物分析、必要的生化检验等方法明确死因,并判断虐待损伤与死亡之间的因果关系。如果有条件的话,在尸体解剖前尽可能进行全身 X 线正侧位片或 CT 扫描检查,如果能发现新旧不等的骨折,应高度怀疑为虐待致死。另外,应注意死者的发育、营养情况。

尸体检验要进行四腔(颅腔、脊髓腔、胸腔、腹腔)解剖。应由浅及深详细检查皮肤、黏膜、皮下软组织、骨质及体腔内器官。在剖开胸腔前,应先做气胸试验。要对损伤部位、程度、范围、新旧损伤以及致伤物等进行确认,并要与自然疾病或意外灾害损伤以及造作伤相鉴别。注意心、脑、肺、肝、脾、肾等器官有无器质性病变及严重程度。尤其是受虐老人死亡案例,由于其年龄因素,一般均可检出心、肺、脑等重要生命器官不同程度的病理改变,应注意分析损伤与疾病在其死因中所起的作用。同时要收集、固定、保存证据。

虐待儿童的死因常由多种虐待伤联合造成,而不同的案例又有不同的主要死因。常见的死因如下:硬膜下出血、脑疝;肝、脾破裂、广泛软组织损伤致失血性休克;胃肠破裂致感染性休克;肺破裂致气胸;饥饿寒冷或高温损伤等。虐待儿童损伤还可与先天性发育异常、自然性疾病或意外事故性伤害并存,也可能包含性虐待,在鉴定时应予以注意。

虐待致死的老人尸体检验时常见其极度消瘦,重度营养不良,肌肉明显萎缩,皮下脂肪减少甚至完全消失,肌肉松弛,呈蛙状腹,体重可减轻 $40\%\sim50\%$。解剖可见胸腔积液和腹水,高度贫血,内脏器官、内分泌腺、骨髓、淋巴等萎缩,肠胃空虚,胃内有时可见泥沙、树叶等异物。

性虐待致死的案件应注意性虐待的证据采集,主要包括受害者在受到性攻击时衣服上的血迹污物、可疑精液斑痕;拍摄或绘图记录身体在受到性攻击时所发生的撕裂伤、擦伤和其他损伤;收集可疑施暴者的阴毛、精液等。

第三节　性侵害

性侵害是法律所禁止的违法犯罪行为,对行为人的定罪量刑需依据法医学鉴定提供的科学证据。

性权利是人身权利和人身自由的组成部分,性权利的核心内容是性自由权。因此性权

利具有绝对权的属性。性权利作为人身权利应当受到法律保护。当性权利受到侵害时,国家应依法采用强制手段使受害者得到相应补偿,对加害人进行相应惩罚。

一、性侵害的概念

性侵害(sexual assault)是指加害者违背他人意愿,以威胁、权力、暴力、金钱或甜言蜜语,引诱胁迫他人与其发生性关系,并在性方面对受害人造成伤害的行为,包括强奸、鸡奸、性骚扰、乱伦、猥亵、性交易、媒介卖淫等。一般认为,只要一方通过语言的挑逗、形体的侵害,给另一方造成心理和身体伤害的行为,都可构成性侵害。由于女性的社会地位和角色不同,因而性侵害的对象以女性多见。

二、性侵害的分类

性侵害的种类与形式多种多样,常见的有强奸、猥亵、鸡奸及性骚扰。

(一)强奸

强奸(rape)是指男子违背妇女的意愿,采取暴力、胁迫、利诱、欺骗、药物或其他手段,强行与之发生性交的行为。

从生理学角度讲,性交包括阴茎插入阴道和完成射精的全过程。但在法律上则不强调此过程,一般认为,只要阴茎接触到阴道前庭,无论是否射精或处女膜是否破裂,均构成强奸。奸淫不满14周岁的幼女,以强奸论,从重处罚。从年龄上看,14周岁是奸淫幼女罪与强奸妇女罪的法定年龄界限。由于不满14周岁的幼女各方面发育均未成熟,加之缺乏对是非判断的能力,因此不论其本人是否同意性接触,必然会严重摧残其身心健康,均以强奸罪予以从重处罚。

(二)猥亵

猥亵(indecency)是指以正常性交以外的各种手段对他人或儿童实施的淫秽行为,以求得到性满足。性满足包括生理满足和心理满足,是以刺激、兴奋、满足自己或他人性欲为目的。猥亵行为既可以由男性进行,也可以由女性进行,既可以单个人进行,也可以多人一起进行。猥亵行为表现形式多种多样,常见的是成人对儿童或男性对女性强行拥抱、接吻、抚摸性器官、抚摸女性乳房等,或以阴茎顶撞、摩擦他人身体、臀部等处,强迫男孩或女孩抚摸猥亵者的性器官等。

猥亵行为严重危害受害人身心健康、败坏社会风气,可摧残受害人(儿童、妇女)的身心健康,亦可能导致感染性病。许多国家根据猥亵手段、猥亵对象、猥亵犯的身份或与受害人的特定关系与猥亵方式等特点规定了不同种类的猥亵罪,主要有强制猥亵罪(采用暴力、胁迫或其他方法实施)、准强制猥亵罪(特指以非强制手段对儿童实施)、乘机猥亵罪(乘受害人生病、醉酒、熟睡、心神恍惚时实施)、公然猥亵罪(在公开场合实施,如夫妇当众性交)、利用权势猥亵罪(利用职权、监护权等实施)。

(三)鸡奸

以阴茎插入对方肛门内以满足性欲的行为称为鸡奸(pederasty)。这种性交方式可能是双方同意而发生,也可能是强迫进行,有时甚至采取引诱或欺骗的办法,尤其对儿童。鸡奸在男性同性恋及猥亵男童中多见,有时也可发生男性对女性的鸡奸。

(四)性骚扰

性骚扰(sexual harassment)指违背当事人的意愿,采取一切与性有关的方式去挑逗、侮辱和侵犯他人的性权利,并给他人造成损害的行为。其行为方式有:口头方式,如用下流语言挑逗异性,向其讲述个人的性经历或情色内容等;行动方式,如故意触摸或碰撞异性身体敏感部位等;设置环境方式,如在工作场所周围布置淫秽图片、广告等使对方感到难堪。

三、性侵害的主要形式

(一)暴力型性侵害

暴力型性侵害是指犯罪分子使用暴力和野蛮的手段,如携带凶器威胁、劫持女性,或以暴力威胁加言语恐吓,从而对女性实施强奸、轮奸或调戏、猥亵等。暴力型性侵害的特点:手段残暴,很多性犯罪者在性侵犯时施行暴力且手段野蛮和凶残,以此来达到自己的犯罪目的;行为无耻,为达到性侵害目的,犯罪者往往会不择手段地任意摧残凌辱受害者;群体性,有时加害人常采用群体性纠缠方式对被害人进行性侵害;容易诱发其他犯罪,性犯罪的同时又常会诱发其他犯罪,如财色兼收、杀人灭口等恶性事件。

(二)胁迫型性侵害

胁迫型性侵害是指利用自己的权势、地位、职务之便,对有求于自己的受害人加以利诱或威胁,从而强迫受害人与其发生非暴力型的性行为。其特点如下:利用职务之便或乘人之危迫使受害人就范;设置圈套引诱受害人上钩;利用过错或隐私要挟受害人。

(三)社交型性侵害

社交型性侵害是指在自己的生活圈里发生的性侵害,因加害者与受害人大多是熟人、同学、同乡,甚至是男朋友,受害人身心受到伤害以后,往往出于各种考虑而不敢揭发。社交型性侵害又被称为"熟人强奸""社交性强奸""沉默强奸""酒后强奸"等。

(四)诱惑型性侵害

诱惑型性侵害是指利用受害人追求享乐、贪图钱财的心理,诱惑受害人使其受到性侵害。

(五)滋扰型性侵害

滋扰型性侵害是指利用靠近女性的机会,有意识地接触女性的胸部,触摸、手捏女性躯体和大腿等处;或在公共场所有意识地挤、碰女性;或暴露生殖器等变态式性滋扰;或向女性

寻衅滋事,无理纠缠,用污言秽语进行挑逗;或做出下流举动对女生进行调戏、侮辱,甚至可能发展成集体轮奸。

四、性侵害的损伤特点及损伤机制

(一)会阴部损伤

广义的会阴部是指封闭小骨盆下口所有软组织的总称。正常性交时,阴道扩张,阴道壁渗出液增多,起到润滑作用防止阴道壁损伤;但在性侵过程中,因罪犯行为粗暴变态、被害人抵抗以及阴道较干燥等原因,易发生阴部、阴道擦伤,挫伤甚至裂伤。特别是幼女外生殖器发育不成熟,阴道窄小,更易导致阴道损伤。会阴部损伤表现为红肿、疼痛、排尿困难,重者阴道壁撕裂、大出血、感染甚至肛瘘、尿瘘乃至死亡。

(二)其他部位损伤

一般来说,罪犯在实施性侵的过程中,往往会对被害人施加各种其他暴力,如打击头部、扼勒颈项部、捂压口鼻部、捆绑手足等。同时被害人也会因抵抗暴力而导致头部、颈部、手腕部、胸部、乳房、大腿内侧及会阴部损伤,多为挫伤及擦伤。

(三)精神创伤

性侵除了对被害人造成肉体损害以外,还会造成心理创伤,被害人早期内心充满恐惧、愤怒和焦虑,因内外压力可导致厌世、自残甚至轻生。

(四)妊娠与流产

性侵成熟女性可导致被害人受孕,被害人可能承受流产或引产等痛苦。

五、性侵害的法医学鉴定

法医学鉴定对于强奸案件的判断具有重要意义。性侵害案件发生后,应及时勘验现场,收集物证,对被害人及犯罪嫌疑人进行详细、认真的检查,记录并拍照。

(一)调查询问

在法医学检查之前,应了解相关案情,包括被害人情况与被侵害经过。

1. 被害人的一般情况　包括姓名、年龄、职业、文化程度、平时生活习惯及生活作风、婚配情况、家庭情况、社交情况、月经史、有无怀孕、分娩史等。

2. 被性侵害经过　被性侵害的具体经过包括罪犯的个人特征、衣着特征以及体力情况;强奸案发生的时间、地点、加害手段及过程;有无抵抗和搏斗,有无撕破罪犯的衣服,有无咬伤、抓伤罪犯及其咬伤或抓伤的部位;罪犯有无射精等。

(二)现场勘验

现场勘验时,应特别注意寻找精斑(液)、阴毛或血痕等,并拍照留证,然后分别提取,以供进一步检查之用。强奸案可发生在室内,也可在室外,农村则多发生在野外僻静处。若现场在室内,应观察家具、其他物件等陈设是否整齐,有无变动,床上被褥、枕席、床单是否凌乱等;如现场在室外,注意观察有无相应的压痕及拖拉痕,现场有无凶器等。

(三)身体检查

通过对被害人和罪犯的身体检查进而发现、固定并收集相关法医学证据。身体检查主要解决两个问题,即性交证明和暴力证明。对于女性被害人的检查应当由女性法医或女性医师进行,如为男法医或男医师检查则必须有女性工作人员在场。

1. 对被害人的检查 检查时,注意观察被害人举止行动,分析判断其神态是否自然、情绪是否激动、表情是否痛苦、精神是否正常;被害人诉说受害经过时有无恐惧、担忧或气愤的表现。

(1)性交证据:处女膜是否破裂,对判断是否为第一次性交有重要价值。对大小阴唇、阴阜、阴蒂、阴道前庭先做一般检查,使处女膜充分暴露,观察处女膜的类型、颜色、宽度和厚度,游离缘的颜色等,注意有无水肿、擦伤、挫伤、出血、潮红、疼痛等征象。对已婚或经多次性交的女性,其处女膜由于已有陈旧性破裂,检查处女膜意义不大。但由于强奸是在违背妇女意愿的情况下发生的,且加害人行为粗暴,即使是已有性交史的受害人,也会发生外阴或阴道前庭损伤。

阴道内精液的检查:阴道内检出精液成分是性交的确证。据统计,性交后 12 小时内,阴道内精子的检出率可达 60%,少数案例在 5 天内仍可检出。此外,应仔细搜查受害人外阴部、大腿内侧、下腹部、衣裤、床单及现场地面的精液痕迹。

(2)一般检查:包括身高、发育和营养状况、第二性征以及体质状况等,尤其注意乳房发育、腋毛及阴毛生长、骨盆外形及臀部脂肪分布等。

(3)损伤检查:加害人为了达到强奸的目的,往往对受害人施加各种暴力,同时由于受害人的防卫和抵抗,又可在加害人身体上造成一些损伤。因此,暴力痕迹及损伤的检出,是"违背妇女意愿"的有力证据之一。详细检查受害人和加害人衣着及身体损伤情况十分重要,这些损伤可作为判断强奸手段的间接证据。

机械性损伤与机械性窒息是性侵害案件中最多见的致伤方式和致伤原因。检验时应仔细描写并记载损伤的部位、数目及其特征,并注意区分是否为抵抗伤。另外,由于被害人的抵抗,被害人的衣裤可能被撕破,也可能沾有现场的泥土、稻草、树叶、青草、血痕、精斑等,收集这些物证并与现场进行对比,可以帮助推断案件经过。

(4)会阴部检查:包括阴阜、大小阴唇的发育情况,是否丰满、肥厚,大阴唇是否遮盖小阴唇,有无色素沉着,有无阴毛生长,阴毛颜色、长度和弯曲程度,尿道口、阴道前庭黏膜有无红肿、擦伤以及出血。处女膜是否破裂,对判断女性是否曾有性交具有一定的价值,但不能证明是否为性侵害。也有虽经数次性交,但处女膜并未破裂,直到分娩时才破裂的情况。多由于处女膜结缔组织及弹性纤维丰富,使处女膜肥厚而坚韧、富于弹性、伸展性强,故不易破裂。因此处女膜检验无破裂,不等于没有发生性交,也不能排除性侵害的可能性。①处女膜破裂的常见部位:好发部位在处女膜的后半部,相当于时钟 3—9 时范围内。环状处女膜破

裂的部位最多发生在 4—5 时及 7—8 时,其次为 3 时及 9 时等处。破裂口多为对称性两条,少数为 3 条或 1 条,半月状处女膜破裂则常见于 6 时处。处女膜破裂一般是由游离缘开始向基底部裂开,凡是破裂口深达基底部者称为完全性破裂,未达基底部者称为不完全性破裂。据统计,性交所致的处女膜破裂,不完全性破裂多于完全性破裂。②处女膜新鲜与陈旧破裂的区别:处女膜新鲜破裂见于初次性交后 1~2 天,表现为色红、肿胀、触痛明显;呈撕裂状,裂缘不平直,两边尚可吻合,裂口基底部有血痂、炎症等。陈旧性裂口的裂缘圆钝、厚,裂缘色较淡,不能吻合,裂口基底部呈钝角、较厚。处女膜一旦破裂,裂口一般不再愈合。③处女膜自然切迹与破裂的区别:通常处女膜的自然切迹存在于处女膜的各部,较浅(叶状除外),游离缘菲薄、锐细、延续光滑,呈粉红色,自然切迹的凹缘较深时,多呈靠拢或叠合状,平滑整齐;而陈旧性破裂的处女膜较多存在于处女膜后半部,较深,创角较厚、圆钝,呈钝角,淡白色,不能靠拢叠合,不平滑。

(5)精神检查:性侵害案件中的被害人有一部分为精神病患者、智障者或痴呆患者,需要通过精神方面的检查确认有无性防卫能力。此外,罪犯对受害人进行恐吓、威胁、利诱、欺骗等,也会影响被害人精神心理状态,使其屈从或不敢抵抗。

(6)药物检验:如用催眠药、麻醉剂、致幻剂、乙醇等使受害人丧失知觉和抵抗力,而受害人身上可能不遗留机械性暴力痕迹。此时必须收集呕吐的胃内容物、血、尿液等进行毒物化验,加以证实。

2.对嫌疑人的检查　首先询问嫌疑人的姓名、年龄、职业、与被害人的关系,案件发生的时间、地点、手段以及过程,被害人有无反抗情况,并通过与被害案件发生的时间、主诉情况进行比较,分析和确认案件的基本信息。

(1)一般检查:包括身高、发育、营养及体格等状态,注意观察其个人特征以及衣裤破损等情况。

(2)损伤检查:注意嫌疑人有无因被害人抵抗所形成的损伤,这些损伤可以作为强奸的间接证据。例如,被害人用牙齿咬掉罪犯的鼻尖、口唇、手指、肩部或用指甲抓伤嫌疑人的颜面、胸背、外阴部等。

(3)外阴检查:注意检查嫌疑人外阴部发育情况、阴毛特征以及外阴部有无与本人不同的毛发或其他异物;检查龟头有无血痕、有无破损,包皮系带有无撕裂伤。此外,还应注意检查和收集精液、精斑、混合斑等,必要时应进行相关性病的检查。

(4)性功能的检查:当嫌疑人以无性行为能力为由,否认犯罪事实以逃避刑罚时,如未发现强奸的其他相关证据,必要时可进行性功能检查。

(5)其他检查:如果受害人遭强奸后导致妊娠,应对胎儿或婴儿做血型和 DNA 分析,根据遗传规律肯定或否定嫌疑人。如果受害人遭强奸后,感染性病(如淋病、梅毒、艾滋病、软性下疳、硬性下疳等),则应对加害人进行性病检查。有时受害人患有性病,也会传染给嫌疑人。因此,嫌疑人、受害人性病病原菌一致时,仅表示有强奸的可能。嫌疑人、受害人任何一方有性病,另一方无性病,也不能排除强奸的可能。

(四)猥亵与鸡奸的法医学检查

猥亵行为可能不留有任何痕迹,或仅有不太严重的损伤,如猥亵者外生殖器红肿、表皮擦伤、黏膜淤血等。这些损伤都比较表浅,2~3 天后可逐渐消失。有时在女性生殖器官处也可见比较严重的损伤,如处女膜破裂、撕裂、出血,生殖器挫伤等。强行手淫男性儿童,可致儿童包皮发生表皮剥脱伴皮下出血;强行手淫少女或幼女,用手指插入阴道时可致处女膜浅表破裂,破裂部位以处女膜前半部(即9—3时范围)为多见,阴道壁可致充血、肿胀、出血。有时在性器官周围、衣裤和犯罪现场还可能发现精斑和其他性犯罪物证。

鸡奸后应尽早进行活体检查,有助于发现可证实此种行为的痕迹。

1.肛门及直肠黏膜检查　初次发生时可检见肛门周围表皮剥脱、裂伤,直肠黏膜红肿、撕裂、出血,排便及行走时疼痛,小儿的症状尤为明显。直肠黏膜为单层柱状上皮,基底血管丰富,在鸡奸行为中极易损伤。习惯于鸡奸后,肛门周围放射性皱襞消失,肛门括约肌松弛,肛门呈漏斗状凹陷或向外翻转;直肠黏膜皱襞消失、光滑,肛门及直肠黏膜可有挫伤及浅表性瘢痕形成。组织病理学检查可发现直肠黏膜挫伤处黏膜下层呈慢性炎改变。

2.法医物证检验　通过法医物证检验查明肛周及直肠内有无精子,对于判断案件性质具有至关重要的作用。被鸡奸者肛周、肛门内及直肠黏膜上可发现精液,可检见精子,但有时由于肛门及直肠内粪便的污染将会降低精子的检出率。同时应在鸡奸双方的身上、衣物上以及现场周围进行检查,如发现精斑和血迹,可以获得可靠证据,而其他形态学特征都不能成为鸡奸的确证证据。

3.对加害人外生殖器检查　如在鸡奸后不久进行检查,则可检见加害者龟头上或冠状沟内黏附有粪便或带有粪便臭气。在鸡奸过程中,由于动作粗暴也可造成龟头表皮剥脱。判断是否曾被鸡奸,应根据案情、被鸡奸者的肛门外形或损伤情况,并从肛门和直肠内找到大量精子等进行综合分析。如受害后至检查前未解过大便,则20小时后仍有可能检见大量精子。

(五)注意事项

1.物证的收集和检验

(1)精液(斑)检验(examine of seminal stain):一般情况下,性交均有射精。性交后数小时可检见大量有尾或无尾的精子。有报道,阴道内12小时,宫颈2~5天,子宫或输卵管1~10天,检查其内容物涂片可检见精子。阴道内3~9天,宫颈17天内容物涂片可检见死精子。精液(斑)还经常黏附污染阴道以外的部位和物体,因此在被害人的外阴部、大腿内侧、下腹部,内裤、衣物、床单、席子以及案发现场等均可有精液或精斑遗留,有时还会与被害人的部分阴毛黏附。抗人精液血清沉淀反应、抗P30血清沉淀反应、高氨酸氨肽酶检测对无精子或缺乏精子的精液判断具有重要价值。

(2)妊娠的检验(examine of pregnancy):性成熟女子被性侵后可能妊娠,妊娠说明有过性交,但不一定是性侵所致。妊娠37天胚胎组织可检出ABO血型,胎龄6周可以测出HLA抗原。根据胎儿或婴儿的血型或DNA检验结果可以判断妊娠与嫌疑人是否有关。

2.性传播疾病的检验　性侵可感染淋病、梅毒、艾滋病等性传播疾病。

3.幼女年龄的判定　强奸未满14周岁的幼女是强奸罪的加重情形,即使被害人同意的情况下,也构成强奸罪。对于被害人的年龄可通过牙齿及骨龄检测等方法来推断。

4.女性性成熟的判定　性成熟(sexual maturity)是指性器官、体格及第二性征的发育成熟并具有生育能力。性成熟是一个逐渐发展的过程,并无截然的分界线,与种族、遗传因素、营养状况、气候环境、社会发展程度、社会经济、文化水平、地理区域等条件密切相关。确定女性性成熟主要依据第一性征发育,第二性征出现,是否具备受精、妊娠和分娩能力。另外,

还应结合全身发育状态(如身高、胸围等)、有无独立生活和培养子女能力等社会学特征全面考虑。对未成年人进行检查,其监护人应在场,整个检查过程中每项内容都应获得受害人或监护人的知情同意。

5.采取检材的方法因附着部位不同而异　对于活体,不论处女膜是否破裂,都应用棉签或纱布插进阴道内,在后穹部做多次擦拭后取出作涂片;也可用末端光滑的带橡皮头的吸管,吸取阴道内容物;还可用纱布或棉签擦拭阴道后,用吸管注入 1mL 生理盐水冲洗阴道,并收集冲洗液离心后的沉淀物,镜检有无精子。如果是尸体,除采取阴道内容物外,还要解剖子宫,采集宫腔内容物,有时仍可查出精子。

6.其他　如不能检出精子,应考虑以下可能:加害人精神紧张未射精;加害人使用避孕工具或体外射精;加害人已做绝育手术或患无精子症;强奸后历时太久,精子已遭破坏;取材不当或检验技术有误等。

在轮奸案中,提取精液成分时可提取到两名或两名以上个体精液的混合 DNA 检材,包含多个来源个体的 DNA 信息,此类案件影响因素较多,对加害人个体认定难度较大。对轮奸案混合 DNA 检验技术的突破是侦破轮奸案的关键科学技术难题。

案例及思考

简要案情:某日,某地公安机关接到报案称,一名 8 岁男童疑被母亲殴打致死。其母辩称,男童为不慎坠河溺亡,遂将尸体埋于树林内。公安侦查人员在某树林一新鲜土堆中发现一具由床单包裹的未成年男性卧位尸体。

解剖与检验所见

尸表检查:尸长125cm,尸斑呈暗红色,并不显著,尸体中度腐败。颜面部肿胀,双眼睑、球结膜苍白,双侧颞顶部及枕部见青紫色皮下淤血,并伴有小片状表皮剥脱及周围镶边性出血区。四肢、躯干部皮肤青紫、肿胀,可见多区域、多处走行紊乱、相互重叠的条、片状表皮剥脱、"U"形、长条状的中空性皮下出血,左腋后线附近,部分"U"形损伤向一侧增宽,以及不同愈合程度的瘢痕形成。

尸体解剖:头皮损伤对应处,检见大脑蛛网膜下腔出血;全身体表多处皮肤切开见肌肉及软组织内广泛性出血、渗液,以四肢、腰背部为重;双肺浆膜下出血,伴右肺上叶小块挫伤区;腹腔器官(脾、胰腺、双肾)可见不同程度的浆膜下及实质内出血。

组织病理学检验:局部皮肤表皮层剥脱,真皮层间隙增宽、水肿,胶原纤维水肿、变性,皮下脂肪组织广泛出血合并少量炎细胞浸润,部分区域含铁血黄素形成。大脑蛛网膜下腔血管外围灶性出血,大脑实质未见出血。肺透明膜形成,灶性肺泡腔出血。肾被膜下及皮质浅层灶片状出血,集合管内未见明显管型形成。

毒物检验:未检出氯氰菊酯、氰戊菊酯、甲胺磷、敌敌畏及毒鼠强等常见毒物成分。

根据案例回答以下问题:

1.分析被鉴定人的死亡原因。

2.简述虐待的损伤特点。

3.虐待法医学鉴定注意事项有哪些?

第九章　法医临床学及鉴定

第一节　概　述

一、概　念

法医临床学(forensic clinical medicine)又称临床法医学、活体法医学(forensic medicine of living body),是指运用法医学和临床医学知识及其他自然科学的理论、技术研究并解决法律上有关活体医学问题的一门法医学分支学科。

二、法医临床学鉴定的内容

法医临床学鉴定,俗称活体损伤鉴定,是根据司法机关或有关部门的委托鉴定要求,运用临床医学、法医学和其他学科的理论和技术,对被鉴定人进行检查,再根据我国现行公布实施的法律条款出具相应的法医临床学鉴定意见的过程。通过法医临床学鉴定,为司法机关及有关部门调解、赔偿、审判、量刑提供科学的证据。在刑事和民事案件诉讼中,凡涉及活体所要解决的与法律有关的人身伤害、残废、劳动能力、精神异常状态、诈病与造作伤(病)、虐待、性功能或性犯罪等医学问题,均是法医临床学鉴定的内容。

随着我国法治建设的加强,人们维权意识的不断提高,同时由于社会保险事业的迅速发展,在各种民事纠纷、刑事伤害、交通及工伤事故等处理中,将法医临床学鉴定意见作为民事调解、伤害赔偿、定罪量刑的科学依据已被普遍认可和推行。法医临床鉴定人除需具备相关专业知识外,还要具备一定的法律素质,鉴定人是"帮助法官发现事实真相",是"审判官的科学辅助人",必须树立客观、科学、公平、公正的社会主义法治理念,坚持公正至上,将客观、科学、公平作为司法鉴定工作的价值原则,做到中立客观,公平公正地鉴定,做到"坚持以人民为中心,努力让人民群众在每一个司法案件中感受到公平正义",更好地推进中国特色社会主义法治体系建设。

三、法医临床学鉴定的原则

"以医学事实为依据,以鉴定标准为准绳"是法医临床学鉴定的基本原则。

法医学鉴定意见作为证据,其基本属性除一般证据所必备的相关性、客观性和合法性

教学 PPT

外,还必须具有科学性。所谓的科学性,就是鉴定资料的完整性和系统性、鉴定意见的可信性和准确性。首先是法医临床学鉴定的程序必须合法,其次是鉴定材料的来源具有合法性和客观性,鉴定资料与待证事实具有相关性。司法鉴定人进行鉴定时,应当依顺序遵守和采用法医临床鉴定专业领域的技术标准、技术规范和技术方法。

四、法医临床学鉴定的程序

1.案件受理　诉讼活动中的案件,包括刑事诉讼、民事诉讼、行政诉讼案件,司法鉴定机构只能接受办案机关的委托;诉讼活动之外的案件,司法鉴定机构可以接受行政机关、法人、组织、公民个人的鉴定委托。委托时应明确提出委托鉴定事项和鉴定用途。

2.案情了解　鉴定人要认真阅读委托机关提供的案件材料,仔细听取办案人的介绍和询问当事人,详尽了解案件发生的时间、地点、原因和情节;了解受伤的部位、伤后治疗情况等。

3.活体检查　按照法医临床技术规范规定的方法和要求对伤(病)者进行身体检查和临床医学辅助检查。对损伤检查应作详细记录,测量要准确,记录要规范,有的损伤除文字记录外需要拍照或绘图。

4.现场勘查　在鉴定工作中有少量案件在判定成伤机制或损伤性质有困难时,应该与办案人共同进行现场勘查,也可以在现场进行案件重建,以便于作出确切的鉴定意见。

5.制作司法鉴定意见书　根据法医临床检查结果,结合病历记载、实验室辅助检查结果、现场勘查及案情调查等资料,司法鉴定人运用科学技术或者专门知识对鉴定事项作出鉴别和判断,以司法鉴定意见书的形式发送给委托单位。

第二节　活体损伤

一、损伤的概念

损伤(injury)是指机体受到外界因素作用所造成的组织结构破坏和功能障碍。损伤是人类社会和生活活动最为常见的现象之一,只要生活在现实社会,人的机体一生中无一例外地将会受到损伤,只是损伤程度、损伤性质以及损伤后果不尽相同而已。活体损伤主要是指外界因素与机体之间的相互作用,包括外界因素造成机体的损害、机体对损害的反应以及机体修复和再生的整个过程与临床表现。外界因素是指外界的物理因素、化学因素和生物学因素;而非自身的内在因素、组织结构破坏和功能障碍是外界因素作用的结果,同时也是损伤的表现形式。

在这里需要注意"精神损伤"的概念,"精神损伤"主要是由于精神刺激所诱发,并非外界因素直接作用所致的器质性精神障碍,而且对于不同个体而言,其后果也是不相同的。因此,这种非器质性的"精神损伤"不同于我们在这里所定义的损伤。

二、损伤的表现

(一)局部表现

1.损伤早期 损伤局部主要表现为肿胀、疼痛和局部功能障碍,局部皮肤可见表皮剥脱、皮下出血、血肿形成以及创口等损伤表现。

2.损伤晚期 局部创口或破损的组织表面可形成瘢痕。有的受损组织与器官可以通过再生恢复功能;有的组织与器官不能再生或不能完全再生,愈后遗有功能完全障碍或部分障碍。

(二)全身表现

损伤的全身表现主要取决于损伤的严重程度和机体反应。机体对外界的反应主要有神经内分泌反应、代谢反应、循环系统反应、消化系统反应和泌尿系统反应。损伤轻微时,仅为损伤的局部表现。损伤越严重,全身反应越明显,可出现多种损伤并发症,表现为神经系统、循环系统、呼吸系统、泌尿系统、内分泌系统、免疫系统、运动系统、消化系统、生殖系统等功能严重障碍。

三、损伤的修复与转归

(一)损伤的修复

局部组织损伤后由周围健康的组织通过细胞分裂增殖以完成组织康复的过程,称为修复(repair)。修复主要包括再生与纤维性修复两种形式。

1.再生 由邻近同种细胞通过分裂增殖完成修复的现象,称为再生(regeneration)。

2.纤维性修复 指通过肉芽组织增生、填补组织缺损,并逐渐转化为瘢痕组织的过程。

(二)损伤的转归

损伤的预后与损伤部位、损伤类型、损伤程度、损伤范围、损伤延续的时间以及伤者年龄、营养状态和治疗等因素相关。

1.完全康复 损伤的组织或器官通过局部组织再生与修复,在组织器官功能上和组织细胞代谢上完全恢复正常,在临床上又称为痊愈(recovery)。

2.不完全康复 损伤的组织或器官由于局部破坏严重、范围较广,组织和器官不能完全再生,只能由结缔组织充填,由于瘢痕挛缩,进而导致肢体或器官的功能障碍。

3.死亡 由于损伤严重,机体功能不能恢复反而进一步恶化直至停止。

四、损伤并发症

损伤并发症(injury complication)是指在原发性损伤过程中或在损伤的医疗过程中发生

了与原发性外伤之间存在直接因果关系的一种或几种不良后果。常见的损伤并发症有感染、休克、栓塞、应激性溃疡、凝血功能障碍、器官功能障碍、创伤后应激障碍等。这些并发症有些是互相独立无关的,如应激性溃疡和栓塞;但大多数是互相联系、互相影响的,如感染、休克、器官功能障碍等。感染后可导致脓毒症,甚至休克,所以整体地、动态地认识掌握这些并发症的发生机制、特点及其互相之间的因果关系,有助于加深对损伤及其损伤后机体反应的认识。

(一)损伤并发症的特点和发生原因

1.损伤并发症的特点

(1)损伤并发症发生在损伤的转归或损伤的医疗过程中。

(2)损伤并发症是与原发性外伤不同的另一种或几种不良后果。

(3)损伤并发症与原发性外伤有因果关系,但并发症不是原发性外伤的必然结果,只是偶然结果。

2.损伤并发症发生原因

损伤并发症发生的原因非常复杂,主要有以下3种。

(1)原发性损伤因素:原发性损伤是引起损伤并发症的根本原因,包括损伤的部位、严重程度、损伤类型和损伤持续时间等。

(2)伤者自身因素:包括个体体质差异、心理素质、应激反应程度、基础疾病、是否配合治疗等。

(3)医疗因素:包括受伤后获得医疗的时机、医疗措施是否得当等。

上述因素常交叉存在,甚至有社会因素参与,在鉴定时应具体分析,评估不同因素的具体作用。

(二)损伤并发症的鉴定

损伤并发症是与原发性损伤有直接因果关系的临床病理过程,但某些因素如医源性因素等的参与对损伤并发症的发生发展有一定影响。损伤并发症可以是原发性损伤的继续,也可以是原发性损伤与其他因素(如应激、自然性疾病、不当的诊疗行为等)共同作用的结果。因此,在鉴定时应掌握以下原则:①明确损伤并发症:依据外伤史、临床表现及辅助检查结果综合判断;②以原发性损伤为依据:无论机体受到损伤后的并发症有多严重,必须以原发性损伤为基础,分析判断原发性损伤与并发症有无直接因果关系;③排除原有疾病:在一些情况下,机体受到损伤之前就已存在功能性或器质性的病变,只是未出现明显症状,在遭受外伤后,可能作为诱因使原有疾病加重,从而产生一系列并发症;④排除介入因素的影响:如社会客观因素、加害者的主观因素、受伤者的主观因素、医疗失误等,其中医疗失误是在损伤并发症鉴定中最常见的介入因素,如医方以各种理由拒绝抢救或拖延治疗,或因误诊、漏诊或治疗方案有误而出现损伤/病情恶化,导致严重后果等。此类损伤并发症的鉴定就应仔细考察伤者住院治疗期间的病历资料,对并发症、后遗症的出现进行认真分析,从而判断原发性损伤与并发症的因果关系。

第三节　人体损伤程度鉴定

损伤程度(injury degree)是指机体受到外力作用后使组织器官结构破坏及功能障碍的程度。

一、损伤程度的分类及鉴定标准

根据国家法律规定和司法审判需要,人体损伤程度分为重伤、轻伤和轻微伤。但除刑法对重伤进行了原则性的规定外,对于轻伤和轻微伤均无明确的法律规定。根据刑法所规定重伤的原则,损伤程度的划分应依据组织结构破坏程度、器官功能障碍程度和躯体形态毁损程度三个方面来界定。①重伤(serious injury)。《中华人民共和国刑法》第九十五条规定,重伤是指有下列情形之一的伤害:使人肢体残废或者毁人容貌的;使人丧失听觉、视觉或者其他器官机能的;其他对于人身健康有重大伤害的。肢体残废,是指由于各种致伤因素所致肢体缺失或者肢体虽然完整但已丧失功能。毁人容貌是指毁损他人面容,致使容貌显著变形、丑陋或者功能障碍。丧失听觉是指损伤后,一耳语音频率听力减退在91分贝以上;两耳语音频率听力减退在60分贝以上。丧失视觉是指损伤后,一眼盲;两眼低视力,其中一眼低视力为2级;视野缺失(视野半径小于10度)。丧失其他器官功能,是指丧失听觉、视觉之外的其他器官功能或者功能严重障碍。其他对于人体健康有重大损害的损伤,是指上述几种重伤之外的在受伤当时危及生命或者在损伤过程中能够引起威胁生命的并发症,以及其他严重影响人体健康的损伤。重伤包括重伤一级和重伤二级。②轻伤(minor injury)。轻伤是指使人肢体或容貌损害,听觉、视觉或其他器官功能部分障碍或者其他对于人身健康有中度伤害的损伤。物理、化学及生物等各种外界因素作用于人体,造成组织、器官结构的一定程度的损害或者部分功能障碍,尚未构成重伤又不属于轻微伤害的损伤,属于轻伤。轻伤包括轻伤一级和轻伤二级。③轻微伤(slight injury)。轻微伤是指各种致伤因素所致的原发性损伤,造成组织器官结构轻微损害或者轻微功能障碍。

目前,我国人体损伤程度鉴定适用的是2014年1月1日起施行的由最高人民法院、最高人民检察院、公安部、国家安全部、司法部发布的《人体损伤程度鉴定标准》。

二、鉴定原则

遵循实事求是的原则,坚持以致伤因素对人体直接造成的原发性损伤及由损伤引起的并发症或者后遗症为依据,全面分析,综合鉴定。对于以原发性损伤及其并发症作为鉴定依据的,鉴定时应以损伤当时伤情为主,损伤的结局为辅;对于以容貌损害或者组织器官功能障碍作为鉴定依据的,鉴定时应以损伤的结局为主,损伤当时伤情为辅。

为了保证损伤程度评定的统一性与客观性,在损伤程度的评定中还应遵循下列原则:①损伤程度的评定应根据损伤后果来评定:损伤后果包括损伤的原发症、并发症、后遗症三

个方面,以这三方面最重要的后果作为损伤程度评定的主要依据。例如,损伤引起的重度失血性休克,损伤当时已危及生命,尽管经救治后无重要器官功能的丧失和躯体形态的严重毁损,但其损伤程度仍根据受伤当时危及生命的情况评定为重伤。②损伤程度的评定应以事实后果为依据:所谓"事实后果"是指损伤的实际结果,即损伤程度的评定不能因为致伤条件、致伤方式和医疗因素的不同而影响损伤程度的评定。③损伤行为与事实后果之间必须存在因果关系。④对多种因素形成的事实结果,在损伤程度评定中应指出直接原因、间接原因,主要原因和次要原因等,为刑事法律责任的认定提供科学依据。

三、鉴定时机

由于损伤程度评定包括损伤当时、损伤过程及损伤结局三个方面,因此对于损伤结局的评定,一般应在病情稳定或治疗终止后进行,否则,有时会因为损伤程度评定的时间不同而导致损伤程度评定结果不同,给司法工作造成错误和困难。但有时鉴于办案时限的要求,需要在伤后较短时间进行损伤程度的评定,以便办案机关依法采取必要措施。对此,法医临床学鉴定人可根据具体情况作出"临时鉴定"。总的原则是,如果目前已构成轻伤的,今后是否构成重伤无法判定的,暂按轻伤评定,是否构成重伤可待病情稳定或治疗终结后重新进行评定。

一般来说,以原发性损伤为主要鉴定依据的,伤后即可进行鉴定,如外伤致肝、脾、胃、肠破裂、失血性休克等;以损伤所致的并发症为主要鉴定依据的,在伤情稳定后进行鉴定,如四肢长骨骨折并发慢性骨髓炎、四肢神经损伤等;以容貌损害或者组织器官功能障碍为主要鉴定依据的,在损伤 90 日后进行鉴定;在特殊情况下可以根据原发性损伤及其并发症出具鉴定意见,但须对有可能出现的后遗症加以说明,必要时应进行复检并予以补充鉴定;疑难、复杂的损伤,在临床治疗终结或者伤情稳定后进行鉴定。

四、伤病关系处理原则

在进行人体损伤程度鉴定时,不能因为临床治疗好转、预后良好而减轻原损伤程度,也不能因为医疗处理失误或者因损伤使原病情加重以及个体特异体质而加重原损伤程度。在人体损伤程度鉴定中需要对损伤与疾病及其他因素之间的关系作出判断,可以通过了解案情,询问损伤(疾病)史,体检诊断,功能诊断,影像诊断,心理检测,对其病理过程连续性和时间间隔规律性进行全面分析,判定诸因素在损伤结果中的作用。损伤为主要作用的,既往伤/病为次要或者轻微作用的,应依据本标准相应条款进行损伤程度鉴定;损伤与既往伤/病共同作用的,即两者作用相当的,应依据本标准相应条款适度降低损伤程度等级评定;既往伤/病为主要作用的,即损伤为次要或者轻微作用的,不宜进行损伤程度鉴定,只说明因果关系。

五、多部位损伤程度评定的一般原则

在法医学鉴定中经常会遇到同一个体多部位损伤的情况,对于多部位、多处损伤的评定,如有具体条款则依据相应条款进行评定。另外,由于损伤的多样性及伤后病情变化的复杂性,现行《人体损伤程度鉴定标准》不能穷尽所有的损伤情况,鉴定时,对标准未作具体规定的损伤可根据损伤后果综合评定,即达到相应损伤程度分类原则的,比照相应损伤程度条款进行评定。如综合后果未达到相应损伤程度分类原则的,应分别评定,不宜把多处损伤简单相加来评定损伤程度。

第四节　劳动能力与伤残等级的鉴定

一、劳动能力

劳动能力(labor capacity)是指人的工作能力和生活能力,包括体力和脑力两个部分。劳动能力主要反映一个人作为生存个体和社会成员完成全部生活和工作的能力,其能力的大小受个体的生物学因素、心理因素和社会因素的影响。

劳动能力和伤残等级评定是法医临床学鉴定的重要内容,主要涉及行政责任和民事责任等。

(一)劳动能力分类

劳动能力根据劳动性质分为一般性劳动能力和职业性劳动能力。

1. 一般性劳动能力(general labor capacity)　是个体生存所必须具备的能力,主要是指日常生活活动的能力,如自我移动、穿衣、进食、保持个人和环境卫生等。

2. 职业性劳动能力(occupational labor capacity)　是相对一般性劳动能力而言,指经过专门性培训后个体所具备的从事某种专门性工作的能力,如教师的授课能力、钢琴家的演奏能力等。

(二)劳动能力丧失

劳动能力丧失(labor incapacity)是指因损伤、疾病、衰老等原因引起的原有劳动能力,如工作能力、社会活动能力和生活自理能力的下降或丧失。劳动能力下降或丧失,可能使个体失去从事工作的能力或者社会活动能力,严重者会影响其生活自理能力。

二、残　疾

广义的残疾(disability)是指由于各种疾病、损伤、发育缺陷或者精神因素所造成人的机体、精神不同程度的永久性功能障碍,从而使患者不能正常工作、生活和学习的一种状态,即人体组织器官结构破坏或者功能障碍,以及个体在现代临床医疗条件下难以恢复的生活、工作、社会活动能力不同程度的降低或者丧失。

伤残是指因损伤所导致的残疾,分为原发性残疾和继发性残疾。原发性残疾是指损伤直接导致的残疾;继发性残疾是指损伤后由于制动或失用等原因引起的组织结构改变与功能障碍,如关节固定后引起的滑膜粘连、纤维组织增生、关节僵硬等退行性改变。

三、劳动能力丧失与伤残等级评定

劳动能力丧失与伤残等级(gradation disability)评定是指鉴定人根据被鉴定人的病历、辅助检查结果等医疗资料以及身体检查结果,依据相关鉴定标准对其劳动能力丧失程度或者残疾(伤残)程度进行判定,并出具鉴定意见的过程。

劳动能力丧失与伤残等级的评定主要依据相关标准进行,目前适用的鉴定标准有《劳动能力鉴定　职工工伤与职业病致残等级》(GB/T 16180—2014)、《人体损伤致残程度分级》《人身保险伤残评定标准》等。

(一)劳动能力、职工工伤与职业病伤残等级评定

劳动能力鉴定(identify work ability)是指劳动者在职业活动中因工负伤或患职业病后,鉴定机构通过相关医学检查并依据国家标准进行鉴别和判定的过程。劳动能力鉴定制度是国家针对劳动者伤残等级或劳动能力丧失程度进行评定的一种特殊制度。

职工工伤与职业病的劳动能力丧失主要是通过伤残等级来确认的,目前我国适用《劳动能力鉴定　职工工伤与职业病致残等级》(GB/T 16180—2014)鉴定标准,通过与伤残等级相适应的残疾赔偿金给付,进而体现对劳动者劳动价值的认可及补偿。

1. 职工工伤与职业病伤残等级划分　根据《劳动能力鉴定　职工工伤与职业病致残等级》(GB/T 16180—2014)标准,依照临床医学分科和各学科之间相互关联的原则,首先将机体的伤残划分为五大门类,即神经内科、神经外科、精神科门,骨科、整形外科、烧伤科门,眼科、耳鼻喉科、口腔科门,普外科、胸外科、泌尿生殖科门,以及职业病内科门。然后按照上述五个门类,依据"器官是否有缺失或缺损,是否有畸形或形态异常,是否有功能丧失或障碍以及是否有并发症,是否存在特殊或一般医疗依赖,生活自理障碍程度等"情况来确定伤残等级与劳动能力级别,将残疾级别分为一至十级,最重为第一级,最轻为第十级。

2. 伤残等级评定的晋级原则　对于同一器官或者系统多处损伤,或一个以上器官不同部位同时受到损伤者,应对单项伤残等级进行分别鉴定。如果几项伤残等级不同,以重者定级;如果两项及以上等级相同,最多晋升一级。

3. 对原有伤残以及并发症的处理

(1)在劳动能力鉴定过程中,工伤或职业病后出现并发症,其致残等级的评定以鉴定时实际的致残结局为依据。

(2)如受工伤损害的器官原有伤残或疾病史,即单个或双器官(如双眼、四肢、肾脏)或系统损伤,本次鉴定时应检查本次伤情是否加重原有伤残,若加重原有伤残,鉴定时按实际的致残结局为依据;若本次伤情轻于原有伤残,鉴定时则按本次工伤伤情致残结局为依据。

4. 伤残等级评定的注意事项

(1)对于标准未列入的损伤,可以参照该标准的分级原则,比照相近条款对伤残等级作出判定。

(2)伤残等级评定一般应在伤情稳定,临床治疗终结后进行。对有明确规定的,应严格按照标准的相关规定进行评定。例如关于"人格改变"的诊断必须是在症状持续6个月以上方可诊断等。

（3）由于医疗依赖与生活自理障碍程度的判定与伤残等级密切相关。因此,医疗依赖、生活自理障碍程度的确定必须是在明确伤残等级的基础上进行判定。

（4）对涉及精神科门类鉴定的,有关精神障碍方面的问题应该由具有司法精神病鉴定执业资格的鉴定人评定。

（5）评定伤残等级时,对于损伤后器官或者肢体功能障碍程度的判定,应以伤残等级鉴定时的检查结果作为判定依据,同时应排除其原有损伤及疾病等因素。

（二）人身损害致残程度等级评定

对于职工工伤、职业病以外的人身损害致残等级鉴定主要依据《人体损伤致残程度分级》《人身保险伤残评定标准》等进行。

1. 人体损伤致残程度等级划分　依据人体组织器官结构破坏、功能障碍,特殊医疗依赖、一般医疗依赖,日常活动能力、护理依赖,日常生活有关的活动能力、社会交往等因素综合判定致残程度等级。将人体损伤致残程度划分为 10 个等级,从一级（人体致残率 100%）到十级（人体致残率 10%）,每级致残率相差 10%。

2. 鉴定原则

（1）以损伤后果与结局为鉴定依据的原则。具体体现在:①损伤后应经过及时的、符合临床一般医疗原则的治疗;②经临床治疗与必要的康复,症状已经消失或者稳定,体征达到相对固定;③经鉴定人评估,伤情难以恢复,符合鉴定时机的要求。

（2）客观评价、科学分析的原则。具体要求:①对可能致残的损伤后果或者结局,应当尽可能以客观的方法进行检验、评价,避免完全依赖被鉴定人的主观陈述,减少鉴定人主观判断对鉴定意见的影响;②分析损伤与最终后果或结局的因果关系,应注意以鉴定人的专业理论知识、专门技能方法进行判断,避免陷入不属于鉴定范围的、完全可以通过普通人的生活经验与常识加以分析判断的误区;③无论采用专业理论知识还是专门技术方法进行鉴定,获得鉴定意见的过程均应符合科学方法论,具有严密的逻辑性,避免主观臆断。

（3）实事求是的原则。具体要求:①应以原发性损伤的最终后果或结局作为鉴定依据,凡与损伤无关联的症状、体征,均不得作为鉴定致残程度等级的依据;②应严格按照标准的致残程度分级条款进行鉴定,不得随意曲解条款规定。在确实遇有分级条款以外的残情时,应严格按照《人体损伤致残程度分级》附录 A "致残程度等级划分依据"的规定,比照最相似等级的具体分级条款,本着合理、平衡、相当的原则,提出鉴定意见;③在遇到损伤与最终后果或者结局的因果关系不能完全明确（如既无法充分肯定,也无法完全排除）的情况时,在鉴定意见书中应如实反映"一伤一残"与"多伤多残"的原则,只要达到致残程度分级条款的规定,存在一处损伤致残的即应评定一处残疾,存在多处损伤致残的则应鉴定多处残疾,不同的残疾后果均应分别鉴定残级。

3. 鉴定时机　须达到原发性损伤及其并发症经临床治疗与必要的康复,其症状、体征已经消失或者稳定,经评估其组织器官结构破坏或功能障碍符合难以继续恢复的情形。通常情况下,治疗及康复期原则上不超过 2 年。

4. 伤病关系处理　当损伤与原有伤、病共存时,应分析损伤与残疾后果之间的因果关系。根据损伤在残疾后果中的作用大小,确定因果关系的不同形式,可依次分别表述为:完全作用、主要作用、同等作用、次要作用、轻微作用、没有作用。除损伤"没有作用"以外,其余

均应按照实际残情进行致残程度鉴定,同时说明损伤与残疾后果之间的因果关系;判定损伤"没有作用"的,不应进行致残程度鉴定。

(三)人身保险伤残等级评定

《人身保险伤残评定标准》由中国保险行业协会、中国法医学会于 2013 年 6 月 8 日联合发布,并于 2014 年 1 月 1 日起正式实施。该标准适用于意外险产品或包括意外责任的保险产品中的伤残保障,用于评定由于意外伤害因素引起的伤残程度,规定了伤残程度的评定等级以及保险金给付比例的原则和方法。

1.人身保险伤残等级划分 本标准根据身体的结构和功能对残疾进行了分类和分级,将人身保险伤残等级划分为一至十级,最重为第一级,最轻为第十级。与人身保险伤残等级相对应的保险金给付比例也分为十个不同比例,伤残等级第一级对应的保险金给付比例为100%,伤残等级第十级对应的保险金给付比例为 10%,每级相差 10%。

2.伤残评定时机 评定时机应以外伤/事故直接所致的损伤或确因损伤所致的并发症经过诊断、治疗达到临床医学一般原则所承认的症状及体征稳定为准。一般损伤为伤后 3~6 个月;颅脑及神经系统损伤为伤后 6 个月以上;颅脑损伤存在智力缺损者为伤后一年;伤后伤口不愈合或延期愈合可根据临床治疗情况适当延长评定时机。对于多处损伤者不可进行分段评定,即不可先对一些部位损伤进行评定,然后再对其他损伤进行评定。

治疗终结与评定时机的关系,一般理解为治疗终结点就是评定时机,但对功能障碍的损害,如肢体或精神损伤等,评定时机应晚于治疗终结。

3.伤病关系 在评定人身保险伤残时,应排除其原有伤、病后进行评定。遇存在伤病关系者(即同一部位或同一功能系统存在原发疾病或者既往损伤)应先行损伤的责任程度评定,后根据责任程度进行伤残等级评定。

第五节 赔偿及与其他活体鉴定问题

一、赔偿相关鉴定

赔偿相关鉴定是指依据相关标准或者法医临床学的一般原则,对人体损伤、残疾有关的赔偿事项进行鉴定,包括医疗终结时间鉴定,人身损害休息(误工)期、护理期、营养期的鉴定,定残后护理依赖、医疗依赖、营养依赖的鉴定,后续诊疗项目的鉴定,诊疗合理性和相关性的鉴定等。

(一)医疗终结时间

医疗终结时间是指原发性损伤及其并发症经符合临床一般医疗原则的治疗与必要的康复,症状已经消失或者稳定,体征达到相对固定,经评估其组织器官结构破坏或功能障碍符合难以继续恢复的情形。如周围神经损伤一般医疗终结时间为 6~12 个月,行神经移植术,或神经瘤、神经粘连等需二次手术的伤者,需延长医疗终结时间。

（二）人身损害误工（休息）期、护理期、营养期鉴定

误工期是指人体损伤后经过诊断、治疗达到临床医学一般原则所承认的治愈（即临床症状和体征消失）或体征固定所需要的时间；护理期是指人体损伤后，在医疗或者功能康复期间生活自理困难，全部或部分需要他人帮助的时间；营养期是指人体损伤后，需要补充必要的营养物质，以提高治疗质量或者加速损伤康复的时间。人身损害误工期、护理期和营养期的确定主要根据《人身损害误工期、护理期、营养期评定规范》的相关条款，并以原发性损伤及后果为依据，包括损伤当时的伤情、损伤后的并发症和后遗症等，结合治疗方法及效果，全面分析个体的年龄、体质等因素，进行综合评定。

（三）医疗依赖

医疗依赖的判定分为一般医疗依赖和特殊医疗依赖。特殊医疗依赖是指致残后必须终生接受特殊药物、特殊医疗设备或装置进行治疗者，如血液透析、人工呼吸机以及免疫抑制剂等的治疗。一般医疗依赖是指致残后仍需接受长期或终生药物治疗者，如降压药、降糖药、抗凝剂以及抗癫痫药治疗等。

（四）护理依赖

护理依赖是指躯体伤残或精神障碍者在治疗终结后，仍需他人帮助、护理才能维系正常的日常生活。对被鉴定人的日常生活活动能力、日常生活自理能力、躯体移动能力进行评价，从而判定躯体伤残或精神障碍者需要他人护理所付出工作量的大小，分为完全、大部分和部分护理依赖。主要根据《人身损害护理依赖程度评定》的相关条款，并以原发性损伤及后果为依据，结合法医临床检查结果及伤残等级，全面分析、综合评定。

二、与人体损伤相关的其他活体鉴定问题

包括损伤判定、损伤时间推断、成伤机制分析、致伤物推断、影像学资料的同一认定，以及各种致伤因素造成的人身损害与疾病之间因果关系和原因力大小等的鉴定。

（一）影像学资料的同一认定

影像学资料的同一认定是指具有专门知识、经验和技术的人员，通过对影像学资料的客观特征进行比对和分析，对其是否来自同一客体（通常即被鉴定人）作出鉴别和判定。同一认定是通过特征识别，不断排除相似客体，最终对两者是否具有同一性作出判定的过程。进行特征识别，主要使用观察法、分析法和比较法等。观察法包括肉眼和仪器观察法；分析法包括思维和仪器分析法；比较法则有特征形态比较、特征方位比较、特征距离比较和特征相互关系比较等。特征形态比较、特征方位比较是法医临床影像学资料同一认定时经常运用的方法。

（二）致伤物的推断

致伤物的推断（estimation of the instrument causing the trauma）是指根据损伤的形态特征，结合现场情况，对致伤物的类型、大小、质地、重量及作用面形状等特点进行分析推断

的过程。

1.致伤物类型推断　损伤的形态特征是推断致伤物的重要根据。根据损伤的形态特点,区别钝器伤、锐器伤或火器伤一般不难。如擦伤、挫伤、挫裂创、闭合性骨折和闭合性内脏器官损伤,是钝器所致的特征性损伤;砍创、切创、刺创、剪创、开放性骨折伴切痕或砍痕等,是锐器所致的特征性损伤;损伤部位(创缘)有火药作用的痕迹,是火器所致的损伤特征。

2.致伤物质地推断　是指形成人体损伤的接触物的质地,通常分为金属和非金属两大类。主要观察指标是创缘皮肤挫伤带和凹陷性骨折边缘的挤压缘。一般来说,创缘皮肤挫伤带的明显程度,与作用工具的硬度成正比,也就是说,硬度越大,挫伤带就越明显。硬度大于骨质、平面较小的金属物体在形成凹陷性骨折时,其边缘往往能见到骨质挤压缘。骨质挤压缘具有良好的特定性和稳定性,故常借此推断致伤物是金属还是非金属。一般情况下,骨质挤压缘具有排他性、特征性的条件。

(三)损伤时间推断

在法医学检查中,受伤时间通常没有争议,但有两种情况需推断损伤时间:首先,当新损伤和旧损伤共存时,必须区分新鲜损伤和陈旧损伤,例如,已愈合的创伤性骨折。其次,受害者(伤者)伤后没有立即就诊或向有关部门报告,有时可发生由创伤引起的迟发性损伤,如迟发性创伤性脾破裂,故对损伤的时间进行推断是为了确定创伤和损伤之间的因果关系。

损伤时间推断(dating of wound)是指根据活体验伤时所见损伤的变化,推测损伤的发生时间。损伤时间推断主要依据致伤后,损伤局部、炎症反应和修复过程的各个阶段形态学改变。由于上述变化易受多种因素的影响,故活体损伤时间很难作出准确的判定。

1.擦伤的损伤时间推断　表皮剥脱面有少量浆液渗出,半天到一天结痂,形成黄褐色的痂皮,干燥、质硬,以后逐渐变为深褐色。2～3天后周围正常组织再生,痂皮从周边开始剥离、脱落,5～7天后完全愈合,痂皮完全脱落。

2.挫伤的损伤时间推断　新鲜的皮下或皮内出血呈暗红色,1～3天呈紫褐色,4～7天呈绿色,8～15天后呈黄色,后逐渐消退至正常。

3.创口的损伤时间推断　损伤后数小时内创周便出现炎症反应,局部红肿、渗出,逐渐结痂或形成血凝块堵塞创口。2～3天后,创口收缩,创底及边缘开始长出肉芽组织,逐渐填平创口。1周以后逐渐出现瘢痕形成过程。

4.骨折的损伤时间推断　X线检查,新鲜骨折可见骨折线清晰、骨折端锐利;2周以后,可见骨折线模糊,骨折处有密度较淡的纤维性骨痂影像;3个月左右,可见骨折处有骨性骨痂影像;6个月左右,可见骨折处已经骨痂愈合并重新塑形。

5.瘢痕的形成时间推断　2～4周的瘢痕,呈浅粉色,柔软,平而嫩,有痂皮覆盖;1～2个月的瘢痕,呈淡紫红色,肿胀减轻,稍凸,韧性增强;2～3个月的瘢痕,红色充血状,瘢痕较坚实,凸出皮肤表面;3～6个月的瘢痕,呈粉红色,瘢痕部分变软,以后逐渐变淡,变软;6～12个月的瘢痕,呈淡粉红色,变软,表面不平有光泽;1.5年以上的瘢痕,呈白色或淡褐色,变软变平有光泽。

(四)人身损害与疾病之间因果关系分析

人身损害与疾病的因果关系类型按照损害在疾病中的原因力大小,分为完全作用、主要作用、同等作用、次要作用、轻微作用和没有作用六种类型。完全作用(完全原因):外界各种损害因素直接作用于人体健康的组织和器官,致组织和器官解剖学结构的连续性、完整性破坏,和/或出现功能障碍,现存的后果/疾病完全由损害因素造成;主要作用(主要原因):外界各种损害因素直接作用于人体基本健康的组织和器官,致组织和器官解剖学结构的连续性、完整性破坏,和/或出现功能障碍,现存的后果/疾病主要由损害因素造成;同等作用(同等原因):既有损害,又有疾病。损害与疾病因素两者独立存在均不能造成目前的后果,两者互为条件,相互影响,损害与疾病共同作用致现存后果,且所起的作用基本相当;次要作用(次要原因):在原有器质性病变的基础上,损害使已存在的疾病的病情加重;轻微作用(轻微原因):在原有器质性病变的基础上,损害使已存在的疾病的病情显现;没有作用(没有因果关系):外界各种损害因素作用于人体患病组织和器官,没有造成组织和器官解剖学结构连续性、完整性破坏及功能障碍,不良后果完全系自身疾病所造成,与损害因素之间不存在因果关系。

第六节　诈伤(病)与造作伤(病)

一、诈伤(病)

(一)诈伤(病)的概念

为了达到某种目的,身体健康的人假装或伪装成患有某种损伤或疾病,称为诈伤(病)(simulation,malingering)。诈伤(病)多见于故意伤害和意外事故的受害人或刑事犯罪的行为人。

(二)诈伤(病)的特点

1.有明确的目的和动机　诈伤(病)者都具有明确的目的和动机,如为了掩盖犯罪行为,逃避刑事责任或为了逃避某些应尽的义务,或为了骗取休假、保外就医、社会福利等,或为了获取更多经济赔偿。

2.缺少病理学基础　由于缺少病理学基础,伪装者所伪装的症状与体征,运用临床客观检查方法检查结果显示无异常。

3.临床检查不配合　伪装者由于害怕被揭穿事实真相,往往不配合检查,甚至拒绝做检查。

4.临床症状与体征相矛盾　诈病者在陈述自己的"疾病"时,常夸大症状和体征,但其症状与体征不符,前后矛盾,或主观症状明显,客观体征缺乏。

5.临床表现与临床转归不符　诈病者常突然发病,"病情"反复无常,经治疗后甚至反而加重,但当其目的或要求达到时,病情迅速痊愈。

(三)诈伤(病)的表现

1. 伪装疼痛　伪装疼痛的部位常与损伤部位有关或与其目的有关。鉴定时被鉴定人常表现为精神萎靡不振、手捂损伤部位呈痛苦状或检查者触碰时疼痛反应强烈,故作躲避或呻吟。

2. 伪装血尿　伪装血尿者多采用将血液混入尿液中,使尿液检材呈肉眼血尿或镜下血尿,但其血尿持续时间长短不一,血尿程度反复不定。

3. 伪聋(诈聋)　伪聋者可伪装成单耳聋或双耳聋,伪装单耳聋常见。伪聋者常答非所问或回答问题迟疑,说话时声音往往并不增大,主观听力障碍,但客观听力检查正常。

4. 伪盲(诈盲)　伪盲可表现为单眼盲或双眼盲,单眼伪盲多见。伪盲者常拒绝检查或检查不配合。

5. 伪装瘫痪(诈瘫)　常在头部损伤、脊髓损伤或周围神经损伤后,被鉴定人谎称一肢或多肢体运动障碍,如不能行走、不能自己进食、不能穿衣洗漱,甚至卧床不起等。伪装瘫痪者无神经系统的定位体征,肌肉无萎缩。影像学检查无器质性病变所见,运动诱发电位、肌电图和神经传导速度检查结果正常。

6. 伪装抽搐　伪装抽搐的表现形式多种多样,有的似癫痫大发作,有的只是四肢不规律抽动或上肢屈曲、下肢伸展,抽搐停止后即可自主活动。伪装抽搐者常在他人在场时或有监控下发作。

7. 伪装失语　伪装成运动性失语多见,表现为神志清晰,对他人说话的含义能正确理解,可进行书面交流,但就是不能说话。

8. 伪装神经症　伪装神经症多见于头部外伤后,常常过分夸大其不适症状,如夜不能寐、记忆力下降、头痛头晕、肢体感觉障碍等,所诉各种症状均为主观表现,临床检查均不能发现器质性病变。

(四)法医学检查

1. 一般检查　耐心听取被鉴定人对事件发生经过及伤病发展、变化过程的陈述,同时注意观察被鉴定人的精神、表情、态度、行为以及不经意间的细微动作,对周围环境变化的反应等。此外,应针对被鉴定人的表现进行详细的专科检查,确认有无相应的体征。

2. 辅助检查　除了常规的体格检查,一些诈病者伪装的伤病需要通过辅助检查才能加以鉴别,如通过实验室检查确认有无糖尿病、血尿等;通过 X 线、CT、MRI 等影像学检查,确定有无器质性损伤或病变;对于伪装功能障碍者,应通过客观检查方法进行判定。

二、造作伤(病)

(一)概念

为了达到某种个人目的,自己或授意他人对自己身体造成损伤或故意扩大和加重原有损伤,称为造作伤(artificial injury)。广义的造作伤也包括造作病。

(二)造作伤的特点

1.致伤物　以机械性损伤多见,尤其以锐器损伤最常见,其次为钝器损伤和枪弹伤与爆炸伤。

2.致伤方式　造作伤一般都是自己所为,极少数情况下由其家人、朋友或利益相关人在其授意下实施。

3.损伤部位　一般与造作动机、目的有关,常为易被发现、暴露的部位,如头部、四肢等。

4.损伤程度　一般较轻,不会危及生命,也不造成容貌严重毁损,但有时由于措施不当,也可意外造成严重损伤或导致严重后遗症。

5.其他　造作伤者对待检查或治疗非常合作,有时造作者会提醒或暗示检查者损伤所在部位。

(三)造作伤的法医学鉴定

造作伤大多是其本人亲手造成,具有一些典型的特点。鉴定时应详细了解案情、分析受伤过程、结合临床资料和体格检查等确认下列问题:①有无损伤,若有损伤,损伤的部位、数量、大小、形态、方向等;②损伤如何造成,是被鉴定人自己所为还是由他人所为;③成伤方式和损伤机制,是否与被鉴定人或其他证人所述相符;④损伤时间,是否为"损伤"当时形成。

1.案情调查　了解案件的性质和情节,在对被鉴定人询问中,需要反复、详细询问其损伤形成的方式与过程。询问内容应包括事件发生的时间、地点、"加害人"的人数及其个人特征、当时双方的位置关系、所用致伤物、打击部位及次数、有无搏斗、搏斗的情况以及事件结束后"加害人"的去向等。

2.资料审查　根据卷宗和临床资料,判断被鉴定人所述情况与所提供的鉴定资料是否相符、有无事实根据和旁证材料,分析损伤可能形成的原因、损伤的时间、损伤的形成方式和机制以及损伤救治的过程。

3.现场勘查　如果条件许可,法医鉴定人应赴案发现场,了解案发现场的环境并收集有关证据,包括现场有无搏斗痕迹,血迹的滴注、喷溅方向,损伤时伤者的体位等。

4.损伤检查　损伤性质、损伤部位、损伤类型、损伤程度以及损伤机制和成伤方式是判断造作伤的重要依据。因此,对于损伤必须进行全面细致的检查,详尽记录损伤性质、部位、类型、程度等,并拍照保存。

5.衣着的检查　法医学鉴定时应仔细检查衣物,观察衣物破损的部位、破损的层次、数目、形状、大小、方向以及破损的边缘是否整齐等,并与其身体上的创口进行比对,同时注意观察衣物上血痕的分布及流注方向与损伤是否相符。

6.事件重建　根据当事人所述案件发生的时间、地点以及事件具体情形和经过等,模拟或还原事件的过程,即事件重建。这对推断是否造作伤很有价值。

案例及思考

简要案情:张某,男,49岁。2020年6月21日9时许,张某报警,称被人用铁锹铲伤。

公安机关经调查,医院接诊医生证实其急诊病案原纪录为:伤者右小腿前侧约10cm划伤,后不明原因被他人改为16cm划伤;另据住院手术医生病历记载:伤者右小腿为皮裂伤长约15cm,二者所述不一致。

现受某公安局委托,要求行以下鉴定:1.张某右小腿伤口是否为一次形成;2.张某右小腿的损伤程度鉴定。

病历摘要:急诊病历示右小腿前侧可见约16cm划伤(其中"6"字有被描变粗的痕迹),余未见异常。初步诊断:右小腿皮裂伤。住院病历专科检查:右小腿上段可见自前向外上斜行皮裂伤长约15cm,创面渗血,周围肿胀,压痛,未及明显骨擦感,感觉存在,末梢红白反应存在,膝关节、踝关节、足趾活动自如。急诊在局麻下行双侧小腿清创缝合术。出院诊断:右小腿皮裂伤。

鉴定过程:伤后1年余检查见:右小腿近端前外侧见12cm斜行皮肤瘢痕,余常规检查未见明显异常。

张某受伤当天(2020年6月21日)出警照片显示:张某坐在地上,右小腿上段前外侧见一斜行划痕,其下段见少量出血,皮肤未见裂开。

张某右小腿伤口缝合术后照片(日期未标注)显示:右小腿上段前外侧见长约11cm斜行缝合创,创缘较直且锐利,创的范围从右膝外下方跨过胫前,延伸至右小腿上段前内侧,周围缝线在位。

送检电子照片显示与本案致伤物(铁锹)相似的铁锹照片,铁锹头呈弧形,远端略尖。

根据案例回答以下问题:

1.根据法医临床学理论与技术,分析本案中张某右小腿伤是否为一次形成。

2.依据相关标准规定的各类致伤因素所致人身损害的等级划分,对张某右小腿损伤程度进行鉴定,并说明理由。

第十章 法医精神病学

第一节 概　述

教学 PPT

一、定　义

法医精神病学(forensic psychiatry)是研究与法律相关的精神疾病和精神卫生问题的一门学科,是应用现代精神医学理论和技术,对涉及法律问题的当事人的精神状态、法定能力、法律关系等问题进行评定的一门学科。狭义上的法医精神病学指的是依法对疑似精神障碍的违法者或诉讼当事人的精神状态和法律能力进行鉴定,并为委托方提供法医精神病学鉴定意见书的学科。广义上的法医精神病学指的是其研究的内容涉及与法律相关的精神障碍和各种精神健康问题,又称为法律精神病学(law and psychiatry)。

二、法医精神病学与临床精神病学的区别

1. 两者的任务和工作性质不同。
2. 两者认识和思考问题的方法不同。
3. 作决策时两者的要求不同。
4. 两者的程序和时间限制不同。

三、法医精神病学的具体任务

(一)刑事法医精神病学的任务

1. 确定被鉴定人实施危害行为时的精神状态及其刑事责任能力。
2. 确定被鉴定人在诉讼过程中的精神状态及受审能力。
3. 确定被鉴定人在服刑期间的精神状态及服刑能力。
4. 确定被鉴定人在遭受性攻击或性侵害(sexual offending)时的精神状态及性自我防卫能力。
5. 确定各类案件有关证人的精神状态以及作证能力。
6. 在人身伤害案件中,确定受害人的精神损伤程度。

（二）民事法医精神病学的任务

1. 确定被鉴定人在民事活动中的精神状态及民事行为能力（遗嘱能力、履行契约能力等）。
2. 精神病患者的精神伤残、病残等级、劳动能力、因果关系评定。
3. 精神病患者的医疗依赖、护理依赖程度评定。
4. 精神疾病相关的医疗费评定。
5. 精神科相关的医疗损害、医疗事故鉴定。

另外，法医精神病学的任务还包括采用司法心理学测验技术与问卷，对被鉴定人的认知功能、人格、有无诈病等进行评估，参与精神卫生立法制定，研究精神卫生工作中的法律问题，参与精神病患者权益的法律保障，研究精神病患者的监护、监管体制，参与对有危害行为的肇事精神病患者的治疗监护和安置评估，对精神病患者在医院、监所等特殊场所的自杀风险评估，对自杀人员进行心理解剖等，分析自杀原因。

第二节　法医精神病学鉴定

一、刑事责任能力的判定

刑事责任能力简称责任能力，一般指行为人构成犯罪和承担刑事责任所具备的能力，能正确认识行为的后果而自觉选择和控制自己行为的能力。在法医精神病人鉴定中，评定主体有无刑事责任能力需从医学要件和法学要件来评定。

《中华人民共和国刑法》第 18 条规定："精神病人在不能辨认或者不能控制自己行为的时候造成危害结果，经法定程序鉴定确认的，不负刑事责任，但是应当责令他的家属或者监护人严加看管或医疗，必要的时候由政府强制医疗。"

需要注意的是，间歇性的精神病人在精神正常时犯罪，应当负刑事责任。尚未完全丧失辨认或者控制自己行为能力的精神病人犯罪的，应当负刑事责任，但可以从轻或减轻处罚。醉酒的人犯罪应当负刑事责任。

（一）医学上的评定

医学要件指主体是精神病患者，由于患有某种精神疾病，使得主体行为失常从而导致罪行的发生。

刑法条文中的精神病人包括：
1. 重度精神障碍　主要指精神分裂症、双向精神障碍、偏执性精神病等。
2. 精神病等位状态　主要指癔症性精神病、病理性醉酒、病理性半醒症等。
3. 非精神病性精神障碍　主要指神经症、人格障碍、性病态等。

（二）法律上的评定

法学上的要件主要是被告在实施犯罪行为时的精神评定，主要包括其辨认能力和控制能力。辨认能力是指行为人对自己的行为在刑法上的意义、性质、作用、后果的分辨识别能力，或指行为人对是否触犯刑法、危害社会的分辨识别能力。控制能力是指行为人具有选择自己实施或不实施刑法所禁止、所制裁的行为的能力，主要受到意志和情感活动的影响。绝大多数精神病人在丧失辨认能力的同时也丧失了控制能力。

按照医学要件与法学要件相结合的原则，刑事责任能力分为有责任能力、限定责任能力和无责任能力。其中，限定责任能力是指尚未完全丧失辨认和控制自己行为能力的精神病人犯罪的，应当负刑事责任，但可以从轻或减轻处罚。

二、民事行为能力的评定

民事行为能力是指民事主体以自己的行为参与民事法律关系，从而取得享有民事权利和承担民事义务的资格。民事行为能力可以分为三类。

1. 完全民事行为能力　指已满 18 岁，精神和生理功能健全、智力和知识发展无异常的人；16 周岁不满 18 周岁的，以自己收入为主要来源的公民。

2. 限制民事行为能力　指已满 8 周岁的人、聋哑人、盲人、尚未完全丧失辨认和控制自己行为的精神病人。

3. 无民事行为能力　指不满 8 周岁的人、完全丧失辨认和控制自己行为能力的精神病人。

三、性自我防卫能力的评定

性自我防卫能力是指被害人对两性行为的社会意义、性质及其后果的理解能力。

《关于当前办理强奸案件中具体应用法律的若干问题解答》（最高人民法院、最高人民检察院、公安部，1984）中规定：明知妇女是精神病患者或者痴呆者（程度严重的）而与其发生性行为的，不管犯罪分子采取什么手段，都应以强奸罪论处。与间歇性精神病患者在未发病期间发生性行为，妇女本人同意的，不构成强奸罪。

第三节　各类精神障碍的法医学问题

在司法实践中，各类精神疾病均可出现，但以精神分裂症最为多见，其他类型也可见到。

一、精神分裂症

精神分裂症（schizophrenia）是一组病因未明的精神疾病。多起病于青壮年时期，常缓慢起病，具有思维、情感、行为等多方面障碍、精神活动不协调、伴有幻觉及妄想。其发病率最高，对社会危害性巨大。其临床类型主要包括偏执型、青春型、紧张型、单纯型和未定型。以上类型均可出现伤害及杀人行为，其中又以偏执型最为常见。常由于各种幻觉及幻听症状引起一系列违法行为。多于青春期起病的青春型精神分裂症，常会有思维、情感以及行为的

紊乱,出现情感倒错以及怪异行为,有时可以因为荒谬的动机产生自杀、杀人、放火等行为。

精神分裂症作为一种最常见的精神疾病,同样是精神疾病司法鉴定工作中最为常见的精神疾病,占所有鉴定案件的 1/3～1/2。精神分裂症患者常与周围环境产生各种冲突,出现各种危害行为,因而涉及法律问题,如责任能力、受审能力和服刑能力等,其中以实施危害行为时的责任能力问题最为多见。根据《中华人民共和国刑法》第 18 条,根据其实施危害行为时疾病对其辨认和控制能力的影响,评定其作案时的责任能力状态。

二、反应性精神病

反应性精神病是一类由急剧或持久的精神因素引起的精神异常。如自然灾害、亲人突然离世、感情挫折、下岗失业等,精神症状反映精神因素的内容,其发病常有急性与慢性两种状态。急性反应性精神病患者常因强烈的且持续一定时间的心理创伤事件直接引起,以明显的妄想或者严重的情绪障碍为主。意识模糊的患者,由于其意识的清晰度降低,注意力不集中,对周围各种环境辨认困难,常伴有行为紊乱等症状。兴奋躁动患者,因其受幻觉妄想的影响,可出现兴奋、躁动等,甚至出现伤人或自伤。慢性反应性精神病患者多在长期精神刺激后缓慢发病,表现抑郁或妄想,常出现自责自罪观念,甚至出现自杀企图或行为。

反应性精神病患者亦会出现违法行为,一部分在患病后出现,一部分则在拘禁后出现,即拘禁性反应。反应性精神病有在短时间内缓解及治愈的可能,一般预后良好,所以不能成为撤销刑事案件的理由。

三、双相障碍性精神病

双相障碍也称双相情感障碍,是指既有躁狂或轻躁狂发作,又有抑郁发作的一类心境障碍。双相障碍一般呈发作性病程,躁狂发作需持续一周以上,抑郁发作需持续两周以上,躁狂与抑郁常反复替换或交替出现,也可以混合存在。

躁狂发作常以心境高涨、思维奔逸、活动增多和夸大观念及妄想为主要特点。患者常表现为兴高采烈,眉飞色舞,精力旺盛,自我感觉良好等。这些状态与其内心的体验相符,也有表现为情绪不稳,易激惹、发怒,产生破坏和攻击行为。

抑郁发作常以心境低落、思维迟缓和活动减少为特征,多为缓慢起病。其中心境低落是抑郁发作的突出表现,从心绪不佳到悲观绝望,有时患者焦躁不安,易激惹而出现冲动行为。另外,抑郁发作还可能出现罪恶观念及妄想,常出现自罪自责,可在罪恶观念及妄想的影响下产生自杀行为。

心境障碍的患病率近十年来呈增加的倾向,也成为法医精神病学鉴定工作中常见的一类精神病,占整个鉴定案件的 5%～10%,仅次于精神分裂症和精神发育迟滞。其虽以情绪的高涨和低落为主要特征,但在病态情绪的影响下也会产生相应的认知障碍而与周围环境发生冲突,出现各种危害行为,因而涉及某些法律关系。以实施危害行为时的责任能力问题最多见。

四、病态人格

病态人格又称精神病态或人格反常,是介于正常人和精神病之间的一种中间状态,人格在发展和结构上明显偏离正常。

人格障碍在法医精神病学中具有特殊重要地位,因为各种精神障碍中出现违法犯罪者以人格障碍最多,尤其是反社会型人格障碍,与违法犯罪关系最为密切。

五、脑外伤性精神病

颅脑创伤性精神障碍是指遭受各种颅脑创伤后引起的精神障碍。其造成的精神障碍可以是暂时的、持久性的或可逆的。在临床学上,颅脑外伤可致器质性意识障碍、器质性智能损害、器质性遗忘、器质性情感障碍、器质性人格改变等症状。所造成的器质性精神病症状主要以颅脑损伤后出现幻觉、妄想为临床表现的综合征。有时急性颅脑损伤会造成逆行性健忘症,此时就需要法医工作者判断证人的口供、供词是否可信。颅脑外伤后出现谵妄时会出现定向力消失,可出现自伤或伤人等行为。

判定脑外伤性精神障碍时,不仅仅需要证明脑损伤的存在,还必须确定脑损伤是否具有导致犯罪行为的后果。如脑外伤后仅表现为情绪不稳或易激惹,而在思维意识活动方面没有明显障碍时,对于所造成的危害后果,患者应负完全或部分责任。而处于严重意识障碍,或者在脑外伤发病期间造成危害后果的,一般评定为限制责任能力。

六、病理性醉酒所致精神病

所谓的病理性醉酒,是指在饮酒后发生了比普通醉酒严重而且复杂的一种精神-躯体反应,表现为突发的、短暂的意识障碍,持续时间从几分钟到一天不等。一般而言,患者平时就有精神-躯体素质不健全,或在日常生活中常有神经机能方面的缺陷。在慢性酒精中毒后出现人格智能方面不健全,在病理过程中可能会受幻觉或妄想的影响,出现暴力性行为。

病理性醉酒的发生很突然,事前可无普通醉酒状态,紧接着作出一系列令人难以理解的行为。有时在发作时变为严重的癫痫样谵妄症状,从而出现暴力行为。行为并没有目的,病者事前无明显表现,事后无记忆。

《中华人民共和国刑法》第15条第3款规定"醉酒的人犯罪,应当负刑事责任",普通醉酒并不能免除嫌疑人的刑事责任,但复杂性醉酒、病理性醉酒本质上属于精神障碍,可造成患者的认知行为障碍,辨认和控制能力明显削弱,一般评定为限定责任能力。在鉴定时要同时考虑法学和医学要件,谨慎提出鉴定意见。

法 医 学　FA YIXUE

第四节　精神病杀人的特征

一、犯罪具有明显的突发性

精神病人在发病时通常伴有认知及控制能力障碍,会在幻觉或妄想等症状的驱使下作案,即患者犯罪并非主观上所能自控所为,可以说是因病犯罪,常缺乏明显的作案预谋和计划,即使有所预谋也是在妄想等驱使下作出,常漏洞百出,难以理解。因此病人犯罪常具有明显的突发性,不是常人所认为的作案时机。而所谓的突然性即无规律(间歇性精神病有规律性),因无预谋和计划,常无法判断精神病人犯罪的地点、时间等,令人难以防范,对社会有很大的危害性。

二、作案目的与动机

与普通的杀人案件不同,精神病人杀人的目的与动机不明显,并且所伤害的人大多是与自己毫无利害关系的无辜的人。很多受害人因猝不及防而致命,犯罪现场未见财物及其他损失,动机和目的不明。即使能找出动机,大多与所造成的后果极不对称。

三、犯罪后果难以预见

精神病人犯罪,特别是完全丧失辨认能力和控制自身行为能力的精神病人犯罪,其犯罪后果、强度常难以预见。其杀人所表现的残酷性常不合常理,在诸多精神病人犯罪案件中,有些精神病人即使连杀数人后依然无法控制自己,所造成的犯罪后果不可估量。并且精神病人杀人与其职业、身份、作案动机等极不对称。有时精神病人自杀案件中也会表现出极其残忍,容易被人误认为是他杀,需要仔细甄别。

四、缺乏保护性

正常的罪犯作案一般会有自我保护措施,如潜逃、毁尸灭迹、拒绝供认等,而精神病人犯罪缺乏保护性。根据现场特点来看,尸体被发现处即为第一现场,现场常可发现被丢弃的作案工具。精神病人自我保护意识较差,无逃避法律、无破坏现场、无转移尸体的现象。有时即便在幻觉、妄想等症状的驱使下会有一定的保护性,但与杀人所造成的后果不对称。比如在被害妄想下作案时,精神病人可能会逃避,但在归案以后通常会供认不讳。有时精神病人杀人时处于精神障碍状态,但在作案后或归案以后精神恢复正常,便开始避重就轻,开始给自己辩护,因此需要法医鉴定工作者全面分析案件,作出正确鉴定。

第五节　伪精神病的鉴别

在刑事案件中,伪装精神病是为了逃避法律责任或为了被认定为无责任能力,其属于诈病的一种。在民事案件中,一些人为了取得赔偿而伪装聋哑、瘫痪等运动功能或感官障碍方面的疾病。伪精神病通常会表现为痴呆、健忘、妄想或随地吃大小便等行为,以及兴奋躁动,思维散漫。通常起病急并且消失也快,缺乏精神病的规律性,并且在伪装时会经常留意周围环境,尤其会注意鉴定者给自己的鉴定结果。下面几点可供鉴别时参考。

1.伪装精神病并不容易,会耗费极大的精力。由于伪装者缺乏相应的病理学基础,尽管在前期会通过怪异的表现和大喊大叫以及编造幻觉等行为来进行伪装,但在后期难以维持,并且由于白天耗费精力,在夜间睡眠质量会很好,有类似于间歇性精神病的表现,并且精神症状在身旁有人时会更加严重。而真正的精神障碍患者不会呈现这种规律,并且精力异常活跃,睡眠减少甚至失眠。

2.全面了解及分析其工作、生活、人际关系或其一贯的行为思想,判断其作案的动机与伪装的目的是否相对称。可以观察通过各种途径获取的资料,如病史材料、精神检查是否一致。如在生活中真正的精神病患者会比较反感别人叫他精神病,而伪装精神病的人则恰恰相反。

3.可通过临床检查加常识题目进行分辨。可以向其提问一些常识性题目,这些问题即便是真正患有精神疾病或智力低下的人一般均能给予正确的回答,但由于大部分伪精神障碍者缺乏相关精神病学知识,会将题目故意打错,这反而证明可能是伪装精神病患者。

4.对于有精神病学知识的人,在判定精神障碍时应格外慎重。文化程度越高,越善于忍耐的人,更加难以辨认。因此法医工作者在进行鉴定时应全面考虑各种因素的影响。

总之,辨别伪装精神病较为困难,需综合各方面信息,客观细致地分析才能得出科学的结论。

⁇ 案例及思考

简要案情:2018 年 5 月 13 日 22 时许,齐某酒后持刀将刘某砍伤。为正确处理案件,办案单位委托我所对被鉴定人的刑事责任能力进行鉴定。

调查材料:齐某初中文化,毕业后参军入伍。退役后在老家城管部门上班,国家机构改革后下岗,后来北京务工做装修。离异,有一子。既往无前科。

2018 年 5 月 13 日 18 时许,刘某、江某和齐某三人一起吃饭喝酒,江某系刘某表弟。席间江某与齐某曾因琐事争执,后被刘某劝说。当晚齐某喝白酒大约半斤。饭后齐某约刘某和江某去其住处喝茶,江某因故未去。当晚 22 时许,刘某随齐某步行到齐某住处,齐某让刘某坐在小板凳上后说去给倒水,在刘某坐着看手机时,齐某持刀砍了刘某左侧面部一刀,刘某被砍倒地,齐某说“让你牛,让你显摆”,后又用刀砍了刘某右侧头部一刀。江某赶到现场时,看到刘某满脸是血,齐某也在现场,说:我怕谁。多次讯问,齐某均能陈述个人基本情况,

但不能完整回忆案情经过,称2018年5月13日19时许,自己跟刘某、江某去驴肉火烧店喝酒,自己喝了大概七八两,喝得迷迷糊糊,走路也是跌跌撞撞,意识已经模糊了。记得自己结完账后就回家了。刘某或江某走在自己身后,之后的事记不清了。记得吃完饭回到家后,和刘某或江某吵过架,具体因为什么想不起来了。应该是有一个人打自己,是谁记不清了,早上起来自己身上有伤。

精神检查: 被鉴定人齐某自行步入检查室,年貌相当,衣着尚整,意识清楚,对答切题。能清楚陈述个人基本情况、简历。称初中文化,曾服兵役3年,复员后在城管上班7年,后自谋出路。现父亲肺癌,母亲脑梗,弟弟车祸残疾,全靠自己一个人。于四五年前离异。关于本案,陈述与卷宗记载基本一致。称他们兄弟俩打电话说来看看自己,自己请他们吃的夜宵,驴肉火烧,付了多少钱不知道,当时都喝了酒,自己喝了半斤白酒,又喝了二三瓶啤酒。后走路回去,走到大门口不知道谁掐自己脖子,后来派出所就来找了,当时自己在床上。述自己跟他们无冤无仇,没有动机。出事前因为家庭困难,自己压力大,胃口不好,睡眠不好,情绪低落。检查未见幻觉、妄想等精神病性症状。目前情绪稍显抑郁,智商无障碍。

根据案例回答以下问题:

1. 引起精神障碍的可能病因有哪些?
2. 酒精所致精神障碍的刑事责任能力如何评定?

第十一章　亲子鉴定

第一节　概　述

教学PPT

一、概　念

亲子鉴定（parentage，paternity testing）也称亲权鉴定，指应用医学、生物学和遗传学等自然科学的理论和技术，通过对人类遗传标记的检测，根据遗传规律分析，对有争议的父母与子女之间是否存在生物学亲缘关系所作的科学判定，是法医物证检验的主要任务之一。

根据受检者之间的关系，亲子鉴定可以分为标准三联体亲子鉴定、父母皆疑三联体亲子鉴定、二联体亲子鉴定。当受检者为三人，若双亲一方肯定为生物学父亲或母亲，仅需检验有争议的另一方与孩子的亲子关系时，称为标准三联体亲子鉴定。若双亲双方均不确定与孩子的亲子关系，需检验可疑父亲和可疑母亲是否为孩子的亲生父母，则称为父母皆疑三联体亲子鉴定。当受检者为有争议的父亲（或母亲）与孩子二人时，称为二联体亲子鉴定，或单亲鉴定。有争议的父亲称为假设父亲或被控父亲（alleged father，AF），有争议的母亲则称为假设母亲或被控母亲（alleged mother，AM）。

二、发展历史

关于亲子鉴定，早在我国三国时期谢承所著《会稽先贤传》中即有"滴骨验亲"的记载：将活人的血滴在死者的骨头上，观察是否渗入，如能渗入则表示有父母子女兄弟等血统关系。在宋代宋慈所著的《洗冤集录》中也有滴骨验亲的记载，描述为："检滴骨亲法，谓如：某甲是父或母，有骸骨在，某乙来认亲生男或女何以验之？试令某乙就身刺一两点血，滴骸骨上，是亲生，则血沁入骨内，否则不入。"大约在明代出现"合血法"，用于鉴定活人之间的亲权关系，是指双方都是活人时，将两人刺出的血滴在器皿内，看是否凝为一体，如凝为一体就说明存在亲子兄弟关系，此方法也称滴血验亲。"滴骨验亲"和"滴血验亲"均缺乏科学依据，但为后人应用生物样本和生物学原理进行亲子鉴定提供了有益的参考。

1900年，奥地利免疫学家Karl Landsteiner发现了人类第一个血型系统——ABO血型，随后Bernstein于1925年阐明了其遗传方式，为亲子鉴定奠定了科学基础。此后，血型检验被应用于亲子鉴定。随后越来越多的红细胞血型、血清蛋白多态性、酶型和人类白细胞抗原被发现，并被应用到亲子鉴定中。这些遗传标记的应用显著提高了亲子鉴定的排除效

能。然而,人群中携带有相同血型、血清型和酶型的匹配概率仍然很高。因此当未出现排除结果时,并不能得出明确的"认定"亲子关系的结论。

1985年,英国遗传学家Alec Jeffreys首次应用DNA指纹技术成功进行一起移民案件的亲子关系鉴定。使用DNA指纹技术,可以得到清晰的"认定"亲子关系的结果,这是亲子鉴定技术发展历史上的一个重要里程碑。同年,Mullis发明了聚合酶链式反应(polymerase chain reaction,PCR)技术。由于DNA指纹技术对DNA的含量和完整性要求较高,灵敏度较低,实验周期长,不适合现场腐败降解生物检材的检验。而PCR技术具有灵敏度高、特异性强、操作简单、快速等优点,逐渐取代了DNA指纹技术。20世纪90年代初,主要应用PCR技术扩增小卫星DNA基因座,分析其长度多态性进行个人识别和亲子鉴定。90年代中期后,逐渐过渡到应用PCR技术扩增微卫星DNA——短串联重复序列(short tandem repeats,STR)。目前,多色荧光标记STR复合扩增体系,结合毛细管电泳检测STR基因座等位基因的长度多态性,充分发挥了PCR技术的高灵敏度和STR基因座的高度多态性优势,已成为法医物证鉴定应用的常规技术。

三、应　用

随着科学技术的进步、经济的发展和公民法律意识的增强,涉及亲子鉴定的纠纷案件日益增加。亲子鉴定不仅能为刑事侦查提供线索,还可以为民事诉讼案件审理提供有力的科学证据,同时也可以为行政法规的贯彻实施提供有效保障。亲子鉴定案件主要包括以下几种情况。

(一)涉及刑事案件方面的应用

包括强奸致孕案对儿童(或胎儿、流产组织)亲生父亲的确定、杀婴或拐骗妇女儿童等案件中妇女、孩子的身份认定、无名尸体、碎尸、失踪人员及身源不明者身份的认定等。通过比对孩子或身源未知个体与可能是其亲属个体的基因分型,来确定孩子或身源未知者的身份,均需使用亲权鉴定技术。

(二)涉及民事纠纷方面的应用

在离婚涉及子女抚育责任纠纷中,对有争议的婚生或非婚生私生子女亲子关系的确定、怀疑医院调错婴儿等民事诉讼案、财产继承纠纷案、怀疑试管婴儿出现实验室差错等案件中,亲权鉴定能够提供重要的证据。

(三)涉及行政事务方面的应用

在办理移民、寻找失散子女或被领养孩子寻找亲生父母、行政违纪案件、户籍登记、户口迁移、姓名变更等行政事务中,也常依赖亲权鉴定技术提供证据。

(四)其他方面的应用

包括群体灾害事件中遇难者的身源认定、异体移植中的亲缘关系鉴定等。

第二节　亲子鉴定原理

亲子鉴定的依据包括两大类:非遗传特征和遗传特征。前者主要根据妇女的妊娠期限、有争议的父亲(或母亲)在受精(受孕)期间的生育能力、性功能,需要注意试管婴儿等例外情况;后者主要包括复杂的遗传特征和单基因遗传特征。其中复杂遗传特征的遗传受多个基因的控制以及环境、营养状态、疾病等非遗传因素的影响,如相貌、身高、肤色、皮肤纹理、性格和智力等,属于数量性状的遗传,很难确定亲代和子代之间的遗传关系,不能用来做亲子鉴定。另一种是单基因遗传特征,其遗传受单个基因的控制,与环境无关,如血型、DNA 多态性、耳垢型、味觉能力等,亲代和子代之间的遗传方式明确。检测分析单基因遗传特征是亲子鉴定最可靠、最常用的方法。

一、孟德尔遗传规律

19 世纪中期,奥地利生物学家格雷戈尔·约翰·孟德尔(Gregor Johann Mendel,1822—1884)研究了豌豆植株连续几代的多种特征,于 1865 年提出了分离定律和自由组合定律,揭示了生物遗传的两个基本规律,统称为孟德尔定律或孟德尔遗传规律。格雷戈尔·约翰·孟德尔也被誉为"现代遗传学之父"。

孟德尔遗传规律奠定了解释亲子鉴定结果的基础。分离定律(law of segregation)揭示了一个基因座上等位基因的遗传规律,即决定生物体遗传性状的一对等位基因,通过减数分裂形成配子时,成对的等位基因彼此分离,分别进入不同的配子中(图 11-1)。人类体细胞中成对存在的同源染色体(或基因),在减数分裂期间相互分离,配子只拥有一条染色体,为单倍体。

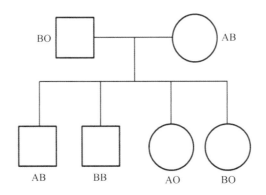

图 11-1　利用孟德尔分离定律解释 ABO 基因座遗传示例

自由组合定律(law of independent assortment)揭示了两个及两个以上基因座上基因的遗传规律,即在配子形成过程中,在等位基因分离的同时,非同源染色体上的基因表现为自由组合。当精、卵细胞结合形成合子细胞(受精卵)时,不同基因座上的基因随机配对,机会均等,形成子代的基因型(图11-2)。该定律是评估多个独立遗传的遗传标记系统鉴别概率的理论基础。在亲子鉴定中,一般选择位于不同染色体上或者同一条染色体上相距较远的多个遗传标记,避免基因座之间存在连锁遗传,以提高遗传标记系统排除非父的效能。

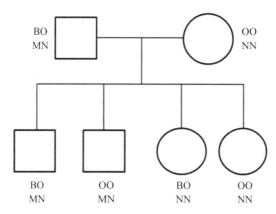

图 11-2　利用孟德尔自由组合定律解释 ABO 基因座和 MN 基因座遗传示例

人类体细胞为二倍体,含有22对常染色体和一对性染色体(X、Y染色体)。母亲随机地遗传给子代22对常染色体,以及一条X染色体;父亲随机地遗传22条常染色体,以及一条X或Y染色体。因此,当母亲的卵子(含有X染色体)与父亲的精子(X或Y型)结合时,性染色体决定了孩子的性别,即XX代表女性,XY代表男性。并且孩子的22对常染色体,一半来自母亲,一半来自父亲。因此,决定某一性状的基因在亲代和子代之间传递时,孩子的一对等位基因必定是一个来自父亲,一个来自母亲。在排除遗传变异的前提下,当孩子的某个等位基因确定来自生父,而被控父并未携带该基因的情况下,可以排除其为孩子的生父,即排除父权(图11-3);在孩子的某些等位基因确定来自生父,而被控父也携带这些基因的情况下,则不能排除其为孩子的生父(图11-4)。这是根据孟德尔遗传规律判定亲子关系的基本原理。

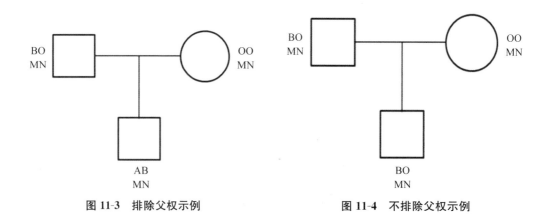

图 11-3　排除父权示例　　　　　图 11-4　不排除父权示例

二、性染色体遗传

位于性染色体上的决定某种性状的基因或 DNA 遗传标记,遗传的特点由性染色体遗传规律所决定。

(一)Y 染色体父系遗传

正常情况下,Y 染色体为男性所特有,女性不携带。Y 染色体大约 50Mb,分为重组区和非重组区。Y 染色体两端,约占 5% 区域,也称为拟常染色体区(pseudo-autosomal region, PAR),可与 X 染色体的同源区进行重组。其余约 95% 的区域为非重组区(non-recombining region of Y chromosome,NRY),在减数分裂时不发生重组交换,以单倍型的方式由男性亲代稳定地遗传给男性子代,表现为男性伴性遗传。在未发生基因突变时,同一父系来源的所有男性个体均拥有相同的 Y 染色体非重组区遗传标记(图 11-5)。所以,选择位于 Y 染色体非重组区的遗传标记,假设父子间的多个遗传标记检测结果不同则可否定其亲子关系。此外,Y 染色体遗传标记在同胞兄弟、爷孙、叔侄关系鉴定以及性犯罪案件的个人识别中均具有特殊的应用价值。

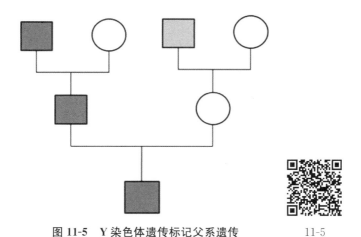

图 11-5 Y 染色体遗传标记父系遗传 11-5

(二)X 染色体遗传

人类 X 染色体是一个中等大小的亚中着丝粒染色体。2005 年,Mark T. Ross 等完成了人类 X 染色体的基因组测序。人类 X 染色体长约 153Mb,在人类 20000~25000 个基因之中,X 染色体有 900~1200 个基因,与其他染色体相比,X 染色体上的基因密度较低。

X 染色体在长期进化过程中形成了独特的结构,使 X 染色体具有性别特异性的遗传差异。在男性,性染色体组成为 XY,在精子形成过程中,X 染色体除与 Y 染色体的同源区发生重组外,其余非重组区以单倍型形式传递给女儿;在女性,性染色体组成为 XX,两条 X 染色体在卵子形成过程中,与常染色体一样,可以发生交换和重组,并随机地传递给子女。在一个祖孙三代家系中,祖母的两条 X 染色体随机传递给儿子,再由儿子将其 X 染色体传递给他的女儿(图 11-6)。因此,X 染色体遗传标记具有伴性遗传和交叉遗传的特点。在法医学领域,特别适用于某些特殊亲缘关系鉴定,如父女单亲、同父(异母)姐妹、祖母与孙女、姑与侄女、乱伦鉴定等,X 染色体遗传标记具有常染色体和 Y 染色体无与伦比的优势。

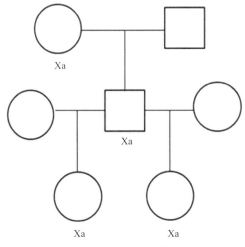

图 11-6 X 染色体遗传方式

三、线粒体 DNA 母系遗传

线粒体 DNA(mitochondrial DNA,mtDNA)位于线粒体基质内,是人类唯一的细胞核外基因组 DNA。与核 DNA 不同,线粒体 DNA 不遵循孟德尔遗传定律,而表现为母系遗传,即通过卵细胞将其中的遗传信息传递给后代。mtDNA 不存在同源基因间的重组与交换,以单倍型方式遗传。在排除变异的前提下,同一母系后代的 mtDNA 序列一致。因此,mtDNA 遗传标记可以应用于母系亲缘关系,如缺少父亲参与的母子(女)、隔代外祖母/外孙(女)、舅甥关系、姨甥关系、同母的全同胞或半同胞亲缘关系鉴定,以及追溯母系迁移历史和重建母系家族系统(图 11-7)。

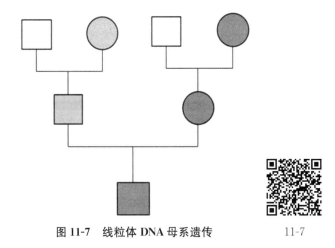

图 11-7 线粒体 DNA 母系遗传   11-7

此外,mtDNA 还有诸多特殊之处。首先,mtDNA 位于细胞核外,不受核移植的影响。其次,人体不同组织细胞的代谢不同,含有的 mtDNA 拷贝数由数百至数万个不等。再次,单个细胞中拷贝数越多,对于微量生物检材具有越高的检验灵敏度。最后,线粒体 DNA 缺乏组蛋白保护和 DNA 损伤修复机制,具有较高的复制错误率,突变率较高,约为核 DNA 的 10～20 倍,存在异质性现象,同一个体出现两种或两种以上的 mtDNA 序列,表现为同一个体在同一组织检出不同的 mtDNA 序列,或同一个体在不同的组织检出不同的 mtDNA 序列。在实际鉴定中,如果遇到 1 个或 2 个碱基差异,需要考虑异质性存在,可以更换不同类型的生物检材,重新检测比对,尤其对于相隔多代的个体进行母系亲缘关系分析时,还需考虑 mtDNA 可能存在的突变,应谨慎作出判断意见。

第三节 亲子鉴定技术

DNA 遗传标记是以具有相对差异的单位遗传性状作为标志物用于遗传学分析。单位遗传性状是指可检测的、由遗传决定的、并能按预期的方式从一代遗传给下一代的形态学、生理学或分子生物学特征等。DNA 作为遗传物质的载体,以核苷酸序列变异为基础,导致个体间 DNA 产生具有相对差异的遗传性状,形成 DNA 遗传标记。这种基因突变可以是一过性的,也可以稳定下来在亲代与子代间世代传递。在一个群体中,同一基因座存在两个或两个以上等位基因,且其中最少的一种等位基因频率大于 1%,在世代之间稳定遗传,称为遗传多态性。用于法医物证鉴定的 DNA 遗传标记分为两类,即 DNA 长度多态性(DNA length polymorphisms)和 DNA 序列多态性(DNA sequence polymorphisms)。短串联重复序列(STR)、单核苷酸多态性(single nucleotide polymorphism,SNP)、mtDNA 是亲子鉴定中常用的遗传标记。

一、STR 分型技术

(一)定义

DNA 长度多态性是指同一基因座上各等位基因之间的 DNA 片段长度差异构成的多态性。卫星 DNA 是一类高度重复序列 DNA,以相同序列的一段 DNA 作为重复单位,首尾相连排列而成。在特定的基因座上,重复单位因为重复的次数不同,形成具有不同长度的等位基因。微卫星 DNA(microsatellite DNA)的重复单位仅 2～6bp,重复次数 10～60 次,总长度多在 400bp 以下,故又称为短串联重复序列(STR)。染色体 DNA 在复制过程中的复制滑动是形成 STR 多态性的主要机制。

STR 在人类基因组中分布较广泛,约占 5%,平均每 6～10kb 就出现一个,估计有 20 万～50 万个。STR 均有特定的染色体定位,绝大多数分布在非编码区附近和内含子中,极少数位于编码区。

(二)分类

STR 基因座根据重复单位的碱基数称为二、三、四、五、六核苷酸序列。重复单位碱基的组成形式称为基序(motif)。根据重复单位的碱基组成可将 STR 基因座分为三种类型。

1.简单重复序列(simple repeats)　重复单位长度和碱基组成基本一致。例如,TH01基因座的重复单位为[AATG],重复次数 3～12 次。

2.复合重复序列(compound repeats)　重复单位长度基本一致,但碱基组成存在差异,同一基因座内存在两种或两种以上的基序。例如,D2S1338 基因座的重复区结构为[TGCC]m[TTCC]n。

3.复杂重复序列(complex repeats)　重复单位长度和碱基组成均存在差异。例如,D21S11 基因座含有两种基序 TCTA 和 TCTG,重复单位序列由 3 个可变区和 1 个恒定区序列组成。

(三)基因座与等位基因命名

1.STR 基因座命名　STR 基因座命名有两种方式:一是按照 STR 序列的 GenBank 注册名称命名,位于蛋白编码基因及其内含子和假基因中的 STR 基因座参照基因名称命名。例如,人类酪氨酸羟化酶(tyrosine hydroxylase)基因第 1 内含子中的 STR 基因座命名为TH01。另一种命名方式按照 Genome Database(GDB)命名原则,位于非编码区的 STR 或染色体定位不明的 STR 基因座,以所在染色体以及首次进入公共数据库的原始序号为依据命名,记录为 D♯S♯♯。例如,D3S1359 是指位于人类第 3 号染色体上入库数据库中第1359 号序列。

2.等位基因命名　由于设计的 PCR 引物结合到基因组 DNA 上的位置不同,同一个体同一 STR 基因座在不同实验室可能获得不同长度的扩增产物,然而其核心重复序列是相同的,也即核心序列串联重复拷贝数是个体具有的特征,是群体数据可比性的基础。为了避免不同实验室对 STR 基因座等位基因命名产生混乱,实现检验结果记录的一致,国际法医遗传学会(International Society for Forensic Genetics,ISFG)规定,按照重复单位的重复次数命名 STR 基因座的等位基因。例如,TH01 基因座的某等位基因重复序列为[AATG]$_8$,[AATG]重复了 8 次,即命名为等位基因 8。如果含有不完整的重复单位,则在完整重复单位的重复次数后用一个小数点隔开,后面再记录不完整重复单位的碱基数。例如,TH01 基因座重复区为[AATG]$_5$ATG[AATG]$_3$ 的等位基因,含有 8 个完整的重复单位[AATG]和 1 个ATG 三碱基不完整重复单位,则命名为等位基因 8.3。表 11-1 显示不同实验室扩增 TH01 基因座的引物序列,表 11-2 显示 TH01 基因座的扩增长度、重复区结构及等位基因命名。

表 11-1　STR 基因座 TH01 的引物序列

引物编号	引物序列
1	5'-GTGGGCTGAAAAGCTCCCGATTAT-3'　5'-ATTCAAAGGGTATCTGGGCTCTGG-3'
2	5'-GTGGGCTGAAAAGCTCCCGATTAT-3'　5'-GTGATTCCCATTGGCCTGTTCCTC-3'
3	5'-GCTTCCGAGTGCAGGTCACA-3'　5'-CAGCTGCCCTAGTCAGCAC-3'
4	5'-ATTCAAAGGGTATCTGGGCTCTGG-3'　5'-GTGGGCTGAAAAGCTCCCGATTAT-3'

表 11-2　STR 基因座 TH01 的等位基因命名

等位基因	扩增长度			重复区结构
	引物 1,4	引物 2	引物 3	
3	171bp	146bp	230bp	[AATG]₃
4	175bp	150bp	234bp	[AATG]₄
5	179bp	154bp	238bp	[AATG]₅
6	183bp	158bp	242bp	[AATG]₆
6.3	186bp	161bp	245bp	[AATG]₃ATG[AATG]₃
7	187bp	162bp	246bp	[AATG]₇
8	191bp	166bp	250bp	[AATG]₈
8.3	194bp	169bp	253bp	[AATG]₅ATG[AATG]₃
9	195bp	170bp	254bp	[AATG]₉
9.3	198bp	173bp	257bp	[AATG]₆ATG[AATG]₃
10	199bp	174bp	258bp	[AATG]₁₀
10.3	202bp	177bp	261bp	[AATG]₆ATG[AATG]₄
11	203bp	178bp	262bp	[AATG]₁₁
12	207bp	182bp	266bp	[AATG]₁₂
13.3	214bp	189bp	273bp	[AATG][AACT][AATG]₈ATG[AATG]₃

(四)筛选条件及常用 STR 基因座

用于法医 DNA 分型的理想 STR 基因座应具有以下特点：①等位基因片段长度 <300bp；②重复单位为四或五核苷酸，不含有插入的非重复单位核苷酸，因四核苷酸重复的简单序列比较稳定，多为应用首选；③等位基因数为 10～12 个，基因频率分布比较平均，杂合度高(大于 0.8)，具有较高的个人识别能力(大于 0.9)和非父排除率(大于 0.5)；④遗传稳定，突变率在 0.002 以下；⑤联合应用的各基因座间避免存在连锁关系，以提高检测系统的鉴别效能；⑥PCR 扩增稳定，灵敏度高，种属特异性和抗抑制剂干扰能力强；⑦易于实现检测及分析的标准化，以便实现各实验室之间检验结果的可重复性。

1990 年，美国联邦调查局开始实施联合 DNA 检索系统(Combined DNA Index System,CODIS)计划，1997 年确定了 13 个常染色体 STR 基因座(CSF1PO、FGA、TH01、TPOX、VWA、D3S1358、D5S818、D7S820、D8S1179、D13S317、D16S539、D18S51 和 D21S11)作为 CODIS 核心基因座，并将其纳入该国 DNA 数据库。2014 年新增了 7 个常染色体 STR 基因座(D1S1656、D2S441、D2S1338、D10S1248、D12S391、D19S433、D22S1045)，形成 20 个 CODIS 核心基因座。

除 CODIS 核心基因座外，还有一些具有高度遗传多态性的常染色体 STR 基因座和位于性染色体上的 STR 基因座，作为备选，可根据案件需求选择应用。常染色体 STR 基因座有 Penta E、Penta D、D6S1043、D4S2366、D6S477、D22-GATA198B05、D15S659、D8S1132、D3S3045、D14S608、D17S1290、D3S1744、D18S535、D13S325、D7S1517、D10S1435、D11S236、D19S253、D7S3048、D5S2500、D6S474、D12ATA63、D1S1677、D11S4463、D1S1627、D3S4529、D6S1017、D4S2408、D17S1301、D1GATA113、D18S853、D20S482、D14S1434、D9S1122、D2S1776 等。Y-STR 基因座有 DYS576、DYS389I、DYS448、DYS389II、

DYS19、DYS391、DYS481、DYS549、DYS533、DYS438、DYS437、DYS570、DYS635、DYS390、DYS439、DYS392、DYS643、DYS393、DYS458、DYS385、DYS456、YGATAH4 等。X-STR 基因座有 DXS6795、DXS6803、DXS6807、DXS9907、DXS7423、GATA172D05、DXS101、DXS9902、DXS7133、DXS6810、GATA31E08、DXS6800、DXS981、DXS10162、DXS6809、GATA165B12、DXS10079、DXS10135、HPRTB 等。目前,包含 20 个 CODIS 核心基因座和上述备选基因座的人类荧光标记 STR 复合扩增试剂盒已商品化,并已积累了群体遗传学数据,在法医亲子鉴定和个人识别中被广泛应用。

(五)PCR-STR 分型技术

目前,法医物证鉴定常规应用 PCR-STR 分型技术,分析 STR 基因座等位基因的长度多态性。不同个体、不同等位基因的串联重复次数不同,形成了 STR 长度多态性。在串联重复序列的侧翼序列设计一对引物,应用 PCR 技术扩增包含核心重复序列的 DNA 片段,扩增产物的 DNA 片段长度可因其内部重复单位的重复次数不同而异。在电场作用下,因不同长度的 DNA 片段电泳迁移率不同可分离出不同的等位基因,并参照等位基因分型标准物(allelic ladder)确定样本的等位基因分型。

PCR-STR 分型技术的基本步骤包括 DNA 提取与定量、复合 PCR、电泳分离 PCR 扩增产物、等位基因分型。来自被鉴定人或犯罪现场的生物检材,如常见的血痕、精斑、唾液斑、毛发、骨骼、组织碎片等,由于现场环境的复杂性导致生物检材腐败、污染,甚至被破坏,出现降解、微量、混合生物物证,因此根据组织种类、检材量、保存条件,有针对性地选择提取DNA 的方法,尽量获得含量和纯度较高、完整性好的 DNA。DNA 提取方法有 FTA 卡法、有机溶剂法、Chelex-100 提取法、磁珠法、硅胶膜吸附法、全自动工作站法等。常用 DNA 提取方法的原理、优缺点等如表 11-3 所示。

表 11-3　常用 DNA 提取方法比较

方法	FTA 卡法	有机溶剂法	Chelex-100提取法	磁珠法	硅胶膜吸附法	全自动工作站法
原理	含有特殊的化学物质的纤维基质,自动裂解细胞,并与核酸结合	有机溶剂抽提	离子交换树脂	磁珠特异性吸附 DNA	硅胶膜特异性吸附DNA	基于磁珠或硅胶膜吸附原理,全自动抽取核酸
操作	步骤少(两步),耗时短	步骤较多,耗时长	步骤少,耗时短	步骤少(4 步)耗时短	操作相对便捷	简单快速高通量
DNA 的质量	吸附在基质上,无法检测质与量	可得到高分子量的DNA,完整性好	高速离心使 DNA片段打断,只适用于 PCR 分析 500bp以下的 DNA 片段	质量较好	质量较好	质量较好
DNA 的纯度	—	高	低	高	高	高
DNA 的产量	—	较大	较大	较大	较大	较大

PCR极其灵敏,对DNA的加入量要求很严格,DNA模板量过高会引入非特异性扩增产物,模板量过低会造成部分等位基因丢失甚至扩增失败,并且,混合样本、污染、降解均会影响PCR扩增效果。因此,在PCR前有必要评估提取DNA的质量,如浓度、纯度、降解程度、有无抑制剂等。法医DNA定量方法有紫外吸收法、琼脂糖凝胶电泳法、荧光实时定量PCR法。紫外吸收法能够测定DNA浓度、纯度,检测下限为 $0.25\mu g/mL$,对微量DNA不能精确定量,不具有人类特异性,会受到样本中的一些化学物质,如衣物上的染料、骨骼样本中的腐殖酸等的干扰。琼脂糖凝胶电泳法是一种半定量方法,灵敏度较低,无人类特异性。荧光实时定量PCR法具有极高的灵敏度,能够对极微量DNA进行精确定量,有些商品化试剂盒检测限达到 $1pg/\mu L$,同时也具有高度的人类特异性,还能获得DNA降解程度,以及少量男性DNA和大量女性DNA的混合比例(1:4000或更高)。

单个STR基因座的等位基因数量少,信息量有限。经过筛选的STR基因座,PCR扩增片段长度相近,扩增条件基本相同,可以将多组STR基因座引物加入同一反应体系中实现同时扩增,称为复合PCR(multiplex PCR)。复合PCR一次扩增即可获得多个STR基因座信息,既提高了鉴别效能,又能节约检材,缩短检测时间,减少成本消耗,尤其适用于微量检材的法医学鉴定。

STR基因座的PCR扩增产物,可以采用银染检测和荧光标记毛细管电泳检测。银染检测复合扩增要求STR基因座热循环参数相近、各基因座等位基因片段应没有交叉重叠,采用变性聚丙烯酰胺凝胶电泳(polyacrylamide gel electrophoresis,PAGE)分离PCR扩增产物,硝酸银染色显现扩增DNA片段条带,与等位基因分型标准物比对,判读等位基因。该方法操作简单,经济实用,但是受到凝胶长度的限制,每个复合PCR体系里可复合的基因座数目较少,并且需要DNA量较多(30~100ng),灵敏度较低。目前主要应用多色荧光标记复合PCR体系扩增STR基因座,应用4~6种不同颜色的荧光染料分别标记各个STR基因座的一条PCR引物的5′端,每个STR基因座只有一条扩增产物会携带不同的荧光染料。对于等位基因扩增片段相差较大的基因座,采用相同颜色的荧光染料标记引物;等位基因扩增片段长度接近或重叠的STR基因座,采用不同颜色的荧光染料标记引物。目前最新的6色荧光,已开发出40余个STR基因座复合扩增体系。荧光标记复合PCR扩增产物使用毛细管电泳(capillary electrophoresis,CE)分离,与PAGE相比,其具有更高的精确性,分辨率高达1bp。扩增产物加入适量甲酰胺和分子量内标,混匀后经高温变性、迅速冰冷后,由遗传分析仪自动进样电泳。等位基因分型标准物与样本同时上样电泳。毛细管中灌注一定浓度的聚合物溶液,形成具有一定孔径的筛网状结构。变性DNA片段在毛细管电泳中的电泳迁移率与片段大小呈良好的线性关系,小片段、较大片段容易通过。毛细管末端检测窗的激光激发装置连续发射激光,多色荧光标记的DNA片段按大小依次通过激光检测窗,DNA片段上的荧光染料被激光激发,同时荧光检测装置检测到该DNA片段的荧光种类和强度,经光电转换为电信号,并进一步转换为便于计算机识别与存储的数字信号。电泳结束后,由专用的数据收集和分析软件自动采集并分析数据,可以直接读出样本的等位基因片段长度和基因型(图11-8)。

荧光标记STR复合扩增毛细管电泳自动分型技术具有以下优点:复合基因座更多,毛细管电泳高效、快速,灌胶、DNA进样、分离、检测、记录结果全部自动化完成,自动化程度高。样品用量极少,灵敏度高,分型更准确。每次每根毛细管只分离1个样品,之后自动重

新灌胶分离下一个样品,有效避免了样本间的交叉污染。数据用数字格式存储,便于后期分析处理和保存。

法医物证鉴定用现行 STR 基因座检验相关的行业标准和技术规范主要有《人类 DNA 荧光标记 STR 分型结果的分析及应用》(GA/T 1163—2014)、《法庭科学人类荧光标记 STR 复合扩增检测试剂质量基本要求》(GB/T 37226—2018)、《法医物证鉴定 Y-STR 检验规范》(SF/Z JD0105007—2018)、《法医物证鉴定 X-STR 检验规范》(SF/Z JD0105006—2018)、《法医学 STR 基因座命名规范》(SF/Z JD0105011—2018)、《常染色体 STR 基因座的法医学参数计算规范》(SF/Z JD0105010—2018)等。

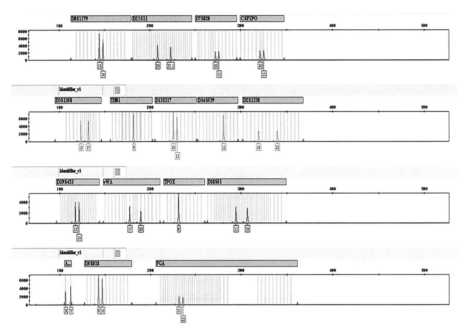

图 11-8 荧光标记 STR 复合扩增毛细管电泳自动分型结果   11-8

(六)法医学应用

STR 基因座具有较高的遗传多态性,在人类基因组中含量丰富,联合应用多个 STR 基因座能够满足大部分个人识别和亲子鉴定的需求。荧光标记 STR 复合扩增毛细管电泳自动分型技术作为法医物证鉴定的常规技术,具有高灵敏度、高鉴别能力、高种属特异性、结果高度准确、分型标准化的优势,尤其针对现场高度腐败、微量生物检材等案件,主要应用于人类遗骸的身份认定、接触 DNA(touch DNA)等,其检验灵敏度高,结果可靠,极大地拓展了 STR 应用的范围。

二、SNP 分析技术

(一)定义

DNA 序列多态性是指一个基因座上,因不同个体 DNA 序列有一个或多个碱基的差异而构成的多态性,即该基因座上所有等位基因 DNA 长度相同,但它们之间的序列存在差异,可通过 DNA 序列测定的方法进行检验分析。单核苷酸多态性(single nucleotide polymorphism,SNP)指个体之间在基因组某一特定部位的单碱基序列变异,是人类基因组中含量最丰富的 DNA 序列多态性,每个个体存在数百万个 SNP,且遗传稳定,被认为是继 STR 后的第三代 DNA 遗传标记。

(二)SNP 特点

与 STR 相比,SNP 具有以下特点。

1.单一位点多态性低 理论上单碱基替换可能有 4 种不同的类型,但由于在相同位点发生多次突变的概率很小,一般在人群中二等位基因 SNP 最为常见,三等位基因、四等位基因 SNP 较为少见。与 STR 相比,在人群中等位基因数目和基因型数目均较少,所以单一 SNP 位点的多态性比 STR 基因座低。

2.分布广泛 SNP 在人类基因组中广泛存在,平均每 500～1000 个碱基对中就有 1 个,估计其总数可达 300 万个以上,可应用的 SNP 较多。所以,虽然单个 SNP 所能提供的遗传信息量有限,但联合检测数目足够多的 SNP 位点,能够获得与 STR 检测体系相当的多态性,可以满足个体识别和亲子鉴定的需要。

3.遗传稳定 与 STR 的突变率(10^{-5}～10^{-3})相比,SNP 突变率较低,遗传稳定。SNP 基于单核苷酸突变,对每一个核苷酸来说,其突变率约为 10^{-10},位于基因组中编码蛋白质序列中的 SNP 则更加稳定。

4.易于分型 二等位基因 SNP,易于分型和确定基因频率。与 STR 相比,除了应用基于凝胶电泳的检测方法外,SNP 分析方法较多,如测序、DNA 芯片、飞行时间质谱法等,也易于实现自动化分析。

5.检测片段短 SNP 基因座的 PCR 产物的长度可以小于 100bp,比 STR 扩增片段(300～400bp)更短,更适合降解 DNA 样本的检测。

6.应用更广泛 除亲缘鉴定和个体识别外,SNP 还可进行种族推断、个体表型特征刻画等。

(三)分析技术

SNP 检测方法较多。传统的凝胶检测法,如等位基因特异性探针、单链构象多态性分析技术、序列特异性引物技术等,自动化程度低,检测灵敏度低。现代化高通量分析技术,包括 DNA 芯片技术、SNaPshot 技术、焦磷酸测序技术、新一代测序(next generation sequencing,NGS)技术等,灵敏度高,自动化程度高,检测效率显著提升。SNaPshot 技术可以在毛细管电泳分析平台上进行多位点复合 SNP 检测,便于在法医 DNA 实验室推广应用,是目前法医学分析 SNP 的常用方法。

SNaPshot 技术又称微测序技术(minisequencing),是一种单碱基引物延伸法。在反应体系中,将测序引物的 3′端末位碱基设计在 SNP 位点的前一个碱基处,底物为标记有 4 种不同荧光染料的 ddNTP,不加入 dNTP。当测序引物与待测模板退火后,在 DNA 聚合酶的作用下发生链延伸,由于 ddNTP 具有链终止作用,即结合了 ddNTP 的 DNA 链无法再继续向下延伸,因而只能延伸一个碱基而停止在 SNP 存在的位置。根据不同的荧光颜色判断多

态性位点的碱基种类。多个 SNP 同时在毛细管电泳平台检测,为了提高一次复合检测的 SNP 数目,需要设计长度不同的测序引物以区分不同 SNP 的等位基因,通常在测序引物的 5'末端连接不同数目的核苷酸尾巴,大多数应用多聚 T,这样就可以根据长度区分不同的 SNP 位点,同时结合荧光颜色判断碱基种类,得到各个 SNP 位点的等位基因分型。

SNaPShot 技术具有以下特点:①实验成本低,分型较准确,灵敏度高;②可进行复合扩增,一次可检测 20 余个 SNP 位点,属于中通量检测技术,较适合法医学应用;③如果一个样本分型峰偏离仪器设置的正常分布范围,提示样本浓度较低,或可能受到污染;④所需仪器设备为法医 DNA 实验室必备设备,容易普及。

应用微测序法进行法医 SNP 分型的要求及结果判断标准可参考《法医 SNP 分型与应用规范》(SF/Z JD0105003—2015)。

(四)法医学应用

根据所提供的遗传信息不同,SNP 被分为四种类型:个体识别 SNP(individual identification SNP,IISNP)、祖先信息 SNP(ancestry information SNP,AISNP)、系谱信息 SNP(lineage information SNPs,LISNP)和表型信息 SNP(phenotype information SNP,PISNP)。

1. 个体识别 SNP IISNP 指能够提供个体识别信息的 SNP 遗传标记。由于单个 SNP 的多态性有限,一般需要联合多个 SNP 才能达到较高的个人识别能力、极低的偶合概率,实现有效的个人识别。50～60 个二等位基因 SNP 可以达到相当于 13 个 STR 的个人识别能力。从检测技术上,SNP 的 PCR 扩增片段可设计得更短,可以小于 100bp,灵敏度高,更有利于高度降解 DNA(如陈旧血痕、人类骨骼遗骸)的个人识别。SNP 突变率远低于 STR 基因座,对于因为 STR 突变导致无法得出明确结论的亲子鉴定,或者某些复杂亲缘关系鉴定,均是有益的补充。三、四等位基因 SNP 比二等位基因 SNP 能够提供更多的遗传信息,并兼具 SNP 检测灵敏度高、突变率低的优势,筛选较多数目的多等位基因 SNP 并进行应用评估,在解决疑难检材个体识别和复杂亲缘关系鉴定中具有应用价值。

2. 祖先信息 SNP AISNP 是指含有个体种族来源信息的 SNP 遗传标记。群体特异性等位基因在 STR 和 SNP 遗传标记中都存在,但由于 SNP 突变率低,其等位基因频率在人群中更稳定,更容易在人群中"固定"下来,因此 SNP 是推断种族来源更好的遗传标记。在遗传学上,可以利用这种差异来推断样本的种族来源。在案件侦破过程中,如果能够提供生物检材的种族或民族来源信息,可以有效地缩小侦查范围,为加快破案进程提供帮助。

3. 系谱信息 SNP LISNP 是一组紧密连接的 SNP,这些 SNP 在传给下一代时不会发生重组,在世代传递间形成单倍型组,较单一 SNP 位点的等位基因能够提供更多的信息,有助于亲缘关系判定。LISNP 主要存在于 Y 染色体及线粒体 DNA,它们具有家族特征,应用 Y 染色体 SNP 单倍群可进行父系家系鉴定,可以协助办案,缩小侦查范围。线粒体 DNA 呈母系遗传,控制区内存在大量 SNP,编码区也存在一些 SNP,应用测序或其他 SNP 检测方法检测 SNP 单倍型,在隔代母系亲缘关系鉴定、母系家系溯源中具有特殊应用价值。

4. 表型信息 SNP PISNP 是决定人体特异性表型特征的 SNP,如皮肤颜色、头发颜色、眼睛颜色、皮肤纹理、身高等。若犯罪现场遗留生物物证 DNA 与数据库无比对结果,对疑难生物检材进行表型刻画将为侦查提供重要线索。

三、线粒体 DNA 多态性检测

(一)线粒体 DNA 结构

人类线粒体是细胞核外唯一含 DNA 的细胞器。1963 年,Nass S 用电子显微镜首次在线粒体中直接观察到 DNA。1972 年,Borst P 发现线粒体 DNA 为共价闭合环状结构。1981 年,英国剑桥大学的 Anderson 等人采用测序技术测定了人类完整的 mtDNA 序列,称为剑桥参考序列(Cambridge reference sequence,CRS),此序列于 1999 年由 Andrews 等人修订,称为修订的剑桥参考序列(revised Cambridge reference sequence,rCRS),是目前公认的标准参考序列(GenBank 登录号:NC_012920.1)。mtDNA 为全长 16569bp 的环状双链 DNA,外环为重链(H 链),内环为轻链(L 链)。其结构紧凑,没有内含子,由编码区和非编码区构成。编码 13 种蛋白质、22 种 tRNA 和 2 种 rRNA,这 13 种蛋白质都是呼吸链酶复合物的亚单位。非编码区也叫控制区(control region,CR),约 1125bp(16029nt-16571nt 及 1nt-579nt),包括一个复制起点,两个转录起点和置换环(displacement loop region,D-loop 或 D 环区),其中 D 环区及复制起点附近的 15996nt-16401nt、29nt-408nt 两个区域为多态性高发区,分别称为 HV Ⅰ(hypervariable region Ⅰ)、HV Ⅱ(hypervariable region Ⅱ)。在 438nt-574nt 区域其多态性也较高,称为 HV Ⅲ(hypervariable region Ⅲ)区。这三个高度多态性区域是目前多态性检测的主要区域。

(二)线粒体 DNA 特点

与核 DNA 相比,线粒体 DNA(mtDNA)具有以下不同的特点。

1.母系遗传 线粒体 DNA 不遵守孟德尔遗传规律,呈母系遗传,且无重组存在。在没有突变存在的情况下,母系亲属不同个体间的 mtDNA 序列一致。

2.多拷贝 DNA 每一个细胞内含有数百个线粒体,每个线粒体内含 2～10 个拷贝的 mtDNA 分子,因此平均每个细胞中含有数百至数千个拷贝,容易扩增、检测。

3.耐受腐败 线粒体 DNA 呈闭合环状结构,不易降解,可以保留数年至数百年。

4.突变率高 由于缺乏组蛋白的保护,线粒体内无 DNA 损伤的修复系统,复制时错配率高,致使 mtDNA 突变率很高,是核 DNA 的 10 倍。

5.具有异质性 人类线粒体 DNA 存在异质性(heteroplasmy),是指同一个体同时存在两种或两种以上类型的 mtDNA 序列。理论上同一个体应该只含有一种 mtDNA 序列,但由于线粒体 DNA 母系遗传中的瓶颈效应,一个卵母细胞内大约含有 100000 个 mtDNA,但只有一小部分(约 2～200 个)可以传给子代,以及线粒体 DNA 较高的突变率,使得可能出现子代和母代不同的 mtDNA 型,同样有可能出现子代个体之间不同的 mtDNA 型。此外,在细胞有丝分裂和减数分裂期间,线粒体 DNA 都要经过复制分离,杂质性细胞随机分配到两个子细胞中,突变型和野生型 mtDNA 的比例发生改变,杂质性和复制分离表明,具有相同核基因型的细胞和个体,如一卵双生,可具有不同的细胞质基因型,从而具有不同的表型。20 世纪 80 年代,在克隆和测序的研究中发现一些人体内存在两种或两种以上不同的 mtDNA,以后的研究中不断发现异质性现象。

线粒体DNA异质性分为序列异质性和长度异质性。序列异质性表现为在一个或多个核苷酸位点上出现两种不同的 mtDNA 序列，长度异质性多表现为一段碱基重复序列中碱基数目的变异，如多聚胞嘧啶区 C-stretch，大多长于 8 个 C 存在于 HV Ⅰ 16184nt-16193nt 和 HV Ⅱ 303nt-315nt。

mtDNA 异质性在一个个体中可以表现为以下几种情形：①同一组织内存在两种以上的 mtDNA 型。②某一组织内是一种 mtDNA 型，而另一组织内是另一种 mtDNA 型。③在一种组织内是两种 mtDNA 型，而在另一种组织内是单一的 mtDNA 型。④在不同时间，如相隔数年，同一组织 mtDNA 型别不同。

有研究表明，正常人 mtDNA 异质性高发于 D-loop 而在编码区几乎没有，且 HV Ⅱ 区异质性的发生率高于 HV Ⅰ 区。各种不同组织中异质性发生率也不同，如毛发、肌肉、脑组织中发生率高于心肌、血液。不同年龄人群异质性发生率不同，如成人高于儿童，而且随年龄增长异质性的发生率升高，如果这种现象出现在法医学检案中，可能导致错误的排除或肯定。

异质性可能给法医学实际检案带来困难，但如果相同位置出现相同的异质性则加强了证据的可靠性，可以作为特殊的遗传标记。如鉴定俄国沙皇尼古拉二世及其家人遗骸时，就根据尼古拉二世和其兄长在相同位置出现相同的异质性碱基，从而确认了其身份。

(三)分析技术

主要应用测序方法检测 mtDNA 序列，应用 Sanger 测序法、二代高通量测序方法或三代单分子测序方法，检测高变区或全长。样本 mtDNA 序列与修订的剑桥参考序列 rCRS 进行比对，记录序列不同的位置，得到 mtDNA 单倍型。原则上，对照样本序列数据用 K 标示（Known 的第一个英文字母），证据样本序列数据用 Q 标示（Question 的第一个英文字母），借助比对软件与 rCRS 进行序列比对。为避免潜在的异质性影响和保证结果的可靠性，宜进行正、反链双向测序，并至少重复一次。序列比对模式及报告形式见图 11-9。

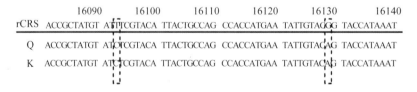

图 11-9 线粒体序列比对模式及报告形式

(A)样本 Q 和样本 K 的 mtDNA 序列与 rCRS 的比对；(B)简化为仅报告与 rCRS 存在差异的报告形式(本图来自《法医物证鉴定线粒体 DNA 检验规范》SF/Z JD0105008—2018)

(四)法医学应用

在法医学实际检案中,mtDNA检验是核DNA检验的有益补充。

1.母系亲缘关系鉴定　可以应用于母子/女的单亲亲子鉴定、同母同胞间的血缘关系认定、相隔几代人母系亲属间的鉴定,以及追溯母系迁移历史和重建母系家族系统。将mtDNA与常染色体STR、Y-STR联合应用,对于复杂疑难案件能够提供更多有价值的线索。

2.微量、高度降解和高度角化的组织细胞检验　如骨骼、牙齿、指甲、毛干、高度腐败组织等。对于亲子鉴定和个人识别,不仅能够提供母系家系的信息,还可应用其位于细胞核外、耐受腐败、多拷贝的特点,解决高度腐败、微量、角化组织等疑难检材的检验难题,应用核DNA检验失败的检材,采用mtDNA检验往往可获得成功。

依据《法医物证鉴定线粒体DNA检验规范》(SF/Z JD0105008—2018),根据mtDNA检验结果进行鉴定意见判断,一般分为三类:排除、不排除或不确定。

①证据样本与对照样本的mtDNA序列比对,存在两个或两个以上碱基差异(不包括长度异质性),可以排除两样本来自同一个体或同一母系;

②证据样本与对照样本的mtDNA序列相同,不排除两样本来自同一个体或同一母系;

③证据样本与对照样本的mtDNA存在不同异质性位点信息,不排除两样本来自同一个体或具有母系亲缘关系的两个体;

④证据样本与对照样本的mtDNA序列存在一个核苷酸差异,且均未检测到异质性,不确定两样本是否来自同一个体或同一母系。

第四节　亲子鉴定结果评估

对被检者的遗传标记检测后,必须依据遗传学原理分析被检者是否符合相应的遗传学规律,分别对遗传标记系统效能和个案效能进行评估,并计算统计学参数,才能判断被检者之间是否存在生物学亲子关系。

一、系统效能

(一)非父排除概率

非父排除概率(probability of exclusion,PE)被用来评估遗传标记在亲子鉴定应用中的系统效能。非父排除概率又称父权排除概率,是指通过遗传标记检测,能够将不是孩子生父的男子(即非生物学父亲)排除的概率,是衡量遗传标记(系统)排除非父能力的客观指标,反映遗传标记(系统)在实际亲子鉴定中的应用价值。从理论上讲,无论检测多少个遗传标记,都不能排除孩子与其生父之间的亲子关系。遗传标记检测应该能够排除非生物学父亲,因为他不能提供生父等位基因(即肯定来自孩子生父的等位基因),并且这种排除的可能性随着检测遗传标记数量的增加而增大。但是,如果使用鉴别能力较低的遗传标记系统,无血缘关系的男子与孩子偶然也会符合遗传规律，此时，不是孩子生父的男子也有可能被误认为是孩子的生父。因此，当一个与孩子没有父子关系的男性被假定为孩子的父亲时，在应用某遗传标记进行亲子鉴定时，应当首先评估其排除非生物学父亲的能力，计算其非父排除概率。

一般情况下，遗传标记系统的遗传多态性程度越高，排除非生物学父亲的能力越强。遗传标记系统的多态性与遗传方式、等位基因（或单倍型）数目以及在群体中的频率分布密切相关。例如，STR 基因座 D18S51 在中国汉族有 18 个等位基因，非父排除概率为 0.697，表示 1000 名非生物学父亲通过 D18S51 基因座的检测，理论上可排除 697 名；而 TH01 基因座，在中国汉族只有 8 个等位基因，非父排除概率为 0.295，表示 1000 名非生物学父亲通过 TH01 基因座的检测，理论上可排除 295 名。显然，等位基因较多的遗传标记多态性较高，排除非生物学父亲的能力较强，在亲子鉴定中的应用价值相应地也较大。但是遗传多态性也与等位基因频率分布有关，频率分布较均匀的基因座，在群体中出现杂合子的机会较高，鉴别非生物学父亲的能力也相应较强。

非父排除概率的大小还与遗传标记的遗传方式有关，显隐性、共显性遗传标记的非父排除概率计算方法不同。STR 的多个等位基因为共显性遗传方式，假设某 STR 基因座的等位基因数为 n，p_i 和 p_j 分别表示等位基因 i 和 j 的频率，i 不等于 j，PE 在不同情况下有几种计算公式。

1. 常染色体 STR 基因座　常染色体 STR 基因座的遗传遵循孟德尔定律，与性别无关。常染色体 STR 基因座在三联体亲子鉴定的非父排除概率计算公式为：

$$PE = \sum_{i=1}^{n} p_i (1-p_i)^2 - \frac{1}{2} \left[\sum_{i=1}^{n} \sum_{j=1}^{n} p_i^2 p_j^2 (4 - 3p_i - 3p_j) \right]$$

常染色体 STR 基因座，在二联体亲子鉴定的非父排除概率计算公式为：

$$PE = \sum_{i=1}^{n} p_i^2 (1-p_i)^2 + \sum_{i=1}^{n} \sum_{j=1}^{n} p_i p_j (1 - p_i - p_j)^2$$

2. X-STR 基因座　与常染色体的遗传方式不同，男性只能从母亲那里继承 X 染色体，并且只能遗传给女儿。因此，X-STR 基因座不能用于父-子或父-子-母鉴定的检测。

对于父-女-母三联体亲子鉴定，X-STR 基因座的非父排除概率计算公式为：

$$PE = 1 - \sum_{i=1}^{n} p_i^2 + \sum_{i=1}^{n} p_i^4 - \left(\sum_{i=1}^{n} p_i^2 \right)^2$$

对于父-女或母-子二联体，非父排除概率的计算公式为：

$$PE = 1 - 2\sum_{i=1}^{n} p_i^2 + \sum_{i=1}^{n} p_i^3$$

对于母-女二联体亲子鉴定，非父排除概率的计算公式与常染色体 STR 基因座相同。

3. Y-STR 和 mtDNA　Y 染色体 STR 和线粒体 DNA 均呈单倍型遗传，非父排除概率的计算公式为：

$$PE = \frac{a}{a-1} \left(1 - \sum_{i=1}^{n} P_i^2 \right)$$

式中，a 为群体抽样数，P_i 代表单倍型 i 的频率。

4. 常染色体 SNP 基因座　三联体亲子鉴定，非父排除概率的计算公式为：

$$PE = p_i p_j (1 - p_i p_j)$$

对于二联体亲子鉴定,非父排除概率的计算公式为:

$$PE = 1 - 2p_i^2 p_j^2$$

(二)累积非父排除概率

在亲子鉴定中,为了达到较高的排除非生物学父亲的能力,常需要联合应用多个遗传标记,或者多种遗传方式的遗传标记。当应用多个相互独立遗传的遗传标记时,可依据乘法原则计算遗传标记系统的累积非父排除概率(cumulative probability of exclusion,CPE)。

$$CPE = 1 - (1-PE_1)(1-PE_2)(1-PE_3)(1-PE_4) \cdots (1-PE_k) = 1 - \prod(1-PE_k)$$

式中,k 为检测的遗传标记数目,PE_k 为第 k 个遗传标记的非父排除概率。以河北汉族人群为例,表11-4给出了CODIS系统20个STR基因座的三联体和二联体亲子鉴定累积非父排除概率计算结果。检测的遗传标记数目越多,累积非父排除概率越高,排除非生物学父亲的能力亦越强。相同的遗传标记系统,二联体亲子鉴定累积非父排除概率低于三联体亲子鉴定。所以,在二联体亲子鉴定中,需要应用更多数目的遗传标记,才能达到与三联体亲子鉴定相当的非父排除能力。

累积非父排除概率是选择亲子鉴定遗传标记系统的依据,也是衡量从事亲子鉴定实验室的质量控制标准之一。

表 11-4　河北汉族人群 20 个 STR 基因座的非父排除概率

基因座	三联体亲子鉴定非父排除概率	三联体亲子鉴定累积非父排除概率	二联体亲子鉴定非父排除概率	二联体亲子鉴定累积非父排除概率
D1S1656	0.6650	0.6650	0.4945	0.4945
D2S1338	0.7090	0.902515000	0.5630	0.779097
D2S441	0.5449	0.955634577	0.3665	0.860058
D3S1358	0.4320	0.974800439	0.3007	0.902138
D5S818	0.5514	0.988695477	0.3884	0.940148
D7S820	0.5855	0.995314275	0.3932	0.963682
D8S1179	0.7110	0.998645826	0.5114	0.982255
D10S1248	0.5330	0.999367601	0.3535	0.988528
D12S391	0.6855	0.999801110	0.5154	0.994441
D13S317	0.5928	0.999919012	0.4366	0.996868
D16S539	0.5855	0.999966431	0.4010	0.998124
D18S51	0.6972	0.999989835	0.5478	0.999152
D19S433	0.6432	0.999996373	0.4614	0.999543
D21S11	0.6057	0.999998570	0.4700	0.999758
D22S1045	0.5425	0.999999346	0.3648	0.999846
CSF1PO	0.4699	0.999999653	0.3211	0.999896
FGA	0.6758	0.999999888	0.5443	0.999952
TH01	0.2959	0.999999921	0.2386	0.999964
TPOX	0.3057	0.999999945	0.2054	0.999971
vWA	0.6020	0.999999978	0.4307	0.999984

二、个案效能

亲子鉴定中通常应用父权指数(paternity index,PI)来判断遗传证据强度。父权指数又称亲权指数,是判断亲权关系所需的两个条件假设的概率的似然比率(likelihood ratio,LR),即具有 AF 遗传表型的男子是孩子生物学父亲的概率(X)与随机男子是孩子生物学父亲的概率(Y)的比值。

在孩子生母、孩子、争议父三人参与的亲子鉴定中,这两个条件假设分别为:

Hp:争议父是孩子的生物学父亲。

Hd:争议父不是孩子的生物学父亲。

Hp 称为原告假设(prosecution proposition),Hd 称为被告假设(defense proposition)。在这两个条件假设下,依据孩子生母、孩子、争议父三人的遗传标记检验结果,PI 的计算公式为:

$$PI=\frac{X}{Y}=\frac{概率(检测到的当事人遗传表型|假设争议父亲是孩子的生父)}{概率(检测到的当事人遗传表型|假设随机男子是孩子的生父)}$$

式中,X 为在争议父是孩子的生物学父亲的假设下(Hp),争议父亲与母亲可生出该孩子的概率;Y 为在争议父不是孩子的生物学父亲的假设下(Hd),随机男子与母亲可生出该孩子的概率。

PI 值是两个假设条件的概率比值,PI 值大于 1,表示倾向于认定父子关系,其理论值可以接近无穷大。PI 小于 1,表示倾向于排除父子关系。

在亲子鉴定中主要依据常染色体遗传标记,如 STR、SNP 等遗传标记的检测结果,根据孟德尔遗传规律分析,计算父权指数,判断被检者之间是否存在亲子关系。

(一)三联体亲子鉴定

1. 符合遗传规律时 PI 的计算　在生母、孩子、争议父参与的标准三联体亲子鉴定中,当根据孩子、生母的 STR 分型结果确定孩子的生父等位基因,争议父也检出了该生父基因时,可能被检男子确实为孩子的生父,也可能被检男子不是孩子的生父而因为偶然的机会而具有相同的等位基因,所以需要计算 PI 进行评估。此时根据下面公式计算 PI:

$$PI=\frac{X}{Y}=\frac{母亲提供生母基因的机会\times被控父亲提供生父基因的机会}{母亲提供生母基因的机会\times随机男子提供生父基因的机会}$$

【例1】　在 D5S818 基因座,争议父的分型为 10/13,孩子母亲的分型为 11/12,孩子的分型为 10/12。PI=(母亲提供生母基因 12 的机会×被控父亲提供生父基因 10 的机会)/(母亲提供生母基因 12 的机会×随机男子提供生父基因 10 的机会)=(0.5×0.5)/(0.5×p_{10})=1/2 p_{10}。p_{10} 为人群中等位基因 10 的频率。

【例2】　在 D3S1358 基因座,争议父的分型为 14/17,孩子母亲的分型为 13/13,孩子的分型为 13/14。PI=(母亲提供生母基因 13 的机会×被控父亲提供生父基因 14 的机会)/(母亲提供生母基因 13 的机会×随机男子提供生父基因 14 的机会)=(1×0.5)/(1×p_{14})=1/2 p_{14}。p_{14} 为人群中等位基因 14 的频率。

【例3】 在 D21S11 基因座,争议父的分型为 24/30,孩子母亲的分型为 24/30,孩子的分型为 24/30。PI＝(母亲提供生母基因 24 的机会×被控父亲提供生父基因 30 的机会＋母亲提供生母基因 30 的机会×被控父亲提供生父基因 24 的机会)/(母亲提供生母基因 24 的机会×随机男子提供生父基因 30 的机会＋母亲提供生母基因 30 的机会×随机男子提供生父基因 24 的机会)＝($0.5 \times 0.5 + 0.5 \times 0.5$)/($0.5 \times p_{30} + 0.5 \times p_{24}$)＝$1/(p_{30} + p_{24})$。$p_{30}$、$p_{24}$ 分别为人群中等位基因 30、24 的频率。

符合孟德尔遗传规律时,三联体亲子鉴定 STR 基因座的 PI 计算公式见表 11-5。

表 11-5 三联体常染色体 STR 基因座亲权指数计算公式(以 D3S1358 为例)

基因座	生母基因型	孩子基因型	被检父基因型	PI
D3S1358	15	15	15	$1/p_{15}$
D3S1358	15	15-16	16	$1/p_{16}$
D3S1358	15	15	15-16	$1/(2p_{15})$
D3S1358	15	15-16	16-17	$1/(2p_{16})$
D3S1358	15	15-16	15-16	$1/(2p_{16})$
D3S1358	15-16	16	16	$1/p_{16}$
D3S1358	15-16	16-17	17	$1/p_{17}$
D3S1358	15-16	16-17	17-18	$1/(2p_{17})$
D3S1358	15-16	15-17	17	$1/p_{17}$
D3S1358	15-16	16	16-17	$1/(2p_{16})$
D3S1358	15-16	15-16	15	$1/(p_{15} + p_{16})$
D3S1358	15-16	15-16	16	$1/(p_{15} + p_{16})$
D3S1358	15-16	15-16	16-17	$1/[2(p_{15} + p_{16})]$
D3S1358	15-16	15-16	15-17	$1/[2(p_{15} + p_{16})]$

注:表中 p_{15}、p_{16}、p_{17} 为相应等位基因 15、16、17 的频率。

2. 不符合遗传规律时 PI 的计算 当被检父未检出孩子的生父基因时,一方面可能被检男子是孩子的生父但是发生了基因突变,也可能被检男子并不是孩子的生父,也需要计算 PI 进行评估(表 11-6)。

对于不符合遗传规律的遗传标记,采用 Brenner CH 的模式计算突变率。但假设父方和母方的突变相同。由于大约 99％的 STR 突变均为一步突变,所以可以假定:

　　50％的突变系增长一步的突变;

　　50％的突变系减少一步的突变;

　　5％的突变系增长二步的突变;

　　5％的突变系减少二步的突变;

　　0.5％的突变系增长三步的突变;

　　0.5％的突变系减少三步的突变;

　　……

所以,每改变 S 步的突变率为$(1/10)^{S-1}$,其中 S 为改变的步数。

例如,被测男子在 D3S1358 的分型为 13/17,母亲的分型为 12/16,孩子的分型为 14/16,则

$$X = \text{Pr}(母亲传 16 给孩子) \times \{\text{Pr}(男子传 13) \times [突变率 \times \text{Pr}(突变增长 S 步) \times 1/2]\}$$
$$= (1/2) \times [(1/2) \times \mu \times (1/10)^{1-1} \times (1/2)]$$
$$= \mu/8$$
$$Y = \text{Pr}(母亲传 16 给孩子) \times \text{Pr}(随机男子传 14)$$
$$= (1/2) \cdot p_{14}$$
$$\text{PI} = \frac{X}{Y} = \mu/(4p_{14})$$

式中,μ 为平均突变率。

表 11-6 三联体中存在不符合遗传规律的遗传标记时亲权指数计算实例
(以 D3S1358 为例,平均突变率 μ 为 0.002)

基因座	母亲	孩子	被测男子	公式
D3S1358	14	14-15	16-18	$\mu/(4p_{15})$
D3S1358	14	14-15	17-18	$\mu/(40p_{15})$
D3S1358	14	14-15	18-19	$\mu/(400p_{15})$
D3S1358	14	14-15	16	$\mu/(2p_{15})$
D3S1358	14-15	15	16	$\mu/(2p_{15})$
D3S1358	14-15	15	14-16	$2\mu/(4p_{15})$
D3S1358	14-15	15	16-18	$\mu/(4p_{15})$
D3S1358	14-16	14-16	17-18	$\mu/[4(p_{14}+p_{16})]$
D3S1358	14-16	14-16	17	$\mu/[2(p_{14}+p_{16})]$
D3S1358	14-16	14-16	15-17	$3\mu/[4(p_{14}+p_{16})]$
D3S1358	14-15	14-16	14-15	$(\mu_f+\mu_m)/(4p_{16})$
D3S1358	16	14-15	14	$\mu_m/(2p_{15})$

注:表中 p_{14}、p_{15}、p_{16} 为相应等位基因 14、15、16 的频率。μ_f 为男性突变率,μ_m 为女性突变率。

当确定突变来自被检测男子时,μ 为平均突变率 0.002。偶尔会遇到不能区分 STR 突变是源自母亲还是源自被检测男子,此时,亲权指数的计算应考虑男女突变率不相同。通常,男性突变率 μ_f 高于女性突变率 μ_m。男性突变率 μ_f 通常取值 0.002,而女性突变率 μ_m 取值在不同的规范中会稍有差异。例如,依据《亲权鉴定技术规范》(GB/T 37223—2018),三联体亲子鉴定中女性突变率 μ_m 取值 0.0005;而依据《法庭科学 DNA 亲子鉴定规范》(GA/T 965—2011)其取值则为 $\mu/3.5$,即 ≈ 0.00057。

(二)二联体亲子鉴定

当缺少母亲或父亲时,通常将缺少一方作为随机个体,计算 PI 值的公式如下:
X＝随机女子提供生母基因的机会×争议父提供生父基因的机会
Y＝随机女子提供生母基因的机会×随机男子提供生父基因的机会＝孩子基因型频率

1. 符合遗传规律时 PI 的计算（表 11-7）

表 11-7　二联体常染色体 STR 基因座亲权指数计算公式

基因座	孩子基因型	被检父基因型	PI
D3S1358	15	15	$1/p_{15}$
D3S1358	15	15-16	$1/(2p_{15})$
D3S1358	15-16	15	$1/(2p_{15})$
D3S1358	15-16	15-16	$(p_{15}+p_{16})/(4p_{15}p_{16})$
D3S1358	15-16	15-17	$1/(4p_{15})$

注：表中 p_{15}、p_{16} 为相应等位基因 15、16 的频率。

2. 不符合遗传规律时 PI 的计算（表 11-8）

表 11-8　二联体中存在不符合遗传规律的遗传标记时亲权指数计算实例

（以 D3S1358 为例，平均突变率 μ 为 0.002）

基因座	孩子	被测男子（被测女子）	公式
D3S1358	14-15	16-18	$\mu/(8p_{15})$
D3S1358	14-15	17-18	$\mu/(80p_{15})$
D3S1358	14-15	18-19	$\mu/(800p_{15})$
D3S1358	14-15	16	$\mu/(4p_{15})$
D3S1358	15	16	$\mu/(2p_{15})$
D3S1358	15	14-16	$2\mu/(4p_{15})$
D3S1358	15	16-18	$\mu/(4p_{15})$
D3S1358	14-16	15-17	$\mu(2p_{14}+p_{16})/(8p_{14}p_{16})$
D3S1358	14-16	15	$\mu(p_{14}+p_{16})/(4p_{14}p_{16})$
D3S1358	14-16	13-17	$\mu(p_{14}+p_{16})/(8p_{14}p_{16})$

注：表中 p_{14}、p_{15}、p_{16} 为相应等位基因 14、15、16 的频率。

注意，在父子（女）、母子（女）二联体亲子鉴定中，不区分突变来自父方还是母方，突变率 μ 均为 0.002。

（三）累积父权指数（CPI）

当联合应用多个相互独立遗传的遗传标记时，按照下列公式计算累积父权指数（combined paternity index，CPI），评估多个遗传标记的证据强度。

$$CPI = PI_1 \times PI_2 \times PI_3 \times \cdots \times PI_i \times \cdots \times PI_n$$

式中，PI_i 代表第 i 个遗传标记的 PI 值。

（四）父权相对机会（RCP）

父权指数并不能直接看出争议父成为孩子生父可能性的大小，可以应用 Bayes 定理转换为另一个指标，称为父权相对机会（relative chance of paternity，RCP）。父权相对机会代

表判断争议父是孩子生父的把握度大小,RCP 越大,亲子鉴定结果的确定性越大。

在计算 RCP 时,还应考虑前概率,即在没有检测遗传标记的情况下,AF 是孩子生父的前概率和 AF 不是孩子生父的前概率。一般来说,从非遗传标记检验结果角度估计,确认和否认亲子关系的概率都是 0.5。在此前提下,每个基因座的 RCP 可计算为:

$$RCP=[PI/(PI+1)]\times100\%$$

当检测多个基因座时,多个基因座的 RCP 为:

$$RCP=[CPI/(CPI+1)]\times100\%$$

例如,孩子生母、孩子、争议父参与的三联体亲子鉴定,经过 20 个常染色体 STR 基因座检验,CPI 值为 155352,设定争议父是或不是孩子生父的前概率均为 0.5,则:

$$RCP=[155352/(155352+1)]\times100\%=99.9994\%$$

三、判定标准

根据现行国家标准《亲权鉴定技术规范》(GB/T 37223—2018)、《法庭科学 DNA 亲子鉴定规范》(GA/T 965—2011),三联体和二联体亲子鉴定,要求所应用的遗传标记系统的累积非父排除概率大于等于 0.9999。

在具体个案中,不能仅根据一个遗传标记不符合遗传规律就作出排除亲权关系的鉴定意见,而应当计算所检测的所有遗传标记的 PI 值。符合遗传规律的常染色体遗传标记按照表 10-5、表 10-7 计算 PI 值;当不符合遗传规律时,常染色体 STR 基因座按照表 10-6、表 10-8 计算 PI 值,再计算 CPI 值。

当 CPI≥10000 时,支持被检测男子(或被检测女子)为孩子的生物学父亲(或母亲)的假设,结果表述为:依据现有资料和 DNA 分析结果,在不考虑同卵双胞胎和近亲情况下,支持被检测男子(或被检测女子)为孩子的生物学父亲(或母亲)。

当 CPI≤0.0001 时,支持被检测男子(或被检测女子)不是孩子的生物学父亲(或母亲)的假设,结果表述为:依据现有资料和 DNA 分析结果,在不考虑同卵双胞胎和近亲情况下,排除被检测男子(或被检测女子)为孩子的生物学父亲(或母亲)。

当 CPI 介于 0.0001 与 10000 之间时,不能得出认定或排除亲子关系的鉴定意见。应该增加检测更多的常染色体 STR 或 SNP 基因座,直至 CPI 大于 10000 或者小于 0.0001,才能得出明确的鉴定意见。

在亲子鉴定中,常常根据被检者之间的遗传关系,补充检验 X-STR、Y-STR 和 mtDNA,这时分析其特殊的遗传规律,能够提供更加全面的遗传学证据。

需要注意的是,随着检测的遗传标记种类和数量的增多,遇到遗传变异的可能性也随之增加。当检测常染色体 STR 基因座时,不能根据 1 个或几个 STR 基因座不符合遗传规律就排除父权,应当计算所有符合和不符合遗传规律的 STR 基因座的 PI 值,并计算 CPI 值,根据相应标准得出认定父权或排除父权的鉴定意见。此外,还需注意被检者有无接受输血、造血干细胞移植、罹患肿瘤、有无同卵双胞胎兄弟姐妹等情况,均可能会对鉴定结果产生影响。

案例及思考

简要案情: 2015年,四川女子张某3岁的儿子在当地一商场附近走失。2022年,在公安部部署开展的"打拐专项行动"中,解救出十几个被拐卖的四川孩子,其中一名男孩的体貌特征与张某丢失的儿子相似。为了查明孩子身份,警方某物证鉴定中心采取了张某和该男孩的外周血,提取DNA后,采用人类荧光标记STR复合扩增检测试剂盒进行20个常染色体STR基因座复合PCR扩增,经过毛细管电泳,得到两人的基因型分型,如下表所示。

基因座	张某	男孩	PI 值
D19S433	13/15	12/13	
D5S818	10/12	10	
D21S11	31	31	
D18S51	14/15	14/16	
D6S1043	13/14	14/19	
D3S1358	16/18	16/18	
D13S317	9/12	10/12	
D7S820	10/11	9/10	
D16S539	9/13	9/13	
CSF1PO	10/11	10/11	
Penta D	11/12	12	
D2S441	10/11	10	
vWA	14/17	18	
D8S1179	12/14	10/14	
TPOX	8/12	9/12	
Penta E	7/17	7/14	
TH01	6/9	9	
D12S391	17/18	18	
D2S1338	17/23	17/23	
FGA	21/25.2	20/21	
Amelogenin	XX	XY	—
CPI=			

根据案例回答以下问题:

1. 请计算各基因座父权指数(PI)及累积父权指数(CPI),并根据《亲权鉴定技术规范》(GB/T 3722—2018),判断张某是否为男孩的生物学母亲。(注:根据Amelogenin检测结果判断性别,不参与PI值计算)

2. 若上述20个常染色体STR基因座的CPI为988.3313,根据《亲权鉴定技术规范》(GB/T 37223—2018),能否排除张某为男孩的生物学母亲? 对于该亲子鉴定,你有什么建议?

第十二章 个人识别

第一节 概 述

教学 PPT

一、概 念

个人识别(personal identification)是通过检测法医物证以确定物证个人身份来源的过程。在各类案件现场都可能遗留物证,现场物证可以是生物性检材,如暴力冲突案件现场常见血痕,性犯罪案件现场常见精斑,还可能有毛发、唾液斑、指甲、鼻涕、尿液、骨骼、牙齿、人体组织碎块等。现场物证也可以是非生物性检材,如案件现场的遗留指纹、衣物、首饰等。个人识别以同一认定理论为指导原则,通过对物证检材进行检验,判断两次或多次出现的物证检材是否属同一个体。同一认定是通过对案件中出现的未知个体来源"检材"与已知个体来源"样本"进行比较检验后得出检材与样本是否来源于同一个体的过程。

二、个人识别的方法

针对不同的现场物证,可采用不同的方法进行个体识别。

(一)直接辨认法

直接辨认法是通过直接观察、辨认尸体特征以判断尸体身源,主要依据包括面容、年龄、性别、身高、营养发育、毛发等个人生理特征以及胎记、黑素细胞痣、先天畸形、手术瘢痕、假牙、手术植入物等病理特征。此方法最为直接、简便,适用于新鲜、完整、衣着整齐的无名尸体,不适用于高度腐败、严重烧焦、碎尸以及无明显个人体征的尸体。在某些情况下,此方法可协助查找嫌疑人,再通过法医物证学方法进行确认。

(二)法医物证学方法

法医物证学方法是通过检测生物物证的遗传标记,与已知个体来源的生物样本进行比对以分析判断两者是否来源于同一个体。此方法最为可靠,可直接确认,适用于 DNA 保存完整的生物性检材。

(三)法医人类学方法

法医人类学方法是应用法医人类学的理论和技术推断生物性检材的个体特征,如性别、年龄、身长等,为个人识别提供依据。此方法主要适用于牙齿、骨骼、毛发等生物性检材。

(四)亲子鉴定方法

亲子鉴定方法是通过检测现场检材与嫌疑人父母的亲缘关系以判断现场检材的个体来源。此方法适用于无法获取嫌疑人生物样本的案件,详见第十一章。

(五)其他方法

其他方法如指纹分析、警犬辨认等,亦可应用于个人识别。

三、个人识别的意义

个人识别的意义在于为侦查案件提供线索,为审判犯罪提供证据。在刑事犯罪如凶杀、抢劫、盗窃、斗殴、强奸等案件中,现场多遗留罪犯的生物物证。凶杀案现场除被害人的生物样本外,还可能因为被害人的反抗或凶杀的实施手段,使罪犯的生物样本遗留在现场,如血痕、人体组织、脱落细胞等;强奸案现场多遗留罪犯的精液或口腔脱落细胞等;交通肇事现场多遗留犯罪嫌疑人的血痕。在罪犯遗留物证的同时也可能会带走现场的物证,如凶杀案中被害人的血液喷溅到罪犯的衣物上;交通肇事车辆上遗留有被害人的血痕或组织等。寻找并提取这些生物性检材进行分析,可以解决案件侦查过程中的很多问题。若在犯罪现场发现的生物检材经检验证实来自某人,或在某人的衣物上提取到受害人的生物检材,则在某种程度上支持某人是犯罪嫌疑人甚至是作案人的论点。强奸案中,在被害人的阴道内或衣物上或现场环境中提取到精液,则证明有性行为发生,对精液进行检验分析,可为寻找犯罪嫌疑人提供线索和证据。交通肇事案中,车辆上提取到被害人的生物样本则支持该车辆为肇事车辆。

在某些案件中,无名尸的个人识别也可为案件侦查提供方向。如交通事故或火灾现场的尸体通过面容或身体印记无法辨认尸体的身份,或江河湖海的浮尸,由于高度腐败呈现巨人观,无法通过外观进行身份的辨认,都需要对尸体进行个人识别。在某些案件中,若尸体不完整,还需要搜集尸体碎块进行个人识别,以确认是否为同一个人。如碎尸案中,尸体被肢解甚至抛到不同的场所,或者大型灾难性事故,如爆炸、海啸、空难等,导致多人死亡,尸体多不完整。对组织碎块进行个人识别还可见于医疗纠纷,患者怀疑医院存档的组织蜡块的个体来源。此外,在某些案件中活体也要进行个人识别以确定其身份,如儿童拐卖案件等。

第二节　常见法医物证的检验

一、血痕检验

血痕是最常见的物证检材。血痕检验需要解决的问题包括：①提取的可疑斑痕是否血痕；②血痕是人血还是动物血；③通过检测血液的遗传标记对血痕进行个体识别；④其他检验，如推断出血量、出血时间等。血痕检验的基本程序为肉眼检查、预试验、确证试验、种属鉴定、遗传标记测定、其他检验等。

(一)肉眼检查

血痕的肉眼检查主要是观察血痕的分布范围、数量、形态、位置、颜色以及血痕同周围其他物品的关系等。这些信息对于犯罪现场重建具有重要意义。如血液滴落在平面上可形成圆形滴状，当落下的距离增大时，血滴周围边缘可呈明显锯齿状，甚至周围会再溅出逗点状小血痕。血痕斜滴在平面上时往往在行进的方向形成突起，因此突起的指向可指示行进的方向，如倾斜程度较大则可形成条状或流注状血痕。动脉喷出的血液、凶器刺击出血或粘有血液的凶器上下挥动时，血液可落在较远的地方。血泊所在处往往是原始现场，根据血泊大小可大致估计出血量。凶手手上沾有血液时，往往会在现场留下血指纹或血掌纹。凶手脚底沾有血液时，可在现场遗留血鞋印或血足印。被害人在受伤后有行动能力时，也会遗留指纹或足印等，应注意鉴别。

(二)预试验

预试验(preliminary test)是一种筛选试验，目的是要从大量的可疑血痕中筛除不是血痕的检材，如油漆、酱油、铁锈、染料、果汁斑等。斑痕在外观上与血痕相似，通过预试验可排除这些非血痕检材。预试验阳性仅表示检材可能是血，而不能肯定是血。预试验阴性则可否定血痕。血痕预试验方法有联苯胺试验、酚酞试验、鲁米诺试验、无色孔雀绿试验等。

联苯胺试验由于灵敏度高、操作简便、快速等成为最常用的方法。①原理：利用血痕中的血红蛋白或正铁血红素的过氧化物酶活性，使过氧化氢分解释放出新生态氧，将无色的联苯胺氧化成蓝色的联苯胺蓝。②过程：剪取或刮取微量检材置于滤纸上，依次滴加冰醋酸、联苯胺无水乙醇饱和液各1滴。1~2分钟后无蓝色反应，再滴加3%过氧化氢溶液1滴，立即出现蓝色为阳性反应，无颜色为阴性反应。③注意事项：化学氧化剂(高锰酸钾、重铬酸钾、甲醛、铁锈等)可直接将联苯胺氧化为联苯胺蓝，呈现蓝色反应。因此在实验过程中必须按顺序滴加试剂；生物源性物质(蔬菜、水果、人体液等)含有过氧化酶，也可使试验呈阳性，因此阳性结果只能说明检材可能是血痕，不能确定是血痕；联苯胺对血痕有破坏作用，经过该试验的血痕不能进行后续检测，因此进行该试验时不能直接将试剂滴加在检材上；联苯胺是致癌物，使用时需加强自我防护。

(三)确证试验

确证试验(conclusive test)是通过检测检材中是否含有血红蛋白或其衍生物以确定检材是否为血,阳性结果可确定检材是血痕。但由于该试验灵敏度不太高,而且易受环境因素(霉菌生长、细菌污染、洗涤、日晒等)的影响,阴性结果亦不能排除血痕。常用的确证试验方法有血色原结晶试验、氯化血红素结晶试验、吸收光谱试验、显微分光镜检查等。

血色原结晶试验最常用,该方法由日本人高山建立,又称高山结晶试验,试验特异性好,目前尚未发现其他任何物质对该试验方法呈阳性。①原理:血红蛋白在碱性溶液中分解为正铁血红素和变性珠蛋白。在还原剂作用下,正铁血红素还原为血红素,同变性珠蛋白和其他含氮化合物(如吡啶、氨基酸等)结合形成血色原结晶。②过程:取少量检材置载玻片上,将检材分离成细纤维,盖上盖玻片,加 1～2 滴高山试剂(10％氢氧化钠溶液 3mL,30％葡萄糖溶液 10mL,吡啶 3mL 混合),室温静置 10 分钟后镜检,出现樱桃红色菊花状、星状或针状结晶即为阳性,否则为阴性。③注意事项:该方法灵敏度低,且易受环境因素影响,阴性结果不能排除血痕;高山试剂久置易失效,试验时需应用对照血痕做阳性对照,以避免因试剂失效而产生假阴性结果。

(四)种属鉴定

种属鉴定(species identification)是在确定斑痕为血痕后,需明确是否为人血。由于动物血中含有与人血遗传标记类似的物质,如 A 抗原、B 抗原,若不进行种属鉴定,直接测定血痕的 ABO 血型,可将动物血误判为人血,易误导案件的侦查方向,甚至造成错案。因此,在进行遗传标记检测前,必须进行种属鉴定。种属鉴定方法主要有免疫学方法(沉淀反应、酶联免疫吸附试验、抗人血红蛋白胶体金试验等)、生物化学与分子生物学方法(等电聚焦、显微蛋白溶解试验、血红蛋白碱变性试验、DNA 分析)。

抗人血红蛋白胶体金试验具有灵敏度高、操作简便的特点,易于应用。

1.原理　胶体金试验采用双抗体夹心法,是一种免疫层析技术。胶体金由金化合物制备而成,带负电荷,可将抗体免疫球蛋白吸附在表面,形成一种标记了该种免疫球蛋白的"探针",用此"探针"可以结合相应的抗原。此种由抗体标记后的胶体金称为免疫胶体金。胶体金颗粒自身呈红色,当免疫胶体金颗粒结合相应的抗原后,再与抗原相应的抗体结合,免疫胶体金颗粒便被滞留而富集,出现肉眼可见的红色,据此判断阳性或阴性的结果。免疫层析胶体金试剂条是将所有反应物固定在硝酸纤维素薄膜上,反应利用膜的毛细作用原理进行。试剂条分为加样区、反应区和吸附区三部分。加样区为贴有免疫胶体金颗粒的玻璃纤维膜。反应区有两条反应线:一条检测线,包被有抗人血红蛋白抗体;一条质控线,包被有抗免疫球蛋白抗体,能检测标记胶体金的免疫球蛋白抗体。吸附区将加样区和反应区层析扩展上来的剩余免疫胶体金颗粒吸附于其中,以提供层析的动力。

2.过程　取少量血痕检材置于试管中,加少量蒸馏水浸泡 2～12 小时,使浸泡液微带黄色。取出检测试剂条,将试剂条的加样区浸于样本的浸泡液中 5～10 秒,取出后静置 3～5 分钟。反应区的检测线和质控线出现两条红色区带为阳性结果。只有质控线显示红色区带为阴性结果,无红色区带出现表明试纸条失效或操作失误。

(五)个人识别

确证人血痕后,检测血痕中的遗传标记可进行个人识别。血痕中的遗传标记包括基因表达产物水平的遗传标记(如红细胞血型、红细胞酶型、血清蛋白等)和 DNA 水平遗传标记(如短串联重复序列、单核苷酸多态性等)。遗传标记的选择要求:①较稳定;②具有良好的多态性;③检测方法已标准化、简便快速、结果重复性好。

1. 血型测定 血型检测是法医物证个人识别的传统检测项目,但是由于血型抗原多态性低,相同血型的人较多,因此血型检测的意义在于排除。血型检测常用 ABO 血型系统。ABO 血型抗原稳定性强,能够耐受一定程度的高温、腐败,可以在血痕中保存一段时间。常用的 ABO 血型测定方法有吸收试验、解离试验等。

(1)原理:吸收试验(absorption test)又称吸收-抑制试验(absorption-inhibition test)。血痕中含有 A、B、H 血型物质,能分别与抗 A、抗 B、抗 H 抗体发生特异性结合,导致抗血清中的抗体减少,不能再与相对应的血型抗原发生凝集反应。若血痕中无某种血型抗原,则不能抑制抗血清中的相应抗体,抗体效价不变,可以与指示红细胞发生凝集反应。因此根据抗血清与血痕反应前后抗体效价改变情况,推断血痕的血型抗原种类,即血型。

(2)方法:取血痕 3 份(约 1cm² /份),剪碎置于 1.5mL EP 管中,分别加入效价 1∶32 的抗 A、抗 B 和抗 H 血清各 0.1mL,混合后室温放置 2 小时,4℃冰箱放置 12～24 小时。离心吸取上清,测定抗血清效价。以无血痕的检材部分作为阴性对照,已知血型血痕做阳性对照。检材无血痕部分的上清抗体效价不降低,而待测血痕的上清抗体效价比空白检材降低 3 级或 3 级以上为阳性。根据效价降低的抗体判断血痕的 ABO 血型。

2. DNA 分析 血痕 DNA 分析是目前常用的个人识别技术,决定其能否成功的关键在于 DNA 提取。

血痕 DNA 提取方法主要包括有机溶剂法和 Chelex-100 法。有机溶剂法又称酚-氯仿提取法,基本过程为:剪碎血痕,置于 1.5mL 离心管中,加 400μL 提取缓冲液(10mmol/L Tris, 10mmol/L EDTA,10mmol/L NaCl,39mmol/L DTT,2% SDS)及 10μL 蛋白酶 K(20mg/mL), 56℃过夜,加 500μL 酚-氯仿-异戊醇混合液(25∶24∶1),抽提蛋白质,用冷乙醇沉淀 DNA, 再用 70%乙醇洗涤。吸去乙醇,沉淀干燥,再溶于 TE 缓冲液或无菌蒸馏水中。有机溶剂法提取的 DNA 纯度高,但是操作步骤复杂,而且有机溶剂有挥发性,对人体有害,因此该方法在实践中较少应用。目前常用 Chelex-100 方法,该方法操作简便,但获取的 DNA 纯度较差,仅适用于 PCR 操作。基本过程为:取血痕约 0.5cm²,剪碎,置于 0.5mL 离心管中,加入 500μL 灭菌双蒸水,混匀,静置 10 分钟。8000 转/分离心 5～10 分钟,弃上清,获得细胞沉淀。加入 200μL 5% Chelex-100 悬浮细胞,56℃孵育 30 分钟以上,其间不时振荡离心管。 98～100℃水浴 8～10 分钟,取出后高速漩涡振荡 5～10 秒。12000 转/分离心 4 分钟,可取上清液进行 PCR 操作。

聚合酶链式反应(PCR)是一种快速在体外扩增特异 DNA 片段的技术,是应用能够与靶 DNA 序列侧翼结合的寡核苷酸引物在体外由 DNA 聚合酶催化合成特异性 DNA 片段的方法。PCR 的目的是从生物体基因组 DNA 获取足够量的特异性片段,以进行进一步分析。 PCR 具有灵敏度高、特异性强、操作简单、快速等优点,被誉为第二代 DNA 分型技术。PCR 体系包括模板 DNA、引物、DNA 聚合酶、dNTP 和缓冲液(10mmol/L Tris-HCl,50mmol/L

KCl、1.5mmol/L Mg^{2+}、pH 8.3)。PCR 的基本步骤为:模板 DNA 变性、模板与引物退火、引物延伸。经过一轮"变性—退火—延伸"循环,模板拷贝数增加 1 倍。在后面的循环中,新合成的 DNA 都可以作为模板,因此每一轮循环都可以使 DNA 拷贝数增加 1 倍。经过 n 次循环后,目的 DNA 的拷贝数达到 2^n,即几百万个特异 DNA 片段。PCR 产物通过电泳进行分析,可获得 DNA 遗传标记的分型。常用的 DNA 遗传标记是 STR。

在进行常染色体遗传标记分析的同时也可分析性染色体遗传标记,以鉴别血痕的性别,为案件侦查提供方向。牙釉质蛋白(amelogenin,AMEL)基因位于 X 染色体 Xp22,编码牙原基质牙釉质蛋白,故名牙釉基因。在 Y 染色体有一段牙釉基因的同源序列。由于 Y 染色体有序列丢失,所以 Y 染色体的扩增产物较 X 染色体少 6bp。因此,女性 PCR 产物电泳后只观察到一条带,男性 PCR 产物可观察到两条带。应当注意,由于缺乏内对照,可能存在扩增失败,也有男性发生 Y 缺失,分析 AMEL 基因进行性别鉴定存在将男性误判为女性的风险。

(六)其他检验

通过其他检验可以获取更多的血痕信息,如根据血痕的干燥程度和颜色,可以推断出血时间。新鲜血液呈鲜红色,干燥后因形成正铁血红蛋白,很快呈暗红色、有光泽,随后逐渐变为正铁血红素,呈暗褐色、褐色及灰褐色。根据血中含有的其他物质可推测出血部位。鼻出血可见鼻毛及纤毛柱状上皮细胞,胃出血可见食物残渣、胃黏膜上皮细胞,头部出血可混有毛发或脑组织,肺出血有呼吸道黏膜纤毛上皮细胞、口腔黏膜扁平上皮细胞。阴道出血有阴道上皮细胞。月经血多混有子宫内膜上皮细胞及阴道上皮细胞。内脏创伤,血痕中可见脏器的碎片。

二、精液斑检验

精液斑(seminal stain)是精液干燥后形成的斑痕,是法医物证实践中常见的物证检材,多见于强奸、猥亵等案件。精液斑多存在于受害人的衣物、女性外阴或大腿内侧等、犯罪现场的地面、被褥、毛巾、纸张上等。

精液斑检验主要解决两个问题:可疑斑痕是否为精液斑? 若是精液斑,确定是人来源的精液,则需要检测遗传标记进行个人识别。检验步骤为肉眼检查、预试验、确证试验、个人识别。

(一)肉眼检查

精液斑肉眼检查的目的是查找和发现可疑精液斑,确定其所在部位及分布。精液斑的分布和形态有助于分析作案过程。新鲜精液斑有特殊臭味,干燥的精液斑手触质硬,深色载体上的浓厚精液斑呈灰白色浆糊状斑迹,稀薄的精液斑不易察见;浅色载体上的精液斑多呈黄白色地图状,边缘色深。水洗或雨淋后的精液斑难以发现,可通过照射紫外线帮助寻找,精液斑在紫外线下可发浅淡的点片状荧光。精囊液中的黄素在紫外线照射下显银白色荧光,精液斑边缘可呈浅紫蓝色。尿液、唾液、鼻涕、洗涤剂、染料、漂白剂等在紫外线下也可发与精液斑类似的荧光,因此紫外线检查阳性结果表示斑痕可能是精液斑。而陈旧、淡薄的精

液斑也可无荧光,故阴性结果也不能排除精液斑。紫外线检查方法简便,不损害检材,故可在肉眼难以辨别时对精液斑进行定位。

(二)预试验

预试验的目的是筛选可疑精液斑,要求方法简单,灵敏度高。由于预试验检测的物质非精液斑特有,预试验阳性结果仅表示斑痕可能是精液斑。预试验的方法有酸性磷酸酶检验(如磷酸苯二钠试验、α-磷酸萘酚-固蓝 B 试验、琼脂糖扩散法等)、碘化碘钾结晶试验、苦味酸结晶试验、胆碱氧化酶试验、胺氧化酶试验、锌检出法、马铃薯凝集抑制试验等。常用的方法为酸性磷酸酶检验。

精液的主要成分前列腺液中含有大量酸性磷酸酶,浓度为 540～4000U/mL,较其他体液、分泌液及脏器的含量高 100 倍以上。精液中的酸性磷酸酶不仅含量高且稳定,对腐败及高热有较强的抵抗力。保存 10 余年的陈旧精液斑仍可检出酶活性。磷酸苯二钠试验是常用的酸性磷酸酶检验方法。①原理:精液中的酸性磷酸酶可分解磷酸苯二钠,产生萘酚,后者经铁氰化钾作用并与氨基安替比林结合,生成红色醌类化合物。②试剂:缓冲液:包括磷酸苯二钠 0.2g,4-氨基安替比林 0.6g,柠檬酸 1.4g,1mol/L 氢氧化钠溶液 12.5mL,蒸馏水加至 100mL,加热溶解后置冷水中迅速冷却,加 0.5mL 氯仿;显色液:包括铁氰化钾 3.6g,1mol/L 氢氧化钠溶液 16.7mL,碳酸氢钠 1.4g,蒸馏水加至 100mL。③方法:取可疑斑痕少许(0.1cm×0.1cm),置试管内,加缓冲液 3～4 滴,置 37℃温箱内 5 分钟,加等量显色液,立即出现红色为阳性,表明检材可能是精液斑,且颜色深浅与酶浓度呈正比;若呈橙黄色为阴性。④注意事项:试验需同时剪取无斑痕检材及已知精液斑分别作为阴性和阳性对照;试验灵敏度高,精液稀释 20000 倍仍可呈阳性反应;水洗后的淡薄精液斑,延长缓冲液作用时间可呈阳性结果;试验特异性差,蔬菜、水果也含少量酸性磷酸酶,人内脏组织以及人体分泌物或排泄物(如鼻涕、汗液、唾液等)也可呈弱阳性反应。

(三)确证试验

精液斑确证试验是检验精液中的特有成分,阳性结果可以确认精液斑。精液斑的确证试验主要包括精子检出法和免疫学方法。

1. 精子检出法　精子检出法是最简便、最可靠的方法,且精子可稳定存在较长时间。精子无色,头部呈椭圆形,有折光,尾部很细且易与头部分离,在精子数量少时,不易检出。在实际工作中,可选择合适的浸液及适当的染色方法提高精子的检出率。

方法:取可疑精液斑检材约 1cm×1cm,剪碎,置试管内,加生理盐水 0.5mL,室温浸泡 2 小时或 4℃过夜,吸出全部浸液置于另一试管内,2500 转/分离心 5 分钟,取沉淀物涂片,干燥后甲醇固定 5 分钟,染色。染色可采用复染法,将精子头部和尾部染成不同颜色,如苏木素伊红染色法(HE 法)、酸性品红亚甲蓝染色法、圣诞树染色法等。酸性品红亚甲蓝染色法的染液由 1% 酸性品红溶液 1mL、1% 亚甲蓝 1mL、1% 盐酸 40mL 组成。于涂片上滴加染色液,静置 5 分钟,水洗,干燥后二甲苯透明,镜检。精子头部呈红色,尾部呈蓝色。只要在镜下找到一个完整的典型精子即可确证精液斑。但由于精子尾部易断落,常只检见精子头部,需与阴道滴虫等鉴别。若发现几个典型的精子头部也可确证精液斑。

2. 免疫学试验　制备各种抗人精液特殊成分的抗血清,用免疫学试验检测相应抗原,可以确证精液斑。该试验灵敏度高,即使输精管结扎术者和精子缺乏症患者的精斑也可确证。常用的是前列腺特异性抗原 p30 检测。

人精浆中含有前列腺特异性抗原(prostate specific antigen,PSA),又称 γ-精浆蛋白,由人类前列腺上皮细胞分泌,是成年男性精液中特有的一类糖蛋白,pI 值约 6.9,相对分子量为 30000,故又名 p30。p30 具有高度种属特异性和器官特异性,且性质稳定,可在精液和精液与其他分泌液的混合斑中存在很长时间。因此,p30 是确证精液斑的理想标记。抗 p30血清确证精斑的灵敏度和准确性均高于精子检出法,既不受有无精子影响,也不受阴道液等其他体液干扰,具有人特异性,能够区别人类精液斑与动物精液斑。

PSA 胶体金试剂条是用 PSA 单克隆抗体标记的胶体金试剂条,可用于检测 PSA 抗原。该操作方法简单,特异性好,灵敏度高,稀释 6000 倍的精液仍可获阳性结果。与血痕确证试验一致,试剂条反应区有两条线,其中质控线包被羊抗鼠 IgG 抗体,检测线包被鼠抗人 PSA单克隆抗体。操作方法与血痕检测方法一致。

(四)种属鉴定

确证精液斑后,需鉴别种属来源。若通过检测抗 p30 血清确证精液斑,则无需做种属鉴定。

(五)个人识别

精斑的个人识别的目的是确定精液斑的个体来源。个人识别方法有检测 ABO 血型等遗传标记,但已不常用。随着 DNA 分析技术的发展,DNA 遗传标记检测能够获得更准确的结果。

精子含有大量 DNA,虽然单个精子只含有个体一半的遗传物质,但精液检测的是含有一半遗传物质的精子混合,能够获得完整的个体遗传信息。精子 DNA 的提取与血痕不同,由于精子细胞核膜是富含二硫基的交联蛋白组成的网状结构,能够抵抗各种类型的去污剂作用,也能抵抗外源性蛋白酶的水解作用。为了裂解精子细胞,需要先切断二硫键。二硫木糖醇(dithiothreitol,DTT)可将二硫键(—S—S—)还原成巯基(—SH)。因此提取精子DNA 时,除常规的 SDS、蛋白酶 K 外,还需加入 DTT。利用精子细胞的这种特性,可采用二步消化法从精液与阴道液的混合斑中提取精子 DNA。精子 DNA 的分析方法与血痕相同,可获得精液斑的 STR 分型以进行个人识别。

如果犯罪嫌疑人精液中无精子,则无法分析精子的 DNA。但是精液中除精子外,还含有少量睾丸细胞、上皮细胞等,也能进行 DNA 分析。

三、其他斑痕检验

除血痕、精液斑外,犯罪现场还常见唾液斑、尿液等斑痕,也是重要的生物检材。案件现场的唾液斑可见于烟蒂、纸巾、口罩、瓜子皮、果核、水杯口边缘、皮肤或其他物品的咬痕等。唾液斑中含有口腔黏膜脱落上皮细胞,可提取基因组 DNA 并分析,获得 STR 分型,进行个人识别。

此外,犯罪现场还较常见混合斑。混合斑可以是不同个体的同一种体液或组织的混合,

如多人的混合血痕;也可以是不同个体的不同体液或组织的混合,如精液与阴道液形成的混合斑。由于混合个体数目、混合比例等因素的影响,混合斑的检测结果分析较单一个体来源的检材复杂。混合斑的检验首先需要确定检材是否为混合斑,然后检测混合斑中的遗传物质,再进行基因型的拆分,与嫌疑人进行比对。精液与阴道液的混合斑较多人混合血痕易于分析。这种混合斑多见于强奸案件,混合斑检验的主要目的是精液成分的个人识别。可通过差异提取法分别提取阴道上皮细胞 DNA 和精子 DNA,再分析精子 DNA 的遗传标记,进行个人识别。也可以分析 Y 染色体 DNA,获得 Y-STR 基因型,可确定犯罪嫌疑人的家族来源。Y-STR 是男性所特有,分型不受女性阴道上皮细胞干扰,因此不需要分离精液成分即可检测出犯罪嫌疑人的 DNA 遗传标记,方法更简便。但是由于同一父系家族中男性均具有相同的 Y-STR 单倍型,Y-STR 的主要应用价值在于排除,不能认定。

四、毛发检验

毛发是皮肤的附属器官,位于体表,容易受到机械力作用发生脱落而遗留在案件现场,而且毛发的角蛋白抗腐蚀能力强,可长期保存。因此,毛发是常见的法医物证检材,常见于凶杀、抢劫、强奸、交通事故等案件中。

毛发检验主要解决的问题是:①是否为毛发;②是人毛还是动物毛;③人毛发来源的人体部位;④毛发脱落是否暴力形成,推断致伤物;⑤个体识别。

(一)毛发与其他纤维的鉴别

天然或人工合成的纤维在外观上与毛发相似。现场提取的类似毛发的检材,需要鉴别是毛发还是纤维。

1.肉眼观察　典型的毛发由毛尖、毛干和毛根组成。毛干为裸露于皮肤表面的部分;毛干的游离末端逐渐变细而尖称为毛尖;埋在皮肤内的部分为毛根。毛根末端及其周围组织可分为毛球、毛囊、毛乳头等。毛发与纤维有明显区别。

2.显微镜观察　毛干由外向内可分为毛小皮、毛皮质、髓质三层。毛小皮位于毛发最外层,由角化的无核无色素的扁平鳞状上皮细胞组成。毛皮质位于中间层,由细而长的梭形、纤维状角化上皮细胞组成,皮质细胞沿毛发的纵轴排列,内含残余的细胞成分和色素颗粒等。髓质分布于毛发中轴,由退化的形状不一的上皮细胞残留物组成,内含色素颗粒。纤维无此结构。

3.燃烧试验　毛发有角蛋白,燃烧后会发出特殊的臭味,而纤维燃烧无特殊气味。

(二)人毛与动物毛的鉴别

人毛与动物毛的鉴别主要通过显微镜检查。人毛的毛小皮鳞片薄,较短,毛小皮印痕呈较细而不规则波浪形横纹;动物毛的毛小皮鳞片较厚,粗,毛小皮印纹呈粗锯齿状。人毛毛皮质较宽,占毛干的 2/3 左右,色素颗粒分布较均匀;动物毛毛皮质较窄,色素颗粒分布不均匀。人毛的髓质不发达,常呈断续状或缺如;动物毛的髓质发达,连续。

(三)毛发部位的确定

根据毛发的长短、粗细、卷曲、色泽、末端特征、横断面的形状、髓质的位置以及附着物等判断毛发的来源部位。一般较长的是头发,其次是胡须。较粗的是胡须(直径0.15mm),阴毛、睫毛、眉毛次之(平均直径0.12mm),毛发最后(0.1mm)。中国人的头发多为黑色直发,也有部分为卷曲发,阴毛多呈S形弯曲或波状。若染发,则可见各种颜色的头发。从横断面看,头发呈圆形或椭圆形,阴毛和腋毛呈长椭圆形,胡须呈不规则的三角形。

(四)毛发的脱落和损伤

毛发有一定的生长周期,停止生长的毛发的毛球发生萎缩,与毛囊分离,被新生的毛发推出而自然脱落。自然脱落的毛发毛根完全角化,干燥萎缩,色素含量少,用5%～10%的亚硝基铁氰化钠溶液染色,无颜色反应。外力拔下的毛发,毛根部湿润,有毛囊附着,未角化的毛根含巯基化合物,可以与亚硝基铁氰化钠反应呈鲜红色。

毛发受损会遗留损伤痕迹,可推断损伤方式:暴力牵拉会使毛发被拉长变形,毛小皮鳞片翘起或成裂纹;高热作用可使毛发变色,失去光泽,角质膨胀、卷缩、炭化;钝器打击可使毛发变宽扁平,皮质纤维分裂,部分断裂或完全断裂,伴有毛小皮剥脱;锋利锐器切割使毛发断端平滑整齐,毛干不碎裂,皮质纤维不分裂,而不锋利的锐器使毛发断端呈锯齿状或阶梯状。

(五)毛发的个人识别

毛发的个人识别可通过形态学观察、微量元素分析和DNA分析实现。

1.形态学观察 通过形态学观察可获得很多重要的信息,如毛发上的煤渣、面粉、涂料、油漆、木屑等有助于推断职业;毛发上附着月经血、精液或鼻涕等可推断毛发的来源部位。毛发的颜色及形态可推断种族,黄种人头发多黑直,黑种人头发呈黑色螺旋状,白种人头发呈浅色波浪状。

2.微量元素分析 毛发的代谢较低,所含的微量元素可以反映某一段时间机体的微量元素摄入情况,可与环境中的微量元素进行对应。不同个体的毛发中微量元素的含量存在差异,可用于个人识别。此外,还可以通过分析毛发中毒物的含量,判断毛发来源个体是否中毒。

3.DNA分析 对于带毛囊的毛发,由于毛囊含有核DNA,可以提取毛囊DNA进行PCR反应,获得DNA的遗传标记分型。对于仅有毛干无毛囊的毛发检材,由于毛干含有丰富的线粒体,可提取线粒体DNA,通过分析线粒体DNA非编码区的序列多态性进行个人识别。

五、骨检验

在无法获取毛发、软组织等组织DNA的案件中,骨骼是重要的生物学检材,如高度腐败的尸体、地下挖掘的不明来历的尸骨、火灾案件中焚烧严重的尸骨等常需要进行骨骼检查。

骨骼检查主要解决的问题有：①是不是骨骼；②区分是人骨还是动物骨；③是一人骨还是多人骨；④骨骼的个人识别，包括骨骼来源个体的性别、年龄推断、身长推断、面貌复原与颅像重合、骨骼 DNA 分析；⑤死亡时间推测及损伤的鉴定。

(一)骨的确定

1. 肉眼检查　如检材完整，根据大体形态一般可判断是否是骨。而残碎的骨片则需观察有无骨干、骨骺、关节面、肌嵴、凹陷、孔管等以及剖面有无密质骨和松质骨等骨骼特点进行综合分析和判断。扁骨则需观察有无骨质缝、血管沟及压迹等。通过肉眼无法判定时，可采用显微镜检查。

2. 显微镜检查　取一小块可疑骨块，用细油石磨成薄片(透过骨片能模糊看到报纸上的字迹)，经 70% 乙醇清洁和二甲苯透明处理后，置显微镜下检查有无骨小管、骨板、哈弗氏管等骨组织学特征。

3. 烧灼试验　在案件现场无法通过肉眼检查确定，又不能进行显微镜检查时，可用烧灼试验进行初步检查判断。取一小块检材，用火烧灼，若检材失去光泽，重量减轻，质地变松脆，但外形无改变，可判断为骨质。

(二)种属鉴定

确定检材是骨质后，可通过形态学观察、组织学结构观察和血清学或 DNA 分析，确定是人骨还是动物骨。

1. 形态学观察　对于完整的骨骼，可通过形态学观察判定。人类大脑发达，颅骨高隆，正面观脑颅与面颅的比例约为 1∶1，侧面观脑颅约占 2/3，而面颅约占 1/3，且脑颅膨隆呈球形，面颅吻部不突出；而动物的脑颅比面颅小，头颅一般呈三角形，面颅吻部突出。人骨盆由左右髋骨、骶骨和尾骨组成，两髂翼向外翘起，呈盆状；而动物骨盆窄而长，耻骨弓角比人的小。人足趾退化，而跗骨发达粗壮；手指长而细，关节面大；上下肢骨骼形态差异明显。而动物趾骨较少而短，前后肢功能相近，形态差异不如人类明显。

2. 组织学结构区别　对于不完整的细小骨块通过形态学观察不能进行种属鉴定时，需制作骨磨块，在显微镜下观察骨的组织学结构进行鉴别。人与动物骨的组织学结构在哈弗氏管、骨板层排列和骨单位界线等均具有显著差异(表 12-1)。

表 12-1　人骨与动物骨的组织学结构比较

区别点	人骨	动物骨
哈佛氏管	形态规则，横断面呈圆形或椭圆形，直径大，平均管径比动物的大 2～3 倍，数量少，180 倍镜下每视野可见 7～9 个	形态不规则，多呈长圆形或条形，直径小，数量多，180 倍镜下每视野可见 10 个以上(牛 10～12 个，狗 14～16 个，猪 15～17 个，羊 17～18 个，鸡 34～36 个，鸭 24～27 个)
骨板层排列	同心圆骨板排列整齐	同心圆骨板排列不整齐，有的缺少环形骨板
骨单位界限	骨单位之间界限清楚	骨单位之间界限不清楚

3. 血清学或 DNA 分析 取一小块骨骼制成骨粉,用乙醚脱脂后挥干,加适量生理盐水浸泡过夜后,取上清与抗人骨蛋白血清进行沉淀反应,如系人骨,则沉淀反应为阳性。也可通过分析在种属间差异较大的 28S rRNA 编码序列进行鉴定。

(三)一人骨或多人骨的鉴别

对群体墓葬地或多人遇难现场的尸骨,尚需鉴别是一人骨还是多人骨。收集现场骨骼拍照固定,按照人体骨骼解剖学定位,排列成人形,观察骨骼数目,各骨之间连接吻合情况,有无重复骨等进行鉴别。但对细小骨片或骨骼残缺不全难以判断,还需要进行 DNA 分析判断。

(四)个人识别

骨骼个人识别方法可分为形态学观察测量法、面貌复原与颅像重合及 DNA 分析。其中分析骨骼 DNA,获得 DNA 分型进行个人识别是最直接的方法,其他方法一般只能获得骨骼来源个体的信息。如通过观察测量骨骼的形态差异可推断骨骼的种族来源、性别、年龄、身高等。

1. 形态学观察测量法

(1)种族鉴定:随着中国经济的发展,国际交流增加,各种案件的当事人可能来源于不同种族人群。因此骨骼的种族鉴定具有重要意义。不同人种的骨骼形态特征存在一定差异,以颅骨最明显,尤其是吻部突出的程度、颧弓的形态及下颌前翘与否,其次是骨盆和股骨。

(2)性别鉴定:男女骨骼的整体观即存在较大差异。通常男性骨骼粗大,骨面粗糙,肌肉附着处的突起明显,骨质较重;女性骨骼细弱,骨面光滑,突起不明显,骨质较轻,但长期从事体力活动的女性骨骼与男性无显著差异。骨骼的性别差异以骨盆最为明显,其次是颅骨,其他如胸骨、锁骨、肩胛骨、四肢长骨等也有一定的性别差异(表 12-2)。除形态学观察外,可测量骨骼的各部分指标代入相应的性别判别函数进行判定。

表 12-2 骨骼的性别差异

骨	检查部位	男	女
	全貌外观	粗壮,肌嵴明显,骨骼厚重	纤细,肌嵴不明显,骨骼轻
	入口	纵径大于横径,呈心形	横径大于纵径,呈椭圆形
	出口	狭小	宽阔
	盆腔	高而窄,呈漏斗形	浅而宽,呈圆柱形
	骶骨	呈等腰三角形,岬突起	呈等边三角形,岬平直
骨盆	坐骨大切迹	窄而深	宽而浅
	耻骨联合	狭而长,呈三角形	宽而短,呈方形
	耻骨下角	呈锐角,70°~75°	呈钝角,90°~110°
	耳状面	大而直,涉及 3 个骶椎	小而倾斜,涉及 2.0~2.5 个骶椎
	闭孔	大,卵圆形,内角约 110°	小,三角形,内角约 70°
	髂翼	垂直	水平

续表

骨	检查部位	男	女
颅骨	整体观	大而重,壁厚,容积大(约 1450mL)	小而轻,壁薄,容积小(约 1300mL)
	正面观	额部倾斜,额结节不明显。眉间凸度大,突出于鼻根上。鼻根凹陷深。眼眶类方形,眶上缘较钝。眉弓明显。梨状孔窄高,颧骨高、粗壮,颧弓发达	额部陡直,额结节明显。眉间凸度小,较平直。鼻根凹陷浅。眼眶类圆形,眶上缘较锐。眉弓不明显。梨状孔宽低,颧骨低、薄弱,颧弓细
	后面观	乳突发达,枕鳞肌嵴明显	乳突不发达,枕鳞肌嵴不明显
	顶面观	顶结节小,眉弓突出	顶结节大,眉弓不突出
	底面观	枕骨大孔大,枕骨髁大,颅底肌嵴明显	枕骨大孔小,枕骨髁小,颅底肌嵴不明显
胸骨	整体观	长而大	短而小
	胸骨体	长度大,是胸骨柄长度的 2 倍以上	长度小,不足胸骨柄长度的 2 倍
锁骨		弯曲明显,长约 14.5cm	轻度弯曲,长约 13.0cm

(3)年龄推断:骨骼的年龄变化受营养、发育、种族、地区、饮食、习惯等诸多因素的影响,需要对骨骼进行全面认真检验,综合评定才能得出较正确的结论。用骨骼推断年龄主要依据骨化中心与骨骺愈合程度、骨的形态变化和骨骼的大小、长短、骨组织学改变等。能够应用的骨骼有颅骨、耻骨联合、锁骨、股骨、胫骨等。20 岁以后耻骨联合的年龄变化最有价值(表 12-3)。除骨骼的形态学变化外,还可应用多元回归方程推断年龄。

表 12-3　耻骨联合面的年龄特征

年龄(岁)	联合面	顶部结节	后缘	前缘	周缘
17～19	前后凸,嵴沟明显,高 3mm	40%极明显,高 10mm	18 岁开始部分出现外翻		
20～22	凸渐消,嵴沟明显,高 2mm	46.5%可见,高 7mm	继续扩大,仍外翻		
23～26	嵴沟明显,高 1.5mm	可见	大部形成	开始部分形成	逐渐形成
27～30	嵴沟可见,嵴峰较平	50%可见,高 5mm	基本形成,边缘较锐	大部形成	尚未形成
31～35	嵴沟基本消失,成为平面	21.8%仅见残痕,高 3mm	全部形成,大部增宽	全部形成	已形成
36～40	中央开始凹陷,表面粗糙	残痕消失	开始向后扩散	70.6%隆起	开始出现隆起
41～49	中央明显凹陷,表面粗糙		继续向后扩散	46 岁起全部隆起	增宽,明显隆起
50～59	表面开始变光滑,出现小孔		明显向后扩散,边缘钝	全部出现隆起	隆起极显著,边缘钝
>60	表面光滑,小孔形成小凹		边缘较锐		边缘较锐

(4)推断身高:对骨骼完整的无名尸骨,可将骨骼按解剖学位置排列后,测量全身骨骼的高度,加上 5cm 软组织厚度,即为死者的身高。对骨骼不完整的尸骨,可通过测量长骨,代入回归方程式,计算身高。但是公式推断法受种族、性别、年龄和个体差异的影响,且一般认为,一个人的最大身高在 18～20 岁,30 岁以后,每年身高降低 0.06cm,因此推断的数据为死者生前近似身高,且对 30 岁以上的人,应从所得数据中每岁减去 0.06cm。

我国学者对 9 省(区)472 例汉族男性骨骼进行测量和数理统计计算出 370 项一元和多元回归方程式。方程式按年龄分组,故用长骨推断身高应先确定尸骨年龄,如尸骨年龄确定有困难,可采用 31～40 年龄组的方程式计算。以左侧肢体为例,中国汉族男性的身高一元回归方程式为:

身高＝3.05×肱骨最大长＋704.1±46.01

身高＝3.30×桡骨最大长＋870.15±48.38

身高＝3.32×尺骨最大长＋810.19±47.37

身高＝2.32×股骨最大长＋640.21±33.32

身高＝2.44×胫骨最大长＋776.34±38.66

身高＝2.59×腓骨最大长＋739.25±36.35

此外,还可根据颅骨、骨盆、胸骨、锁骨、肩胛骨、掌骨等推算身高。

2.面貌复原或颅像重合

(1)面貌复原:颅骨面貌复原也称复颜法或复容法,是根据颅骨的解剖学特点,根据人体头面部软组织及五官的形态特征与颅骨形态特征间的相互关系,在颅骨上,或颅骨的石膏模型上,或颅骨的影像上,用可塑物质雕塑或其他方法重建颅骨生前面貌形象的技术。常用的颅骨面貌复原方法有塑像法、画像法和计算机三维复原法。

(2)颅像重合:颅像重合是一种用可能出自同一人的颅骨和照片,在一个特殊的装置上使两者的影像按相同的成像条件相互重合,以重合时能否达到解剖关系上的一致来判定颅骨和照片是否出自同一人,以进行个人识别的技术。

3.DNA 分析 骨 DNA 分析是骨骼进行个人识别的最佳方法。骨骼 DNA 主要来源于骨细胞、成骨细胞和破骨细胞等有核细胞。由于骨外层骨密质坚硬致密,具有较强的抗腐败能力,可长期保存。但同时由于高度钙化及环境因素的影响,使骨 DNA 的提取方法与其他生物检材不同。将骨骼清洗、晾干、照射紫外线后,磨成骨粉,加 EDTA 脱钙,加裂解液和蛋白酶 K 消化后,应用常规方法提取和分析 DNA,获得骨骼 DNA 的 STR 分型,进行个人识别。

(五)死后时间和损伤鉴定

由于骨骼骨化过程受多种因素的影响,如温度、土壤性质、埋葬深度、死者年龄等,因此由骨骼推测死后时间比较困难。骨骼的损伤如枪击伤、骨折、刀砍伤等,可以长期保存,具有重要意义,有助于推断致伤物。

六、牙齿检验

牙齿是口腔内由高度钙化组织构成的器官,是人体最坚硬、保存时间最长的组织,不易受环境和理化因素的影响,因此牙齿检验是碎尸、高度腐败、白骨化以及严重的火灾案件等

进行个人识别的重要方法。不同个体的牙齿发育状况及排列方式不同,随着牙齿的使用、磨损而出现的局部缺损特征,使牙齿具有唯一性、特征性,对法医个人识别具有重要意义。牙齿检验主要解决以下问题:①是否人牙齿;②推断年龄;③牙齿来源个体的生活特征;④牙齿的个人识别。

(一)种属鉴定

人与动物的牙齿差别较大。由于食物较精细、柔软,人类的牙齿小,尖齿缩小,齿弓呈弧形。食肉类动物的尖牙发达,食草类动物侧切牙、磨牙发达。

(二)年龄推断

牙齿的年龄推断主要依据牙齿随年龄增长呈现规律性的变化。20岁前根据乳牙和恒牙的发育和萌出情况进行年龄推断(表12-4、表12-5);20岁后,年龄推断依据牙齿的磨损程度和结构改变进行。

表 12-4 中国人乳牙萌出时间　　　　　　　　　　　　　(单位:月)

乳牙	上颌	下颌
Ⅰ(中切牙)	7.5(6~9)	6(5~8)
Ⅱ(侧切牙)	9(6.5~10)	7(6~9)
Ⅲ(尖牙)	18(16~20)	16(14~18)
Ⅳ(第一磨牙)	14(12~18)	12(10~14)
Ⅴ(第二磨牙)	24(20~30)	20(18~24)

表 12-5 中国人恒牙萌出时间　　　　　　　　　　　　　(单位:岁)

恒牙	上颌		下颌	
	男	女	男	女
1(中切牙)	6.5~8.0	6.0~9.0	6.0~7.5	5.0~8.5
2(侧切牙)	7.5~10.0	7.0~10.0	6.6~8.5	5.5~9.0
3(尖牙)	10.0~13.0	9.5~12.0	9.5~12.0	8.5~11.5
4(第一前磨牙)	9.0~12.0	9.0~12.0	9.5~12.5	9.0~12.0
5(第二前磨牙)	10.0~13.0	9.5~12.0	10.0~13.0	9.5~13.0
6(第一磨牙)	6.0~7.5	5.5~7.5	6.0~7.0	5.0~7.0
7(第二磨牙)	11.5~14.0	11.0~14.0	11.0~13.5	10.5~13.0

1. 根据牙齿的萌出顺序推断年龄　人类牙齿按一定时间顺序成对萌出,一般下颌牙萌出时间稍早于上颌牙,女孩萌出稍早于男孩。

2. 根据牙齿磨耗程度推断年龄　牙齿在萌出后,即使未达咬合位,磨耗已经开始。磨耗的速度与很多因素有关,如牙冠的形态、咬合面、牙的结构、咀嚼方式、食物形状等。一般牙齿的磨耗可分为滑动性磨耗(牙面与食物或牙面与牙面之间的摩擦)、磨损性磨耗(牙面与外物之间的机械摩擦)和腐蚀性磨耗(牙齿在非龋条件下与化学物质作用)。牙齿磨耗有六级和九级分类方法,可依据牙齿磨耗程度进行年龄推断,还可应用牙齿磨耗年龄判定的回归方程推断牙齿年龄。

(三)个体生活特征

牙齿的磨耗可反映个体的生活特征:①生活习惯,经常嗑瓜子或咬硬物的人,切牙常有相应的磨耗。长期吸烟、喝茶的人,牙齿表面有烟垢或茶垢。②地理环境,氟牙表明曾在高氟区长期居住过。③生长发育情况,四环素牙反映儿童时期曾长期服用四环素类药物。

(四)个人识别

牙齿的个人识别可依据牙齿的治疗记录和分子生物学方法。每个人的牙齿在治疗、充填、补牙、牙套、义齿等加工操作方面各不相同,可依据牙科学的详细病历进行个人识别。牙齿个人识别的分子生物学方法是对牙齿的牙髓细胞进行 DNA 分析,基本步骤包括牙粉制备、牙齿 DNA 提取和分析,获得牙齿的 STR 分型,进行比对。

第三节　个人识别结果评估

法医物证学进行个人识别的理论基础是同一性认定。如果现场血痕的遗传标记与嫌疑人不一致,则可排除现场血痕为嫌疑人所留。如果现场血痕的遗传标记与嫌疑人一致,则在某种程度上支持现场血痕来源于嫌疑人。支持程度的大小与群体中具有同样遗传标记的个体数有关,群体中具有该遗传标记的个体数越少则越能支持血痕来源于嫌疑人。极端程度是该遗传标记在全球人群中是唯一的,则血痕只能来源于嫌疑人。因此为了提高结论的准确性,应该选择多态性高的遗传标记,使基因型组合在人群中出现的频率极低,从而达到区别群体中不同个体的目的。对个体的认定与否定均需对个人识别进行证据意义上的评估,包括系统效能和个案的鉴定能力。

一、个人识别的系统效能

当遗传标记的多态性较低时,其系统效能就较低,个体识别能力也较差,人群中无关个体遗传标记相同的机会多,难以进行个人识别,如血型。而遗传标记的多态性越高,应用该遗传标记进行法医学个人识别的效能越高,无关个体的遗传标记表型相同的概率越低。因此,要应用某一遗传标记进行个人识别需评价系统效能。遗传标记的系统效能可用个人识别能力(discrimination power,DP)来定量评价。个人识别能力指从群体中随机抽取两名个体,其遗传标记表型不相同的概率。计算 DP 值的公式为:

$$\text{DP} = 1 - \sum_{i=1}^{n} P_i^2 = 1 - Q$$

式中,n 为一个遗传标记的表型数目,P_i 为群体中第 i 个表型的频率,$\sum_{i=1}^{n} P_i^2$ 为人群中随机抽取的两个样本纯粹由于机会而一致的概率(Q)。

提高系统的个人识别能力可通过增加检测的遗传标记数目实现。若检测 K 个遗传标

记,其累积个人识别能力(TDP)的计算公式为:

$$TDP = 1 - Q_1 Q_2 \cdots Q_j \cdots Q_k = 1 - \prod_{j=1}^{k} Q_j$$

式中,Q_j 为第 j 个遗传标记的 Q 值。$\prod_{j=1}^{k} Q_j$ 为 k 个遗传标记 Q 值的乘积。检查多种 DNA 遗传标记,先按公式求出每种遗传标记的 Q 值,然后求出累积 Q 值,最后再求出累积 DP 值。

二、个人识别的个案鉴定能力

DNA 遗传标记对于具体个案的鉴定能力一般采用似然率(likelihood ratio,LR)来评估遗传分析提供的证据强度。似然率基于两个假设。例如,现场血痕 DNA 和嫌疑人血液 DNA 表型组合均为 E,可以考虑两种假设:①现场血痕是嫌疑人所留(原告假设);②现场血痕是与案件无关的个体所留(被告假设)。似然率是假设①条件下现场血痕与嫌疑人的表型组合都是 E 的概率与假设②条件下现场血痕与嫌疑人的表型组合都是 E 的概率之比,即:

$$LR = \frac{Pr(E \mid Hp)}{Pr(E \mid Hd)}$$

式中,$Pr(E \mid Hp)$ 为原告假设 Hp 条件下获得 DNA 图谱的概率;$Pr(E \mid Hd)$ 为被告假设 Hd 条件下获得 DNA 图谱的概率。

如果似然率在数值上超过 1,证据支持原告假设(Hp);反之,似然率小于 1,则支持被告假设(Hd)。在获得现场检材 DNA 的 STR 分型后,与嫌疑人 DNA 的 STR 分型进行比对,如果分型一致,则计算似然率,结论可表述为支持两者来源于同一个体。

综上所述,对法医个人识别科学证据的评估,需要考虑遗传标记的系统效能和具体案件的鉴定结果,给法庭提供量化的科学证据。

案例及思考

简要案情:某男,73 岁,被同村邻居发现死于家中。

尸检所见:老年男性新鲜尸体。死者颈部缠绕绳索,缠绕 2 圈后于颈部交叉,未打结。尸体发育正常,体型中等。尸斑紫红色,分布于尸体背侧未受压部位,轻压褪色。两侧球、睑结膜可见点状出血点。翻动尸体口腔有淡红色血性液溢出,口唇发绀,右侧颊黏膜近口角处可见条形黏膜裂伤。胸骨上窝上方可见表皮剥脱。颈部平喉结上方有宽 0.7cm 两条环形索沟,下部及颈右侧索沟较明显。解剖可见,右侧颞肌上缘可见 3.5cm×3.0cm 肌肉出血,右颈部皮下可见 6.5cm×2.5cm 条形皮下出血,左胸骨舌骨肌可见 2.5cm×1.0cm 皮下出血,舌骨周围片状肌肉出血。双肺表面及肺间裂可见出血点。心脏表面可见出血点。胰腺被膜下出血。

根据案例回答以下问题:

1. 本案可提取的检材有哪些?

2. 如何进行个人识别?

第十三章　医疗损害及其司法鉴定

第一节　概　述

教学 PPT

医疗纠纷一直是社会关注的热点。随着我国经济社会的发展,人们法律维权意识不断增强,由医疗纠纷引起的人身侵权案件呈现增长趋势。作为一种特殊的人身侵权责任,医疗损害具有复杂性和专业性强的特点,医疗损害司法鉴定是法医临床学研究的重要课题。

一、医疗损害的概念

医疗损害指医疗机构或其医务人员在诊疗护理过程中因过错导致患者不利的事实。不利的事实,即损害的事实,是指患者财产或者人身权益所遭受的不利影响。损害事实包括财产损害、非财产损害。其中,非财产损害又包括:①患者的生命、身体、健康受到不法侵害,造成伤害、残疾、死亡的人身损害;②患者心理和感情遭受创伤和痛苦,无法正常进行日常活动的精神损害。《中华人民共和国民法典》(以下简称《民法典》)第 1218 条规定:"患者在诊疗活动中受到损害,医疗机构或者其医务人员有过错的,由医疗机构承担赔偿责任。"根据《医疗纠纷预防和处理条例》和《医疗损害司法鉴定指南》规定,医疗损害相关术语及其诠释如下:

1. 医疗纠纷(medical tangle)　是指患者与医疗机构及其医务人员因诊疗活动引发的争议。

2. 医疗事故(medical negligence)　是指医疗机构及其医务人员在医疗活动中,违反医疗卫生管理法律、行政法规、部门规章和诊疗护理规范、常规,过失造成患者人身损害的事故。

3. 医疗损害(medical malpractice)　医疗机构或者其医务人员在诊疗护理过程中因过错导致患者不利的事实。

4. 医疗过错(medical fault)　医疗机构及其医务人员实施违反法律、行政法规、规章以及其他相关诊疗和护理规范规定的医疗行为,或者未尽到与当时医疗水平相应的诊疗义务的医疗行为。

5. 损害后果(damage)　与医疗行为有关的,不期望发生的患者死亡、残疾、组织器官损伤致功能障碍、病情加重或者病程延长等人身损害以及其他相关损害的情形。

241

6.因果关系(causation) 医疗过错与损害后果之间的联系形式。其分为事实因果关系(从纯粹事实角度确认医疗行为是否构成损害结果发生之客观联系,从事实上认定医疗行为是否为损害结果发生的原因)和法律因果关系(在存在事实因果关系前提下,确定医疗机构及其医务人员是否应当依法承担民事责任)。医疗损害司法鉴定中主要关注事实因果关系。

7.原因力(causative potency) 同时存在多种原因导致患者发生损害后果时,医疗过错所起作用的大小。患者在诊疗活动中受到损害,出现不良结果,往往是多因一果,既有医疗机构或者其医务人员过失因素,也有患者自身体质、疾病等因素,同时还可能有其他因素。因此,在确定因果关系时必须厘清各种因素的原因力大小。

二、我国医疗损害鉴定的发展

我国医疗损害鉴定发展至今,经历了由单一的医疗事故技术行政鉴定,到医学会鉴定为主与司法鉴定机构鉴定为补充,再到医学会鉴定与司法鉴定机构鉴定并驾齐驱的发展阶段。

1987年6月29日,国务院颁布了我国第一部处理医疗纠纷事件的行政法规——《医疗事故处理办法》。该办法规定,医疗事故鉴定由省、市、县三级卫生行政部门主管的医疗事故鉴定委员会承担,鉴定人员由医务人员和卫生行政管理干部若干人组成,省级鉴定委员会可以吸收法医参加且为最终鉴定。由于鉴定具有很强的行政权威性和排他性,易受到社会"同行保护""不公平"的质疑。

2002年9月1日,国务院颁布实施的《医疗事故处理条例》对《医疗事故处理办法》进行了修订完善。医疗事故技术鉴定改由医学会负责组织。医学会建立专家库,参与鉴定的专家由医患双方在医学会主持下从专家库中随机抽取,实行合议制。医学会所在辖区的市级地方医学会和省(自治区、直辖市)直接管辖的县(市)地方医学会负责组织首次医疗事故技术鉴定。省(自治区、直辖市)地方医学会负责组织再次鉴定工作。必要时,中华医学会可以组织疑难、复杂并在全国有重大影响的医疗事故争议的技术鉴定工作。但是医学会医疗事故鉴定是在政府指导下开展工作,难以取得公众的完全信任,故司法机构介入医疗过错责任鉴定应运而生。最高人民法院于2003年发布了《关于参照〈医疗事故处理条例〉审理医疗纠纷民事案件的通知》,该通知将医疗损害赔偿案件分为医疗事故损害赔偿案件和非医疗事故损害赔偿案件。两类案件的审理程序、适用法律及赔偿项目计算完全不同,从而形成了医疗纠纷案件案由、适用法律、鉴定体制的二元化,即构成医疗事故的案件根据《医疗事故处理条例》规定进行赔偿,非医疗事故损害的案件根据《中华人民共和国民法通则》规定进行赔偿。

2005年10月1日,《全国人大常委会关于司法鉴定管理问题的决定》实施后,部分司法鉴定机构开始介入非医疗事故的"医疗过错责任纠纷"类鉴定,个别医学会也开始接受司法机关委托受理的此类鉴定。但两类鉴定的规则不同,医学会鉴定适用卫生部2002年颁布实施的《医疗事故技术鉴定暂行办法(试行)》,而司法鉴定机构司法鉴定适用2006年司法部颁布实施的《司法鉴定程序通则》(已于2016年修订)。这种司法实践中的二元化机制,带来一些不利因素。例如,由于医学会的鉴定人员都是各个医疗机构的临床专家,容易形成"同行保护"的现象,而司法鉴定机构由于其逐利行为等因素,容易偏向患者。因此,易形成鉴定结果互相对抗、公平性偏颇的尴尬局面,也常常造成重复鉴定,加重医患双方的负担,延长诉讼时间,浪费社会和司法资源,从而降低了医疗事故技术鉴定的公信力等。

2010年7月1日起实施的《中华人民共和国侵权责任法》〔现被2021年1月实施的《中华人民共和国民法典》修订收录〕,统一了"医疗损害责任"的概念,对医疗损害责任二元化救济制度进行了改革,结束了医疗事故和非医疗事故在民事赔偿标准上二元化的不公。但卫生部2010年6月28日发布的《卫生部关于做好〈侵权责任法〉贯彻实施工作的通知》指出,医疗损害责任技术鉴定仍然适用《医疗事故技术鉴定暂行办法(试行)》,而医疗损害责任纠纷鉴定,继续适用《司法鉴定程序通则》。

2017年12月14日,最高人民法院《关于审理医疗损害责任纠纷案件适用法律若干问题的解释》(以下简称《解释》)的施行,统一了人民法院审理医疗损害责任纠纷案件中关于"医疗损害鉴定"的名称,但医疗损害二元化鉴定模式依然延续。

2018年10月1日,国务院《医疗纠纷预防和处理条例》的实施,明确了医学会鉴定中"医疗损害鉴定"的名称。自此,司法鉴定机构和医学会对医疗损害责任纠纷案件的鉴定名称得以统一。《医疗纠纷预防和处理条例》规定,市级以上人民政府卫生、司法行政部门共同设立医疗损害鉴定专家库,鉴定需要时,可从专家库中抽取鉴定专家。实际上又创设了一种新的鉴定模式,即将医疗纠纷涉及的鉴定分为"医疗损害鉴定"和"医疗事故技术鉴定",前者由医学会或司法鉴定机构承担,后者则仍由医学会负责。实践证明两者鉴定的量有明显差异,在2019至2021年全国法院审理判决的医疗损害责任纠纷案件中,以医疗损害鉴定的为90.84%,以医疗事故技术鉴定的为9.16%。从法理上分析,新的鉴定模式和制度具有一定的进步性,有利于逐步化解使用二元化鉴定出现的矛盾,提高鉴定意见的科学性和公信力。

然而,从目前情况看,医疗损害鉴定制度的统一尚待时日。为了规范医学会医疗损害鉴定工作,中华医学会于2021年4月1日颁布实施的《医学会医疗损害鉴定规则(试行)》规定:"医疗损害鉴定是指对医疗机构或者其医务人员的诊疗行为有无过错、过错行为与患者损害后果之间是否存在因果关系、损害后果及程度、过错行为在损害后果中的责任程度(原因力大小),以及因医疗损害发生的护理期、休息期、营养期等专门性问题进行专业技术鉴别和判断并提供鉴定意见的活动。"规定设立医学会医疗损害鉴定专家库,专家库中专家不足的,可以从本地区的市级以上人民政府卫生健康、司法行政部门共同设立的医疗损害鉴定专家库中抽取补充。规定了鉴定机构和鉴定人员、鉴定的委托和受理、鉴定实施、监督管理、法律责任等鉴定规则,指导医学会开展医疗损害鉴定。

继后,2021年11月17日司法部颁布实施的《医疗损害司法鉴定指南》规范了医疗损害责任纠纷司法鉴定实践中涉及的委托、鉴定过程、听取医患各方陈述意见的程序和鉴定的基本方法〔不适用于医疗损害相关的人身损害所致残疾等级鉴定、劳动能力鉴定,以及其他法医赔偿鉴定(包括人身损害所需休息期、营养期和护理期的鉴定,以及定残后护理依赖程度的鉴定和后续诊疗事项的鉴定等)〕,指导医疗损害司法鉴定和其他类似鉴定。显见,当前医疗损害鉴定和医疗损害司法鉴定虽然具有很多共同之处,但是相比较而言,两者鉴定涵盖的范围和程序规则等仍有所不同。

目前新鉴定模式下,统一鉴定专家库和鉴定标准、程序与规则、鉴定内容等具体操作层面的设计正成为学术和实务研究的热点之一,期待从根本上改变二元化鉴定模式,实现"合二为一"的目标。未来,随着我国法治建设的不断推进,将使医疗损害司法鉴定相关法律、法规更加完善,司法鉴定更加公平、公正,更好推动构建和谐医患关系,促进我国卫生健康事业发展。

三、医疗损害的法律责任

《民法典》第 1165 条规定:"行为人因过错侵害他人民事权益造成损害的,应当承担侵权责任;依照法律规定推定行为人有过错,其不能证明自己没有过错的,应当承担侵权责任。"法律上相关的民事权益主要包括生命权、身体权、健康权、姓名权、名称权、肖像权、名誉权、荣誉权、隐私权等人格权(《民法典》第 990 条)。也就是说,患者在诊疗活动中,由于医疗机构及其医务人员过错导致患者上述人格权益受到损害,医疗机构就应承担侵权责任。

人格权是新中国成立 70 多年来首次用立法的形式确立,是我国社会主义法治建设史上一个具有划时代意义的里程碑。医疗行为侵害人格权的情形包括但不限于以下内容:①生命权是指自然人享有生命安全和生命尊严权。若医疗过错行为导致患者死亡,则为侵害患者生命权。②身体权是指患者享有身体完整和行动自由权。若医疗过错行为导致患者组织器官缺损,如肢体损伤延误治疗致截肢;切除阑尾时误切右侧部分卵巢致一卵巢部分缺如,则为侵害患者身体权。③健康权是指自然人享有身心健康权。若医疗过错行为致患者生理功能的正常运行和功能完善受到损害,及健康受损导致其经济损失、精神痛苦,则为侵害患者健康权。如违规手术致患者手术次数及其痛苦增加,病程延长,费用增加,导致残疾等。④隐私权,自然人享有隐私权。《民法典》第 1226 条规定"医疗机构及其医务人员应当对患者的隐私和个人信息保密。泄露患者的隐私和个人信息,或者未经患者同意公开其病历资料的,应当承担侵权责任。"若违反前款规定,则为侵害患者隐私权。⑤肖像权,自然人享有肖像权。若医疗机构及其医务人员为教学或广告宣传,未经患者同意将其肖像暴露给公众或予以传播,则为侵害患者的肖像权。⑥名誉权,民事主体享有名誉权。若医疗机构及其医务人员因性病、肝炎、艾滋病等一些疾病的误诊,且未履行保密义务,造成患者品德、声望、才能、信用等社会评价受到损害,则为侵害患者的名誉权。

(一)医患法律关系

医患法律关系是指医疗机构或者其医务人员受患者的委托或其他原因,对患者实施诊断、治疗等行为所形成的权利和义务法律关系。医患法律关系的法律规范前提是《民法典》《中华人民共和国基本医疗卫生与健康促进法》《中华人民共和国医师法》《中华人民共和国母婴保健法》《中华人民共和国传染病防治法》《中华人民共和国精神卫生法》等卫生管理法律。医患法律关系的主体是医疗机构或其医务人员、患者或其近亲属,客体是患者所罹患的病症,内容是医患双方因具体诊疗行为而体现的权利和义务。不具有主体资格(需要卫生行政管理部门确定)的医疗机构与患者之间的关系,不是严格意义上的医患法律关系。

(二)医患双方的权利与义务

依照《中华人民共和国宪法》《民法典》《医疗纠纷预防和处理条例》等法律法规有关规定,医患双方都享有各自法定的权利与义务。

1.患方的权利与义务　患者在诊疗活动中,除所有自然人共同享有的基本人格权外,还享有公平医疗权、自主就医权、知情选择权、查阅和复制病历资料等权利(《医疗纠纷预防和处理条例》第 16 条规定,患者有权查阅、复制其门诊病历、住院志、体温单、医嘱单、化验单、检验报告、医学影像检查资料、特殊检查同意书、手术同意书、手术及麻醉记录、病理资料、护理记录、医疗费用以及国务院卫生主管部门规定的其他属于病历的全部资料）。同时，患者在接受医疗服务过程中，应当履行如实提供病史、积极配合检查治疗、服从医院管理、尊重医务人员的人格和劳动、交纳医疗费用等义务。

2.医方的权利与义务　医疗机构及其医务人员依法享有根据患者病情的需要充分了解患者病史，对身体进行检查、诊断，实施具体治疗措施，开展医学科学研究，依法维护自身合法权益、收取诊疗费用等权利。同时，也应履行按照规定填写并妥善保管住院志、医嘱单、检验报告、手术及麻醉记录、病理资料、护理记录等病历资料，及为患者及时提供查阅、复制病历资料的义务（《民法典》第 1225 条）；须履行依法执业义务、无正当理由不得拒绝为患者提供恰当医疗服务义务、说明义务、转诊义务、恪守职业道德义务等。

（三）医疗损害赔偿责任

医疗损害赔偿责任是指医疗机构及其医务人员因过错行为导致患者人身权益受到损害时，医疗机构所承担的民事赔偿责任。《民法典》第 1218 条规定："患者在诊疗活动中受到损害，医疗机构或者其医务人员有过错的，由医疗机构承担赔偿责任"；第 1179 条就具体应赔偿的项目规定："侵害他人造成人身损害的，应当赔偿医疗费、护理费、交通费、营养费、住院伙食补助费等为治疗和康复支出的合理费用，以及因误工减少的收入。造成残疾的，还应当赔偿辅助器具费和残疾赔偿金；造成死亡的，还应当赔偿丧葬费和死亡赔偿金"。

医疗损害赔偿责任需要根据是否存在医疗过错行为、医疗过错行为与损害后果之间的因果关系及其原因力以及双方承担责任的比例大小确定。

第二节　医疗损害的司法鉴定

医疗损害是一种特殊类型的人身损害，具有医学专业性强、复杂性高的特点。医疗损害司法鉴定是处理医疗损害责任纠纷赔偿案件的重要环节，医疗损害鉴定意见书是处理此类案件的重要证据，有助于正确审理医疗损害责任纠纷案件，依法维护当事人的合法权益，推动构建和谐医患关系，消除医疗安全隐患，预防医疗纠纷，促进医学科学发展。根据我国现有相关法律法规，医疗损害主要是由医学会和司法鉴定机构通过司法鉴定进行判定。

一、医疗损害司法鉴定的概念及法律依据

1.医疗损害司法鉴定的概念　医疗损害司法鉴定是指在诉讼活动中鉴定人运用医学、法医学等科学技术或者专门知识对诉讼涉及的专门性问题进行鉴别和判断并提供鉴定意见的活动，主要是针对医疗行为是否存在过错以及过错行为与患者损害后果之间因果关系及其原因力等进行鉴定。在《侵权责任法》出台前，曾称为"医疗过错责任"或"医疗责任纠纷"司法鉴定。

2.医疗损害司法鉴定的法律依据　我国医疗损害司法鉴定的法律依据，一是最高人民

法院关于适用《中华人民共和国侵权责任法》若干问题的通知中的第三条:"人民法院适用侵权责任法审理民事纠纷案件,根据当事人的申请或者依职权决定进行医疗损害鉴定的,按照《全国人民代表大会常务委员会关于司法鉴定管理问题的决定》《人民法院对外委托司法鉴定管理规定》及国家有关部门的规定组织鉴定";二是《人民法院对外委托司法鉴定管理规定》第十条:"人民法院司法鉴定机构依据尊重当事人选择和人民法院指定相结合的原则,组织诉讼双方当事人进行司法鉴定的对外委托。诉讼双方当事人协商不一致的,由人民法院司法鉴定机构在列入名册的、符合鉴定要求的鉴定人中,选择受委托人鉴定"。

二、医疗损害司法鉴定的委托

1.委托人　医疗损害司法鉴定一般由具有管辖权的人民法院委托。必要时,宜由具有检察、监察和监督权的机关和组织作为委托人。而对医疗纠纷进行行政处理或者调解、仲裁需实施的鉴定,宜由具有相应处置权的机构或者单位委托,或由发生医疗纠纷的各方当事人,即患方与相应医疗机构共同委托。

2.委托鉴定事项

(1)最高人民法院《解释》第11条规定,下列专门性问题可以作为医疗损害鉴定的事项:①实施诊疗行为有无过错;②诊疗行为与损害后果之间是否存在因果关系以及原因力大小;③医疗机构是否尽到了说明义务、取得患者或者患者近亲属明确同意的义务;④医疗产品是否有缺陷,该缺陷与损害后果之间是否存在因果关系以及原因力的大小;⑤患者损伤残疾程度;⑥患者的护理期、休息期、营养期;⑦其他专门性问题。

(2)《医疗损害司法鉴定指南》规定,医疗损害司法鉴定事项一般包括:①医疗机构实施诊疗行为有无过错;②医疗过错行为与损害后果之间是否存在因果关系以及原因力大小;③医疗机构是否尽到了说明义务、取得患者或者患者近亲属书面同意的义务;④其他有关的专门性问题。

委托人根据需要酌情提出委托鉴定的事项,司法鉴定机构宜与委托人协商,并就委托事项达成一致意见。

三、医疗损害司法鉴定过程

《医疗损害司法鉴定指南》规定了医疗损害司法鉴定过程规则,包括鉴定材料预审、听取医患各方陈述意见、鉴定的受理与检验、咨询专家意见、制作鉴定意见书等操作程序和方法。

1.鉴定材料预审　委托人提出医疗损害司法鉴定委托后,向司法鉴定机构提供鉴定材料供鉴定人审核,司法鉴定机构在规定期限内给予是否符合受理条件以及本机构是否具备鉴定能力的答复。鉴定材料不能满足审核要求的,鉴定机构宜及时提出补充提供的要求。

提供的鉴定材料根据案件所处阶段,一般包括但不限于:鉴定申请书、医患各方的书面陈述材料、病历及医学影像学资料、民事起诉状和民事答辩状。医学影像资料的预审参照《法医临床影像学检验实施规范》(SF/T 0112—2021)中有关外部信息审核的规定。

2.听取医患各方陈述意见　鉴定材料预审后拟受理鉴定的,司法鉴定机构应确定鉴定人并通知委托人,共同协商组织听取医患当事各方(代表)的意见陈述。当事各方或一方拒

绝到场的,视为放弃陈述的权利;鉴定人经与委托人协商,委托人认为有必要的,则继续鉴定。

3.鉴定的受理与检验 经确认鉴定材料,并符合受理条件的,由司法鉴定机构与委托人签订办理受理确认手续。受理鉴定后,鉴定人宜按照《法医临床检验规范》(SF/T 0111—2021)或《法医学尸体检验技术总则》(GA/T 147)的规定,对被鉴定人(患者)进行必要的检验(包括尸体解剖、组织病理学检验、活体检验以及其他必要的辅助检查)。

4.咨询专家意见 鉴定人就鉴定中涉及的专门性问题咨询相关医学专家。专家意见宜内部存档并供鉴定人参考,但不作为鉴定意见书的一部分或其附件。

5.制作鉴定意见书 鉴定人综合所提供的鉴定材料、医患各方陈述意见、检验结果和专家意见,根据医学科学原理、临床诊疗规范及鉴定原则,完成鉴定意见书的制作,并对鉴定意见负责。

四、听取医患各方陈述意见的程序

《医疗损害司法鉴定指南》规定了听取医患各方陈述意见的程序,包括陈述会基本形式、参会人员组成和听取陈述意见程序规则。

(一)陈述会基本形式与参与人员

医患意见陈述会一般采用现场会议的形式听取医患各方的陈述意见,或经与委托人协商,也可采用远程视频会议和电话会议等形式。参与人员组成建议如下:

1.常规参与人员 一般包括鉴定人(必要时可包括鉴定助理和记录人);委托人或其代表;患方(包括患者本人和/或其家属、患方代理人、专家辅助人以及其他有关人员);医方(包括当事医务人员和/或其所在医疗机构的代表、医方代理人、专家辅助人以及其他有关人员)。

2.参与人数 医、患各方参与人数不宜超过五人。

3.其他人员 利益相关方(如造成患者人身损害的相对方当事人或其代理人,以及与赔偿有关的保险公司人员)也可参与陈述意见;必要时也可邀请提供咨询意见的(临床)医学专家参与听取医患各方的陈述。

(二)听取陈述意见

1.概述 若委托人或其代表到会,一般先由委托人或其代表介绍医患各方人员,宣布委托鉴定事项(鉴定内容),介绍受委托的司法鉴定机构。由司法鉴定机构委派的鉴定人主持医患意见陈述会,并说明以下事项:

(1)宣布并介绍鉴定人,说明有关鉴定人回避的规定,询问有无提出回避申请及其理由。

(2)司法鉴定采用鉴定人负责制,鉴定过程中会根据需要聘请相关医学专家提供咨询意见,但其意见仅供鉴定人参考,鉴定人对鉴定意见负责。

(3)鉴定起始之日与鉴定期限一般自正式签署《司法鉴定委托(确认)书》并鉴定材料提供完成之日起计算,有约定的从约定。

(4)在鉴定终结前,医患各方未经许可,不宜私自联系鉴定人;若确需补充材料的,向委托人提交并由委托人审核和质证后转交鉴定人。

2.医患意见的陈述 医患各方分别陈述,每方陈述宜在 20 分钟以内。通常按先患方、

后医方的次序进行。双方陈述完毕后,可以补充陈述。鉴定人在主持过程中宜说明如下陈述要求:

(1)医患各方在规定时间内陈述各自的观点和意见,陈述时尽可能围绕委托鉴定事项所涉及的诊疗过程、损害后果及其因果关系等具体问题。

(2)医患各方勿随意打断对方的陈述,不能辱骂、诋毁或威胁对方、委托人和鉴定人。

(3)医患各方陈述后,鉴定人为进一步了解有关情况,可就鉴定所涉及的问题向各方提问,必要时作适当的说明。

(4)医患各方均可向鉴定人提交书面陈述意见,书面陈述意见可包括临床医学指南、行业专家共识或者医学文献等资料。

(5)确有必要时,医患双方的陈述分别进行。

3. 会议记录　鉴定机构摘要记录医患各方的陈述意见,通过现场陈述的,由医患各方到场人员在会议记录上签字确认;通过远程视频或者电话会议形式的,宜采用录音和录像等形式记录。会议记录是鉴定活动的工作记录,宜存档保存,但一般不直接作为鉴定依据。

4. 对鉴定材料有争议时的处置

(1)审核与责任。建议:①委托人对鉴定材料的真实性、完整性和充分性负责;②鉴定人对鉴定材料是否适用和能否满足鉴定需求进行必要的审核;③医患各方对鉴定材料提出异议的,鉴定人根据审核结果,按照以下(2)或者(3)的规定酌情处理。

(2)酌情确定是否可以实施鉴定。在以下情形下,确定是否实施鉴定:①当事人所提异议不影响鉴定实施,鉴定人经征得委托人同意后,宜继续实施鉴定;②当事人所提异议可以通过鉴定材料中相关内容或者其他资料加以明确的,鉴定人经与委托人协商后,确定是否继续鉴定;③鉴定人针对当事人的异议,经综合鉴定材料评估认为,该异议成立与否可能会对鉴定意见产生实质影响的,宜与委托人充分协商,酌情确定是否继续鉴定。

(3)中止或者终止鉴定。当事人所提异议对鉴定意见可能产生实质性影响,鉴定人经与委托人协商,仍不能解决异议的,宜中止或者终止鉴定。经补充材料后若异议得以解决,则再重新启动鉴定。

(4)涉及特殊检材的鉴定。建议:①鉴定人认为需提供病理组织切片、蜡块、组织块或者尸体等特殊检材的,委托人以及医患各方需积极配合,经确认后提交鉴定机构;提交过程中若发生检材遗失和毁损等情况,鉴定机构不承担责任。②特殊检材送达鉴定机构后,鉴定人及时确认类型、数量和保存状态。若特殊检材已发生遗失和毁损,告知委托人并保留相关记录。③在鉴定过程中,鉴定机构妥善保管和使用特殊检材。

五、医疗损害司法鉴定的基本方法

医疗损害司法鉴定的基本方法包括依据法律、法规、部门规章、诊疗护理规范等标准,运用医学和法医学的科学理论和技术,判定医疗过错;通过法医学检验和科学分析,确定损害后果;综合分析医疗过错与损害后果之间的因果关系及原因力的大小等。

依照《民法典》的规定,医疗过错情形包括7个方面:违反医疗卫生法律、法规、规章、规范;未尽到与当时医疗水平相应的诊疗注意义务;未尽到法定告知义务及知情同意义务;未尽到法定的病历管理义务;未尽到使用合格医疗产品实施医疗活动的义务;未尽到合理检查义务;未尽到保护患者隐私和个人信息义务。医疗过错准确判定是医疗损害司法鉴定的关键。医疗过错的证明方法包括:①先确立医疗过错的判断标准,即根据医疗过错判断标准及其选用原则,确定使用的标准;②通过分析找出具体诊疗活动中违反注意标准的具体行为。例如,证明清创手术存在创腔未置放引流的过错时,先选择"清创手术操作规范"作为判定过错的标准,再根据该规范中应置放引流的规定,确定"未置放引流"的具体过错行为。

(一)医疗过错的认定标准

医疗过错包括直接过错和推定过错。《民法典》第 1221 条规定:"医务人员在诊疗活动中未尽到与当时的医疗水平相应的诊疗义务,造成患者损害的,医疗机构应当承担赔偿责任"。最高人民法院《解释》第 16 条规定:"对医疗机构或者其医务人员的过错,应当依据法律、行政法规、规章以及其他有关诊疗规范进行认定,可以综合考虑患者病情的紧急程度、患者个体差异、当地的医疗水平、医疗机构与医务人员资质等因素"。《民法典》第 1222 条规定,患者在诊疗活动中受到损害,推定医疗机构有过错的情形包括医疗机构违反了法律、行政法规、规章以及其他有关诊疗规范的规定。医疗过错认定的具体标准如下。

1.法律法规

(1)法律:是指全国人民代表大会及常务委员会制定的有关医疗卫生的规范性文件,如《民法典》《中华人民共和国医师法》《中华人民共和国基本医疗卫生与健康促进法》《中华人民共和国药品管理法》《中华人民共和国母婴保健法》《中华人民共和国献血法》《中华人民共和国传染病防治法》《中华人民共和国职业病防治法》《中华人民共和国人口与计划生育法》等。另外,《中华人民共和国刑法》等法律也有卫生方面的规定。若不遵守法律行事,则为违法行为。如《中华人民共和国医师法》第 31 条规定,"不得对患者实施不必要的检查、治疗";《中华人民共和国基本医疗卫生与健康促进法》第 54 条规定,"不得对患者实施过度医疗"。违反规定致患者损害的,视为医疗机构医务人员违法,应当承担不必要检查、治疗的禁止义务的责任。

(2)法规:是由国家最高行政机关即国务院制定颁布的有关医疗卫生的规范性文件,如《医疗事故处理条例》《医疗纠纷预防和处理条例》《医疗机构管理条例》《医疗器械监督管理条例》《药品管理法实施条例》《血液制品管理条例》和《乡村医生从业管理条例》等。如《医疗纠纷预防和处理条例》第 12 条规定,医疗机构应当依照有关法律、法规的规定,严格执行药品、医疗器械、消毒药剂、血液等的进货查验、保管等制度。禁止使用无合格证明文件、过期等不合格的药品、医疗器械、消毒药剂、血液等。违反前款规定致患者损害的,推定医疗机构有违规过错。

2.部门规章　是指由卫生行政管理部门与有关部、委、办、局联合制定发布的有关规范性文件,如《医疗事故技术鉴定暂行办法》《医疗事故分级标准(试行)》《医疗机构管理条例实施细则》《医疗机构诊疗科目名录》《病例书写基本规范(试行)》《中医、中西医结合病例书写基本规范(试行)》《医疗机构病例管理规定》《重大医疗过失行为和医疗事故报告制度的规定》《卫生部行政复议与行政诉讼管理办法》《卫生行政许可管理办法》《医院工作制度》和《医师执业注册暂行办法》等。如《病历书写基本规范(试行)》第 3 条规定,病历书写应当客观、真实、准确、及时、完整、规范。违反前款规定致患者损害的,推定医务人员有过错。

3.诊疗、护理规范或常规　诊疗、护理规范或常规是规范医疗行为的具体衡量标准和鉴

定依据,一般由卫生行政部门以及行业学(协)会(全国性的、地方性的医疗机构)制定。诊疗护理规范、常规的制定部门不同,适用的范围也不同,通常只对本行政区、本行业、本单位有指导性和约束力。诊疗护理规范或常规的形式,不仅包括以文字形式存在的规范要求,也包括不成文的、但在诊疗活动中约定俗成的、实践中普遍遵循的诊疗护理常规或者公认的通行做法。这些约定俗成的规范已形成"行规",虽然不是文字形式的规范,但是大家都在共同遵守,也是衡量诊疗行为是否存在过错的行业标准。例如,腹腔内手术结束时,必须认真检查腹腔,确认无出血点、无遗留物后再逐层关腹。又如,行椎管成形术,使用骨刀、咬骨钳时,操作应稳、准,尽可能轻柔,注意保护脊髓不受损伤等。总之,若违反诊疗护理规范或常规致患者损害的,判定有医疗过错。

4. 医学文献　由于当今医疗技术迅速发展,诊疗护理规范等可能存在滞后或者不能涵盖所有医疗领域的情况,因此在这种情况下,全国医学高校统编教科书、临床指南或专家共识、公开发表的权威性专著和论文,以及药物使用说明书等也是判定医疗行为是否存在过错的重要依据或标准。

(二)医疗过错判断标准的选用原则

标准制定的层级越高,其权威性或效力越强,应依次选用,但在实际选用时还要掌握以下基本原则。

1. 标准的权威性原则　标准的权威性或效力评价是指对国家标准证明能力及其他标准证明能力的评价。一般而言,标准应按国家级、省(市)级依次选用,但低层级标准有专门规定的应优先选用。如《民法典》第1003条规定"自然人享有身体权。自然人的身体完整和行动自由受法律保护。任何组织或者个人不得侵害他人的身体权。"其中,"行动自由"在日常社会生活中不同的人会有不同的解释。在临床诊疗活动中,医方根据患者病情的需要,对其身体行动自由加以限制,如为防控传染病疫情采取的强制隔离措施、精神病患者的非自愿住院医疗、因病情需要绝对卧床等情形。有患者对此提出质疑,《民法典》第11条明确规定了"其他法律对民事关系有特别规定的,依照其规定"的特别法优先原则。《民法典》作为普通法对自然人的身体行动自由的规定,属一般规定。而针对传染病防控、精神病患者的安全保护、其他疾病患者生命安全的特殊需要等情况,《中华人民共和国传染病防治法》《中华人民共和国精神卫生法》以及各种诊疗规范等专门法律、法规、规章和规范有特别规定的,其法律效力要优先于《民法典》。再如,《民法典》第1221条规定"医务人员在诊疗活动中未尽到与当时的医疗水平相应的诊疗义务,造成患者损害的,医疗机构应当承担赔偿责任"。其中仅提及"当时的医疗水平",而最高人民法院《解释》第16条对医疗过错的认定,规定"可以综合考虑患者病情的紧急程度、患者个体差异、当地的医疗水平、医疗机构与医务人员资质等因素"更为具体,其法律效力也要优先于《民法典》。

2. 标准的时效性原则　标准时效性是指标准发布的时间及效力。各类标准不断更新,新的标准发布或出版后,旧标准原则上就不再具有约束力,同样在医疗行为当时尚未出台的新版本标准也不适用。换言之,判断"当时"的医疗行为,既不可使用"过时"的标准,也不可使用"超时"的标准,只宜选用"当时"的标准。如评价往年旧案当时的医疗水平时,不可用当前的医疗水平去衡量,应选择当时的医疗标准予以判断。

3. 医学文献的选用原则　医学文献标准的选用同样取决于它们的权威性和时效性。全国医学高校统编教科书是判断标准中的基本标准或无可争议的"金标准",可以选教科书作为评价依据。临床指南是源于教科书标准的专门规定,其证明力优先于教科书。专家共识尚未被教科书收录,其证明力弱于教科书。国内、外顶级知名专家主编的权威性专著仅次于教科书的证明力。公开发表的论文为少数人科研成果或一己之见,尚待公认,其证明力不及权威性专著。一般情况下,医学文献的选用原则宜首选临床指南,然后依次选择教科书、专家共识、权威性专著、公开发表的论文等作为判断医疗过错的依据或标准。

4.标准的比较原则　如当相关标准的论述可能不一致或相互矛盾时,应该对相关规定的科学性、合理性、权威性和时效性进行必要的评价比较,合理取舍。

(三)医疗过错的形式

《医疗损害司法鉴定指南》规定,医疗过错的形式主要包括违反具体规定的过错、违反注意义务的过错、违反告知义务的过错。

1.违反具体规定的过错　医疗机构及其医务人员在诊疗过程中违反法律、行政法规、规章以及相应诊疗、护理规范的具体规定,或者有违该专业领域多数专家认可的包括不成文"约定成俗"的原则和方法。也就是说,不该为而为(如无手术指征而手术致残,或者给孕妇使用禁忌药物导致流产等)、该为而不为(如该转诊的没有及时转诊延误治疗,或者该检查的没有检查、该做的治疗没有做导致漏诊或误诊等),则视为存在医疗过错。

2.违反注意义务的过错　医务人员的注意义务就是应当尽到与当时的医疗水平相应的诊疗义务。以医疗纠纷发生当时相应专业领域多数医务人员的认识能力和操作水平衡量,医疗机构及其医务人员有责任、也有能力对可能出现的损害加以注意,但因疏忽大意或过度自信而未能注意,则认定存在医疗过错。在判定时适当注意把握合理性、时限性和地域性(不同地域或不同等级医院医疗水平存在差异)原则。

3.违反告知义务的过错　根据《民法典》第1219条第1款"医务人员在诊疗活动中应当向患者说明病情和医疗措施。需要实施手术、特殊检查、特殊治疗的,医务人员应当及时向患者具体说明医疗风险、替代医疗方案等情况,并取得其明确同意;不能或者不宜向患者说明的,应当向患者的近亲属说明,并取得其明确同意"的规定,医疗机构及其医务人员在诊疗过程中宜对患者的病情及拟采取的诊疗措施作出必要的告知,并取得患方的知情与对诊疗措施的同意。未尽到告知义务,则视为存在医疗过错。告知的情形包括但不限于以下内容:

(1)疾病的诊断,包括医师知道的和应当知道的;

(2)拟采取诊疗措施的目的、方法、利益和风险,以及拒绝该措施的风险和利益;

(3)除拟采取的诊疗措施以外,可供选择的其他替代措施及其优缺点;

(4)可能对患者造成明显侵袭性伤害或者需要患者承受较强烈痛苦的诊疗措施;

(5)费用昂贵的检查、药物和医疗器械;

(6)关于转医的事项;

(7)其他按照相关规定有必要取得患者知情和同意的情形。

医务人员的告知包括书面说明,有时也包括其他适当形式的告知。实际鉴定时,鉴定人须审慎判断,并关注医务人员未尽到告知义务对患者的实际损害。

(四)医疗损害后果种类

《医疗损害司法鉴定指南》规定,医疗损害后果主要包括:①死亡、残疾、病程延长、病情加重或者其他损害;②错误受孕、错误生产、错误生命;③丧失生存机会,丧失康复机会等。

1. 死亡 是最严重的损害后果,指被鉴定人(患者)作为自然人的生命终结。需行尸体检验明确死亡原因的,应按照《法医学尸体检验技术总则》(GA/T 147—2019)的规定执行。

2. 残疾 是较严重的损害后果,指患者的肢体、器官和组织结构破坏或者不能发挥正常的生理功能,工作、学习乃至社会适应、日常生活因此而受到影响,有时需他人适当给予帮助,甚至存在医疗依赖、护理依赖和营养依赖的情形。需确定致残程度等级的,宜按照《法医临床检验规范》(SF/T 0111—2021)和《法医临床影像学检验实施规范》(SF/T 0112—2021)的规定进行活体检验。

3. 病程延长 是指患者的病程或其疾病诊疗的临床过程较通常情况延长。如本应一次手术解决问题的,因医疗损害导致第二次甚至第三次手术的情形。

4. 病情加重或者其他损害 是指患者的肢体、器官和组织损害后,病情严重程度较诊疗前加重(如术前患者肌力 4 级,因医疗损害致术后肌力 2 级)的情形;或者虽有部分损害,但仍能够发挥基本正常的生理功能,能基本正常地从事工作和学习,社会适应和日常生活也无明显受限,尚不至于构成残疾的情形。

5. 错误受孕、错误生产、错误生命

(1)错误受孕是指因医方建议或应用避孕措施不当,导致妇女意外受孕;

(2)错误生产也称错误分娩,是就新生儿的父母而言,孕妇妊娠期间虽经产前检查但未能避免分娩缺陷胎儿;

(3)错误生命(也称"错误出生"),是由新生儿本人情况影响,其母亲在妊娠期间虽经产前检查但未发现异常或者未作出必要提示,导致自己出生时即带有缺陷。

上述损害后果的实质是丧失生育(出生)选择的机会,而非生育(出生)本身。

6. 丧失生存机会 丧失生存机会是指患者自身疾病存在短期内致死的较大可能性,或者疾病严重、期望生存期有限,但发生医疗损害致使死亡未能得以避免或者缩短了生存期。相对于死亡后果而言,丧失生存机会属中间损害(或称"过程性损害"),并非最终损害后果。

7. 丧失康复机会 丧失康复机会是指患者自身疾病具有导致残疾或功能障碍的较大可能性,但发生医疗损害致使残疾或功能障碍未能得以有效避免。相对于残疾后果而言,丧失康复机会属中间损害(或称"过程性损害"),并非最终损害后果。

(五)因果关系及原因力大小

在诊疗活动中,由于医疗损害的原因复杂,需区分过错行为之间、过错行为和患者自身疾病之间发挥作用力的不同,确定医疗损害在损害结果中所占比重,即原因力大小。评价原因力大小应依据最高人民法院《解释》第 16 条"对医疗机构或者其医务人员的过错,应当依据法律、行政法规、规章以及其他有关诊疗规范进行认定,可以综合考虑患者病情的紧急程度、患者个体差异、当地的医疗水平、医疗机构与医务人员资质等因素"的规定合理评价。根据《解释》第 12 条及《医疗损害司法鉴定指南》相关规定,对医疗行为与患者的损害后果之间有无因果关系及原因力大小的评价表述如下:

1.医疗行为与患者的损害后果之间无因果关系　不良后果几乎完全是由于患者病情本身的特点、自身健康状况、体质的特殊性或者限于当时医疗水平等因素造成,与医疗行为不存在本质上的关联。

2.医疗行为与患者的损害后果之间存在一定的因果关系,过错系轻微原因　损害后果从本质上而言是由于患者病情本身的特点、自身健康状况、体质的特殊性或者限于当时医疗水平等因素造成,医疗过错行为仅在损害后果的发生或进展过程中起到了一定的诱发或轻微的促进和加重作用,即使没有发生医疗过错,损害后果通常情况下仍然难以避免。

3.医疗行为与患者的损害后果之间存在一定的因果关系,过错系次要原因　损害后果主要是由于患者病情本身的特点、自身健康状况、体质的特殊性或者限于当时医疗水平等因素造成,医疗过错行为仅在损害后果的发生或进展过程中起到了促进或加重作用,即使没有发生医疗过错,损害后果仍然有较大的可能会发生。

4.医疗行为与患者的损害后果之间存在一定的因果关系,过错系同等原因　损害后果与医疗过错行为以及患者病情本身的特点、自身健康状况、体质的特殊性或者限于当时医疗水平等因素均密切相关,若没有发生医疗过错,或者没有患者的自身因素(和/或限于当时医疗水平等因素),损害后果通常情况下都不发生。医疗过错和患者自身因素在损害后果形成的过程中所起的作用基本相当,难分主次。

5.医疗行为与患者的损害后果之间存在因果关系,过错系主要原因　医疗过错行为是导致患者损害后果的主要原因,患者病情本身的特点、自身健康状况、体质的特殊性或者限于当时医疗水平等因素只起次要作用,若没有医疗过错,损害后果一般不会发生。

6.医疗行为与患者的损害后果之间存在因果关系,过错系全部原因　医疗过错行为是导致患者损害后果的直接原因或全部原因,若没有医疗过错,损害后果必然不会发生。

？案例及思考

简要案情:某男,30 岁,因外伤致左锁骨内 1/4 骨折(无血管神经损伤),医院急诊予骨折切开复位钢板内固定,术后 15 天拍片见内固定松动,螺钉脱出,遂又予骨折内固定取出、自体骨植骨,重新行钢板内固定术。目前骨折愈合不良,内固定钢板存留。患方认为医方存在手术过错,诉至法院要求医方赔偿。为正确处理此案,法院要求鉴定机构对医方是否存在医疗过错,如有医疗过错,则医疗过错与患者损害后果之间的因果关系及原因力进行医疗损害司法鉴定。

查体所见:左锁骨部见手术瘢痕,局部轻度压痛,左肩关节活动功能尚可。

根据案例回答以下问题:

1.本案采用什么标准判断医方的医疗过错? 违反标准的具体过错行为表现是什么?

2.本案医疗损害后果是什么?

3.分析本案医疗过错与损害后果之间的因果关系及原因力的大小,并写出评定依据。

第十四章 法医学鉴定

教学 PPT

法医学鉴定在当今司法诉讼中具有不可替代的作用,是现代诉讼活动的重要基础之一。司法鉴定意见为刑事侦查提供线索,为审理、审判民事和行政案件提供科学依据,是诉讼过程中的重要证据之一。目前,我国按照依法治国的方略推进了司法体制改革,其中涉及法医学鉴定的鉴定机构、鉴定人的资格及选任、鉴定程序、鉴定制度等方面的内容,说明国家对司法鉴定改革的重视。

第一节 概 述

一、法医学鉴定的概念

(一)概念

司法鉴定(judicial identification)是指在诉讼活动中鉴定人运用科学技术或者专门知识对诉讼涉及的专门性问题进行鉴别和判断并提供鉴定意见的活动。法医学鉴定(medicolegal expertise)是指法医鉴定人根据法律规定,以医学和法医学的理论与技术为基础,对涉及刑事和民事的人体(活体)、尸体及有关物证、书证进行检验,并根据检验结果作出鉴定意见或结论。由此可见,法医学鉴定是司法鉴定的重要组成部分,主要以人体为鉴定对象,解决与法律有关的人身伤害和生理、病理状态等专门性问题。

(二)法医学鉴定的分类

1.按鉴定内容分类 可分为法医病理鉴定、法医临床鉴定、法医物证鉴定、法医精神病鉴定等。

(1)法医病理鉴定:是指通过尸表检查、尸体解剖及病理组织学检验,解决死亡原因、死亡机制、死亡时间、致死工具、死亡方式等专门性问题。

(2)法医临床鉴定:主要包括人体损伤鉴定、劳动能力鉴定、性功能鉴定等。

（3）法医物证鉴定：主要是对与案件有关的人体体液及分泌物、排泄物和人体组织的鉴定，以进行个人识别和亲子鉴定。

（4）法医精神病鉴定：是运用精神病学的知识，确定与案件有关的人员的精神状态和法律能力的鉴定，包括刑事责任能力、民事行为能力、受审能力、服刑能力、精神损伤程度以及精神伤残等级等。

（5）法医毒物分析：是以分析化学尤其是现代仪器分析技术为基础，以能损害生命正常活动的毒物为对象，对其进行定性和定量判定，从而服务于国家法治建设的一门应用型学科。

2.按鉴定程序要求分类　分为初次鉴定、补充鉴定和重新鉴定。

（1）初次鉴定：是指就一个具体的鉴定对象和鉴定要求而言，委托人委托鉴定人进行的第一次鉴定。

（2）补充鉴定：在原鉴定基础上对其中的个体问题进行复查、修正、补充解释，以使原鉴定意见更加完善而进行的鉴定。

（3）重新鉴定：委托人或当事人对初次鉴定的鉴定意见审查后，认为鉴定意见不可靠或有异议而委托其他鉴定机构，就同一鉴定事项再次进行的鉴定。

二、法医学鉴定的特点

作为司法鉴定中历史最悠久的一种鉴定——法医学鉴定当然也具备司法鉴定的共性，但法医学鉴定又具有不同于其他司法鉴定的特性。法医学鉴定作为司法活动之一，具有多重属性的特点，既有法律方面的属性，表现为一种诉讼活动，也有科学的属性，表现为逻辑上的推断，概括起来大致有以下几点：

1.法律性　法医学鉴定是作为诉讼活动的一部分而存在的，没有诉讼活动也就没有法医学鉴定。再者，法医学鉴定必须有法律依据，必须按照法定程序进行，违反法定程序就没有法律效力。

2.科学性　法医学鉴定本身就是运用科学知识或特殊经验对案件中的专门问题进行解释、鉴别和判断的科技实证活动，主要体现在鉴定人资格、鉴定过程和鉴定结论等方面。首先，由于鉴定是对案件中的技术性问题进行分析判断，所以对鉴定人的资格认证至关重要，必须是某一特定领域内的专家。其次，鉴定过程本身就是运用科学技术进行观察、分析并运用科学原理和自然规律进行分析、解释、推理、验证等的证明过程，而随着科学技术的飞速发展，许多以前依靠传统办法或经验来判断分析的问题，越来越多地借助于科学仪器或手段解决。因此，新科学技术的运用使得鉴定结论的证据价值在诉讼过程中越来越重要。

3.独立性　鉴定人必须依法独立完成鉴定过程，未亲自操作或参与的不得在鉴定书上署名。法医学鉴定人依法独立完成司法鉴定，不受委托人、行政领导及其他人的干预，只根据自己对鉴定客体进行的科学检验和获得的数据出具鉴定结论，忠于法律，忠于事实，忠于科学，忠于鉴定人的职责。

第二节　司法鉴定机构和司法鉴定人

为了加强对鉴定人和鉴定机构的管理,适应司法机关和公民、组织进行诉讼的需要,保障诉讼活动的顺利开展,2005年2月28日第十届全国人民代表大会常务委员会第十四次会议通过了《全国人民代表大会常务委员会关于司法鉴定管理问题的决定》,规定国家对从事法医类、物证类、声像资料类等司法鉴定业务的鉴定人和鉴定机构实行登记管理制度。

一、法医学司法鉴定机构的基本条件

从事法医学司法鉴定业务的,应当具备下列条件:

1.有明确的业务范围。

2.有在业务范围内进行司法鉴定所必需的仪器、设备。

3.有在业务范围内进行司法鉴定所必需的依法通过计量认证或者实验室认可的检测实验室。

4.每项司法鉴定业务有3名以上鉴定人。

二、法医学司法鉴定机构的登记程序

从事法医学司法鉴定业务的个人、法人或者其他组织,由省级人民政府司法行政部门审核,对符合条件的予以登记,编入鉴定人和鉴定机构名册并公告。省级人民政府司法行政部门应当根据鉴定人或者鉴定机构的增加和撤销登记情况,定期更新所编制的鉴定人和鉴定机构名册并公告。

三、法医学司法鉴定机构的科学管理

1.各鉴定机构之间没有隶属关系;鉴定机构接受委托从事司法鉴定业务,不受地域范围的限制。

2.鉴定人应当在一个鉴定机构中从事司法鉴定业务。

3.诉讼中需要鉴定的,应当委托列入鉴定人名册的鉴定人进行鉴定。鉴定人从事司法鉴定业务,由所在的鉴定机构统一接受委托。

4.鉴定人和鉴定机构应当在鉴定人和鉴定机构名册注明的业务范围内从事司法鉴定业务。

5.鉴定人应当依照诉讼法律规定实行回避。

6.司法鉴定实行鉴定人负责制度。鉴定人应当独立进行鉴定,对鉴定意见负责并在鉴定书上签名或者盖章。多人参加的鉴定,对鉴定意见有不同意见的,应当注明。

四、法医司法鉴定人

法医司法鉴定人(medicolegal expert witness)是指具有法医学知识和经验并受司法机关的指派、委托和聘请,就所委托的法医学相关事项进行检验、研究和认定,并作出具有法律效力的法医学鉴定结论性意见的人。

(一)鉴定人的条件

目前,我国的法医司法鉴定人有两种:一种是在公安、检察等侦查机关的鉴定机构中从业的法医学鉴定人;一种是在司法行政管理部门注册,取得执业资格和鉴定资格,在法医学鉴定机构从业的法医司法鉴定人。

1.鉴定人是自然人 我国各项法律条文明确鉴定人的鉴定活动仅能代表其本人,是受司法机关指派或委托进行专门性问题鉴定的自然人,不是法人。鉴定人因个人具有专门知识和技能,以个人名义参加诉讼活动,鉴定意见应由鉴定人自己负责,鉴定意见除加盖鉴定机构的鉴定专用章外,必须有鉴定人签名,否则不具备法律效力。

2.思想品质条件 作为鉴定人必须具有良好的职业道德和实事求是的科学态度,能够客观公正地进行鉴定,抵抗外界诱惑,守住底线。若在案件中存在利害关系的,应主动回避。

3.专业理论和技术条件 司法鉴定工作是一项专业性极强的技术工作,鉴定人必须具备与之相应的专业知识,必须在自己从事的领域经过系统的学习和训练,理论基础扎实,应用技术熟练。

(二)法医司法鉴定人的权利和义务

1.司法鉴定人的权利 司法鉴定人的权利是指国家法律赋予鉴定人在其执业活动中及执业有关保障方面所享有的权利,是鉴定人依法享有独立执业的保障。根据司法部颁布的《司法鉴定人登记管理办法》,结合相关法律法规的规定,司法鉴定人的权利包括:

(1)了解、查阅与鉴定事项有关的情况和资料;

(2)询问与鉴定事项有关的当事人、证人等;

(3)要求委托人无偿提供鉴定所需要的检材;

(4)进行鉴定所必需的检验、检查;

(5)被鉴定人案件材料不充分时,可以要求委托人提供所需要的案件材料;

(6)拒绝接受不合法、不具备鉴定条件或者超出登记的执业类别的鉴定委托;

(7)拒绝解决、回答与鉴定无关的问题;

(8)鉴定意见不一致时,保留不同意见;

(9)获得合法报酬;

(10)鉴定机构可以向委托人了解鉴定后的处理情况;

(11)法律、法规规定的其他权利,例如,司法鉴定人对司法行政机关的行政许可和行政处罚有异议的,可以依法申请行政复议。

2.司法鉴定人的义务 司法鉴定人的义务是指法律规定的鉴定人在执业活动中应为一定行为或不得为一定行为的执业行为规范。按照《司法鉴定人登记管理办法》的规定,司法

鉴定人的义务主要包括：

(1)受所在司法鉴定机构指派按照规定时限独立完成鉴定工作,并出具鉴定意见;

(2)对鉴定意见负责;

(3)依法回避;

(4)妥善保管送检的检材、样本和资料;

(5)保守在执业活动中知悉的国家秘密、商业秘密和个人隐私;

(6)依法出庭作证,回答与鉴定有关的询问;

(7)自觉接受司法行政机关的管理和监督、检查;

(8)参加司法鉴定岗前培训和继续教育;

(9)法律、法规规定的其他义务。

(三)法医司法鉴定人的职业道德规范

法医司法鉴定人职业道德规范是指从事法医鉴定的人员在履行其职责的活动中应该遵循的行为规范和应该具备的道德品质,也是调整司法鉴定人员各种社会关系的道德规范的总和和核心价值的体现。

法医司法鉴定人职业道德规范的基本原则是以事实为依据,以法律为准则,同时要以忠于祖国和人民、忠于宪法和法律为重要前提,要把国家利益和人民利益放在首位,一切鉴定活动围绕着宪法和法律来进行。

法医司法鉴定人职业道德规范具有如下基本要求:

1.自律性 自律性要求司法鉴定人具有内在自觉性,发挥主观能动性,在法律和道德层面严于律己并形成一种行为习惯或模式,才能在法医职业生涯中逐渐前行。

2.系统性 司法鉴定人的职业道德规范具有一定的层次,首先要有"底线思维",不踩红线,具有最基本的约束性,在此基础上达到职业道德的基本要求,从而进一步达到最佳职业道德水平。

3.科学性 司法鉴定人职业道德规范的科学性包括遵守司法鉴定专业特点与发展规律的科学性、坚守司法鉴定职业的伦理科学性以及遵循本专业领域的科学性。

4.务实性 司法鉴定人职业道德规范必须符合当今社会主义市场经济的运作原则,增强时代感,加强针对性、实效性,贴近司法鉴定人员实践活动,才能成为全体司法鉴定人员普遍认同的行为准则,并自觉按照其要求履行鉴定职责。

司法鉴定人职业道德规范的主要内容包括从社会公共安全的大局出发,把人民群众利益放在第一位,诚实守信,保守秘密,保持司法公正独立,保证鉴定质量,爱岗敬业,求实求真。

第三节 法医学鉴定的程序

法医学鉴定应遵循司法鉴定程序。司法鉴定程序是指按照司法鉴定活动的客观规律所制定的司法鉴定的具体步骤。司法鉴定程序的制定在于保证司法鉴定工作的科学化、规范化,保障司法鉴定活动所涉及的相关人员的人格尊严,实现司法鉴定的公正、效率目标。司法鉴定程序也是司法鉴定机构和司法鉴定人进行司法鉴定活动应当遵循的方式、方法、步骤以及相关的规则和标准。鉴定文书是否能够起到证据作用或是否被采信,首先取决于鉴定程序的合法性。

现行的《司法鉴定程序通则》于 2015 年 12 月 24 日司法部部务会议修订通过,自 2016 年 5 月 1 日起施行。鉴定程序包括委托受理程序、鉴定的实施程序、司法鉴定意见书的出具及司法鉴定人的出庭作证。委托鉴定人解决的专门性问题称为委托事项(commissioned items),如死亡原因、损伤及伤残程度、亲权关系、有无医疗过错等。在接受委托时,应根据委托事项,要求委托人提供与案情有关的全部鉴定材料,包括检材和鉴定资料。检材是指与鉴定事项有关的生物学物品和非生物学物品;鉴定资料是指存在于各种载体上与鉴定事项有关的记录。如果资料不充分,应及时与委托方沟通,并提出有利于解决问题的建议;若委托人无法提供完整的鉴定资料,可按照相关规定终止鉴定。

根据《司法鉴定程序通则》第二章规定的司法鉴定委托与受理程序,司法鉴定机构应当统一受理司法鉴定的委托。司法鉴定机构接受鉴定委托,应当要求委托人出具鉴定委托书,提供委托人的身份证明,并提供委托鉴定事项所需的鉴定材料。委托人委托他人代理的,应当要求出具代理委托书。鉴定委托书应当载明委托人名称或者姓名、拟委托司法鉴定机构名称、委托鉴定事项、鉴定事项的用途以及鉴定要求等内容。委托鉴定事项属于重新鉴定的,应当在委托书中注明。委托人应当向司法鉴定机构提供真实、完整、充分的鉴定材料,并对鉴定材料的真实性、合法性、可靠性负责。鉴定机构收到委托,应当对委托的鉴定事项进行审查,对属于本机构司法鉴定业务范围、委托鉴定事项的用途及鉴定要求合法、提供的鉴定材料真实、完整、充分的鉴定委托,应当予以受理。对提供的鉴定材料不完整、不充分的,司法鉴定机构可以要求委托人补充;委托人补充齐全的,可以受理。

具有下列情形之一的鉴定委托,司法鉴定机构不得受理:

1. 委托鉴定事项超出本机构司法鉴定业务范围的。

2. 发现鉴定材料不真实、不完整、不充分或者取得方式不合法的。

3. 鉴定用途不合法或者违背社会公德的。

4. 鉴定要求不符合司法鉴定执业规则或者相关鉴定技术规范的。

5. 鉴定要求超出本机构技术条件或者鉴定能力的。

6. 委托人就同一鉴定事项同时委托其他司法鉴定机构进行鉴定的。

7. 其他不符合法律、法规、规章规定的情形。

对不予受理的,应当向委托人说明理由,退还其提供的鉴定材料,同时将相关材料复印件及理由说明存档。

司法鉴定机构决定受理鉴定委托的,应当与委托人在协商一致的基础上签订司法鉴定协议书。司法鉴定协议书一般应当包括委托人和司法鉴定机构的基本情况、委托鉴定的事项及用途、委托鉴定的要求、委托鉴定事项涉及案件的简要情况、委托人提供的鉴定材料的目录和数量、鉴定过程中双方的权利义务、鉴定费用及收取方式,以及其他需要载明的事项等。因鉴定需要耗尽或者可能损坏检材的,或者在鉴定完成后无法完整退还检材的,应当事先向委托人讲明,征得其同意或者认可,并在协议书中载明。另外,在进行司法鉴定过程中需要变更协议书内容的,应当由协议双方协商确定。

《司法鉴定程序通则》第三章规定了司法鉴定的实施程序:司法鉴定机构受理鉴定委托后,应当指定本机构中具有该鉴定事项执业资格的司法鉴定人进行鉴定。委托人有特殊要求的,经双方协商一致,也可以从本机构中选择符合条件的司法鉴定人进行鉴定。司法鉴定机构对同一鉴定事项,应当指定或者选择两名司法鉴定人共同进行鉴定;对疑难、复杂或者特殊的鉴定事项,可以指定或者选择多名司法鉴定人进行鉴定。但司法鉴定人本人或者其近亲属与委托人、委托的鉴定事项或者鉴定事项涉及的案件等有利害关系,可能影响其独立、客观、公正进行鉴定的,应当回避(evade)。司法鉴定人自行提出回避的,由其所属的司法鉴定机构决定;委托人要求司法鉴定人回避的,应当向该鉴定人所属的司法鉴定机构提出,由司法鉴定机构决定;委托人对司法鉴定机构是否实行回避的决定有异议的,可以撤销鉴定委托。

当受理鉴定委托并实施鉴定后,鉴定机构及鉴定人应当严格依照有关技术规范保管和使用鉴定材料,严格监控鉴定材料的接收、传递、检验、保存和处置,建立科学、严密的管理制度。鉴定机构和鉴定人因严重不负责任造成鉴定材料损毁遗失的,将依法承担责任。

鉴定人进行鉴定时应当首先遵守和采用该专业领域的国家标准和技术规范,其次是遵守和采用司法鉴定主管部门、司法鉴定行业组织或者相关行业主管部门制定的行业标准和技术规范,再次是遵守和采用该专业领域多数专家认可的技术标准和技术规范。当不具备前述规定的技术标准和技术规范时,可以采用所属鉴定机构自行制定的有关技术规范,但该规范也至少应该有本领域专家的认定。鉴定时应当对鉴定过程进行实时记录并由所有参与鉴定的鉴定人签名。记录可以采取笔记、录音、录像、拍照等方式,记录的内容应当真实、客观、准确、完整、清晰,记录的文本或者音像载体应当妥善保存。对女性做妇科检查时,应当由女性鉴定人进行或有女性工作人员在场;对未成年人身体进行检查的,应当通知其监护人到场;进行法医精神病鉴定时,应当通知委托人或者被鉴定人的近亲属或者监护人到场;进行尸体解剖的,应当通知委托人或者死者的近亲属或者监护人到场见证;需要到现场提取检材的,应当由不少于两名司法鉴定人提取,并通知委托人到场见证。

鉴定机构在鉴定过程中,遇有下列情形之一的,可以终止鉴定:

1. 发现鉴定材料不真实、不完整、不充分或者取得方式不合法的。

2. 鉴定用途不合法或者违背社会公德的。

3. 鉴定要求不符合司法鉴定执业规则或者相关鉴定技术规范的。

4. 鉴定要求超出本机构技术条件或者鉴定能力的。

5. 委托人就同一鉴定事项同时委托其他司法鉴定机构进行鉴定的。

6. 鉴定材料发生耗损,委托人不能补充提供的。

7. 委托人拒不履行司法鉴定委托书规定的义务、被鉴定人拒不配合或者鉴定活动受到严重干扰,致使鉴定无法继续进行的。

8. 委托人主动撤销鉴定委托,或者委托人、诉讼当事人拒绝支付鉴定费用的;因不可抗力致使鉴定无法继续进行的。

9. 其他需要终止鉴定的情形。

终止鉴定的案件,司法鉴定机构应当书面通知委托人,说明理由,并退还所有鉴定材料;司法鉴定机构应当根据终止的原因及责任,酌情退还有关鉴定费用。

有下列情形之一的,司法鉴定机构可以根据委托人的请求进行补充鉴定:

1.委托人增加新的鉴定要求的。

2.委托人发现委托的鉴定事项有遗漏的。

3.委托人在鉴定过程中又提供或者补充了新的鉴定材料的。

4.其他需要补充鉴定的情形。

有下列情形之一的,司法鉴定机构可以接受委托进行重新鉴定:

1.原司法鉴定人不具有从事原委托事项鉴定执业资格的。

2.原司法鉴定机构超出登记的业务范围组织鉴定的。

3.原司法鉴定人按规定应当回避没有回避的。

4.委托人或者其他诉讼当事人对原鉴定意见有异议,并能提出合法依据和合理理由的。

思考题

1.简述法医鉴定和司法鉴定的概念和区别。

2.鉴定人有哪些权利和义务?

3.司法鉴定不予受理的情形有哪些?

参考文献

［1］陈忆九,王慧君.法医病理司法鉴定实务[M].北京:法律出版社,2009.

［2］陈宇星,胡纪念.复杂性醉酒故意伤害法医精神病鉴定1例[J].法制博览,2020(29):106-107.

［3］丛斌.法医病理学[M].5版.北京:人民卫生出版社,2016.

［4］建强.热带法医学[M].北京:人民卫生出版社,2019.

［5］高津光洋.法医尸检手册[M].赵东,译.北京:人民卫生出版社,2021.

［6］胡泽卿.法医精神病学[M].4版.北京:人民卫生出版社,2016.

［7］李生斌.法医学[M].2版.北京:人民卫生出版社,2017.

［8］刘技辉.法医临床学[M].5版.北京:人民卫生出版社,2016.

［9］马丽琴.法医学[M].北京:人民军医出版社,2003.

［10］孙东东.《民法典》医疗损害责任立法变化的学习与应用[J].中华医学杂志,2021(19):1381-1402.

［11］王保捷,侯一平.法医学[M].7版.北京:人民卫生出版社,2018.

［12］姚树娇,杨彦春.医学心理学[M].6版.北京:人民卫生出版社,2013.

［13］赵虎,刘超.高级法医学[M].3版.郑州:郑州大学出版社,2020.

［14］赵虎,王慧君.法医学[M].北京:北京大学医学出版社,2013.

［15］赵子琴.法医病理学[M].4版.北京:人民卫生出版社,2009.

［16］中华医学会骨科学分会外固定与肢体重建学组,中国医师协会创伤外科医师分会创伤感染专业委员会,中国医师协会骨科医师分会创伤专家工作委员会.中国急性骨筋膜室综合征早期诊断与治疗指南(2020版)[J].中华创伤骨科杂志,2020,22(8):645-654.

［17］朱广友.医疗损害鉴定学[M].北京:中国人民公安大学出版社,2021.